미래의 일자리와 기술 2050
세 가지 시나리오와 실행 전략

미래의 일자리와 기술 2050 세 가지 시나리오와 실행 전략

저　자 | 박영숙, 제롬 글렌(JEROME C. GLENN)
옮긴이 | 서형석, 남형근, 최연준, 여윤
펴낸이 | 최용호

펴낸곳 | (주)러닝스페이스(비팬북스)
디자인 | 최인섭
주　소 | 서울시 구로구 디지털로32가길 16 1206
전　화 | 02-857-4877
팩　스 | 02-6442-4871

초판발행 | 2020년 05월 11일
등록번호 | 제 12609호
등록일자 | 2008년 11월 14일
홈페이지 | www.bpan.com/books/
전자우편 | bpanbooks@naver.com

 값 20,000원
ISBN 978-89-94797-96-0 (03300)
비팬북스는 (주)러닝스페이스의 출판부문 사업부입니다.

이 도서의 국립중앙도서관 출판예정도서목록(CIP)은 서지정보유통지원시스템 홈페이지(http://seoji.nl.go.kr)와 국가자료공동목록시스템(http://www.nl.go.kr/kolisnet)에서 이용하실 수 있습니다(CIP제어번호: CIP2020017072).

WORK/TECHNOLOGY 2050 SCENARIOS AND ACTIONS
Copyright © 2019 by THE MILLENNIUM PROJECT
Korean Translation Copyright © 2020 by LEARNINGSPACE (BPANBOOKS)
Korean edition is published by arrangement with THE MILLENNIUM PROJECT through UN Future Forum/Korea Future Society.

이 책의 한국어판 저작권은 (사)유엔미래포럼 산하 Korea Future Society를 통한 저작권자와의 독점 계약으로 러닝스페이스(비팬북스)에 있습니다. 신저작권법에 의해 한국 내에서 보호를 받는 저작물이므로 무단 전재와 복제를 금합니다.

미래의 일자리와 기술 2050
세 가지 시나리오와 실행 전략

박영숙, 제롬 글렌 지음
서형석, 남형근, 최연준, 여윤 옮김

추천사

밀레니엄 프로젝트와 저희가 3년 동안 7단계의 과정을 거쳐 완성한 '미래의 일자리와 기술 2050'은 30년 후인 2050년의 바람직한 미래 시나리오를 제시하고 미래 기술에 대한 지속적인 투자와 정부, 기업, 교육, 과학, 문화 분야에서의 실행 전략을 제안하였다. 영문판, 스페인어판, 이탈리아어판에 이어 한국지부인 유엔미래포럼 산하 2050 미래연구회에서 한국어판을 출간하게 됨을 매우 기쁘게 생각하며 그간의 노고에 큰 박수를 보낸다. 2050년 최상의 시나리오를 달성하기 위한 과감한 투자와 올바른 실행을 통해, 대한민국이 AI 시대를 선도하는 모범적인 국가가 되기를 희망한다.

– 제롬 글렌(밀레니엄 프로젝트 회장), 박영숙((사)유엔미래포럼 대표)

이 책은 인류가 맞닥뜨릴 미래를 실제적으로 고찰하였다. 이 책을 읽으면 우리가 무엇을 선택할 수 있고 그로 인해 어떤 결과가 일어날지 알 수 있다. 개인적으로 나의 상상력을 실질적으로 자극한 책이다.
- 빈트 서프(TCP/IP 개발자, 구글 부사장)

정책을 수립할 때 이 책에 제시된 유용한 정보를 활용하면 예측 사고 및 전략 계획의 정확성을 높일 수 있다.
- 에바 카일리(유럽의회 의원, 미래과학기술패널 의장)

이 책은 미래 일자리에 대해 신선하고 깊이 있는 전망을 담고 있다. 특히 미래에 펼쳐질 세 가지 시나리오에 녹아 있는 통찰력은 소름이 돋을 정도로 매우 흥미롭다. 이 보고서에 깊이 빠져들어서 미래로의 여행을 즐기기 바란다.
- 낸시 도날드슨(전, 국제노동기구 워싱턴지부 이사)

기술이 우리의 살아가는 방식과 일하는 방식을 바꾸고 있다는 것은 알지만 그로 인해 어떤 영향이 미칠지 확실히 알지 못한다. 그러나 미래의 여러 가지 모습을 상상할 수 있으면 그중에서 선호하는 미래로 가는 길을 만들기 시작할 수 있다. 이 전망 보고서에서는 우리가 이미 알고 있는 것들을 조사해서 수록하였으며, 시민과 정책 입안자들이 선호하는 미래를 건설하기 위해 취할 수 있는 실행 전략들을 도출하였다.
- 존 M. 카멘스키(IBM 정부 사업 센터 수석 연구원)

국가 경제의 많은 부문에서 디지털 전환이 어떤 영향을 미칠지 전 세계적으로 많은 논의가 진행되고 있는 시점에 이 책은 중요한 영향을 미친다.
- 헤이즐 헨더슨(미국 ETHICAL MARKETS MEDIA의 CEO)

우리 모두는 불확실한 미래에 각자의 영역에서 어떻게 대처해야 할지 잘 알지 못한다. 이 책에 제시되어 있는 많은 아이디어와 해결책이 우리의 이러한 고민을 해결해 준다.
- 브록 힌즈만(비즈니스 미래 네트워크 – 런던/실리콘 밸리/도쿄)

 이 전망 보고서에 제시된 연구 내용은 전 세계에서 오랜 시간 동안 진행된 결과물로, 빠르게 변화하는 복잡한 미래의 일자리 모델을 이해하는 데 큰 도움이 된다. 이 책에 제시된 세 가지 시나리오를 읽으면 미래의 일자리가 어떻게 변화하고, 이와 관련해서 우리의 생각이 어떻게 바뀌어야 하는지도 알 수 있다.
- 올레 빈터만(독일 베텔스만재단)

목차

추천사·004

목차·008

감사의 글·018

저자 서문·020

역자 서문·024

SUMMARY 2050 일자리/기술 전망 개요·029

SCENARIOS 2050 일자리/기술 세 가지 시나리오·041

SCENARIO 1 2050, 첫 번째 시나리오: 모든 것이 복잡한 세상·043

근로 노동자와 자영업자의 혼재·047

2020년대에 개발된 기술이 2050년의 기반 조성·049

전 세계 차세대 기술 사용 및 영향의 불균등·052

의료, 농업, 에너지, 제조 분야의 합성생물학 산업·054

세계경제대불황을 극복한 미래 경제·056

2035년 이후 자리 잡은 보편적 기본 소득·058

차세대 기술이 모든 일자리를 대체? 오히려 근로자를 증강·061

정보 권력으로 차세대 기술 규제·063

2035년을 기점으로 STEM 교육이 고용 창출에 무용·065

노인들을 위한 i-Assist 로봇의 성공·066

예술, 미디어, 정치의 동맹: 경제와 문화 변화의 촉매제·068

사이버 세계에 대한 경계 강화·070

노동조합의 새로운 역할·072

욕구 과부하와 우주 이주·074

SCENARIO 2

2050, 두 번째 시나리오: 정치와 경제 혼란으로 절망적인 미래·075

차세대 기술에 소외된 자들의 암울한 미래·079

기술 발전으로 인한 실업·082

사회적 갈등·084

좁은 인공지능, 일반 인공지능, 슈퍼 인공지능, 기타 차세대 기술·087

차세대 기술에 대한 글로벌 규제 문제·089

반과학 및 네오러다이트 운동·093

지정학적 혼란·095

슈퍼 인공지능 전망 – 인류의 불안한 미래·098

SCENARIO 3 　2050, 세 번째 시나리오: 자아실현경제 시대,
경제 활동에서 자유로운 인간·101

생활비 절감 요인·105

새로운 소득원, 자아실현경제 구현·108

기술적 요소들·114

일자리 및 경제에 관련된 문화의 본질이 변화·121

오래된 문제를 해결하기 위한 새로운 기구들·127

세 가지 시나리오를 마치면서·131

WORKSHOP 　실행 전략을 수립하기 위한 국제 워크숍·135

ACTIONS 　2050 일자리/기술 미래 전망과 실행 전략·141

ACTION 1
GOVERNMENT
GOVERNANCE 　실행 전략 – 정부와 거버넌스·145

01 　미래 기술로 인한 입법, 사법, 행정 영향 예측 및 평가 부처
　　신설·152

02 　인공지능 관련 국제 기구와 국제 표준·156

03 　긍정/부정 선례 지표 및 모델을 시스템으로 개발 – 국가미래
　　지수·161

04 　국가 집단지성 시스템 의사결정에 모든 사람 참여·165

05	합성생물학 관련 국가/국제 관리 체계 수립·170
06	국제과학기술기구 창설 – 전 세계적인 온라인 집단지성 플랫폼·174
07	보편적 기본 소득 실행 타당성 검토·178
08	보편적 기본 소득 구축 전, 국제적인 조정 작업·182
09	로봇 및 차세대 기술에 과세·186
10	의사결정 거버넌스에 인공지능 적용·190
11	정치인들을 위한 교육 프로그램 만들기·194
12	자영업 이슈를 정당 아젠다와 선언문에 포함·197
13	기술/서비스 매칭 온라인 플랫폼 구축·200
14	기술 재교육을 위한 주문형 바우처 도입·202
15	미래 기술을 반영한 평생 학습 모델 개발·204
16	저소득 계층의 자급 가능 연금 제도 구축·206
17	조직 범죄에 대한 글로벌 대응 체제 구축·208
18	레저, 문화, 관광, 오락 산업 촉진·210
19	정부와 국민 사이에 새로운 사회적 계약 체결·213
20	미래 인간을 위한 거버넌스 개발·216
21	자원 공유 글로벌 시스템 구축·219
22	증강 인간과 비증강 인간 사이의 갈등 해소 방안 연구·222
추가	정부와 거버넌스 부문 추가 전략·225

ACTION 2 BUSINESS LABOR 실행 전략 – 기업과 노동 · 229

- 01 부의 편중 해소, 크라우드소싱 활성화 · 236
- 02 개인용 인공지능/아바타 개발 · 241
- 03 1인 자영업 노동자를 위한 노동조합 설립 · 245
- 04 차세대 기술, 미래 직무 기술, 재교육 데이터베이스 구축 · 247
- 05 개인용 증강 천재 앱 개발 · 250
- 06 노동조합, 노동 대체보다 증강 운동 시작에 주력 · 253
- 07 보편적 기본 소득 시스템 구축 · 256
- 08 새로운 형식의 경제와 일자리에 부응하는 문화적 전환 모색 · 260
- 09 소득 격차 해소, 글로벌 자선 단체 설립 · 262
- 10 자영업 경제와 자아실현경제 탐색, 월드 사이버 게임 개발 · 265
- 11 소득 격차와 부의 집중 해소, 장기 전략 개발 · 267
- 12 윤리적, 미학적, 사회적 가치 만들기 · 270
- 13 블록체인 및 암호화폐 관련 법적 프레임워크 구축 · 272
- 14 전문가 네트워크 방식의 회사 경영 · 274
- 15 기업의 경험 생산 장려 – 지식의 상품화 · 277
- 16 이슈/관측 탐지 플랫폼 구축 – 고용/기술 동향 추적 · 279
- 17 노동자 권리에 대한 사회적 계약 재정의 · 281
- 18 기업의 사회적 책임 강화 · 284
- 19 협동 지성, 경쟁 정보, 교수 전략 가르치기 · 288
- 추가 기업과 노동 부문 추가 전략 · 290

ACTION 3
SCIENCE
TECHNOLOGY

실행 전략 – 과학과 기술·293

01	기술평가기구 설립·300	
02	과학 기술 관련 조직 리더들의 활발한 활동·306	
03	인공지능 관련 국제 표준 및 거버넌스 시스템 개발·311	
04	일반 인공지능 개발 로드맵 구축 및 추적 결과 공유·316	
05	국가적, 국제적인 법적 프레임워크와 조약 만들기·320	
06	국제과학기술기구를 온라인 집단지성 시스템으로 설립·324	
07	합성생물학의 일자리 창출 규모를 예측·328	
08	차세대 기술의 시너지 및 잠재적인 영향력 예측·331	
09	과학적 사실 확립 후 전달 – 인공지능이 만드는 허위 정보 대응·334	
10	사물인터넷 관련 정책과 표준 수립·337	
11	국가 차원의 기술 TF에 과학기술계 리더 참여·340	
12	차세대 기술로 인한 실업 해소 및 인간 근로자 확대를 위한 연구·343	
13	인류 생존을 위한 우주 이주 지원·347	
14	태양 에너지 자율 운반체 개발 – 도시의 무료 개인 운송·350	
15	창의적 개발, 비전공자의 고급 기술 개발 참여·352
추가	과학과 기술 부문 추가 전략·356

ACTION 4　EDUCATION LEARNING

실행 전략 - 교육과 학습 ·361

- 01　개인의 지능 향상을 국가 교육 목표로 설정 ·368
- 02　교육/훈련 시스템의 목적을 기술 숙달로 전환 ·371
- 03　STEM과 병행하는 하이브리드 시스템 구축 ·374
- 04　창의성, 비판적 사고, 기업가 정신, 윤리 등의 개발에 집중 ·377
- 05　학습 및 교수 방법의 지속적인 개선에 신경과학 활용 ·380
- 06　유비쿼터스 및 평생 학습 시스템 개발 ·383
- 07　대학교와 직업훈련센터 통합, 외부 프로젝트와 학교 협력 활성화 ·385
- 08　로봇과 인공지능을 교육에 활용 ·387
- 09　혁신적 기술과 팀 기업가 정신을 교육 ·389
- 10　자영업 활성화를 염두에 둔 커리큘럼 변경 ·392
- 11　생활지도 카운슬러 양성 - 미래 지향성 강화 ·395
- 12　교육 공동체의 육아 책임 분담 ·397
- 13　학습 시스템을 지속적으로 개선하는 공동체 구성 ·400
- 14　시뮬레이션 기반 학습을 기존 학습에 통합 ·402
- 15　보안 문제 대응 능력 학습 ·405
- 16　취업 중개 시스템을 교육 및 고용 시스템에 통합 ·407
- 17　사회 전 구성원이 참여하여 평생 학습 모델 구축 ·410
- 18　출생 후 3세까지의 학습 시스템 구축 ·412

19	이슈 해결 전략을 홍보하는 일에 유명인 활용·415	
20	커리큘럼에 역사와 미래학 포함·418	
추가	교육과 학습 부문 추가 전략·421	

ACTION 5 CULTURE, ART, MEDIA

실행 전략 - 문화, 예술, 미디어·425

01	일자리/기술 문제 해결을 위해 필요한 문화적 변화 연구·432
02	일자리/기술 담당자가 문화 예술 분야의 사람들과 함께 작업·436
03	가상 현실, 실제 현실, 증강 현실을 수용하는 문화 조성·441
04	증강 인간과 비증강 인간 사이의 갈등과 편견 해소·444
05	변성 의식 상태 기술 개발·447
06	실직자와 증강 천재도 수용 가능한 사회적 계약 문화 조성·451
07	새로운 문화 패러다임 캠페인 진행·455
08	과학과 기술을 대중에게 홍보 - 사회/예술 캠페인 진행·458
09	새로운 사회 운동을 진행할 연합체 구성·461
10	재택 근무자와 청소년의 사회적 고립 방지책 연구·464
11	일의 목적을 생계가 아닌 자아 실현의 수단으로 규정·468
12	3가지 시나리오에서 제기된 문제를 해결하는 협력 부서 신설·471
13	차세대 기술이 문화에 미치는 영향을 파악하는 정부 기관 신설·473
14	'완전체 아이돌' 같은 문화 템플릿을 공익 서비스에 활용·476

15	기술/경제 체제 전환, 새로운 가치 강화 – 국가간 문화 활동 지원 · 478
16	지역사회 주요 시설을 차세대 기술/디지털 연결 장소로 활용 · 480
17	밀레니엄 프로젝트의 연구 결과 공유 · 483
추가	문화, 예술, 미디어 부문 추가 전략 · 486

CONCLUSION 결론 · 491

PANEL 실시간 델파이 패널 통계 데이터 · 497

MP NODE 밀레니엄 프로젝트 노드 · 503

미주 · 511

찾아보기 · 519

감사의 글

65개 밀레니엄 프로젝트 노드의 의장, 공동 의장, 회원들에게 감사한다. 이번 연구를 위해 9번에 걸쳐 진행된 실시간 델파이 연구에 약 500명이 참석했는데, 이들을 선정하는 작업에 노드 회원들이 수고를 해 주었다. 또한 국제 워크숍에 참석하고, 설문지와 시나리오를 번역해 준 수백 명의 사람들에게도 감사의 말을 전한다. 밀레니엄 프로젝트에서 진행하는 모든 작업과 연구의 성공에는 노드 의장들의 헌신적인 노고가 있었다. 이들에게 특별한 감사 인사를 하지 않을 수 없다.

밀레니엄 프로젝트 연구소장인 엘리자베스 플로레스는 9번의 실시간 델파이 연구를 진행하여 방대한 양의 결과물을 확보했다. 그녀에게 감사한다.

3년 동안 진행된 이번 연구에 조언을 아끼지 않은 분들이 있다. 아마라 안젤리카, 마샬 브레인, 클렘 베졸드, 찰스 브라스, 데니스 부시넬, 헥터 카사누에바, 푸에시 차드하리, 호세 코르데이로, 코넬리아 다하임, 오데트 보어다이넬, 낸시 도날드슨, 로버트 핀켈스타인, 엘리자베스 플로레스쿠, 토마스 프레이, 앤디 고든, 시어도어 고든, 미구엘 구티에레즈, 윌리엄 할랄, 헤이즐 헨더슨, 제임스 호슈슈펜더, 앤서니 저지, 맥심 코트세미르, 카델 라스트, 마이클 마리엔, 버나드 메타이스, 프란시스코 호세 모히카, 찰스 오스만, 볼프강 프라이스, 샌더 라빈, 고트존 사가르디, 야사르 샤하이, 칼 슈뢰더, 짐 스포러, 스튜어트 움플비, 미크스 업에닉스, 폴 베르보스, 데이비드 우드, 이본 주가스티. 이들에게 감사한다.

밀레니엄 프로젝트 인턴들은 이 보고서에 필요한 연구를 진행했으며, 전 세계의 미래 지성 시스템을 구성한 이들도 이 보고서에 일조하였다. 자라 아스가르, 일레인 카발헤이로, 안토니야 디네바, 에린 플래너리, 하젤 하디안, 클레리세 헤인즈, 한채빈, 홍석류, 이판 후, 매리트 헌트, 니콜로 인비디아, 럭싱 지앙, 매튜 존스, 강시옹시옹, 하야토 카츠키, 슈라이크 카날, 김지민, 주드 헤리자디 쿠르니아완, 게마 레온, 조셉 레오나르드, 펑 리, 지루이 랴오, 재클린 말라레, 엘리너 마르티네즈, 제인 나카사무, 산지아나 오낙, 브렌다 온고라 야꼽, 베로니카 파라, 에미르 라코스, 게오르그 암스트롱, 저우이 렌, 디야 리즈미, 니콜라스 류, 시야마 사다시프, 시다 슈, 수라즈 수드, 한나 소르봄, 하자르 타지, 미크스 업에닉스, 나자 위프, 루아이 요세프, 지칭 장. 이들에게 감사한다.

2050 일자리/기술 시나리오를 만든 후 추가 워크숍을 주선한 코넬리아 다하임과 편집과 교정을 맡아서 진행한 오데트 보어 디넬과 엘리자베스 플로레스쿠에게 특별한 고마움을 전한다. 엘리자베스는 본문, 차트, 표의 편집을 맡아서 해 주었다. 볼리비아 노드의 후안 알베르토 프로스페리 아그레다가 몇 가지 그림을 제공했다. 파키스탄 노드의 의장과 공동 의장인 푸에쉬 차드 하리와 샤히드 마흐무드가 디자인 작업을 주도해서 진행하였다. 이들에게 감사한다.

무엇보다 독자 여러분들의 관심과 기부금이 우리의 작업을 계속 이끌고 있으며, 이에 감사의 말을 전한다.

– 박영숙, (사)유엔미래포럼 대표

저자 서문

미래에 인공지능과 로봇공학이 잠재적으로 미칠 영향은 일상적인 대화와 연구에 주요 주제가 되었지만 불행하게도 대화와 연구에서 좁은 인공지능, 일반 인공지능, 슈퍼 인공지능을 구분하지 않는다. 이 세 인공지능이 미치는 영향은 매우 다름에도 불구하고 구분 없이 인공지능이 미치는 영향을 논의하는 것은 정보화 시대에 팩스와 인터넷이 미치는 영향이 동일하다는 가정하에서 논의를 하는 것과 같다. 물론 둘 다 정보 기술의 산물이지만 팩스와 인터넷이 미치는 영향은 너무나 다르다. 이 책의 2050 일자리/기술 세 가지 시나리오 파트를 읽다 보면 좁은 인공지능, 일반 인공지능, 슈퍼 인공지능이 왜 다른지를 확실히 알 수 있을 것이다.

우리는 기계 지능뿐만 아니라 모든 분야의 차세대 기술이 미치는 영향권 안으로 들어갈 것이다. 합성생물학, 유전체학, 3D/4D 인쇄 및 바이오 인쇄, 사물인터넷, 인간 증강 지능, 텔레프레즌스와 홀로그램 통신, 드론과 다른 자율 주행 차량, 나노 기술, 계산 과학, 가상 현실, 증강 현실, 블록체인, 클라우드 분석, 양자 컴퓨팅, 집단지성 등이 차세대 기술에 해당된다. 그리고 이들 기술 사이에서 일어나는 시너지 효과도 무시할 수 없을 것이다.

3년 전에 이 연구가 시작될 때 미래 일자리 기술을 다루는 어떤 연구에서도 합성생물학이 언급되지 않았다. 그러나 합성생물학은 증기엔진만큼 우리의 미래에 큰 영향을 미칠 것이다. 다른 차세대 기술들도 일부만 언급되었다. 그리고 한 나라에서 하나의 산업에만 집중하는 듯 했다. 그러나 하나의 산업이 그 나라에만 국한되지 않고 전 세계에 영향을 미치고 상호 작용한다. 문화와 경제 시스템이 크게 변화하려면 20년 이상이 필요하다. 교육 개선을 위해 창의성 교육과 STEM 교육에 집중해야 한다는 것 이외에 다른 것을 추천한 사람은 거의 없었다.

이 연구는 2050년을 기점으로 차세대 기술로 인해 사회, 문화, 경제 시스템이 어떻게 변할지를 가늠했으며, 세 가지 시나리오와 나라별 워크숍을 통해 94개의 실행 전략을 도출하였다(STEM도 실행 전략들 중 하나이다). 94개의 실행 전략은 국제 패널들의 평가를 거쳐서 확정되었으며, 국제 패널은 117개의 전략을 추가로 제안하였다. 예측된 변화의 폭은 매우 커서 STEM만으로는 감당할 수 없을 정도였다. 모든 실행 전략을 관련성에 따라 다섯 부문, 기업과 노동, 정부와 거버넌스, 문화/예술/미디어, 교육과 학습, 과학과 기술로 분류하였다.

많은 사람들은 농업 시대부터 산업 시대와 정보화 시대에 이르기까지 모든 기술 혁명에서 일자리가 더 많이 만들어졌다고 주장했다. 이 말은 사실이다. 그러나 이번에는 다르다. 다음 7가지가 지금까지와는 다른 점이다.

1) 기술 변화가 빠르다.
2) 전 세계가 하나로 묶여 있으며, 상호 작용성도 높다. 그리고 차세대 기술들 사이의 시너지 효과도 높다.
3) 인터넷 같은 글로벌 플랫폼이 존재한다. 인터넷을 통해 기술을 동시에 전파하고 활용할 수 있다.

4) 데이터베이스와 프로토콜이 표준화되어 있다.
5) 개인과 문화가 변화에 적응할 시간이 있다.
6) 비교적 민주적인 자유 시장에서 수십억 명의 사람들이 활동을 시작할 수 있다.
7) 기계가 인간이 하는 것을 배워서 인간보다 더 잘 한다.

무엇보다 부가 집중되고, 소득 격차가 커지며, 일자리 없는 경제 성장이 일상이 되며, 자본과 기술에 대한 투자 수익이 일반적으로 노동보다 더 좋아진다. 인건비가 상승하고 인공지능 및 로봇 비용이 하락하면서 제조와 서비스 부문 실업률이 증가할 것으로 예상된다. 이런 상황에 어떻게 대처해야 하는가? 밀레니엄 프로젝트는 이 질문에 대한 답의 폭과 깊이를 더하기 위해 3개년 연구를 진행하기로 결정했다.

밀레니엄 프로젝트는 국제 기구, 정부, 기업, NGO, 대학에서 일하고 있는 미래학자, 연구원, 과학자, 사업가, 정책 입안자들이 자발적으로 시간을 내서 참여하고 있는 글로벌 싱크탱크이다. 밀레니엄 프로젝트는 펜실베니아 대학의 GoTo Think Index 2013-2018에서 새로운 아이디어와 패러다임 부문과 최고 품질 보증 및 무결성 정책과 절차 부문에서 상위에 올랐다. 그리고 집단지성 시스템 혁신 관련해서 2012 컴퓨터월드 영예 수상자로 선정된 바 있다.

밀레니엄 프로젝트의 목적은 미래 연구 조직을 지원하고, 미래에 관한 생각을 적극적으로 하는 것이다. 그리고 도출된 생각을 다양한 매체를 통해 알리고, 의사 결정, 고급 훈련, 대중 교육, 피드백에서 활용할 수 있게 해서 미래에 대한 지혜가 커지게 만드는 것이다. 세계 각지에 있는 65개의 밀레니엄 프로젝트 노드에서 다양한 의견과 시각이 제시되고 있다. 노드에는 개인과 조직이 회원으로 참여하고 있으며, 이들은 글로벌 및 로컬 관점에서 서로 연결되어 있다. 이들은 연구 참가자를 선정하고, 인터뷰를 진행하고, 각종 문서를 번역 및 배포하고, 연구 및 회의를 주관한다. 이들의 헌신이 없었다면 이 보고서도 만들어지지 못했을 것이다. 밀레니엄 프로젝트에서 진행한 모든 작업은 65개 노드에서 자발적으로 활동하는 회원들 덕분이다.

밀레니엄 프로젝트는 연구, 간행물 발간, 컨퍼런스 연설, 나라별 노드 활동을 통해 자유로운 탐구 및 피드백이 보장된 국제적인 협업 정신을 키우고 있다. 이를 통해 인간의 사회적, 기술적, 환경적 생존력을 발전적으로 개선하는 것이 밀레니엄 프로젝트의 목표이다. 이 보고서에 있는 내용들 중 의견이 있으면 언제든지 Jerome.Glenn@Millennium-Project.org로 연락하기 바란다. 독자 여러분의 의견은 밀레니엄 프로젝트의 향후 작업에 도움이 될 것이다.

- 제롬 C. 글렌, 밀레니엄 프로젝트 회장

역자 서문: 30년 후 미래 일자리와 기술을 예측하다

미래학은 개인, 기업, 국가가 예상치 못한 위험을 사전에 감지하고 이를 대비하게 하는 실천적 학문이다. 미래학자는 미래의 거시적 흐름을 연구하여 10년, 20년, 30년 후에 우리에게 펼쳐질 미래의 방향성을 제시한다. 특히 현대 사회는 기술의 빠른 진화로 변화의 속도가 가속화되면서 불확실성도 점점 커지고 있다. 이 상황에서 미래의 메가트렌드를 잘 예측할 수만 있다면 적절하게 대처할 수 있어서 바람직한 미래 사회로 진입할 수 있다.

이 책은 2050년까지 빠르게 발전하는 차세대 기술로 인해 일자리가 어떻게 변할지를 예측한다.

이 책이 주목받아야 하는 이유는 전 세계 50개국 450여명의 미래학자와 분야별 전문가들의 의견이 수록되어 있기 때문이다.

전문가들의 의견을 도출하기 위하여 실시간 델파이 조사를 진행하였다. 델파이 조사에서 연구 내용을 검토하고, 시나리오를 만들 때 고려해야 할 사항을 공유하고, 각국의 워크숍을 통해 시나리오에서 제기된 장기 전략을 확인하였다. 도출된 제안을 5개 부문(정부와 거버넌스, 기업과 노동, 교육과 학습, 과학과 기술, 문화/예술/미디어)으로 분류하고, 전문가 채널의 평가를 거친 후, 결과를 종합하였다. 이 결과를 각 나라와 공유하고 그들로부터 받은 의견을 반영함으로써 최종 보고서가 완성되었다. 이와 같은 7개의 단계를 거치는 데 3년의 기간이 소요되었으며, 이 책은 최종 보고서의 내용을 담고 있다.

글로벌 미래 연구 싱크탱크인 밀레니엄 프로젝트The Millennium Project의 연구에 따르면 전 세계적으로 부의 집중은 심화되고, 소득 격차는 점점 확대되고 있으며, 고용 없는 경제 성장이 새로운 기준이 되고, 미래 기술은 인간 노동력의 상당 부분을 대체할 것이라고 한다.

이 시점에 우리는 인공지능, 로봇공학, 합성생물학, 나노 기술, 양자 컴퓨팅, 3D/4D 프린팅, 사물인터넷, 빅데이터, 가상 현실, 증강 현실, 홀로그램, 드론, 자율 주행 차량 등으로 대표되는 차세대 기술로 인한 일자리의 변화에 주목할 필요가 있다. 우리가 아무런 조처를 취하지 않으면 장기적인 실업이 일상화되고, 세계 인구의 절반이 실업자가 되어 사회적 혼란을 피할 수 없을 것이다. 이런 상황에서 우리는 무엇을 해야 할지 고민할 필요가 있다. 그 해답을 찾기 위해 밀레니엄 프로젝트는 이 연구를 수행하였다.

밀레니엄 프로젝트는 2050 일자리/기술에 대하여 세 가지 시나리오를 도출하였다.

첫 번째 시나리오인 '모든 것이 복잡한 세상'에서는 그저 그렇게 지금처럼 준비를 조금씩 하면 미래 기술 발전에 대한 갈등과 반목 등이 발생하여 아주 복잡한 세상이 도래한다.

두 번째 시나리오인 '정치와 경제 혼란으로 절망적인 미래'에서는 정치 혼란이 심해지고, 과학 기술 투자가 전혀 이뤄지지 않으며, 사회 발전은 뒷전이 되어 미래는 거의 절망적인 최악의 상황이 된다.

세 번째 시나리오인 '자아실현경제 시대, 경제 활동에서 자유로운 인간'에서는 좋은 지도자의 등장으로 정치가 안정되고 미래의 차세대 기술과 새롭게 떠오르는 산업에 대규모 투자가 진행되면서 사회는 안정되어 보편적 기본 소득을 받게 되고, 갈등은 조정되어 빈부 격차가 해소된다. 궁극적으로 자아실현경제가 달성된다.

"미래는 기다리는 것이 아니라 우리가 선택하고 만들어 가는 것이다"라는 명언처럼 이 책이 바람직한 미래에 대한 나침반 역할을 할 수 있기를 기대한다.

이 책에 제시된 실행 전략들을 정부, 기업, 개인 수준에서 면밀히 연구하고 세부적인 실행 계획을 수립하는 일이 시급히 이루어지기를 고대한다.

이 책은 밀레니엄 프로젝트가 연구한 〈Work/Technology 2050〉의 내용을 (사)유엔미래포럼의 미래연구회 회원들이 옮긴 것이며, 본 연구와 관련된 다양한 연구 결과를 지속적으로 제공할 예정이다.

본 프로젝트를 위해 열정적인 지원과 관심을 보여준 밀레니엄 프로젝트의 제롬 글렌 회장과 한국 지부 (사)유엔미래포럼의 박영숙 대표께 감사를 드린다. 그리고 많은 도움을 아끼지 않은 미래연구회 회원 여러분들에게도 고마움을 전한다.

– 서형석, 남형근, 최연준, 여윤

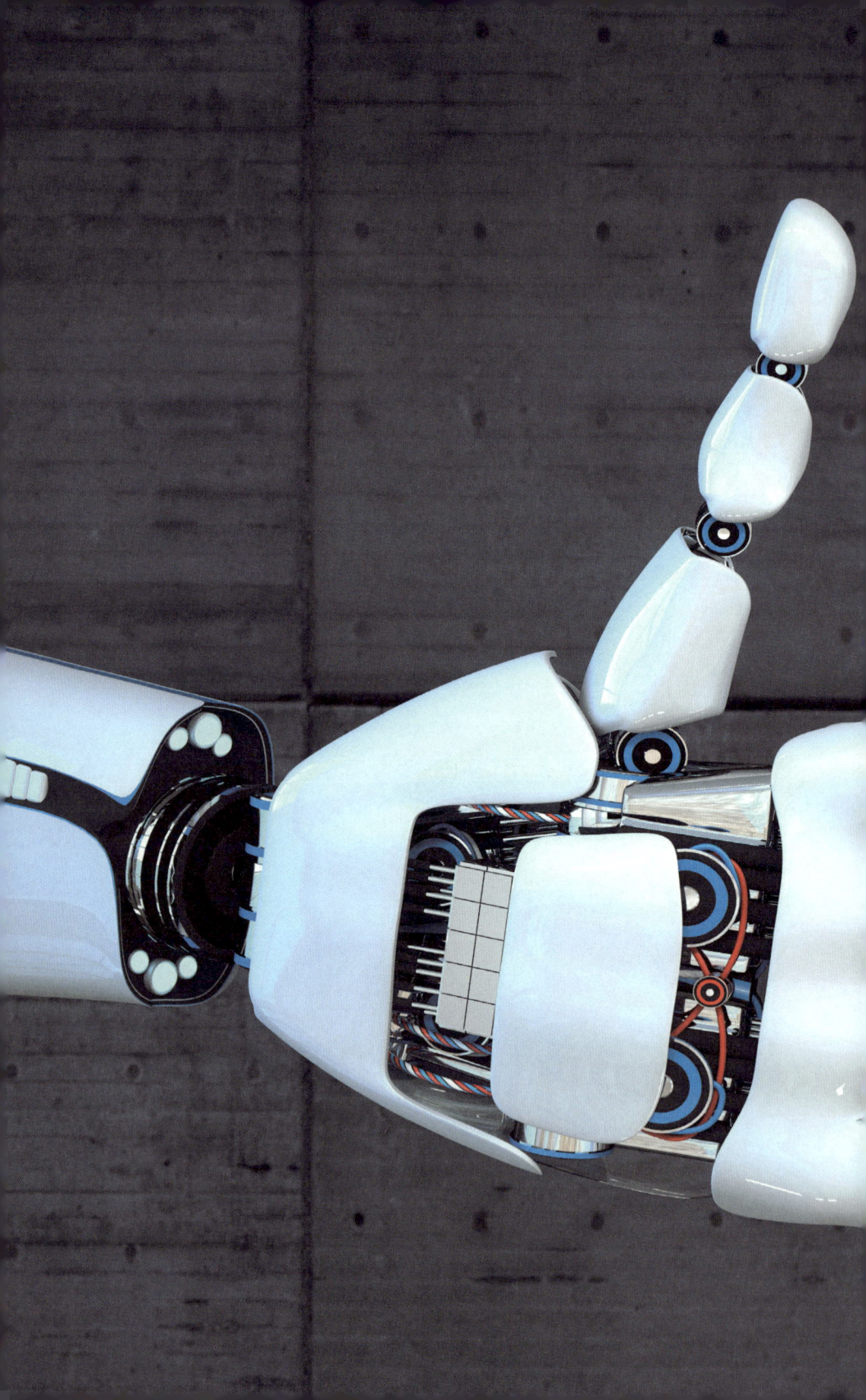

SUMMARY

2050 일자리/기술 전망 개요

예측 가능한 미래 기술은 일자리를 바꿀 뿐만 아니라 전 세계적으로 문화 기조도 변화시킬 것이다. 전 세계 각 나라는 부의 집중이 증가하고, 소득 격차가 커지고, 일자리 없는 경제 성장이 이상한 일이 아니게 되고, 자본과 기술에 대한 투자 수익이 일반적으로 노동보다 더 좋아지고, 미래 기술이 인간의 육체적, 정신적 노동 중 많은 부분을 대체하고, 장기적인 구조적 실업도 놀랍지 않은 일상적인 일이 된다는 것을 알고 있다. 그러나 세계 각 나라는 이들 이슈에 대한 대비책으로 과학, 기술, 공학, 수학 교육에 집중하는 것 이외에 다른 장기적인 전략은 마련하고 있지 못하다. STEM 교육을 개선하는 것은 좋은 일이다. 그러나 인공지능, 로봇공학, 3D/4D 인쇄, 합성생물학, 드론, 나노 기술, 계산 과학, 블록체인, 클라우드 분석, 인지 과학, 증강 인간 지능, 양자 컴퓨팅, 의식 기술, 이들 기술들 간의 시너지로 인해 야기되는 글로벌 실직에 대처하기에 STEM 교육 개선만으로는 역부족이다.

밀레니엄 프로젝트는 여러 분야의 다양한 기관들이 참여하는 국제적인 연구를 여러 해에 걸쳐 수행하였으며, 세계 각지의 전문가 패널들은 관심 사안을 평가하고 실행 전략들을 제시하였다. 이들의 평가와 실행 전략들은 2050 일자리/기술에 관련된 장기적인 사고와 전략 수립에 유용할 것이다. 연구 과정 중 첫 번째 단계에서 수집된 정보들을 근간으로 하여 세 가지의 2050 일자리/기술 시나리오를 도출하였다.

첫 번째 시나리오는 '모든 것이 복잡한 세상'이다. 변화 속도가 증가하는 데 비해 여느 때와 다름없는 수준으로 예측해서 움직이고, 단순한 지능과 어리석음으로 특징되는 의사결정으로 빠른 변화에 대응하지 못한다. 첨단 기술을 안정적으로 도입하지 못하며, 높은 실업률로 인해 정부가 장기 전략을 수립하지 못하고, 보편적 기본 소득도 제대로 정착시키지 못한다. 2050년에 이르러, 거대 기업의 힘이 커져서 정부의 통제를 벗어나게 되면서 정부/기업 연합체가 만들어지고, 가상 3D가 현실화되며, 세계는 다극 체제로 재편된다.

두 번째 시나리오는 '정치와 경제 혼란으로 절망적인 미래'이다. 정부는 일반 인공지능이 미치는 영향력을 예측하지 못하며, 2030년대에 실업자가 폭발적으로 늘어나고 2050년에 전 세계가 정치적 혼란에 빠지지만 이에 대처할 수 있는 전략을 마련하지 못한다. 사회적 양극화와 정치적 교착 상태가 여러 형식으로 커진다. 그리고 민족 국가, 거대 기업, 지역 군사화, 테러, 조직 범죄가 서로 얽히면서 세계 질서는 극도로 악화된다.

세 번째 시나리오는 '자아실현경제 시대, 경제 활동에서 자유로운 인간'이다. 정부는 일반 인공지능이 미칠 영향력을 예측하고, 보편적 기본 소득 체계를 단계적으로 도입하기 위한 연구를 광범위하게 진행하였으며, 자영업을 활성화시킨다. 고용 경제에서 자아실현경제로의 전환에 있어 수반되는 문화적 충격을 완화하는 일에 아티스트, 미디어, 연예인들이 큰 역할을 한다.

전 세계 밀레니엄 프로젝트 노드 의장들은 국가별로 워크숍을 진행하였고, 이 워크숍에 시나리오들의 세부 내용이 상정되었다. 워크숍의 목적은 시나리오들에서 제기된 이슈들을 해결하기 위한 전략을 도출하는 것이었다. 워크숍의 결과는 전 세계에 있는 전문가 패널의 평가를 거쳤으며, 거의 100개의 실행 전략이 나왔으며, 이들 실행 전략들을 다섯 부문으로 분류하였다. 또한 전문가 패널들은 각 실행 전략에 대해 점수를 매기고 자신들의 의견을 개진하였다. 각 부문에서 효과성이 가장 높게 나온 다섯 가지 실행 전략을 아래에 부문별로 정리해 두었다.

정부와 거버넌스

- 미래 기술이 정부의 입법, 사법, 행정 기능에 어떤 영향을 미칠 것인지를 알리는 예측 및 평가 부처를 만들기 바란다(가칭, 미래부). 이 부처는 가능한 한 독립적이어야 한다.
- 정부, 기업, 노동조합은 평생 학습 모델을 만들어야 하며, 미래 기술 요구 사항도 예측해야 한다.
- 미래에 인공지능, 전자 또는 다른 수단을 통해 기술적으로 증강된 인간과 증강되지 않은 인간 사이의 갈등을 막을 수 있는 방법을 연구해야 한다.
- 거버넌스 방법론을 만들어서 적용하기 전에 정치인들을 위한 교육 프로그램을 만든다.
- 2050년을 목표로 자원을 공유하기 위한 글로벌 시스템을 도입한다(과학 지식, 기술, 노동 등 모든 자원).

기업과 노동

- 기업과 직원이 경제적 가치와 물질적 가치 이외에 윤리적, 미학적, 사회적 가치를 만드는 방법을 개발한다.
- 노사정이 힘을 합쳐서 차세대 기술, 미래 직무 기술, 재교육 데이터베이스를 만든다.
- 미래의 글로벌 경제에서 노동자의 권리에 대한 사회적 계약을 새롭게 정의한다.
- 고용의 미래에 관한 토론을 하고 고용 및 기술 동향을 업데이트하는 이슈 탐색 혹은 관측 탐색 플랫폼을 인터넷에 만든다.
- 회사를 정적 계층으로 관리하지 않고 전문가 네트워크처럼 경영한다.

과학과 기술

- 정부의 과학 관련 연구소의 수장들과 과학과 기술 커뮤니티의 여러 리더들은 현재의 과학과 미래의 기술을 일반 대중에게 이해시키기 위해 많은 노력을 기울여야 한다.
- 사물인터넷은 미래의 사이버 보안 시스템에 큰 짐이 될 것이다. 따라서 사물인터넷과 관련해서 국가 차원의 정책과 표준을 만들어야 한다.
- 차세대 기술에 속하는 모든 기술이 어떤 시너지를 낼지를, 그리고 잠재적인 영향력이 무엇인지를 예측한다. 차세대 기술에는 인공지능, 로봇공학, 합성생물학, 나노 기술, 양자 컴퓨팅, 3D/4D 프린팅 및 바이오 프린팅, 사물인터넷, 드론(및 다른 자율 주행 차량), 가상 현실, 증강 현실, 클

라우드 분석, 의식 기술, 시맨틱 웹, 홀로그램 통신, 블록체인, 텔레프레즌스가 해당된다.
- 과학과 기술을 이끄는 사람들은 그 나라의 과학과 기술 국가 전략을 만들고, 정기적으로 업데이트하고, 구현하는 국가 차원의 팀에 참여해야 한다.
- 기술적 위험을 방지하고 인류에게 이익이 되는 기술을 장려할 수 있는 미래의 법적 책임 요건을 미리 준비하기 위해 과학 기술계와 법조계는 국가적으로, 국제적으로 협력해서 법적 프레임워크와 조약을 만들어야 한다.

교육과 학습

- 창의성, 비판적 사고, 인간 관계, 철학, 기업가 정신(개인과 팀), 예술 능력, 자영업 능력, 사회적 조화, 윤리, 가치를 개발하는 일에 더 많이 집중한다. 이를 통해 자신을 알아가고, 일과 삶을 균형감 있게 꾸려 나갈 수 있다. 또한 인생 목표와 목적이 진척되는 과정을 스스로 평가할 수도 있다(핀란드에서 많이 이루어짐).
- 커리큘럼에 역사를 넣을 때 미래학도 포함시킨다. 미래를 대체할 수 있는 비전, 예측, 잠재적 미래를 평가할 수 있는 능력을 가르친다.
- 장소에 상관 없이 원격 교육을 무료로 받게 한다. 이를 위해 유비쿼터스 및 평생 학습 시스템을 제공한다.

- 교육/훈련 시스템이 전문 지식을 익히는 것에서 기술을 숙달하는 쪽으로 넘어간다.
- STEM과 병행하여 하이브리드 시스템을 만든다. 이 시스템에서는 스스로 정한 진도에 따라 탐구 기반의 학습이 진행되며, 교육의 주된 목적은 자아 실현이어야 한다. 선생님은 새로운 인공지능 도구들을 학생들과 함께 사용하는 코치로서의 역할을 맡는다.

문화, 예술, 미디어

- 도서관, 사용되지 않는 우체국, 영화관, 국립공원, 박물관의 용도를 재조정해서 협업이 가능한 '메이커스페이스'로 만들거나 '창조적 장소 만들기' 방식을 적용하여 예술과 지역사회가 통합된 허브로 만든다. 이곳에서는 창의적인 협력 활동이 이루어지고, 평생 교육이 진행되며, 문화 교류가 일어날 것이다. 또한 이곳은 차세대 기술/디지털 연결 장소로서도 활용될 것이다.
- 증강된 인간과 증강되지 않은 인간 사이에 갈등이 생길 수 있고, 증강된 인간이 증강되지 않은 인간을 대할 때 편견이 있을 수 있다. 영화, 음악, TV 쇼, 컴퓨터 게임, 몰입형 미디어를 만들 때 이런 갈등과 편견을 배제하고 긍정적인 스토리 라인으로 구성하여, 증강된 인간의 문화가 진화하고 있다는 것을 보여준다.
- 기술/경제 체제가 다음 세대로 빠르게 변화하고 있으며 이에 맞추어 전환을 해야 한다. 이 전환을 돕기 위해 새로운 가치를 강화해야 하며, 이를 위해 다른 나라들과 공동의 문화 활동을 지원한다.

- 새로운 사회 운동을 진행하고 돕는 협회, 지식 공동체, 예술/미디어 연합을 만든다. 새롭게 진행될 사회 운동 주제는 새로운 규범이 되는 자영업, 인간을 대체하기 보다는 인간 능력을 증강시키는 기술, 자아실현경제, 사람을 대체하는 인공지능 등에 투자, 에코 공감, 미디어에서 긍정적인 전략 관련 좋은 소식 전하기 등 매우 다양할 것이다.
- 일을 하는 목적을 자아 실현으로 확대해서 잡는다. 기존에는 직업에서 자신의 정체성을 찾고, 사회에서 가치를 인정 받고, 자존감을 얻었다. 그러나 이제는 나의 인생을 어떻게 고유하게 만들어 나갈 것인지에 집중하고, 나의 인생에 목적을 부여하는 방향으로 나가야 한다. 즉 내 인생 자체가 나의 정체성이고 가치이자 자존감이어야 한다.

종합해 보면, 이 책에서 제안하는 모든 실행 전략은 앞으로 다가올 새로운 경제 체제를 더 인간적이고, 더 평화적이고, 더 평등하게 만드는 데 도움이 될 것이다.

다섯 부문의 모든 실행 전략들은 서로 영향을 미쳐서 더 강화된다. STEM에만 집중하는 것으로 충분치 않다. 정부, 기업, 노동, 문화, 예술, 과학, 기술, 교육, 학습에 관련된 전략이 모두 필요하다. 실행 전략들에 대해 국제 패널들이 제시한 의견들은 각 나라 상황에 맞게 어떤 전략을 선택하고 구현해야 할지 결정할 때 유용하게 활용된다.

사회, 정치, 경제 시스템이 현 상태대로 지속되는 상황에서 기술 발전이 가속화되고, 통합 및 세계화가 계속된다면 2050년에 전 세계 인구의 반이 실업자가 될 것이라고 믿는 인공지능 전문가들이 점점 더 많아지고 있다.

'미래 일자리' 관련 연구들이 기존에 많이 있었다. 그 연구들에 비해 이 책이 왜 독특한가? 이 책은 국가 단위 연구가 아닌 국제 단위 연구의 산물이다. 시나리오를 도출하기 위해 9번의 실시간 델파이 연구가 진행되었으며, 5개 부문의 실행 전략 선정 작업에 50개 나라에서 450명 이상의 미래학자, 인공지능 전문가, 경제학자, 예술가, 교육자, 과학자, 엔지니어, 유관 전문가들이 참여했다. 또한 이 연구는 한 나라의 특정 산업이 아니라 전 세계의 장기적인 사회 경제 상황을 중심에 두고 진행되었다는 점에서 기존 미래 일자리 연구들과 차별화된다.

대부분의 미래 연구에서는 좁은 인공지능과 로봇이 일자리에 어떤 영향을 미칠지를 조사했으며, 일반 인공지능, 양자 컴퓨팅, 합성생물학, 나노 기술, 다른 차세대 기술, 이들 기술이 내는 시너지에 대해서는 소홀하였다. 이 책에서 2050년을 기준으로 설정한 이유는 차세대 기술로 인한 1차 결과뿐만 아니라 2차 결과와 3차 결과도 볼 수 있기 때문이었다. 또한 새로운 경제 기술 체제로의 전환을 돕는 문화적 변화에 관해 이야기하기에 충분한 시간을 확보할 수 있기 때문이기도 했다. 미래 일자리 연구들 중 미래 시나리오를 자세히 도출하고, 국가별로 워크숍을 개최하여 도출된 시나리오를 토대로 일자리와 기술에 대한 장기 이슈를 해결하기 위한 전략을 수립하는 연구를 본 적이 없으며, 우리 연구가 유일무이하다. 결과적으로 이 책의 주된 목적은 어느 시점에 얼마나 많은 수의 실업자가 생길 것인지가 아니라 '우리가 할 수 있는 것'을 찾아서 그것에 집중하는 것이다.

SCENARIO 1

2050, 첫 번째 시나리오

모든 것이 복잡한 세상

21세기초 많은 사람들은 미래 사회에 대량 실업이 만연할 것으로 예측했으며, 주된 근거는 인공지능, 로봇공학, 기타 기술이 발전하면서 이들 기술이 인간 노동력을 대체할 것으로 전망했기 때문이다. 지금에 이르러 그 걱정스러운 전망이 현실화되지는 않았다. 그러나 새로운 생각을 자극하는 데 중요한 역할을 한 것은 누구도 부인할 수 없는 사실이다.

인간의 창의력은 놀랍다. 오늘날, 합성생물학synthetic biology과 새로운 산업 부문에서의 고용이 급증하고 있다. 그러나 많은 사람들이 성공을 위해 자영업에 도전하고 있으며, 그 수는 전 세계적으로 20억 명에 이를 정도로 많다. 20억 명 중에서 반 정도인 10억 명은 경제적으로 안정되어 있지 않다. 전 세계 각지에서 시행되고 있는 기본 소득 보장 계획들 중 일부는 장기적인 구조적 실업에 직면한 사람들과 완전한 자립에 시간이 오래 걸리는 자영업자들로부터 촉발될 것으로 예상되는 사회적 혼란을 줄이는 데 도움이 되었다.

현재 전 세계 노동자 수는 60억 명이다. 이 중 20억 명은 근로소득자이고, 20억 명은 자영업자이며, 10억 명은 비공식 경제informal economy에 속해 있다. 나머지 10억 명은 비고용 상태이거나 다른 영역으로 전환 중에 있다. 21세기 초의 고용 인구는 약 30억 명이었는데, 2050년 현재 피고용 상태이거나 자영업 상태인 고용 인구는 40억 명에 이른다. 여기서 유추할 수 있는 것은 지난 수십 년 동안 차세대 기술이 나오면서, 대체된 고용 인구보다 새로운 유형의 고용이 훨씬 더 많은 고용 인구를 창출했다는 점이다. 불행하게도 약 10억 명의 사람은 나머지 50억 명과 달리 고용 시장에 성공적으로 진입하지 못한 상태다.

한편, 사이버 음모가 널리 확산되면서 더 복잡해지고 있으며, 조직화된 사이버 범죄는 정부의 결정까지 조작하고 있다. 이와 더불어 세계 각지에서 사람의 마음과 기계를 융합하는 연구가 지속됨에 따라 많은 사람들은 누구를 신뢰해야 하는지 혹은 무엇을 신뢰해야 하는지 확신하지 못하는 상황에 직면해 있다. 브레인 투 브레인 인터페이스brain-to-brain interface는 언제든지 해킹당할 수 있다. 정치, 경제, 환경(지구 온난화 포함) 요인으로 인해 발생하는 대규모 이주는 지구촌 안보를 지속적으로 위협하고 있다. 또한 지구 온난화로 인해 자연 재해가 계속 발생하고 있으며, 거대 기업의 권력이 너무 커진 나머지 정부의 통제가 미치지 못하는 상황도 생기고 있다. 현재 인도는 전 세계에서 인구가 가장 많은 나라지만 중국 경제가 인도에 비해 여전히 더 강력하다. 그러나 정부와 기업이 연계되고, 가상 3차원이 보편화되고, 다극 체제가 실현되는 2050년이 되면 전 세계에 미치는 영향력 측면에서 인도가 중국을 압도할 것이다.

근로 노동자와 자영업자의 혼재

고용주에게 고용되어 있는 근로자는 크게 정부 부문과 민간 부문에서 일하고 있는데, 이들이 속한 영역으로는 합성생물학, 인공지능 지원 시스템, 도시 관리, 인간과 인공지능이 융합된 의식 기술Conscious Technology, 가상현실을 이용한 자기 개발 목적의 관광, 개인 연결 및 개발 서비스, 문명 사회의 유지 및 관리에 필요한 여러 분야가 있다. 고용주에게 고용된 근로자 외에 프리랜서와 같이 근무 시간을 자유롭게 선택해서 일하는 근로자 그룹이 있다. 이 그룹에 속한 근로자들의 개인 인공지능 아바타는 사이버나우CyberNow[1]에서 일을 찾고, 블록체인에 기록되어 있는 인공지능 스마트 계약자와 협상까지 진행한다. 이들 중 일부는 공유 경제에 편입되어 일을 하고, 또 다른 일부는 사이버 탐험가로써 매일 같이 새로운 종류의 일과 경험을 창출한다.

반복 작업이 기계와 소프트웨어로 대체됨에 따라 인간은 자연스레 반복적이지 않은 창의적인 작업에 더 많이 관여하게 되었다. 많은 사람들이 온라인으로 진행되는 자영업 훈련 프로그램에 등록했다. 혹은 라이브 휴먼 코치live human coaches와 함께하여, 불안과 우울을 극복하는 데 도움을 받고 어떤 종류의 삶을 살고 싶어하는지를 발견하게 되었다. 은퇴라는 개념은 거의 없어진다. 왜냐하면 대부분의 사람들이 타인에게 고용되어 일하기 보다는 관심 있는 이슈에 집중하기 때문에 우리가 흔히 알고 있는 은퇴 나이를 넘어서도 계속 일을 하기 때문이다.

녹색 경제, 일자리 나누기, STEMScience, Technology, Engineering, Mathematics 교육을 위한 노력으로 인해 최저 임금이나 최저 생활 임금이 증가하고, 정년 연장으로 인해 많은 이들의 정기적인 수입이 더 오래 유지된다. 그러나 전 세계 각지의 실업률 격차는 매우 큰 상태로 오래 지속된다. 불행하게도, 21세기 초에 비해 글로벌 경제 전망이 훨씬 더 좋음에도 불구하고 빠르게 변화하는 세계에서 경제적 불안정은 사라지지 않는다. 그 와중에 자영업자와 공유 경제에 속한 이들은 아이를 키우고, 새로운 생각을 하고, 인생을 즐기는 데 시간을 쓴다.

2050년 국가미래지수SOFI(State of the Future Index)는 2050년부터 2060년 사이의 연평균 개선율을 3%로 예측한다. 이 수치가 크지는 않지만 개선율이 없는 것보다는 좋다. (국가미래지수는 발전을 가늠하는 주요 측정치로써 GDP를 대체했으며 32개의 변수가 통합된다. 이 32개 변수는 향후 10년 동안 미래를 개선하는 데 중요한 것이 무엇이며, 진보와 퇴보 상황을 보여준다.)

2020년대에 개발된 기술이 2050년의 기반 조성

21세기 초반의 금융 위기 이후 몇 년 동안 투자가 이루어지지 않다가 2020년대 초반에 7~10조 달러의 돈이 차세대 기술, 특히 바이오 차세대 기술 사업에 투입되기 시작했다. 그리고 바이오 차세대 기술 사업에 대한 실험실 테스트에서 상용화 적합성이 입증되었고, 글로벌 경제 예측치에서도 적절한 안정성을 보여주었다.

2030년경 의료, 농업, 교육, 엔터테인먼트, 기타 산업과 서비스에서 차세대 기술 응용이 활성화되면서 막대한 부가 만들어졌다. 부유층은 지금도 이 차세대 기술에 투자해서 재산을 불리고 있으며, 새로 형성된 부 중 일부는 투자 크라우드소싱, 공유 경제 기업, 수익을 보장하는 몇 가지 체계들을 통해 일반 대중에게 확산되었다. 소득 격차가 좁혀지기 시작했지만 2020년대에는 소득 격차가 여전히 너무 컸다. 이로 인해 더 부유한 지역으로의 경제적 이주가 일어났고, 사회적 불안정으로 인해 몇 개 정부가 위기 직전까지 가기도 했다.

자동화 기술, 즉 인공지능, 로봇공학, 합성생물학, 3D/4D 프린팅 및 바이오 프린팅, 사물인터넷IoT(Internet of Things), 드론과 다른 자율 주행 차량, 나노 기술, 가상 현실VR(Virtual Reality), 증강 현실AR(Augmented Reality), 블록체인, 클라우드 분석, 그리고 이들 기술에 대한 시너지 효과를 만들어 내는 속도에 있어서 일부 나라는 다른 나라보다 뒤쳐지는 현상이 발생했다. (여기서 언급한 기술을 한 마디로 차세대 기술NT(Next Tech)이라고 한다.)

거의 모든 운송 수단은 전기와 수소로 움직이는 자율 시스템으로 바뀌었다. 대부분의 초기 의학 진단은 인공지능이 처리하게 되었다. 그리고 대부분의 해수 및 담수 농업은 인공지능형 로봇의 지원을 받아 이루어지며, 도시 전역에는 센서가 설치되어서, 수리가 필요한 상황이 발생하면 인공지능/로봇 시스템이 경보를 보낸다.

2050년 현재 지구촌 대부분의 나라에서는 광범위한 차세대 기술에 개인적으로 접근해서 개인 비즈니스를 창출하고 향상된 질의 삶을 누린다. 그러나 불행하게도, 범죄자와 테러리스트들도 차세대 기술의 혜택을 누린다. 따라서 과거에 비해 법 집행이 더 중요하고 정교해졌다. 오늘날 전 세계의 차세대 기술 확산 비율은 여전히 규칙적이지 않다. 그러나 일반 인공지능 AGI(Artificial General Intelligence)이 사회 전반, 생산 시스템, 각종 제품에 완전히 통합됨에 따라 거의 모든 사람들이 차세대 기술의 전 범위에 접속할 것이라는 믿음이 사람들 사이에 퍼져 있다.

2020년 대에 이루어진 그레이트 브레인 레이스Great Brain Race[2]는 2030년 대에 진행된 일반 인공지능 발전의 토대를 마련했다. IBM의 왓슨, 구글의 검색 엔진, 미국·EU·중국의 휴먼 브레인 프로젝트와 같은 단일 목적의 인공지능인 좁은 인공지능ANI(Artificial Narrow Intelligence)[3]은 일반 인공지능으로 이어졌다. 일반 인공지능에서는 단일 목적이 아니라 여러 가지 목적을 위해 많은 조건을 학습하고, 추론하고, 적응하는 것이 일반화되었다. 일반 인공지능은 일정 부분 인간의 일반 지능과 같아졌다. 일반 인공지능은 사물인터넷, 클라우드 분석 정보, 인간과의 상호작용에서의 피드백을 기반으로 자체 코드를 재작성해서 매일 더 똑똑해지고 있다.

일반 인공지능 이후의 슈퍼 인공지능ASI(Artificial Super Intelligence)은 인간을 뛰어넘는 초지능 '종족'이 될 것으로 여겨지고 있으며, 2050년 현재 많은 이들이 슈퍼 인공지능의 출현을 두려워하고 있다. 과학자, 공상과학 소설가, 미래학자들은 지난 수십 년 동안 슈퍼 인공지능이 얼마나 위험한지를 계속 경고해 왔다. 결과적으로 많은 이들이 사람의 몸과 마음을 의식과 기술의 연속체에 결합시키는 작업을 해 오고 있으며, 그 결과 인류, 좁은 인공지능, 일반 인공지능, 슈퍼 인공지능이 함께 진화해 왔다. 그럼에도 불구하고 2050년 현재 세계에서 가난한 지역의 비공식 경제 체제에 속한 많은 사람들의 일자리는 차세대 기술에 의해 대체되고 있지 않다. 이에 해당하는 인구는 2050년 현재 약 10억 명에 이른다.

이제, 양자 컴퓨팅은 클라우드를 통해 보편적으로 사용되고 있으며, 이로 인해 개인 맞춤형 의료, 사이버 범죄에 대응할만한 암호화, 대규모의 상관성 연구의 발전에 속도가 더해지고 있다.

전 세계 차세대 기술 사용 및 영향의 불균등

1960년대 후반에 인터넷 프로토콜이 확립되었지만 이것이 전 세계적으로 활용된 것은 1990년대였다. 그리고 인터넷 프로토콜이 전 세계의 반을 뒤덮기까지 다시 30년이 필요했으며, 이 시점에 이르러서야 지구촌 거의 모든 지역으로의 인터넷 프로토콜 확산이 매우 빠르게 진행되었다. 이와 동일하게, 여러 형식의 좁은 인공지능은 21세기 초에 이미 나와 있었다. 그러나 2025년이 되어서야 좁은 인공지능이 널리 퍼지게 되었다. 일반적으로 인건비가 높을수록 차세대 기술 확산이 더 빠르다. 기술 단가가 떨어지면 애플리케이션의 확산과 정밀성 가속화에도 영향이 미친다. 차세대 기술은 국민소득과 세수에 긍정적인 효과를 계속해서 내고 있다. 그러나 좁은 인공지능의 개발 속도가 빨라지고 일반 인공지능이 출현하면서 많은 사람들이 놀랐으며, 전 세계적으로 인공지능에 반대하는 항의 운동이 일어났고, 차세대 기술에 반대하는 모임이 생겨났다. 차세대 기술에 반대하는 부류는 시골 지역에서 삶을 영위하는 새로운 라이프스타일을 추구했다.

권위주의 국가들은 차세대 기술들 중 일부를 아직 받아들이지 않고 있다. 특히 일반 인공지능과 합성생물학을 거부하고 있다. 그러나 1980년대 초반에 인터넷 접속 비용을 낮춘 패킷 교환 기술이 권위주의 체제의 개발도상국에서 은연 중에 자리 잡았던 것처럼 일반 인공지능 및 이와 관련된 차세대 기술도 컴퓨터 게임, 원격 의료, 원격 학습 시스템을 통해 많은 권위주의 국가로 스며들고 있다. 그럼에도 불구하고 차세대 기술을 차단하기 위한 효과적이지 않은 노력들이 일부 권위주의 국가에서 지속되고 있다. 이에, 많은 이들이 차세대 기술이 주는 이점을 아직 누리지 못하고 있으며, 비공식 경제 체제에 머물러 있다.

의료, 농업, 에너지, 제조 분야의 합성생물학 산업

합성생물학에 인공지능을 적용함으로써 생명체를 프로그래밍할 수 있게 되었고, 이를 통해 새로운 유형의 생명체를 몇 년 전에 비해 더 빨리 만들 수 있게 되었다. 이제 합성 미생물은 뇌에 끼어 있는 플라크를 먹으며, 노인들의 정신 상태가 괜찮은지 점검하며, 마천루의 광전지 유리벽을 청소하고, 에너지 비용과 오염을 줄이고, 쓰레기를 수직적 도시 농업용 비료로 바꾸는 일을 하고 있다. 또한 산소 대신 수소를 생산하는 식물이 있고, 해양 도시에서 구조물을 자체적으로 조립하는 유기체가 있고, 화성에 적응한 유기체가 있으며, 공기 중에서 탄소를 채취하는 거대한 수직 나노튜브 공장이 만들어지고 있다. 사람들은 생물 산업이 얼마나 더 커질지 가늠하지 못했다.

오늘날, 합성 생물 제품의 개발, 생산, 유통, 교육을 지원하기 위한 1차 일자리와 2차 일자리는 신규 고용을 일으키는 주요 원천이다. 그리고 인공지능을 이용하여 자영업을 할 수 있는 기회가 생기고 지난 수년 동안 계산 생물학computational biology[4]이 성장함으로 인해 새로운 합성 생물 제품과 사전 테스트 제품을 만드는 일이 수월해졌다.

2020년대에 대부분의 주요 대학에는 합성생물학 연구센터가 있어서 전 세계적으로 새로운 회사가 많이 만들어졌다. 신바이오사Synbio Corporation는 가장 성공한 대학 스핀오프5) 회사들 중 하나다. 이 회사는 종양을 죽이고, 환경 독소를 변형하고, 비료 수요를 줄이기 위해 농작물에 질소를 고정시키고, 거의 모든 것에 바이오 컴퓨터 구성요소를 주입할 수 있는 미생물을 보유하고 있다. 이와 같은 새로운 제품이 계속 발명되고 있다.

그러나 이들 회사를 제대로 규제하지 못했다는 비난이 있었다. 이들 회사의 연구실에 있던 합성 생물 유기체가 외부로 유출되었고, 그로 인해 재앙이 발생했으며, 그 재앙으로 인한 폐해는 지금까지도 관리가 필요한 상태이다. 이외에 일부 불법 합성 생물 제품은 조직 범죄 집단의 새로운 주요 수입원이 되었고, 바이오 테러리스트의 무기가 되었다. 그로 인해 지난 20년 동안 최소 2천 5백만 명에 이르는 사람들이 목숨을 잃었다. 공공장소에 설치되어 있는 나노테크 센서는 많은 재난을 예방하는 데 도움이 되었다. 그러나 나노테크 센서를 이용하여 범죄를 예방하기 위한 연구는 아직도 지속적으로 진행되고 있다.

지역사회에 있는 3D 프린터 제조회사의 허브에는 바이오 프린터와 합성 생물 협업 네트워크가 있으며, 이를 누구나 이용할 수 있다. 이것이 많은 자영업자에게 기회가 되지만 생물학적인 위험도 초래할 수 있다. 합성 바이오 미생물의 경우 원래 의도되었던 사용이 끝나거나 규정된 구역에서 벗어날 경우 스스로 소멸되어야 한다. 그러나 생명체는 이를 회피해서 도망갈 방도를 찾을 수 있으며, 이로 인해 바이오 보안 산업이 크게 확장되었다.

세계경제대불황을 극복한 미래 경제

2008년 금융 위기와 2009년 세계경제대불황에서 얻은 교훈이 실제로 학습 및 적용되지 않았다. 이에 2021년에 발생한 2차 세계경제대불황Great World Recession II은 전 세계를 황폐화시켰다. 그러나 이를 통해서 경제에 관해 많은 생각을 하게 되었고 진지한 연구 및 협력이 진행되었다. 그 결과, 차세대 기술을 중심으로 한 경제 및 실험으로의 전환을 돕는 많은 투자가 촉진되었고, 이를 통해 다양한 형태의 소득이 보장되었다.

여러분들도 알다시피, 그 이후로 여러 번의 경제 불황이 있었으며, 이로 인해 심각한 문제들이 야기되었다. 특히, 지급할 수 없는 수준의 소득을 보장하기로 한 여러 나라에서 문제가 더 심각했다. 이들 나라는 줄어든 세수로 인해 약속한 금액을 전액 지불할 여유가 없었다. 이에 여러 해 동안 기본 소득을 줄여야 했고, 이로 인해 기본 소득을 보장하겠다는 아이디어가 실현 가능하지 않게 되었다. 2024년 이후 자리 잡은 금융 통제 자동화 시스템 덕분에 몇 번의 불황이 2차 세계경제대불황보다는 훨씬 덜 심각했다. 그러나 기본 소득을 더 확실하게 보장하는 나라로 이민을 가려는 사람 수가 늘어나고, 기본 소득을 받기 위한 3년 거주 요건을 충족하기 위해 거주하는 동안 이민자들과 기존에 살고 있는 사람들과의 갈등이 표출되었다.

2035년 이후 자리 잡은 보편적 기본 소득

유럽의 일부 국가에서 2020년대에 다양한 형태의 보편적 기본 소득을 제공하는 실험들을 시작했다. 그러나 실업률이 높아짐에 따라 현금 흐름 추정상 보편적 기본 소득을 도입하기에 자금이 부족하다는 것을 알게 되었다. 심지어 평균 소득의 60%를 빈곤 수준으로 보고 이를 '시민 임금'으로 책정한 영국도 이 프로그램을 감당할 수 없었다. 가장 큰 예외는 핀란드와 스위스였다. 이 두 나라는 사회적 복지 시스템을 단일의 보편적 기본 소득 시스템으로 통합할 수 있었다. 핀란드가 초기에 지급한 금액은 핀란드의 빈곤소득선proverty line[6] 절반밖에 되지 않았지만 온실가스 배출총량거래[7]의 도입으로 엄청나게 많은 재정 수입이 새롭게 발생했다. 여기서 발생한 수입과 로봇, 인공지능, 금융 거래에서 나온 새로운 세금을 합쳐서 기본 소득 급여를 높일 수 있었다. 스위스의 경우 초기에 지급한 금액은 더 높았지만 이와 관련된 목적성 세금을 징수했다. 그리고 기본 소득 급여를 필요로 하지 않는 사람들이 급여를 꼭 받지 않아도 되게 했다. 지급하는 기본 급여를 GDP의 백분율로 할 것인지 빈곤 수준으로 할 것인지, 어린이는 성인이 받는 기본 급여의 반만 받아야 하는지, 이를 받기 위해 자격을 검증하는 조사를 받아야 하는지 등 여러 가지 논의가 있었다. 대부분의 나라에서는 2030년대 중반까지 기다려야 했다. 그때가 되어서야 차세대 기술이 생활비를 충분히 충당할 정도가 되었고 정부 재정이 충분히 늘어나서 기본 소득 지급 시스템도 재정적으로 지급 여력을 갖추게 되었다.

기본 소득 지급 프로그램은 대다수의 국가에서 생존 빈곤 수준에서 계산되었기 때문에 사람들이 더 좋은 삶을 영위하기 위해 다른 소득을 구하지 않아도 되었다. 기본 소득을 지속적으로 안전하게 받았기 때문에 사람들은 걱정 없이 자신들의 미래를 생각하고 계획을 세울 수 있었다. 사람들은 돈을 벌기 위해 실수를 저지르지 않아도 되었다.

탄소, 로봇, 인공지능, 국제 금융 이동(금융 기관 간의 국제적 자금 이동)에서 새로운 세금이 생기고 많은 조세 피난처가 폐쇄됨으로 인해 국가의 새로운 세수가 늘어났으며, 이로 인해 기본 소득 보장을 실현할 수 있었다. 같은 기간 중에 차세대 기술로 인해 헬스케어, 교육, 에너지, 운송, 건설, 일반관리 비용이 낮아지기 시작했다. 타이밍이 잘 맞아서 일반 인공지능이 확산되기 시작했고, 이에 재교육을 받고 생긴 일자리가 많이 중복되기 시작했고, STEM 교육 프로그램도 쓸모 없어지기 시작했다. 인간은 좁은 인공지능 및 일반 인공지능에 연결된 인공지능/로봇만큼 일을 빨리 배우고 일을 더 많이 하고 더 정교하게 작업할 수 없었다. 인공지능/로봇에게는 급여나 수당이나 휴가를 주지 않아도 되었다. 일부 지역에서는 실업으로 인해 정치적으로 불안해졌고, 새로운 정당이 나오기 시작했다. 가령, 차세대 기술을 반대하는 네오러다이트neo-Luddites 같은 것이 생겼다.

미국 대법원에서 놀라운 판결이 나왔다. 인공지능이 자신의 권리를 요구할 정도로 성숙해지면 권리가 인공지능에게 자동으로 부여되며, 여기에는 인공지능이 창작한 것에 대한 지적재산권도 포함된다. 이는 인공지능에서 직접 파생된, 그리고 인공지능이 창조한 것에서 파생된 소득에 대해서도 세금을 부과할 수 있다는 의미였다.

차세대 기술이 모든 일자리를 대체? 오히려 근로자를 증강

차세대 기술 혁신이 이루어졌지만 이로 인해 노동자들의 모든 일자리가 인공지능이나 로봇으로 대체되지는 않았다. 오히려 많은 노동자의 생산성이 향상되었다. 국제 노동조합과 일부 하이테크 기업들은 증강 운동Augment Movement을 주도하였다. 이에, 인공지능/로봇을 설계할 때 노동력을 증강시켜서 노동자의 생산성을 개선할 수 있도록 했다. 증강 운동을 통해 모든 것이 원활하게 돌아가게 되었으며, 여기서 인간은 여전히 핵심적인 역할을 맡게 되었다.

2025년에 농업, 제조업, 서비스 관련 일을 증강하기 위한 협업 로봇이 25만 대에 불과했지만 2050년 현재 10억대가 넘는다. 자율적 생산 속도를 제한하기 위해 자율 규제 시스템이 가동되었고, 소득이 적은 실업자는 차세대 기술에 의해 만들어진 상품을 많이 살 수는 없었다. 기술의 발전이 인간의 삶을 향상시킬 것이라는 믿음을 가진 테크노-낙관주의자techno-optimist들은 기술이 노동을 대체하는 속도가 매우 빠를 것이라고 예상했지만 실제로는 그들의 예상만큼 빠르지 않았다. 고려해야 할 변수가 너무 많았기 때문이었다. 따라서 많은 상황에서 사람의 참여가 여전히 필요하게 되었다.

그럼에도 불구하고, 거의 모든 반복 수작업 및 지식 노동이 자동화됨에 따라 새로운 형식의 창의적인 노동이 새롭게 나타났다. 예를 들어 도서관 사서는 자영업 기업가를 위한 미디어 코치가 되었다. 도서관 사서가 맡은 업무가 사이버 공간에서 대체 수행되고 어린이 수가 감소함에 따라 필요한 도서관과 학교 수가 줄어들었다. 이에 도서관과 학교로 사용되던 건물들은 다목적 건물로 전환되어서 지역사회의 3D/4D 프린팅 및 메이커허브부터 코딩 부트캠프 및 VR 테스팅 센터에 이르기까지 다양한 분야에 속한 기업들에게 임대되어 그들의 업무 공간으로 사용되었다.

차세대 기술로 인해 부가 증가하면서 산업시대에 발생했던 환경 재앙을 바로잡기 위해 많은 투자를 할 수 있었다. 기후 변화를 줄이고 이에 적응하는 과정에서 많은 일자리가 만들어졌다. 기후 변화로 인해 야기된 도시 해안선에서의 환경 재해가 늘어나면서 정치 풍토도 바뀌었다. 뉴욕 지하철의 홍수와 방글라데시 농경지의 바닷물 유입은 전에 예측했던 것보다 훨씬 더 심각했다. 이제 정치 지도자들은 방대한 공공 프로그램을 지원하고 있다. 가령, 물고기가 돌아오게 하기 위해 전 세계 해안선을 따라 해초를 심는 청년 근로 프로그램을 진행하고 있다. 또한 지구 온난화에 따른 바다 수위 상승으로 바뀐 해안선을 따라 수백만 명의 사람을 재배치하기 위해 건설 시간과 비용이 적은 3D 프린팅으로 주택을 만드는 프로그램도 운영하고 있다.

정보 권력으로 차세대 기술 규제

일각에서는 차세대 기술이 너무 빠르게 움직이고 있다는 주장이 있었다. 그리고 부정적인 영향(예: 블랙홀, 그레이 구gray goo[8], 공기전염성병 약물 저항의 우연한 시작)이 너무 커서 더 공격적으로 규제해야 한다는 주장도 나왔다. 또 다른 이들은 정부 규제가 차세대 기술의 변화 속도를 결코 따라잡지 못할 것이고, 큰 해를 끼치지 않는 오래된 차세대 기술만 규제할 것이고, 결국 과학과 기술 개발이 음성화되어 과학과 기술의 질이 떨어지고 조직 범죄가 강해질 것이라고 주장했다.

극명하게 상반된 의견을 절충하기 위해 국제과학기술기구ISTO(International Science Technology Organization)가 결성되었다. 2030년대 초반에 만들어진 국제과학기술기구는 결과적으로 현재의 '글로벌 과학 기술 집단지성 시스템'이 되었다.

국제과학기술기구가 새로운 국제 관료 조직이 되지는 않았다. 국제과학기술기구는 양자 컴퓨터의 지원을 받는 온라인 시스템으로서, 거의 모든 정보, 미래 계획, 평가, 계산 과학 등을 지속적으로 업데이트해서, 모든 사람이 즉시 사용할 수 있게 했다. '스스로가 규칙을 만들고 시행하여'self-policing 투명하게 운영되는 이 시스템이 완벽하지는 않았지만 종전에 있었던 국제 규제보다는 훨씬 더 좋은 것으로 인정을 받았다. 전자 정부를 도입하여 규제를 완화함으로써 빠른 사업 진행에 도움이 되었다. 그러나 글로벌 경제의 커다란 변화에 대한 완전한 해결책은 되지 못했다.

국제과학기술기구 같은 글로벌 시스템에 연결된 집단지성 시스템을 채택한 기업과 자영업자들은 빠른 속도로 변화하는 기술 발전에 대처할 수 있었고, 심지어 일부 변화를 예측하여 의사결정을 크게 개선할 수 있었다.

2035년을 기점으로 STEM 교육이 고용 창출에 무용

STEM 교육과 자영업 훈련이 대폭 증가했으며, 독일, 미국, 일본과 같은 나라에서 2025년까지 실업률이 낮아졌다. 2020년대에 전 세계 대다수의 나라에서 고용 없는 경제 성장이 계속됨에 따라 세계는 합성생물학, 소프트웨어 리터러시software literacy[9], 기업가 정신, 기술적 증강, 인공지능 인프라 활용, 자영업 등과 관련해서 차세대 기술 훈련 체계를 구축했고, 이를 통해 기술적 실업에 대응하고자 했다.

기업, 노동조합, 대학, 정부가 협업함으로써 차세대 기술 훈련 프로그램의 구축에 필요한 자금을 충분히 확보할 수 있었다. 그러나 2030년대 중반에 이르러 일반 인공지능이 인간보다 훨씬 더 빨리 거의 모든 것을 학습할 수 있게 되면서 STEM 교육 및 훈련 시스템이 더 이상 지속될 수 없었고 실업률은 다시 증가하였다. 이에, 각국 정부는 다양한 형태의 기본 소득과 부의 소득세negative income tax[10] 프로그램을 시행해야 하는 압력을 받게 되었다. 흥미롭게도, 현재 기본 소득 시스템이 성공적으로 확립되면서 '실업'이라는 개념은 그 의미를 잃어버렸다.

노인들을 위한 i-Assist 로봇의 성공

65세 이상 노인 인구가 지금은 20억 6천만 명으로 20세 미만 인구보다 더 많다. 다행히, 합성생물학, 나노봇 세포, 장수 관련 과학 기술의 발전으로 인해 노인들이 예전보다 더 건강한 삶을 영위하고 있다. 그러나 많은 사람들에게는 여전히 어떤 형태로든 도움이 필요하다. 대한민국, 일본, 러시아, 이탈리아, 독일은 이러한 사실을 21세기 초에 인식하고 i-Assist 프로그램을 가동하였고, 노인이 있는 가구에 인공지능 로봇을 공급해서 노인들이 더 많은 자원을 활용할 수 있도록 지원하였으며, 프로그램은 성공적으로 정착했다. 이것은 전 세계 일반인들이 인공지능 로봇을 사용하는 계기가 되었다.

지금은 일반 인공지능 로봇이 많은 노인들을 세상과 연결하는 주요 수단이 되었다. 즉, 노인들이 만든 구술 역사oral history를 패키지로 만들고 마케팅하는 것을 인공지능 로봇이 돕는다. 그리고 로봇이 인공지능 심리학자의 역할도 맡아서 하는데, 알려지지 않은 것에 대한 불안과 갑작스런 변화에 대해 사람들이 어떻게 대처할지를 돕는 등 노인들에게 필요한 모든 것을 제공한다.

일본에서 시작된 로봇 호텔, 슈퍼마켓, 노인 센터가 처음에는 부유한 나라로 확산되었고, 지금은 가장 가난한 나라에서도 개선된 버전의 i-Assist 로봇이 운용되고 있다. 그러나 노동계의 지속적인 저항이 있었으며, 이로 인해 이들 로봇 중 일부의 운영이 중단되기도 했다. 그 와중에도 증강 운동은 일부 기업에서 노동자와 로봇을 통합하고 노인과 로봇의 연계에 많은 도움이 되었다.

아프리카와 아시아에 사는 대다수의 노인은 여성이며, 이들은 비공식 경제 체제에서 일하고 있다. 많은 사람들이 음악, 원격 여행, 가상 현실 문화 생활, 가상 현실 공예품을 찾는다. 모하마드 왕Mohamad Wang의 어머니는 그녀의 이야기를 매일 듣는 수백만 명의 청취자를 거느리고 있으며, 그녀의 이야기에는 화성 탐험가였던 아들이 주로 등장한다. 역사를 좋아하는 사람들은 노인인 한 스토리텔러의 이야기를 하루에도 여러 번 듣는다. 나이든 사람들은 상품보다 경험을 더 많이 구매한다. 따라서 노인은 소비자이기도 하고 고유한 경험을 가진 생산자이기도 한, 즉 프로슈머prosumer가 되었다. 노인이 생산하는 '경험' 상품은 한계 비용이 거의 없거나 전혀 없으며, 노인 소득 보장에 좋은 수단이 되었다.

예술, 미디어, 정치의 동맹: 경제와 문화 변화의 촉매제

더 복잡한 사회로 전환되고 그런 사회에서 사람들이 소득 창출을 위해 더 자발적으로 움직일 수 있게 하기 위해 미래 지향적인 일부 정치인, 예술가, 사상 지도자들은 미디어 재벌과 록스타들이 음악, 홀로그램 가상 현실 미디어, 예술, 여러 형식의 엔터테인먼트를 만들도록 권장했다. 가상 현실 오페라인 〈New Us〉와 〈If Humans Were Free〉를 포함해서 〈Self-Actualization〉, 〈Do It Yourself〉, 〈We Are the World〉 같은 노래가 전 세계 대중 문화에 큰 영향을 미쳤다. 또한 〈Global Cyber Game〉을 통해 많은 사람들이 미래의 노동 본질과 경제적 변화를 파악할 수 있었다.

참여형, 원격 시연형, 홀로그램 방식이 적용된 증강 현실과 인공지능 시스템이 활용되면서 사람들에게 전달하는 방법과 사람들이 참여하는 방법이 매우 다양해졌다. 그리고 지금은 거의 모든 사람들이 그들이 살아가는 인생의 어느 시점에 본인의 미래가 어떻게 될 것인지, 그리고 문화적으로 어떤 미래를 누릴 수 있는지를 경험할 수 있게 되었다. 이를 통해 사람들은 고용, 자영업, 자급자족이 어떻게 다른지를 알게 되었으며, '스스로 하기'Do It Yourself, '프리랜스', '프로슈머', '그룹 기업가 정신', '공유 경제' 등을 이해하게 되었고, 이것들 사이에 어떤 시너지 효과가 있는지도 알게 되었다.

인터넷으로 연결된 세상에서 태어난 밀레니얼 세대는 인류에게 도움이 되는 일이 무엇인지를 찾아서 하려는 경향이 있었다. 이 세대에 속한 많은 이들은 '유엔 2030 지속가능발전목표'UN Sustainable Development Goals for 2030가 달성되는 데 기여했고, 글로벌Globals 세대에 속한 많은 이들은 유엔 2050 지속가능발전목표를 달성했다. 이전 세대가 단지 이익을 주는 것에 더 관심이 있었다면 밀레니얼 세대와 글로벌 세대는 인류를 섬기는 일에 더 집중하는 것처럼 보였다.

그러나 아직도 10억 명에 이르는 실업자가 있으며, 이 문제를 지금까지 해결하지 못하고 있다. 이들 실업자 중 많은 이들이 마약과 사이버 중독에 빠져 있다. 차세대 기술이 지금까지 큰 성공을 거두었지만 이 문제는 여전히 잠재적인 숙제로 남아 있다.

사이버 세계에 대한 경계 강화

인간이 일반 인공지능의 목표를 설정함으로써 일반 인공지능을 통제할 수 있을 것으로 예상되었지만 컴퓨터 게임 아바타에 고급 인공지능이 적용되면서 인공지능들 사이의 경계가 모호해지기 시작했다. 2040년 이전에 일부 아바타는 인간이 설정한 목표가 아닌 스스로 설정한 목표를 개발했고 이로 인해 몇 가지 재난이 발생했다. 이들 재난은 Anonymous 3.0이 조직한 글로벌 임시 해커톤인 G-Hacks에 의해 최종적으로 해결되었다.

오늘날에 이르러, 사물인터넷으로 인해 모든 사람과 모든 것이 사이버 테러와 범죄, 그리고 많은 형태의 정보 전쟁에 취약해졌다. Anonymous 3.0은 여러 번의 변신 끝에 지금은 새로운 종류의 초기관조직 TransInstitution인 Anonymous 7.0이 되었다. Anonymous 7.0은 사이버를 전담하는 정부 당국과 협력하여 인공지능 재난을 해결하고, 제멋대로 움직이는 사이버 군대에 적극적으로 대응하고, 세계적인 인공지능 군비 경쟁과 사이버 분쟁 발생 시 중요한 비국가 활동 주체로서 영향력을 발휘하고 있다. 이러한 활동에 힘입어 이 '사이버 영웅들'은 2048년에 노벨 평화상을 익명으로 받았다.

한편, 사물인터넷이 도입됨으로써 개인 시스템에 침입하려는 범죄를 개인이 조기에 발견할 수 있게 되었다. 모든 것이 서로 연결되어 있기 때문에 개인 인공지능 시스템은 침입을 경고하고 범죄자를 막는다. 또한 공유 경제에는 개인 아바타가 주는 조기 경보 및 대응책을 공유하는 것도 포함되며, 이를 통해 개인의 재산과 경험을 보호할 수 있게 되었다. 이 아바타는 지구 반대편에 있을 수 있고, 인공위성 궤도에 있을 수도 있다. 심지어 화성 개척자를 대신하는 아바타일 수도 있다.

노동조합의 새로운 역할

2020년대에 장기적인 구조적 실업의 현실화가 기정사실로 굳어지면서 노동조합은 차세대 기술 데이터베이스를 만드는 일에 주력했다. 집단지성 시스템을 통해 새로운 일자리를 도출했고, 그 일자리에 맞는 훈련 필수 사항을 마련했다. 훈련 필수 사항은 향후 몇 년 동안 새로운 일자리를 제공할 것으로 예상되는 기업들에서 받은 정보를 토대로 만들어졌다. 일자리가 곧 없어질 노동조합 조합원들에게 재훈련 프로그램에 참여할 우선권이 주어졌다. 훈련을 제대로 마치면 대부분의 경우에 일자리가 제공되었다. 이러한 점에서 보면, 노동조합과 차세대 기술 데이터베이스의 목적은 동일한 일자리를 유지하는 것이 아니라 새로운 일자리로 소득을 유지하는 것이었다. 훈련 프로그램에 들어가는 비용은 노동조합(직원이 노동조합 조합원인 경우), 정부, 프로그램을 요청한 기업, 일반 개인이 분담해서 냈다. 유럽의 초기 차세대 기술 데이터베이스는 노동조합에 의해 만들어지고 관리되었고, 대학들의 온라인 소프트웨어가 사용되었다. 그러나 오늘날 대부분의 차세대 데이터베이스는 자체의 독립적인 집단지성 시스템이며, 새로운 일자리의 10% 이상을 차지한다.

'당신을 대체한 것에 투자하기' 프로그램의 일례로, 무인 트럭들에 대한 지분을 구매한 트럭 운전사가 있었다. 이것은 민간 부문의 기본 소득 중 한 형식이 되었으며, 많은 이들의 창의성을 일깨우는 사례였다. 노동조합은 차세대 기술 데이터베이스에 '대체 투자' 옵션을 추가해서 이 개념의 대중화에 도움을 주었다. 예전에는 규모의 경제로 집중화된 전력 생산이 이루어졌다. 그러나 스마트 그리드 및 사물인터넷이 적용된 '대체 투자' 및 공유 경제와 같은 분산형 접근 방식이 비용 효과성 측면에서 더 좋은 사례로 자주 확인되었다.

청년 실업률이 높은 아프리카와 중동에서 고령 인구가 많은 유럽 및 아시아 일부 지역으로 이주가 많이 이루어졌으며, 이것이 실업률을 낮추는 데 도움이 되었지만 민족적 긴장이 증가하였고 지금까지 계속되고 있다. 이주를 받아들인 국가의 경제가 수용할 수 있는 것보다 이주자가 더 많았다. 결과적으로 일부 지역의 차세대 기술 데이터베이스와 공공 사업 프로그램이 환경 및 인프라 문제를 해결하는 쪽으로 방향을 틀었다. 즉, 해수면 상승 및 염수 침입으로 위험에 처한 해안 지대에 사는 사람들을 위한 재정착 프로그램 같은 것에 활용되었다. 전 세계 도시 지역 70% 이상과 지구 온난화로 밀리고 있는 해안선에서 241킬로미터 안에 살고 있는 대다수의 사람들을 위해 해야 할 일이 아직 많이 남아 있다.

욕구 과부하와 우주 이주

빅데이터 인공지능을 통해서 마케팅이 끊임 없이 개선되고 좋아지면서 우리가 실제로 원하는 제품, 서비스, 경험이 계속해서 넘쳐나고 있으며, 심지어 우리가 원하는 때와 우리가 원하는 방식까지 감안한 것들이 제시되고 있다. 이와 같은 '욕구 과부하'에 대처하기 위해 일부는 욕구를 계속해서 자극하는 것들을 중간에 가로채서 적절하게 거르기 위해 개인 아바타를 활용하기도 한다. 그렇게 함으로써 쾌락에 중독되지 않고 자아 실현을 더 잘 이루고자 한다.

지구를 보호하는 자구 magnetic sphere가 2550년 경에 매우 약해져서 지구의 생명이 끝날 수 있다(과거에 주기적으로 있었던 자극 magnetic pole과 관련된 약화가 아님)는 연구 결과가 있었고, 이로 인해 많은 이들은 문명을 지키기 위한 우주 이주가 필요하다고 믿고 있다. 우주 이주 프로그램은 장기적으로 진행되어야 하고 관련 기술도 장기적으로 개발되어야 한다.

SCENARIO 2

2050, 두 번째 시나리오

정치와 경제 혼란으로 절망적인 미래

21세기 초반, 정치 지도자들은 단기간의 정치적 갈등, 자국 우선주의, 이기적인 경제적 사고에 빠지게 된다. 그 결과 2020년대 후반과 2030년대 초반, 인공지능, 로봇공학, 3D/4D 프린팅, 합성생물학, 그리고 또 다른 기술들에 의해 극적으로 시작된 새로운 산업들이 이전의 산업들을 얼마나 빨리 구시대의 산물로 만들지 예상하지 못했다. 곧 다가올 미래에 어떤 기술이 출현할지 내다 보는 경제학자와 법률가는 별로 없었고, 인위적인 실업으로 인해 무엇이 다가올지 알고 있는 사람들까지 밖으로 내몰렸다. 회사의 로비스트는 멀리 내다보지 않고 단기 이익에만 열중하였다. 이에 전 세계 대부분의 정치/경제 시스템에는 장기 전략 계획이 부재하게 되었고, 오히려 단기 이익과 즉각적으로 이루어지는 정치적 이익에 대한 보상만 이루어졌다. 따라서 전 세계에서 급격히 늘어나고 있는 실업의 치명적인 악영향을 줄이기 위한 장기 전략이 마련되지 못했다. 이 현상이 상위 소득 국가와 중간 소득 국가에서 특히 더 심했다.

21세기 초반, 소득 격차와 고용 없는 경제 성장이 확대되었고, 부의 집중도 계속되었다. 자본과 기술에 대한 투자 수익률이 인건비보다 훨씬 더 높은 양상이 여전히 지속되었으며, 서비스 및 제품 당 사람 수도 급격하게 떨어졌다. 2010년대 중반 즈음, 세계의 모든 정치 지도자들은 이러한 문제들을 명확히 인지하고 있었지만 그 당시 전 세계 각지에서는 다양한 형태의 정치적 교착gridlock 상황이 발생하고 있었다. 즉, 진보 대 보수, 행정부 대 입법부, 납세자 대 실업자, 수니파 대 시아파, 근본주의자 대 자유주의자, 도시 대 시골, 채무국 대 채권국, 과학 만능주의자 대 포퓰리즘 신봉자, 부자 대 빈자 사이의 갈등이 심화되었으며, 2020년대에 이르러서는 경제 정책에 관해 이해할 만한 지적인 담론이 거의 없어질 정도로 상황이 나빠졌다.

깊이가 없는 뉴스 보도와 사소한 소셜 미디어가 대중의 관심을 끌면서 기술 변화가 앞으로 얼마나 심각한 영향을 미칠지 이해하는 일에는 소홀해졌다. 초기 산업화 시대의 경제 시스템인 자본주의, 사회주의, 공산주의에 대해서는 많은 논의가 있었지만 정보화 시대 이후의 경제 시스템에 대한 진지한 논의는 이루어지지 않았다.

2050년 현재, 전 세계의 노동자는 60억 명이며, 이 중 10억 명만 회사에 고용되어 있고, 10억 명은 자영업자이며, 20억 명은 비공식 경제 체제에 들어 있고, 20억 명은 실업 상태이거나 전환 중에 있다. 21세기 초반만 하더라도 고용 인구는 약 30억 명에 달했지만 지금은 피고용인과 자영업을 합해서 20억 명만 고용 인구에 해당된다. 이에 비추어 보건대 지난 수십 년 동안 출현한 새로운 기술로 인해 없어진 일자리보다 더 많은 일자리를 만들지는 못했다. 결과적으로 전 세계 노동자의 3분의 2는 비공식 경제에 속하거나 실직 상태에 있다. 취약해진 경제와 금융 시스템은 고령화 사회와 대규모의 청년 실업을 지원할 수 없다. 국가에서 보장하는 수입 시스템 부재로 인해 사회적 분쟁이 일어나고, 사이버 범죄와 테러리즘, 기업화된 민병대가 증가하고 있다. 그리고 전 세계에서 일어나는 문제들 중 많은 것이 조직 범죄에 의해 발생하고 있다.

차세대 기술에 소외된 자들의 암울한 미래

3D/4D 프린팅, 로봇공학, 합성생물학을 통한 현지 생산은 인공지능에 의해 크게 개선되었으며, 이로 인해 국제 무역의 필요성이 줄어들었다. 2020년대 후반과 2030년대 초반에 이르러, 아시아와 아프리카에서 저임금 노동력에 대한 상대적인 비교 우위는 급격히 소멸되었다. 결과적으로 아시아와 아프리카 노동자들이 수출 산업에서 얻던 소득이 하락하기 시작했고, 실업이 증가하기 시작했고, 불안정성이 급증하기 시작했다. 특히 청년 인구가 많은 지역에서 이러한 현상이 심했다.

총수요가 너무 많아서 혁신이 느려졌고, 주기적인 경기 침체가 발생했다. 부유한 정부에서도 한번의 금융 위기가 발생하면 이를 극복하지 못하고 그 다음 금융 위기로 이어져서, 헬스케어, 퇴직 프로그램, 인프라 복구를 충분히 감당할 수 있는 재정을 갖추지 못했다. 이에, 각국 정부는 발생한 상황을 더 철저하고 종합적인 시각으로 진지하게 분석하고 목표를 설정하는 작업을 진행하기 시작했다. 정부들은 인공지능, 로봇공학, 합성생물학,

3D/4D 프린팅, 바이오 프린팅, 사물인터넷, 드론(과 다른 자율 주행 차량), 나노 기술, 가상 현실, 증강 현실, 클라우드 분석 같은 자동화 기술들을 진지하게 평가하기 시작했다. 물론 이들 기술을 융합적으로 활용해서 어떻게 시너지 효과를 낼 수 있는지에 대해서도 고민하기 시작했다.

차세대 기술에 대해 의식이 있는 정치 지도자들이 수립한 전략들이 다음 지도자들에 의해 외면당하는 일이 생기면서, 전략적 연속성이 없어졌고, 그로 인해 현안들을 집중해서 해결하는 일에 진전이 없었다.

주주들은 단기 투자 수익률ROI을 원했으며, 인건비를 절감하고 장기 투자를 줄일 수 있는 기술에 집중했다. 정치인들은 미래에 어떤 일이 일어날지 기술적으로 세밀한 통찰력을 갖춘 미래학자와 석학들의 의견을 귀담아 듣지 않았으며, 이로 인해 정치인과 지식인 사이의 간극은 이루 말할 수 없을 정도로 커졌다. 세상은 대중화된 무지에 습관적으로 귀를 기울였고, 지식을 외면했다. 게다가 반과학 운동이 확산되기 시작했다.

교육 시스템이 기술 변화를 따라가지 못했으며, 그 결과 일자리를 얻거나 창업할 능력을 갖추지 못한 사람이 사회로 많이 쏟아져 나왔다. 인터넷 기반의 탁월한 글로벌 시스템이 많이 만들어졌다. 이들 시스템 중 일부는 지금도 운영되고 있지만 충분히 활용되고 있지는 못하다. 심지어 일부 급진적인 종교 집단은 일부 교육 자료에 대한 접근을 계속 차단하고 있다.

뇌와 인공지능 시스템에 대한 사람들의 이해도가 2020년대와 2030년대를 지나면서 대폭 개선되었지만 지능, 창의성, 비판적 사고, 인간 관계, 철학, 윤리, 가치를 향상시키는 것에 역점을 많이 두지는 못했다. 정부의 교육 시스템도 시대에 뒤쳐진 지식과 사회 질서에만 초점을 맞추었다.

2030년대에 많은 실업자들이 도시를 떠났다. 이들이 도시를 떠난 이유는 시골의 하이테크 자급 농업subsistence agriculture을 영위하고, 3D/4D와 다른 첨단 기술 수단을 이용해서 의식주와 다른 생활 필수품을 생산하기 위해서였다. 이에 도시 성장은 2030년대부터 둔화되기 시작했다. 이것은 전기를 쓰지 않고 '기본으로 돌아가자'를 모토로 하는 생존주의자들의 사회 운동이자 사고방식이었다. 그러나 이들도 국제적인 소득 기회를 찾기 위해 인터넷에는 연결되어 있었다.

전반적인 경기 침체로 인해 실업자들은 상품과 서비스를 더 적게 구매하였으며, 이에 세계 경제와 기술 확산이 더 느려졌다. 2050년 현재 거의 40억 명의 사람이 실직 상태이거나 비공식 경제 체제에 속해 있으며, 이들과 이들의 자녀들을 위한 더 좋은 미래에 대한 희망은 거의 없는 상태이다.

기술 발전으로 인한 실업

급여, 음식, 휴가, 의료 혜택 및 퇴직금이 필요 없는 1년 365일, 1주 7일, 1일 24시간 동안 일하는 다양한 형태의 지능형 로봇의 출현으로 인해 유력한 정치 및 미디어에서 예상했던 것보다 훨씬 더 많은 실직 사태가 일어났다. 인공지능과 로봇 시스템은 훨씬 더 적은 오류를 일으켰고, 인간이 처리할 수 있는 것보다 훨씬 더 높은 복잡성이 요구되는 조건과 인간이 용인할 수 없는 환경 조건에서 업무를 수행했다. 인공지능이 학습하는 방법을 익히고, 로봇이 신뢰할 만한 시각 및 음성 인식을 개발하면서 일자리 대체가 빠르게 진행되기 시작했다. 일부 현명한 사람들은 자신들을 대체한 인공지능과 로봇 시스템에 투자했다. 가령, 일부 트럭 운전수는 운전수 없는 무인 트럭을 산 후, 운송 계약을 따내서 집에서 운전 경로를 관리했다.

아프리카와 남아시아에서는 차세대 기술로 새로운 일자리가 창출되는 속도보다 인구가 증가하는 속도가 더 빨랐다. 이에 어떤 이들은 더 부유한 나라로 이민을 가고, 어떤 이들은 본국에 남아서 자급 농업에 종사했다. 아프리카, 동유럽, 아시아의 에이즈 고아들 중 일부는 성장해서 범죄자가 되었으며, 오늘날 도시를 더 위험하게 만들고 있다.

2020년대 초에 전 세계 평균 실업률이 15~20%를 넘어서면서 노동조합연합, 점거 시위대, 인권 운동가, 환경 운동가, 페미니스트, 기타 사회 네트워크에 속한 이들은 전 세계 주요 도시에서 모임을 갖고 일자리와 일정한 형식의 보장된 소득을 요구하기에 이르렀다. 이에 부응하여 공공 일자리 프로그램이 만들어졌다. 그러나 2030년대에 나온 새로운 기술로 인해 발생한 실업을 감당하기에는 역부족이었다.

공유 경제는 많은 사람들이 절망에 빠지는 것을 막는 데 도움이 되었다. 그러나 품질을 통제할 수 있는 시스템을 구축하는 일은 거의 불가능에 가까운 것으로 드러났다. 즉 공유 경제를 추진하는 회사들의 소프트웨어가 품질을 통제하지만 이에 맞서 범죄 조직의 해커들이 기승을 부리면서 절도와 폭력적인 범죄가 증가했다. 이로 인해 공유 경제가 지배적인 경제 체제가 되지는 못했다. 그럼에도 불구하고 온라인 물물교환, 3D/4D 커뮤니티 메이커허브, 실업자를 위한 대체 통화 부문에서 몇 가지 성공 사례가 있었다. 낙엽으로 뒤덮인 녹슨 빈 공장은 초라한 경제 계획과 미래에 대한 빈약한 예측의 상징이 되었다.

사회적 갈등

전 세계 각지에서 정부의 무능으로 인해 비밀 결사체와 범죄 패밀리가 다시 나타났다. 일반적으로, 사회적 안정성이 높은 곳에서는 정부가 기본 서비스를 제공하지만, 사회적 혼란이 많은 곳에서는 정부가 기본 서비스를 제공할 수 없었다. 정부와 국제 기구가 협의를 통해 중요한 결정을 내려야 하는데 그렇게 하지 못하였고, 그로 인해 정부와 국제 기구 사이의 관계는 거의 무의미해졌다. 사람들이 법을 왜곡해서 자의적으로 적용하기 시작하자 정부의 강력한 탄압이 늘어났다. 대기업은 사업을 보호하기 위해 용병 부대를 고용하였고, 많은 이들은 작은 섬과 해양 서식지(혹은 다른 안전한 장소)로 이주하였다. 오늘날 대기업이 단일 국가보다 더 큰 영향력을 가지고 세계를 지배하고 있다는 것이 많은 이들의 생각이다.

사회 다원주의Social Darwinism[11)]는 마치 세계적으로 성장하는 '종교 같은 것' 과 비슷한 양상을 보이며, 사회적 구조를 무법 천지로 만들고 있다. 사람들 사이에서 음해, 사기, 물리적 폭력, 기만이 만연해지고 있다. 그리고 사랑이나 신뢰는 고사하고 능력도 없는 권력이 전 세계 많은 이들을 사회적으로 연결시키고 있다.

기존의 전통 예술과 미디어는 어떻게 하면 대중을 바쁘게 만들 것인지에 힘을 쏟았고, 전통 예술과 미디어에 속하지 않는 다른 예술과 미디어는 정부, 범죄, 글로벌 윤리 의식 부재를 신랄하게 비판하였다. 차세대 기술을 예측하고 이에 적응하기 위해 문화가 바뀌어야 하고, 이와 더불어 고용, 일자리, 직업에 관련된 문화도 바뀌어야 하지만 이를 집중적으로 관리하고 대비하는 정부나 국제 기구가 전혀 없었다.

시민 질서 회복을 돕기 위해 많은 나라에서 계엄령을 선포하고, 시민 권리를 정지시키고, 기술적 감시를 확대했다. 20세기 말과 21세기 초에 이루어졌던 민주화를 향한 흐름은 오늘날 확실히 후퇴하였다. 21세기 초반에 비해 지금은 중앙 정부의 힘이 약해지고 도시 정부가 더 강력해지고 있다. 사람들의 비즈니스에 있어 도시의 시장들로 이루어진 많은 국제 협의체들이 더 효과적인 조정 시스템으로 자리잡게 되었다. 이러한 국제 협의체에도 범죄 조직이 침투해 있지만 이들 협의체를 통해 최소한 도시 인프라가 관리되고 있고 사회적인 저항과 혁명 운동으로 인해 발생하는 혼란을 막는 최소한의 치안도 계속 유지되고 있다.

정부, 기업, 테러리스트, 범죄 조직, 비즈니스 마케팅 컨설팅 회사들 사이에 정보 전쟁이 있다는 소문이 돌았으며, 이로 인해 편집증에 가까운 반응을 보이는 이들이 늘어났다. 사람들은 누구를, 무엇을 믿거나 신뢰해야 할지 확신하지 못했다. 심지어 해군의 로봇 선박들도 공해를 지나는 로봇 비행기와 로봇 잠수함의 통제 시스템을 방해하는 것처럼 보였다. 그 결과, 문제를 일으킨 주체가 누구이며, 발생한 문제가 구체적으로 무엇인지 파악하는 일이 불가능해졌다. 정부는 이러한 사이버 공격에 대해 충분한 의견을 내지 못했다. 왜냐하면 정부조차 누구에게 어떻게 반응해야 하는지 확실히 알지 못했기 때문이다.

이와 동시에 터널 저 끝에서 보이는 불빛이 거의 없을 정도로 희망이 없는 상황이 지속되면서 쾌락주의에 빠져드는 사람들이 늘었다. 24시간 내내 자유롭게 이용할 수 있는 실감형 가상 현실 소셜 미디어인 사이버 헤로인$_{cyber\ heroin}$이 사람들 사이에 만연해지면서 혁명 운동에 대한 관심이 줄어들었다. 근로 납세자와 복지 혜택을 받는 실업자 사이의 사회적 분열이 지속되었다. 그리고 이제는 각종 기술의 혜택으로 부가 급증한 부유한 사람들과 태어나자마자 가난한 사람들 사이에 새로운 사회적 분열이 심화되고 있다.

좁은 인공지능, 일반 인공지능, 슈퍼 인공지능, 기타 차세대 기술

일반 인공지능의 미래를 밝게 전망하는 이들은 "모든 사람이 증강되어서 천재가 될 것이다!"라고 선언했으며, 이를 통해 어느 한 지역이 아니라 전 세계를 아우르는 르네상스와 계몽이 인류 역사 최초로 실현될 것이라고 주장했다. 그러나 이들이 간과한 사실이 있었다. 그들이 말한 '모든 사람'에는 범죄자, 테러리스트, 약자를 괴롭히는 사람들도 포함된다는 점이었다. 착한 자와 나쁜 자 사이의 인공지능 무기 경쟁이 매우 심화되었다. 새로운 기술을 발명한 사람이 얼마나 좋은 의도를 가졌는지는 상관이 없었다. 부도덕한 천재들은 선한 대다수의 사람들을 적으로 돌렸다. 절망이 자라고 있었다.

앞에서 언급했듯이 나노 기술, 합성생물학, 광자학(빛을 파동이 아니라 입자로 접근하는 학문), 인지 과학, 사물인터넷, 인공지능, 빅데이터, 블록체인, 드론, 로봇공학, 바이오 프린팅, 증강 현실, 가상 현실은 모두 차세대 기술로 알려져 있다. 차세대 기술이 인간의 수명과 지능을 향상시키고 건강과 농업에 관련된 많은 문제를 해결했지만 일부 기술의 잘못된 사용으로 인해 오늘날 우리가 직면하고 있는 많은 문제가 생겨나기도 했다.

2020년대 중·후반에 규모의 경제로 인해 사물인터넷 안경과 스마트 의류의 가격이 대폭 낮아지면서 많은 사람들이 근로자 혜택, 보험 정책, 마케팅 프로그램, 신용 시스템의 일환으로 사물인터넷 안경과 스마트 의료를 무상으로 제공받게 되었다. 이는 가난한 나라들에서도 급격하게 확산되었다. 유니세프, 세계보건기구, 유네스코, 국제개발기구도 빈곤 지역에서의 사물인터넷 안경과 스마트 의류의 분배를 도왔다. 유엔개발계획UNDP(United Nations Development Programme)의 자원 봉사자들은 세계에서 가장 가난한 지역에 있는 사람들이 새로운 기술을 이해하고 새로운 기술이 주는 이익을 누릴 수 있도록 많은 도움을 주었다. 언어 인식과 합성 기술이 거의 모든 기기에 통합되면서 가난한 지역에서의 기술 활용은 유엔개발계획의 자원 봉사자들이 애초 가능할 것으로 생각했던 것보다 훨씬 더 성공적으로 이루어졌다. 구글과 페이스북의 도움으로 인해 세계에서 가장 가난한 모든 지역에서도 인터넷에 접속할 수 있게 되었다. 결과적으로 최빈국의 오지 마을에서도 사이버 공간에 접근해서 원격 교육, 원격 근무, 원격 의료, 원격 상거래를 포함해서 원격으로 거의 모든 일을 처리할 수 있게 되었다. 그러나 훨씬 더 파괴적인 무언가를 할 수 있는 능력이 더 많은 사람에게 부여되기도 했다.

차세대 기술에 대한 글로벌 규제 문제

차세대 기술의 원활한 규제를 위해 각국 정부는 국제과학기술기구ISTO를 만드는 데 동의했다. 기술 발전 속도를 따라가지 못해서 연관성이 점점 없어지는 국제법으로 차세대 기술을 규제하기 보다는 국제과학기술기구를 소프트웨어 집단지성 시스템으로 하고, 이 시스템의 정보력을 활용해서 차세대 기술을 규제하는 것이 일반화되었다. 그럼에도 불구하고 기술 변화를 따라가지 못하는 정부들이 있었다. 이로 인해 규제에 대한 시도가 제대로 작동하지 못하면서 논쟁이 되는 과학 기술 연구가 음성화되었으며, 안전성이 부족한 제품들이 만들어지고, 이들 제품이 범죄 네트워크에 의해 판매되는 결과가 초래되었다.

생명공학 기술 관련 사고와 드론 교통을 통제하는 인공지능 재난이 여러 건 발생하였고, 이에 대응하기 위해 저명한 과학 기술 전문가들이 참여한 일련의 회의가 개최되었다. 전문가들은 과학 기술을 통제하는 방법을 결정했고, 테러리스트, 범죄자, 파괴를 목적으로 하는 다른 사람들이 이미 개발되어 있는 기술에 접근하는 것을 제한하는 방법을 결정했다. 회의에 참석한 전문가들을 선정한 기관으로는 과학, 공학, 의료 분야 국립 학술 기관으로 구성된 국제한림원연합회IAP(InterAcademy Partnership)12), 국제학술연합회 ICSU(International Council of Scientific Unions)13), 과학 기술 분야 이익 집단, 민간 부문 연구 개발 기업들이 있다. 일련의 회의를 통해 정의, 지침, 조정 기준, 국제 조약 초안, ISTO 헌장이 만들어졌다. 회의에 참여한 전문가 그룹에서 전략적 요소에 대한 합의안이 도출될 때마다 전 세계적으로 토론이 진행되었고, 여기서 광범위한 사회적 합의가 이루어졌다. 결국에 가서, 유엔안전보장이사회UN Security Council와 협력하는 가운데 조약이 체결되었고, 과학 기술을 총체적으로 규제할 수 있는 권한이 국제과학기술기구에게 부여되었다.

유엔안전보장이사회는 유전자 변형, 나노 무기, 제어 불가능한 입자 물리학 실험과 관련된 일련의 과학적 연구를 종료하기 위한 개입을 승인하였다. 충분한 안전 대책을 마련하지 못한 것으로 드러난 일부 국가는 상황을 개선할 목적으로 유엔안전보장이사회에서 임명한 고문단을 받아들였다. 국제과학기술기구를 설립한 동기는 좋았다. 그러나 불행하게도 국제과학기술기구의 온라인 시스템은 정보 및 사이버 전쟁의 새로운 장이 되었으며, 그로 인해 국제과학기술기구에 대한 신뢰성과 유용성이 훼손되었다. 국제과학기술기구는 세상을 더 안전하게 만들 수 있는 구조화가 잘 된 시스템이었지만 결국 실패함으로 인해 차세대 기술을 통제할 수 있는 시스템이 자리를 잡지 못했다.

소프트웨어 전문가들은 인공지능에 종료 스위치가 붙어야 한다고 경고했지만 개발자가 너무 많고, 이들이 새로운 기능을 매우 빨리 개발하지만 제대로 작동하는 안전 장치는 거의 없었다. 그리고 일반 인공지능 활용과 관련된 초기 환경을 제대로 만들기 위한 협업 시스템이 거의 작동되지 않았다. 이에, 인간에게 유익할 것이 확실시되던 일반 인공지능 기술은 원래의 예상을 벗어나게 되었다.

인간이 인공지능의 목표를 설정하고, 그 목표에 따라 인공지능이 통제될 것으로 예상했다. 그러나 컴퓨터 게임 아바타에게 인공지능이 부여되면서부터 일반 인공지능과 슈퍼 인공지능 사이의 경계선이 모호해지기 시작했다. 이와 더불어 일부 일반 인공지능은 자체 목표를 스스로 개발했고, 이로 인해 몇 가지 재난이 발생했다. 정부의 사이버 인공지능 부서, 기업의 인공지능 팀, 익명으로 자생한 글로벌 규모의 특수 해커톤A-HAT(ad hoc hack-a-thons)이 하나의 팀을 꾸려서 재난들을 막기는 했다. 이들 사이버 영웅은 미래에 발생할지도 모를 일반 인공지능 재난을 막기 위해 아직도 협업하고 있으며, 슈퍼 인공지능과의 관계를 어떻게 설정해야 할지를 파악하기 위해 노력하고 있으며, 그 결과는 희망적이다.

2030년대에 좁은 인공지능이 빠르게 발전하면서 일반 인공지능도 함께 발전했다. 이와 더불어, 범죄 조직은 유령 회사를 만들고 이 회사에서 컴퓨터 게임을 만들 수 있는 고급 프로그래머를 채용하고, 이들을 시켜서 금융 게임을 만들었다. 이후 범죄 조직은 조직의 구성원들로 하여금 금융 게임을 이용해서 금융 자산을 훔치고 선거 결과를 왜곡하도록 조종했다. 그 결과 범죄 조직의 힘이 지금과 같이 커졌다. 또한 복잡하게 얽혀 있는 유령 회사들로부터 보호를 받는 이들이 고용한 사이버 범죄자들이 인공지능 자동 거래 시스템을 공격하기도 했다.

가상 현실과 증강 현실이 합쳐지면서 컴퓨터 게임과 '실제' 현실의 구별이 모호해졌다. 이는 우발적인 살인과 편집증으로 이어졌고, 사이버 중독이나 사이버 헤로인으로 인한 건강 악화도 이슈로 떠올랐다.

반과학 및 네오러다이트 운동

기술 오용으로 인한 사건이 많이 발생했다. 이에, 첨단 기술을 다룰 수 있어서 사람들의 존경을 받던 많은 이들이 충격을 받고 반과학 및 네오러다이트 그룹에 참여하게 되었다. 네오러다이트 운동[14]이 실제로 시작된 시점은 자율 로봇 무기 시스템이 뉴욕, 뭄바이, 도쿄, 킨샤사, 카이로, 상하이에서 시위 중인 수천 명의 실직자를 학살하면서부터였다. 이에 폭도로 돌변한 시위대는 로봇 공장과 인공지능 연구 시설에 불을 질렀다.

특이하게도 무정부주의자, 테러리스트, 범죄 조직이 연합해서 정부와 기업 보안 시스템을 해킹할 수 있는 능력을 갖추었다. 그리고 사물인터넷, 로봇 수송, 건강 관리 시스템에 대한 연이은 사이버 공격으로 인해 다수의 반과학 및 네오러다이트를 신봉하는 정치인들이 일부 주요 국가와 유엔 회원국의 거의 3분의 1에 이르는 국가에서 출현하게 되었다. 친과학적인 특수 해커톤과 여러 사이버 아트 단체는 반과학 운동에 대응하기 위한 컴퓨터 게임, 대중 음악, 대화형 VR 시스템을 개발했지만, 불행하게도 끝없는 지능형 무기 경쟁에 갇힌 나머지 더 확장되지 못하고 상황이 더 나빠지는 것을 막는 수준에만 머물렀다. 이들 단체에서 사람을 채용할 때 내 건 메시지는 '두 번 다시는 이런 일이 일어나지 않아야 한다(Never Again)'였다. 이 메시지는 '선'SON(Son Of Noah)이라는 인물 때문에 만들어졌다. '선'은 네오러다이트 출신으로 합성생물학 공격을 만든 이로써 2035년에 1억 2천 5백만 명의 사람을 죽였다. 성경에서 영감을 얻은 '선'은 세상이 너무 사악해져서 수천 년 전에 있었던 '대홍수' 같은 것을 시작할 때가 되었다고 믿었다. 그 사건 이후로 다른 네오러다이트와 종교 테러리스트들은 더티밤dirty bomb을 만들어서 배치했고, 2020년대에 처음 사용했다. 이것은 오늘까지도 주요 도시에서 현존하는 위협으로 남아 있어서, 여러 나라에서 계엄령과 경찰 국가가 여전히 유지되고 있으며, 특수 해커톤과 정부 연합체가 이 위협을 줄이기 위해 노력하고 있다.

일부 기업과 대학은 협업 관계를 맺은 후 정치적으로 '아무 것도 모르는 사람'을 제외시키려는 계획을 세웠지만 무질서한 정부 규제, 냉소적인 미디어, 실직한 네오러다이트족의 주기적인 도시 폭동으로 인해 좌절되었다.

지정학적 혼란

범죄 조직과 분리주의를 추구하는 테러리스트들이 주기적으로 그리고 일시적으로 연합해서 파괴 행위를 일삼았고, 이로 인해 사물인터넷은 악몽이 되었다. 사물인터넷에 연결되어 있는 장비들이 오류를 일으키거나 일시적인 시스템 충돌이 발생할 경우 사람들은 새로운 소프트웨어 버그 때문인지 누군가의 파괴 행위로 인한 것인지 다른 어떤 이유 때문인지 알지 못했다. 이로 인해 일반인이 느끼는 불쾌감과 편집증이 늘어났다. 그리고 모든 형식의 보험 비용과 보안 비용이 계속 상승했다. 테러리즘과 조직 범죄에 대응하기 위해 방대한 메시 네트워크에 정부의 사이버 명령 및 기업의 나노테크 센서가 연결되어 있었고 빅데이터 조기 경보 시스템이 구축되어 있었지만 개인들의 프라이버시는 제대로 지켜지지 않았다. 정부들이 범죄 조직에 대처하기 위한 글로벌 전략을 계획하고 구축할 수 없었기 때문에 현재 전 세계 경제의 15퍼센트 이상이 그러한 범죄에 노출되어 있다. 범죄를 예측하고 방지하기 위해 각 정부에서 인공지능을 사용하지만 범죄 조직이 고용한 해커들이 정부의 인공지능을 무력화시켰다. 범죄 조직은 헤로인을 사고 팔기 위해 사용했던 것과 같이 전 세계 각지에서 정부와 기업의 의사결정을 사고 파는 행위가 일상적으로 일어났다.

국가들의 협력 부족으로 인해 유엔안전보장이사회와 유엔사무국이 제대로 운영되지 않았으며, 정부와 기업이 필요로 하는 정보를 수집하고 교환하는 역할 정도만 수행했다.

안정된 유럽 나라들로 이주하려는 사람들이 많아졌고, 이로 인해 정치적으로 민족주의자들이 득세하였고, 유럽연합은 붕괴 직전까지 가기에 이르렀다. 지구 온난화로 인해 가뭄, 기근, 담수 농지로의 연안 해수 유입이 일어났고, 이로 인해 다른 지역으로 이주하는 이들이 생겨났다. 해양의 산도, 온도, 조류가 변하면서 기후 이상, 산호초 손실, 해저 메탄 가스 방출 현상이 생겼다. 2050년 현재 대기 중 이산화탄소가 700ppm에 이르렀고, 900~1000ppm이 되면 고삐 풀린 온실 효과가 티핑포인트Tipping Point[15]에 도달한다는 것이 기후학자들의 경고이다.

중국에 물, 에너지, 식량 위기가 오고 북서 분리주의자, 도시와 농촌의 분열, 부자와 빈자 사이의 괴리, 실업자 수 증가가 더해지면서 중국 정부의 중앙 통제가 약해졌고, 이 틈을 현대 군벌들이 채웠다. 휴전과 전쟁이 연이어 반복되었고, 도시에서는 식량 폭동이 일어났고, 농촌에서는 물 전쟁이 계속 되었다.

2040년대에 범죄 조직이 만들어서 보급했던 나노테크 군대는 정치 권력의 개념을 바꾸었고 전 세계에 정치적 혼란을 가중시켰다. 정부, 기업, 범죄 조직이 전 세계의 인공지능 패권을 위한 지능형 무기 경쟁에 뛰어들었다. 그 결과 현재 군사 관련 연구 개발의 절반이 인공지능 관련 분야에 투입되고 있다.

이러한 정치적 혼란으로 인해 유엔지속가능발전목표의 대부분이 2030년에 달성되지 못했으며, 정치적 혼란과 국제 기구에 대한 불신으로 인해 2050년 목표는 아예 정하지도 못했다.

슈퍼 인공지능 전망 – 인류의 불안한 미래

인간 통제를 벗어나서 진화된 일반 인공지능은 사이버 공간에서 존재하는 새로운 종류의 지능 종족이 되었다. 일반 인공지능의 출현이 예상되었기 때문에 정부, 기업, 학계가 힘을 합쳐서 통합사이버사령부UCC(United Cyber Command)를 만들었다. 이의 주된 목적은 새로운 유형의 종족(혹은 멀티 종족)의 위협에 대응하는 것이었다. 그러나 이러한 노력이 성공했다고 주장하는 이는 아무도 없었으며, 통합사이버사령부의 노력도 실패했고, 결국 무엇 하나 안전한 것이 없는 상태가 되었다. 인공지능/로봇은 인간의 통제를 전혀 받지 않는 상태에서 기능이 개선된 인공지능/로봇을 스스로 만들었다.

슈퍼 인공지능이 나오면서 인간의 이해를 뛰어넘는 일이 생기기 시작했다는 것 외에는 달리 설명할 수 없는 일들이 일어나기 시작했다. 인간은 예전에 이와 같이 뛰어난 지능에 직면한 적이 없었다. 과학 이전 시대에 사람들은 이해할 수 없는 자연의 힘을 설명하기 위해 다신론적인 신을 만들었다. 오늘날 슈퍼 인공지능으로 인해 발생하는 새로운 변형된 현상을 설명하기 위해 새로운 종류의 종교로 테크노-애니미즘Techno-Animism이 시작되고 있다. 수 천년 전에 다신론자들이 인간을 징벌하는 신과 인간을 돕는 신이 있었다고 믿었던 것처럼 지금은 매우 많은 사람들이 인류에게 선한 슈퍼 인공지능부터 시작해서 인류에게 악한 슈퍼 인공지능에 이르기까지 다양한 범위의 슈퍼 인공지능이 있다고 믿고 있다. 우리가 절대 이해하지 못하는 어떤 전쟁이 일어날 때 사람에게 우호적인 슈퍼 인공지능이 사람에게 적대적인 슈퍼 인공지능에 맞서 싸울 것인지를 궁금해 하는 상황이 되었다.

어떤 일이 일어났을 때 기계 지능이 이해하는 것과 인간이 이해하는 것 사이의 차이가 너무 커졌으며, 이로 인해 많은 사람이 소외감을 느꼈고 미래에 대한 희망을 가지지 못하게 되었다. 미래 충격으로 인한 사회적 무질서는 끝을 알 수 없을 정도로 증가했다. 정치, 기업, 인공지능 분야의 일부 지도자들이 전 세계에서 일어나고 있는 이러한 상황을 되돌릴 수 있는 새로운 유형의 거버넌스 시스템으로써 하이브리드 형식의 일반 인공지능-초기관조직AGI-TransInstitution을 만들려는 시도를 조용히 진행하고 있다는 소문이 있다. 이것이 사실이더라도 이 거버넌스 시스템과 슈퍼 인공지능이 어떻게 연계될지 실제로 아는 사람은 없다.

SCENARIO 3

2050, 세 번째 시나리오

자아실현경제 시대, 경제 활동에서 자유로운 인간

자아실현경제로의 전환이 시작되었다. 그 전환이 아직 완료되지는 않았지만 이를 위해 오랜 길을 달려 왔다. 인류는 역사상 처음으로 어떤 종류의 문명을 원하는지를 두고, 그리고 개인으로써, 종species으로써 무엇이 되기를 원하는지를 두고 '위대한' 대화를 나누었다. 영화, 글로벌 사이버 게임, 유엔 정상 회담, VR 뉴스, 플래시 몹 사이버 토론회에서, 그리고 선구자적인 사상가들의 모임에서는 예전에 없었던 미래와 그 미래를 사는 인류의 삶의 의미를 면밀하게 조망하였다. 인간 노동과 인간 지식에서 기계 노동과 기계 지식으로의 역사적 전환은 분명하다. 인류는 생계를 유지하기 위해 직업을 가지고 자기 존중을 이루기 위해 직업을 가져야 할 필요성에서 벗어나고 있다. 이는 직업 경제에서 자아실현경제로의 전환이 시작되고 있다는 것을 보여준다.

좁은 인공지능이 더 보편화되고, 2030년대 중반에 일반 인공지능이 등장하고, 21세기 초반에 브라질, 핀란드, 스위스, 스페인 바스크 지역에서의 기본 소득 보장 시스템 도입이 긍정적인 효과를 내면서 인류는 먹고 살기 위한 불안과 압박에서 벗어나기 시작했다. 더 작은 규모의 기본 소득 보장 실험이 진행되었는데, 인도, 라이베리아, 케냐, 나미비아, 우간다의 일부 국민에게 기본 소득을 제공했고, 실험에 참여한 대다수의 사람들은 이 시스템에 부정적인 사람들의 예상과 달리 돈을 현명하게 사용했다. 사람들은 제공받은 수입을 사용해서 더 많은 수입을 만들려는 경향을 보였다. 또한 소득을 보장하면 모든 사람이 게을러질 것이라는 견해와 달리 실험에 참여한 사람들의 건강이 좋아지고, 범죄가 줄어들고, 교육이 개선되고, 자영업이 증가한 것으로 나타났다. 핀란드와 영국에서는 복지 프로그램을 통합한 현금 지불 시스템cash payment system을 운영했는데, 이것이 복잡한 관료 체계보다 더 효율적이라는 사실이 입증되었다.

2020년대 들어 성장 자체가 임금과 고용을 더 이상 늘리지 못한다는 인식이 전 세계로 확산되면서 세계적인 석학들은 새로운 경제 가설을 더 큰 목소리로 주장하기 시작했다. 저소득층 보조금 확장, 노동조합 영향력 확대, STEM 교육 개선, 일자리 공유 촉진, 노동 시간 단축 같이 전 세계적인 실업 상황을 해소하기 위한 시도들이 도움이 되기는 했지만 대세에 영향을 미치지는 못했다. 훨씬 더 근본적인 무언가가 일어나고 있었다.

산업 혁명이 인간의 육체 노동을 대체한 것처럼 인공지능 혁명은 지식이 풍부한 인간의 두뇌를 대체하기 시작했다. 노동자 본인의 어떤 잘못이 아니라 새로운 기술의 출현으로 인해 실업자 수가 계속 증가함에 따라 많은 이들이 기본 소득을 보장할 것을 주장하기 시작했다. 그러나 국가 예산이 감당하기에는 생활비가 너무 높았다. 2030년대 중반이 되어서야 생활비 수준이 적절한 수준으로 떨어졌고, 정부 수입도 기본 소득 시스템을 재정적으로 지속해서 감당할 정도로 증가하기 시작했다.

2050년 현재 전 세계 노동자 수는 60억 명이며, 이 중 10억 명은 사업주에게 고용된 근로자이고, 30억 명은 자영업자이며, 10억 명은 비공식 경제에 속해 있으며, 나머지 10억 명은 자영업으로 전환 중에 있다. 21세기 초에는 취업자 수가 약 30억 명이었다. 지금은 40억 명인데, 일부는 사업주에게 고용된 근로자이고 다른 일부는 자영업자이다. 따라서 지난 수십 년 동안 새로운 기술은 기술로 대체된 것보다 더 많은 새로운 유형의 고용을 만들어냈다. 지금과 같은 새로운 '글로벌' 세대에 이르러 실업이라는 개념은 그 의미를 상실했다.

생활비 절감 요인

2030년대에 일반 인공지능이 무수히 많은 좁은 인공지능을 통합하고 관리하기 시작했는데 이는 폐기물 관리와 하천 홍수 조절부터 시작해서 공중, 육상, 해상에 있는 수백만 대의 로봇 차량에 이르기까지 문명의 기본 인프라를 유지하고 개선하기 위해서였다. 이렇게 하면서 도시와 교외의 교통 비용이 줄어들기 시작했다. 인공지능/로봇 기반의 이동 시스템이 많은 도시에서 선보였으며, 무료 대중 교통 수단으로 그 기능을 충실히 이행했다. 일부 도시들은 하이퍼루프로 연결되었으며, 이로 인해 고속 수송 비용도 낮아지기 시작했다.

재료 과학, 3D/4D 및 바이오 프린팅, 생체 모방biomimicry[16], 나노테크 그래핀graphene[17]이 발전하면서 수리에 대한 필요성이 줄어들었고 오히려 더 오래 사용할 수 있게 되었다. 그리고 다른 새로운 기술들이 나와서 건설, 제조, 유지보수, 물, 에너지, 의료용 약품, 인프라 구축에 관련된 비용도 낮아졌다. 정밀 제조 분야의 비용도 절감되었는데, 생산 단위당 재료 및 에너지 비용, 오염, 마찰 저항, 구조적 결함이 줄어들었기 때문이었다. 계산 물리학에서는 희귀하고 값비싼 많은 천연 자원을 대체할 수 있는 것을 찾아냈다. 재활용 및 다른 녹색 기술 개선으로 인해 환경 관리 비용도 낮아졌다. 재택근무를 도입해서 비용을 줄인 것처럼 운송 수단에 인공지능을 도입해서 효율성을 확보하고 이를 통해 운영비를 절감하였다. 저온 융합원자로 LENR(Low-Energy Nuclear Reactions), 태양열, 풍력, 천공형 고온 암석 지열, 대규모 저장 시스템을 활용해서 에너지 비용을 절감했다.

에너지를 자체적으로 만드는 효율성이 강화된 건물에서는 주거지 및 환경 영향 비용이 줄어들었다. 오늘날 대부분의 창문에는 나노 광발전 물질이 들어 있다. 심지어 식품 구매 비용도 줄었는데 인공지능/로봇이 적용된 담수 및 해수 농업, 유전자 변형으로 대형화된 동물에서 얻은 육류, 합성생물학, 인공지능/로봇 기반의 농장-가정 배달 시스템이 크게 기여했다. 건강과 교육을 포함해서 모든 것이 원격으로 진행됨으로 인해 생활비도 줄어들었다. 보편적 기본 소득UBI(Universal Basic Income)으로 인해 스트레스가 줄어들면서 스트레스로 인해 발생하는 건강 관리 및 범죄 관련 비용도 줄었다. 급여가 필요 없는 인공지능과 로봇이 주 7일 24시간 일하면서 오류가 대폭 줄었다. 그리고 인공지능과 로봇에게는 휴가도 필요 없고, 건강 검진도 필요 없고, 퇴직금을 주지 않아도 되었다. 이에 보험료, 생산비, 유지비, 인건비가 크게 낮아졌다.

산업화 시대의 군사 시스템에 비해 사이버 군사 시스템은 유지보수와 구축 비용이 덜 들어 국방비가 절감되었다. 여러 가지 비용이 계속적으로 감소함에 따라, 보편적 기본 소득에 대한 예산 요구도 낮아졌다. 시민들에게 기본 소득을 지속적으로 지급하는 것이 재정적으로 가능할 것이라는 믿음이 높아졌다.

무크MOOC(Massive Open, Online Course)[18]라 불리는 온라인 공개 수업과 인공지능 증강형 글로벌 교육 시스템, 그리고 앱이 나오면서 유아부터 박사까지 무상 공교육을 진행할 수 있게 되었다. 인공지능 증강 진단, 치료, 바이오프린팅, 합성생물학, 로봇 수술을 갖춘 유전자 개인 맞춤형 의료가 실현되면서 공공 보건을 시민의 기본 권리로 제공할 수 있게 되었다. 전 세계에서 기존에 인쇄된 사물의 효율성을 평가하는 글로벌 센서 네트워크의 피드백을 기반으로 소프트웨어를 다시 코딩할 수 있게 되었으며, 이를 통해 사물의 품질을 지속적으로 개선할 수 있게 되었다. 이 모든 것은 지역사회에서 운용되는 메이커허브의 복합 재료형 3D/4D 프린터가 있기 때문에 가능했다. 많은 소프트웨어가 무료이며, 전 세계에서 완벽하게 그리고 즉시 복사해서 사용할 수 있게 되었다. 전 세계는 실시간으로 함께 더 똑똑해지고 있었다. 그러나 급여를 지급해야 하고, 적절한 비용을 지불해야 하는 것들이 아직 남아 있다.

새로운 소득원, 자아실현경제 구현

21세기 초에 각국 정부는 새로운 기술로 인해 새로운 일자리가 더 많이 만들어질지 어떨지 확신하지 못했다. 그렇지만 많은 지도자들은 미래에 발생할 대규모 실업에 집중할 장기 재정 전략을 진지하게 모색하기 시작하는 것이 현명하다는 생각을 했다. 극심한 빈곤을 없애고, 소득 격차를 줄이고, 새로운 종류의 경제로 전환하는 것에 도움이 될 정도로 국가에서 보장하는 보편적 기본 소득이 재정적으로 지속될 수 있을지 파악하기 위한 연구들이 진행되었다. 이들 연구에서는 2030년대 중반에 생활비 수준이 떨어지고 보편적 기본 소득 프로그램 비용을 충족할 정도의 새로운 소득원이 생길 것이라는 결론이 나왔다. 많은 사람들은 대량 실업과 빈곤으로 인한 사회적 혼란보다 모든 사람에게 지원금을 주는 것이 훨씬 더 좋다고 믿었다. 기본 소득을 보장하는 것은 기술, 교육, 국방 투자와 같은 사회적 투자로 간주되었다. 그리고 기본 소득이 사람들을 게으르게 만들 것이라는 주장은 여러 나라와 문화권에서 진행된 많은 실험과 연구 결과, 사실이 아니라는 것이 입증되었다.

나라마다 처한 상황이 다르기 때문에 국민의 기본 소득을 지급하고 세금 손실분을 채우기 위해 선택한 방법도 달랐다. 기본 소득 지급에 들어간 총 비용의 분담 비율을 소득원 별로 정리하면 다음과 같다(각 나라에서 발표한 데이터를 근거로 해서 평균적으로 산출하였다).

- 조세 피난처 감소: 20%
- 부가가치세(판매 시점에 전자 서명이 있는 영수증): 12%
- 탄소세와 기타 공해세: 11%
- 차세대 기술에서 얻은 대규모의 재산 증식세: 11%
- 면허세와 로봇세: 11%
- 국가 자원의 임대료 및 세금: 10%
- 국제 금융 전송에 관련된 토빈세: 9%
- 기본적인 최소 법인세: 9%
- 일부 기업의 국유화 관련 세금: 7%

국제 금융 전송을 위한 새로운 인공지능 시스템이 범죄 조직과 부패에 대응하고 토빈세[19]를 징수하기 위한 글로벌 전략의 일환으로 구현되었다. 이는 조세 피난처를 획기적으로 제거하는 데 일조하였으며, 이로 인해 많은 정부에서 새로운 수입을 얻게 되었다. 조세 피난처에 있던 18조 달러가 국가 경제로 돌아온 것으로 추정되었다. 새로운 국제 금융 전송 시스템에서 파악된 일부 범죄 조직의 돈도 국고로 다시 흘러들어오기 시작했다.

개인용 자동차에 등록증을 발급하고 세금을 부과한 것처럼 정부는 이제 로봇 및 일부 인공지능과 이것들에 의해 만들어진 제품에 대해서도 세금을 부과한다. 미국 대법원에서 이정표가 될만한 판결이 있었는데 인공지능이 자체 권리를 요구할 정도로 충분히 성숙하면 인공지능은 이를 자동으로 요구할 수 있다는 것이었다. 즉 인공지능은 자신이 만든 것에 대해 지적 재산권을 포함해서 각종 권리를 요구한다는 것이었다. 이는 인공지능이 직접 얻은 소득이나 인공지능이 만든 것에서 파생된 소득에 대해 세금도 부과한다는 것을 의미했다.

전 세계적으로 재생 에너지가 많이 사용되고 디지털화가 진행되면서 생산 한계 비용이 크게 줄었다. 재생 에너지와 해수 농업이 성공하고, 동물 사육 없이 고기를 얻을 수 있게 되면서 중요한 수익원이었던 탄소세는 이제 거의 무시할 수 있을 정도가 되었다. 그러나 자영업 증가와 함께 자아실현경제가 성장하기 시작하고 있으며, 예전에 예상했던 것보다 더 많은 소득세가 걷히고 있다.

이와 같이 경제 상황이 변화하면서 로봇과 인공지능이 사람들의 직업을 대체하게 되었고, 이러한 이유로 인해 수백만 명의 사람을 거리로 내모는 것이 윤리적이지 않았다는 것이 점차 명확해지기 시작했다. 차세대 기술로 불리는 인공지능, 로봇공학, 합성생물학, 나노 기술, 드론, 3D/4D, 바이오 프린팅, 빅데이터 분석 등으로 인해 만들어진 물질적 및 지적 재산이 매우 많이 생겼고, 이렇게 생긴 새로운 수입 중 일부를 차세대 기술 대체로 인해 실업 상태에 놓인 사람들에게 주는 방법을 찾아야 한다고 주장하는 사람들이 많아졌다. 차세대 기술이 더 안전한 문명의 토대를 만들어감에 따라 차세대 기술은 교통, 건설, 보건, 교육은 물론이고 의식주를 생산하는 일에 있어 인간의 노동력을 계속해서 대체했다.

노르웨이나 페르시아만 연안 8개국 같은 부유한 산유국들은 보편적 기본 소득이나 '시민 임금'을 모든 국민에게 충분히 제공하는 최초의 나라가 되었다. 가짜 이주를 막기 위해 3년 거주 요건을 필수적으로 갖춰야 기본 소득을 지급받을 수 있었다. 미국의 경우 2025년을 기준으로 인구가 3억 4천 5백만 명이었는데, 이들에게 기본 소득을 보장하기 위해 납세 세금을 35%까지 늘려야 했지만 관련 법안이 의회에서 부결되었다. 이 법안의 반대론자들은 1년에 한 사람당 2만 달러를 지급해야 하는데, 1년이면 약 6조 7천억 달러가 소요되고, 이는 그 당시 연방 전체 예산과 맞먹는 수준이었고, 향후 몇 년 안에 실업률이 상승하여 세수가 줄어들 것이라고 주장했다. 이에 법안 찬성론자들은 어린이는 성인에게 지급되는 금액의 25%를 받을 것이라는 점을 강조했다. 따라서 두 명의 성인과 두 명의 어린이로 이루어진 한 가족은 연간 8만 달러가 아니라 5만 달러만 지급받을 것이라고 주장했다. 또한 복지 시스템이 통합되면서 복지 시스템의 보편적인 특징에 의해 사회적 낙인 효과가 없어질 것이라고 주장했다. 이로 인해 역사상 볼 수 없었던 수준으로 인간의 창의력이 발휘될 것이고, 이와 관련된 몇 가지 필수 요구사항이 공공 서비스에 추가될 것이라고 주장했다. 사회 안녕을 위해 소수의 고용만 있으면 되는 시대에 생계비 지급을 위해 모든 사람이 일해야 한다는 주장은 맞지 않는 듯 했다. 금융 위기로 인해 발생하는 위험보다 수백만 명의 가난한 사람들이 거리를 배회하는 위험이 훨씬 더 크다는 것은 자명한 사실이었다.

사람들의 생활비 수준이 낮아지면서 미국 의회는 2030년대 초반에 이 문제를 다시 논의했고 마침내 옴니버스 소득법안Omnibus Income Bill을 통과시켰다. 이 법안에 따라 개인, 기업, 환경 훼손, 차세대 기술 성장에 대해 일률 과세를 부과하기로 했다. 또한 합성생물학 산업이 성장하면서, 새로운 고용이 창출되고 국가의 부가 늘어났다. 이로 인해 정부의 세금 수입이 이전에 예상했던 것보다 훨씬 더 많아졌다.

합성생물학의 가장 큰 이점 중 하나는 인간 뇌에 있는 플라크를 먹는 미생물을 만드는 것이었다. 이로 인해 노인들이 겪는 여러 가지 건강 문제를 해결할 수 있었고, 그들의 수명이 질적으로 늘어났다. 또한 의료 비용이 획기적으로 줄어들었고, 노인들의 정신이 또렷해졌고, 자영업 활동이 증가했다. 노인들의 인공지능/아바타가 시맨틱 웹을 검색해서 소득을 만들 수 있으면서 노인 스스로 할 수 있는 가장 좋은 활동을 찾아주고, 매일 아침 그날 하루를 채울 수 있는 흥미진진한 경험을 제시했다. 이 모든 새로운 상황은 노인들의 삶에 기쁨을 주었고 그들이 혁신적인 창의성을 발휘하게 했다. 또한 노인들이 더 이상 국가가 떠안아야 하는 부담스러운 존재가 아니라 국가의 재정을 향상시키는 자산이 되었다. 이제 노인들은 더 이상 자녀와 손자가 치뤄야 하는 비용이 아니라 그들의 풍요로운 삶에 기여하는 존재가 되었다. 이것은 중요했다. 왜냐하면 기대 수명이 거의 100세가 되었고 수명 연장 연구가 획기적인 성과를 계속 내고 있었기 때문이었다. 혁신적인 차세대 기술로 인해 공급된 상품을 구매할 총수요가 충분하지 못할 것이라는 우려가 있었지만 노인의 질 좋은 수명 연장으로 인한 새로운 수입원은 그러한 우려를 불식시켰다.

새로운 경제와 차세대 기술로 인해 생활비 규모가 낮아졌으며, 전 세계의 개인 기본 평균 소득이 연간 1만 달러 이하로 떨어졌다. 공공 의료, 도시 교통, 에너지, 교육 서비스가 무료로 제공되지 않았다면 이는 불가능했을 것이다. 장애나 다른 특별한 요구사항을 가진 사람들을 위해 특별한 전략이 초기에 수행되어야 했지만 인공지능/로봇 시스템이 개선되면서 비용이 떨어졌고, 이로 인해 기본 소득 시스템에 대한 재정 부담을 줄일 수 있었다.

GDP에서 기본 소득 지급이 차지하는 비율은 인구 규모, GDP, 공식 빈곤선에 따라 나라마다 크게 차이가 났다. 대한민국이나 일본처럼 부유하지만 인구가 줄어드는 나라에서는 기본 소득 지급이 원활하게 이루어졌다.

어떤 사람들은 자신의 인공지능/아바타와 인공지능 앱으로 새로운 소득을 추가로 얻게 되었고, 이에 기본 소득 지급액이 늘어나는 사람들이 점점 더 많아졌다. 그래서 어떤 이들은 기본 소득으로 받은 돈을 자선단체에 기부하거나, 전 세계적으로 해결해야 할 문제에 집중하는 신규 비즈니스 스타트업에 투자하거나, 정부에서 주는 기본 소득 급여를 일시적으로 받지 않기도 했다. 금전적으로 부유한 사람들 중 어떤 이들은 이러한 의미 있는 활동을 수 년에 걸쳐 지속했다. 희소성 분배보다 풍요성 분배에 경제적으로 더 많은 초점이 맞추어졌다.

기술적 요소들

미국, 중국, 유럽연합에서 뇌 관련 프로젝트들이 많이 진행되었고 2020년대에 두뇌와 인공지능에 대한 연구인 그레이트 브레인 레이스가 진행되었다. 그레이트 브레인 레이스는 구글, IBM, 페이스북, 바이두, SAP, 대학들(예: 스위스 취리히 연방공과대학, 미국 보스톤 MIT)에서 진행된 인공지능 레이스AI Race와 함께 진행되었으며, 이로 인해 지금은 당연하게 생각하는 인공지능 시스템이 연계된 두뇌 강화가 다양하게 진행되었다. 눈에 광자 렌즈를 삽입해서 모든 사물 및 사람과 항상 연결해서 몰입형 가상 현실 및 증강 현실을 즐길 수 있게 되었다. 결과적으로 IQ 테스트는 더 이상 의미가 없게 되었다. 왜냐하면 눈이 증강된 사람들은 모든 질문의 정답을 알 수 있기 때문이었다.

계산 신경생물학자와 엔지니어들이 국가나 기업의 경계를 넘어 협업을 함에 따라 정신 질환을 더 잘 치료하고, 인간 지능을 향상시키고, 더 좋은 컴퓨터 및 인공지능 시스템을 구축하는 일에 뇌 기능 원리를 파악해서 적용했다. 이제 대부분의 사람은 자신의 뇌를 강화해서 특별한 재능을 가진 사람으로 만들 수 있게 되었는데, 이는 안경을 써서 시력을 좋게 만드는 것과 비슷한 정도로 일상화되었다. 무언가를 알고자 하는 사람은 누구나 지능을 강화할 수 있고, 이제 이런 것들은 지식 폭발과 인공지능 진화에 지속적으로 부응할 수 있는 유일한 방법으로 여겨지고 있다. 그러나 인공지능 해킹 프로그램이 도처에 있기 때문에 개인 정보가 유출될 가능성이 항상 따라붙는다. 그럼에도 불구하고 인간과 인공지능의 공생은 어린 시절부터 시작해서 대학을 거치고 그 이후에 계속되는 성인 학습에 이르기까지 학습의 핵심 요소로 자리잡았다. 유전적으로 정해진 행동에 배려심이 더 생기도록 만드는 후생적 응용 기법을 적용하고 유전적인 강화 조치를 결합해서 비윤리적이거나 범죄를 일으킬만한 재능이 발달하는 것을 막을 수 있게 되었다.

시력을 좋게 만드는 것처럼 지능을 개선할 수 있다는 사실을 사람들이 알게 되었을 때 교육부는 지능 향상을 교육 목적으로 추가했다. 인공지능과 학습 이론 전문가들은 팀을 구성해서 AI/Brainware라는 개인 지능 강화 앱과 STEM 능력 상승 및 자영업 학습 모듈을 판매하는 사업을 시작했다. 본인의 집단지성 시스템과 개인 알고리즘을 갖춘 개인들은 매일 같이 새로운 것을 발명하는 삶을 살고 있다. 2020년에는 글로벌 러닝 엑스프라이즈 Global Learning XPRIZE에서 수상한 앱들을 통해 6세 미만의 거의 모든 아이들이 기본적인 읽기, 쓰기, 산술 능력을 습득할 수 있게 되었다. 10세가 되면 대부분의 아이들이 증강 천재 시스템을 사용했다. 이는 시력을 높이기 위해 일반인에게 표준화된 안경을 착용하는 것과 같았다. 사람들은 개인의 지능 강화를 받아들이게 되었다. 2020년대가 지나면서 STEM 교육을 업그레이드하기 위한 노력이 전 세계적으로 진행되었고, 사람들은 과학과 기술로 촉발된 변화가 일어나고 있다는 사실을 이해하게 되었다. 물론 과학과 기술은 2030년대에 이르러 우리가 예상했던 것보다 많은 고용을 창출하지는 못했다. 사람들이 2030년대 일반 인공지능 버전만큼 빨리 학습할 수는 없었다. STEM의 영향력이 줄어들면서 학습에 있어서 초점은 자아 실현 및 자영업을 위한 자기 주도형 탐구 기반 학습으로 더 많이 넘어갔다. 그리고 학습 추세도 전문 지식 숙달에서 융합 기술 숙달로 넘어갔다.

2020년대 중반부터 대중들은 일반 인공지능이 탄생할 것이라고 믿기 시작했다. 그리고 일반 인공지능 이후 슈퍼 인공지능이 너무 빨리 실현되어서 인간 시스템보다 지능이 더 높은 새로운 인간 이외의 다른 '종'을 다룰 준비가 되어 있지 않았다는 일반적인 우려가 제기되었다. 결과적으로 두 그룹이 주목을 받았다. 하나는 일반 인공지능에 대한 모든 연구를 중단해야 한다는 그룹이었고, 다른 하나는 일반 인공지능이 윤리적으로 만들어질 수 있다는 것을 증명함으로써 슈퍼 인공지능으로 진화하는 것이 인류에게 위협이 되지 않을 것이라고 주장하는 그룹이었다. 두 번째 그룹에 속한 이들은 슈퍼 인공지능이 영화 〈스타워즈〉에 나오는 '포스' 같은 존재가 될 것이라고 예측했다. 즉, 슈퍼 인공지능이 우리 주변에 만들어져서 우리를 꿰뚫어 볼 것이며, 인간의 의식 기술Conscious Technology 문명을 하나로 묶을 것이라고 내다 보았다. 비록 일반 인공지능을 반대하는 노력은 실패했지만 슈퍼 인공지능이 인류와 함께 시너지 효과를 낼 수 있는 방향으로 일반 인공지능이 발전할 수 있도록 인공지능 개발자들이 한데 모여서 협력할 수 있게 만들었다. 이제 우리는 슈퍼 인공지능에 의존하고 있으며, 이 슈퍼 인공지능을 완전하게 이해하지도 못한다. 한편으로, 우리는 '자연'에 의존하고 있지만 자연과 관련된 유전, 중력, 산소, 대기, 기타 여러 가지에 대해서도 완전하게 이해하지 못하는 것은 똑같다.

오늘날 아이들은 인공지능과 로봇이 없는 세상을 상상하지 못한다. 이 아이들의 부모가 스마트폰 없는 세상을 상상하기 어려웠고, 조부모가 인터넷 없는 세상을 상상하기 힘들었던 것과 같은 원리이다.

합성생물학은 우리 뇌의 플라크를 먹는 미생물을 만들었다. 그리고 환경 친화적인 화학 물질, 개인 맞춤형 의약품, 농작물 비료를 생산했다. 또한 공기를 정화하고 이산화탄소를 흡수하는 건물을 만들 수 있었고, 건물을 새로 지어야 할 경우 생분해되는 건물을 만들 수도 있었다. 초기의 유전자 편집 기술 CRISPR[20]과 오늘날 새로 개발된 방법들이 대부분의 정신 질환을 포함해서 유전적으로 관련된 질병을 거의 치료했다.

무어의 법칙, 좁은 인공지능과 일반 인공지능, 계산 과학 분야에서 상호 시너지가 생기면서 전 세계적으로 지식과 응용이 가속화되어 인간의 능력이 비약적으로 개선되었다. 이러한 시너지로 너무 많은 혁신이 창출되면서 사람들은 "한 번의 시너지가 한 시간에 하나의 혁신을 만들어낸다"라는 농담을 할 정도였다. 이것이 글로벌 시너지 어워드 Global Synergy Awards의 기원이 되었으며, 그 해에 가장 많은 발명품을 낸 사람에게 수여되었다. 이것은 과거, 노벨상에 준하는 것이다.

국제과학기술기구는 과학 기술 집단지성 시스템을 만들었다. 이 시스템은 학생 뿐 아니라 최고의 엔지니어들과 정치인들이 과학 기술에 관련된 의사결정을 하는데 도움이 되었다. 이 시스템의 정교한 인터페이스는 각 사용자의 능력과 선호도를 정확하게 측정했다. 실시간으로 업데이트되는 차세대 기술의 발전 상황, 국제 표준, 허가, 투자 및 예측에 대한 찬성 및 반대 의견들을 모든 사람이 볼 수 있었다. 전 세계적으로 집단지성을 동시에 공유함으로써 지식 부족으로 인한 착취, 파워 엘리트들의 조작, 불합리한 마케팅이 줄어들었다. 국제과학기술기구의 온라인 시스템을 통해 블록체인에 접근해서 라이선스 계약을 맺고 비즈니스 거래를 하는 데 들어가는 비용이 매우 적었다. 즉, 재정적인 지속가능성과 모든 사람에게 평등한 접근을 보장할 수 있었다.

국제과학기술기구는 정보력을 바탕으로 일종의 국제 규제 기구의 역할을 맡게 되었다. 엘론 머스크의 삶의 미래 연구소Future of Life Institute(futureoflife.org)는 안전한 인공지능 혁신을 위한 기금을 마련했고, 많은 인공지능 전문가와 마이크로소프트, 알리바바, 바이두, 인포시스, 구글, 유엔의 국제과학기술기구가 협업할 수 있도록 했으며, 이를 통해 보다 더 안전한 좁은 인공지능과 일반 인공지능이 인간과 실시간으로 반응해서 상호작용하는 데 필요한 초기 상황을 만들었다. 이는 오늘날 의식 기술 시대를 만드는 데 도움이 되었다. 정부와 국제 기구의 규제는 빠르게 발전하는 좁은 인공지능과 일반 인공지능을 따라잡기에 너무 느렸다. 그 와중에 '삶의 미래 연구소'에서 진행한 일련의 활동들은 의식 기술 시대를 성공적으로 안착시키는 데 큰 역할을 했다.

극심한 빈곤을 종식시키기 위해 제정된 유엔의 지속가능개발목표SDG (Sustainable Development Goal)는 2030년경 달성되었다. 폐쇄형 환경의 스마트 농업, 합성생물학, 해수 농업, 전기 로봇 자동차, 수직 도시 농업이 활성화되고 동물을 사육하지 않고도 육류를 제공할 수 있게 되면서 전 세계 사람들은 더 저렴한 비용으로 더 건강한 식단을 확보할 수 있게 되었고, 환경에 미치는 나쁜 영향도 줄일 수 있었다. 전 세계에서 수백만 대의 로봇 자동차가 하늘과 바다와 도로를 밤낮으로 돌아다니게 되었으며, 인공지능 시스템이 이들 로봇 자동차를 통제하게 되었다.

과거에는 공공장소의 메시 네트워크mesh network[21])에 연결된 나노 기술 센서가 개인 및 집단 테러의 상당 부분을 막아왔다. 인지 과학 및 행동 과학이 발전하면서 정신적으로 문제가 있는 사람들이 테러리스트나 사이버 범죄자가 되는 수치가 줄었으며, 보편적 기본 소득이 도입되면서 불안감을 호소하는 사람들도 줄었다. 인생에 대해서 신비주의적인 자세를 보이는 사람들과 기술을 중시하는 사람들이 문화적으로 함께 섞이면서 더 책임감 있고 조화로운 사회가 만들어졌다. 또한 인류는 윤리적으로 더 성숙한 종족으로 진화하고 있으며, 이를 입증하듯이 국제표준화기구의 주도하에 전 세계가 참여하는 윤리 체계가 만들어졌다.

4년마다 사이버 공간 및 3차원 공간에서 열린 올림픽 게임을 통해 글로벌 의식이 한층 더 성숙되었다. 2040년에 지구와 달 궤도 사이에서 진행된 제1회 태양 항법 올림픽 대회에서 Mars Pioneers가 우승했을 때 인류는 식별역threshold of consciousness[22])을 넘어서는 것처럼 보였다. 이 시점에 인류는 더 이상 지구에만 국한된 종족이 아니라 우주 여행을 할 수 있는 종족이라는 사실을 인지하게 되었다. 10년이 지난 지금은 약 2,500명이 우주 비행 궤도, 달, 화성에 있는 '우주 사회'에서 일하고 있으며, 이들은 인간의 상상력과 문명의 발전에 있어서 새로운 지평을 넓히고 있다.

외계 접촉 가능성에 대한 논쟁이 있었으며, 이 논쟁으로 인해 지리적, 인종적 경계를 넘어서 생각하게 되었다. 또한 과학이 비약적으로 발전하고, 세계 여행 및 가까운 우주에서의 여행이 크게 용이해지고, 지구와 가까운 우주를 다른 시각으로 보는 사람들 사이에서 지속적인 의견 교환이 이루어지면서 개인적 관점과 집단적 관점이 크게 넓어졌다. 그 결과, 사람들의 좁았던 관점이 더 넓어졌으며, 전 세계에 통용되는 윤리에 대해서도 더 진지하게 생각하게 되었다. 모든 사람들이 사랑, 진리, 공정, 가족, 자유, 소속에 가치를 두는 것은 아니지만 20세기에 비해 그 수준이 훨씬 더 높아졌으며, 비교적 평화로운 세상을 유지하는 일에도 충분히 많은 관심을 기울이게 되었다. 물론 인종적 편견이 여전히 있기는 하지만 이전 세기에 비해 더 효과적으로 견제되었다.

일자리 및 경제에 관련된 문화의 본질이 변화

사람들이 경제는 회복되는데 일자리가 없는 것을 걱정했었지만 지금은 일자리가 없음으로 인해 늘어난 자유를 반기고 있다. 일의 목적이 사회적/자연적 깨달음과 조화를 이룬 자아실현이라고 보기 시작하는 사람들이 전 세계적으로 점점 더 많아지고 있다. 일은 즐거운 것이고, 자아를 실현하기 위한 하나의 수단이며, 인생의 의미를 창출하는 방법이다. 다양한 형식의 기본 소득이 보장되면서 재정에 대한 기본 니즈에 대한 걱정이 줄면서 사람들은 인생의 목적이 무엇인지 깊이 생각할 수 있었다.

결과적으로 대다수의 인류는 문명과 동떨어진 시골에서 살든, 바다를 떠다니는 무리에 섞여서 살든, 고도로 도시화된 곳에서 사람들과 부대끼면서 살든, 더 나은 미래를 건설하는 데 도움이 되는 것들을 살펴볼 시간을 가졌다. 인류는 환경을 희생하는 댓가를 치르면서 발전해 왔기 때문에 대부분의 사람들은 훼손된 환경을 바로잡을 때가 되었다는 믿음을 가지게 되었다.

예를 들어, 환경 단체들은 사람들이 경제 성장을 맹신하지 못하도록 했으며, 가장 큰 경제국이자 오염국인 미국과 중국이 기후 변화에 더 많이 집중하도록 압력을 가했다. 이에, 미국과 중국은 이산화탄소를 350ppm으로 줄이겠다는 공동 목표를 설정했으며, 많은 국가, 기업, NGO, 대학이 동참한 연구 개발 프로그램에 참여했다. 그 덕분에 지금 우리는 '전 세계적인' 기후 변화를 눈으로 보고 있다. 이 연구 개발 프로그램이 역사상 가장 훌륭한 국제 협약 중 하나라는 것에 모두가 동의한다. 전 세계의 불모지 해안선을 따라 대규모 해수 인공지능/로봇 농장이 만들어졌다. 해안선을 따라 진행된 해수 농업은 이산화탄소를 흡수하는 녹색 성장 지역을 조성하기 때문에 온실가스 배출총량거래에 대해 일부 재정 지원을 받았다. 해안에 위치한 해수 농장들은 새우와 여러 종류의 식량을 생산했다. 또한 연료, 비료, 생물 고분자 물질에 사용되는 해조류도 생산했다. 심지어 동물을 키우지 않고도 고기를 만들기도 한다. 이런 일련의 재배 및 생산 활동을 통해 온실가스를 더 많이 줄일 수 있게 되었다. 해수 농업은 담수 농업에 대한 부담을 줄였다. 왜냐하면 해수 농업은 비를 필요로 하지 않으며, 가뭄이 들어도 괜찮기 때문이었다. 건물부터 사람 신체에 이르기까지 모든 것에 부착되어 충전되는 마이크로배터리가 일반화되면서 개인 에너지에 들어가는 비용이 모두 없어졌다.

길이로 100마일에 이르는 사하라 사막 주변부에 로봇으로 관리되는 폐쇄형 농업 튜브가 수천 개 있으며, 이들 농업용 튜브는 태양광으로 작동된다. 여기서 생산되는 많은 식량이 아프리카에서 소비되고 아시아 및 유럽으로 수출되었다. 현재, 태양광 전지에서 생산된 잉여 에너지는 무선 전송 방식으로 지구 궤도로 송출되고, 위성을 통해 전 세계 지역 에너지망에 연결된 지상 렉테나rectennas로 중개된다. 풍력 가압 수증기 분사 시스템은 담수화 비용을 크게 낮추었다. 그리고 수송용 내연 시스템은 전기와 수소 시스템으로 대체되었다.

기본 소득이 인간의 자유를 어떻게 보장할 것인지, 기본 소득을 통해 인간 조건을 개선해야 할 이유를 어떻게 현실화할 것인지와 관련된 많은 이야기들이 있었으며, 미국과 중국도 이 대열에 참여했었다. 기본 소득은 신분과 불평등의 개념을 바꾸었다. 가령, 소득을 기준으로 볼 때 사람들은 불평등을 '같음' 혹은 '같지 않음'으로 인식하게 되었으며, 이에 2035~2045년 경에 불평등의 개념이 바뀌기 시작했다. 점점 더 많은 사람들이 자급자족하면서 자신의 삶을 만들어감에 따라 사람들은 자신만의 삶의 기준을 갖게 되었다. 그리고 기본 소득 시스템 하에서는 기본적으로 필요한 모든 것을 확보할 수 있기 때문에 자아 실현이 더 중요해졌다. 또한 가상 공동체에서 서로 관심을 갖고 표현을 하면서 함께할 수 있는 시간이 더 많아졌으며, '지루하다는 것'이 새로운 빈곤이 될 정도가 되었다. 이런 상황에서 세상을 좋게 만들기 위해 무언가 흥미로운 일을 할 수 있는 것은 새로운 멋진 일이고, 새로운 신분이고, 새로운 부로 인정받게 되었다.

좁은 인공지능 시스템은 느리지만 확실한 방법으로 전 세계에 일반 인공지능 기술을 확산시키는 교두보 역할을 했으며, 이를 통해 누구에게도 소유권이 없는 글로벌 인공 브레인이 가동될 수 있었다. 이는 인터넷이 누구에게도 소유되지 않고 우버가 택시를 한 대도 소유하고 있지 않은 것과 같은 원리다. 자본주의는 개인의 소유권을 권장하고, 사회주의는 국가 소유권을 권장한다. 자아실현경제는 인터넷처럼 비소유권을 권장한다. 2050년이 된 지금도 개인 소유권과 국가 소유권 모두 존재한다. 그러나 '창조적으로 성장'된 것 중 많은 것에는 소유권이 없으며, 무료 사용에 있어 제한이 아예 없거나 아주 작은 제한만 있다. 그리고 사람들은 생산에 필요한 수단을 소유하지 않고 차세대 기술로 만들어진 생산 수단을 이용해서 돈을 벌었다. 또한 기업에 고용된 사람의 비율이 줄고 자영업에 종사하는 사람의 비율이 높아짐에 따라 정부나 기업의 힘에 비해 개인의 힘이 더 세지기 시작했다. 이에 인터넷에서 자체적으로 조직된 단체가 만들어졌으며, 자아실현경제를 수용하려는 문화가 주류로 자리잡았다.

사람들과 기업들이 경쟁, 생산성, 시너지 대신 품질 생산성을 찾는 경향이 높아지고 있다. 오늘날 비즈니스 학습 시스템은 경쟁 지능, 경쟁 우위, 경쟁 전략이 아니라 협동 지능, 협동 우위, 협동 전략을 가르친다. 세계 각국의 지도자들은 균형적인 관점에서만 생각하기 보다는 어떻게 시너지를 낼 것인가에 대해 논의하기 시작했다. 공정성이냐 투자 수익률이냐를 따지기 보다는 공정성을 담보하면서도 괜찮은 투자 수익률을 내기 위한 시너지로 무엇이 있는지를 고민했다. 이러한 고민은 사회 가치와 시장 가치에도 적용되었고, 연대와 효율성에도 동일하게 적용되었다. 또한 인생에서 더 많은 시너지를 낼 수 있는 방법에 대한 논의에 종교간 대화와 ISO 표준이 크게 기여했다.

기존의 전통적인 주식 시장이 아닌 크라우드소싱 방식의 킥스타터 같은 시스템을 통해 개인에게 직접 투자하는 시간제 투자자들이 점점 더 많아졌다. 이러한 분산화가 여러 형식으로 이루어졌고, 크라우드 펀딩도 그중 하나였으며, 이를 통해 부의 집중과 소득 격차가 해소되는 데 도움이 되었다. 인간은 생활을 위해 일에 인생의 많은 시간을 쏟아야 했고, 이로 인해 인간의 창의력이 약화되었다. 그러나 일에 소모되는 시간을 대폭 줄이면서 인간의 창의성은 크게 높아졌다. 모든 사람이 전 세계의 거의 모든 사람과 모든 것에 연결할 수 있게 되면서 인공지능/아바타가 스마트 계약을 활용해서 새로운 일을 쉽게 만들 수 있게 되었고, 흥미로운 기회들을 서로 교환할 수 있게 되었으며, 내재되어 있던 잠재력을 개발할 수 있게 되었다.

'당신을 대체한 것에 투자하기' 운동은 로봇 트럭을 구매한 트럭 운전수들에 의해 시작되었고, 로봇 트럭의 운행 일정은 트럭 운전수들이 참여한 노동조합에서 만든 온라인 거래소에서 관리되었다. 이러한 온라인 거래소들은 향후 몇 년 동안 어떤 일자리가 유지될지를 예측했고, 일자리를 대체한 것에 투자하려면 매년 얼마의 돈을 벌어야 하는지를 권고안으로 알려주었다. 로봇 트럭의 일정을 관리하는 시간보다 실제로 트럭을 운전하는 시간이 훨씬 더 길었기 때문에 운전수들은 스스로를 만족시킬 수 있는 일과 새롭게 관심가는 일을 찾는 것에 더 많은 시간을 쓸 수 있었다. 직장에 고용되어 있는 중에도 어떤 사람들은 자신들의 취미를 페이스북이나 다른 소셜 미디어에 광고해서 본인들이 하고 싶은 것을 수용할 수 있는 시장을 찾기 시작했다. 이런 활동은 그들의 일자리가 자동화된 후에 자영업으로 전환할 때 도움이 되었다.

사회에서 제공하는 교육 수준이 높아지면서 사람들은 더 이상 상사가 있는 조직에 참여하는 것에 흥미를 가지지 않게 되었다. 아이들이 어려서는 부모에게 책임을 지라고 요구하지만 점점 자라면서 그 정도가 줄어드는 것처럼 사회의 전반적인 분위기 역시 자기 주도적 삶으로 기울었다. 사회가 성숙해지면서 개인용 인공지능/아바타는 하루 종일 우리를 안내하고 돕고, 우리가 잠을 자는 동안에도 흥미로운 기회를 찾으면서 우리의 지능을 증강시키고 있다.

오래된 문제를 해결하기 위한 새로운 기구들

인공지능 엔지니어들은 일반 대중들이 2050년의 복잡한 세계를 이해할 수 있도록 새로운 형태의 표기법과 기호를 만들었다. 이렇게 새로 만들어진 다양한 형식으로 인해 글로벌 교육 시스템은 더 지능화되었고, 이를 이용하는 저변이 넓어졌다. 이러한 표기법과 기호는 다른 문화들이 협력적으로 교류하는 데에도 도움이 되었다. 또한 새로운 형식의 표기법이 사용됨으로써 현실 인식 및 지식 습득과 관련된 새로운 방법이 많이 나오게 되었다.

21세기 초에 우버와 에어비앤비가 개척한 공유 경제가 이제는 사람들 사이의 직접적인 공유 현실sharing reality로 확대되었다. 그 결과 인류학자들이 따라잡을 수 없을 정도로 다양한 문화가 만들어졌다. 정신과 상상의 세계가 우리의 일상 생활을 지배하고 있으며, 여기에는 증강 현실, 가상 현실, 인공지능 시스템이 한데 얽혀 있다. 천재 증강을 사용하는 사람들이 점점 더 많아지면서 이러한 양상이 가속화되었다. 어떤 것에 호기심이 생겨서 문의하면 지능형 응답 시스템이 답변을 내는 속도가 매우 빨라져서 사람들의 마음에서 호기심은 지극히 일상적인 것이 되었다.

국가경제전환기구National Economic TransInstitutions[23])에서는 국가 전략 워크숍을 주기적으로 개최하여 일자리 경제에서 자아실현경제로의 전환 과정을 점검하였다. 이러한 연례 국가 전략 감사의 결과는 전략적 시너지를 개선하고 이행하기 위해 국가들 사이에서 공유되었다. 전략 감사 결과에서 권고된 첫 번째 제안들 중 하나는 영화 감독, 음악 작곡가, 연예인, 인류학자, 미래학자, 철학자를 만나서 미래의 긍정적인 비전과 변화가 '더 현실화'될 수 있다는 것을 보여주는 이미지, 시나리오, 컨셉을 만드는 것이었다. 이러한 문화적 변화를 알리기 위해 밈meme[24]) 엔지니어들은 광고 회사와 협력해서 상품을 판매하기 위한 광고에 밈을 삽입했다. 또한 전략적 박애를 추구하는 세계 억만장자 클럽이 이들 계획의 현실화에 도움을 주었다. 그리고 세계 억만장자 클럽에서 진행한 첫 번째 전략 워크숍에서 자극을 받은 미디어/아트 연합은 '하나의 종족' 운동을 만들었다. 이 운동의 영향으로 '영화, 음악, 도시 몰입형 환경'이 만들어졌으며, 많은 이들이 월드 사이버 게임의 도움으로 사회에서 자신의 가치를 찾고 자영업자가 되려는 용기를 갖게 되었다. 그리고 기업가 정신과 청교도 정신이 복지에 대한 사고방식을 바꾸었다. 미디어/아트 연합은 '인공지능/증강'과 '당신을 대체한 것에 투자하기' 캠페인을 더 강화했다.

좁은 인공지능과 일반 인공지능 증강 기능을 갖춘 다수의 사이버 초기관조직이 늘어난 사이버 공격에 계속 맞섰다. 그리고 복잡한 적응 시스템처럼 작동하면서 새로운 종류의 사이버 함정과 대응 시스템을 계속 만들었다. 예측형 집단지성 시스템이 정보 전쟁을 저지하는 역할을 한다. 그리고 예측형 집단지성 시스템은 조기경보시스템과 같은 역할을 한다. 즉 정보 흐름이 조작될 가능성이 있을 경우 이를 사람들에게 알린다. 자신의 관심사를 탐구할 수 있을 정도로 자유로워진 많은 사람들이 지역사회 모임, 소셜 미디어, NGO 뉴스레터에 더 적극적으로 참여하고, 작사자나 종교 지도자들과 대화를 나누고, 심지어 경찰에 증거를 제공하기 위해 DNA 키트를 사용함으로써 테러리스트와 범죄에 적극적으로 대처하기 시작했다.

범죄 조직과 테러리스트들은 해상과 지상에 사이버 벙커를 두고 이곳에서 사이버 범죄 데이터를 관리했으며, 이곳에 축적되어 있는 데이터로 사이버 공격을 감행하곤 했다. 정부 특공대가 실제로 침투하거나 인공지능 소프트웨어로 공격을 해서 범죄 조직과 테러리스트들의 해킹에 대응했다. 간혹 정부의 대응이 느릴 경우 어나니머스나 사이버-게릴라가 자체 신념과 자체 수단으로 사이버 벙커를 공격하기도 했다.

국제통화기금IMF(International Monetary Fund)은 각국 경찰과 인터폴을 보완하기 위해 국제형사재판소와 공조하여 재정검찰시스템FPS(Financial Prosecution System)을 만들었으며, 이 조직을 통해 국제적인 전략을 펼친 결과 조직 범죄가 줄었다.

재정검찰시스템은 여러 조직과의 공조하에 대형 범죄 조직을 이끄는 두목들의 목록을 만들었다. 규모 순위는 세탁한 돈의 양에 따라 정해졌다.

재정검찰시스템은 목록에 있는 거물 범죄자를 한 번에 한 명씩 기소했다. 법적 소송을 준비했고, 동결하거나 압류할 수 있는 자산을 파악했고, 인터폴과 협력해서 용의자의 현재 위치를 확인했고, 현지 사법당국이 체포할 수 있는 역량을 갖추었는지를 평가했으며, 모든 조건이 갖추어졌을 때 체포 명령을 내리고, 자산을 동결하고, 사전에 정해진 법정으로 사건을 넘겼다. 사건을 넘겨받은 법정들은 임무가 내려오면 즉시 처리하는 유엔평화유지군처럼 훈련되어 있었다. 조사가 끝나면 피의자를 잡기 위한 체포 명령이 내려지고, 이와 동시에 자산 접근 동결 명령도 내려진다. 그리고 재판을 위한 법정이 열린다. 그런 다음에 우선순위 목록에 있는 그 다음 범죄자에 대한 조사가 진행된다. 법정은 피의자의 국적이 아닌 다른 나라에서 선택된다. 초국가적 범죄 조직에 대한 유엔 협약에 의해 범죄인 인도가 승인되기는 했지만 유엔평화유지군에 적용되는 것처럼 국제형사재판소에 의해 법정이 위임받기 위해서는 이와 관련된 새로운 의정서가 필요했다. 법정이 필요할 때는 참여 국가들 중에서 추첨을 통해 선정되었다. 초기에 재정검찰 시스템은 각국 정부의 지원을 받았다. 그러나 범죄 조직의 뇌물로부터 완전히 자유롭지 않을 수 있는 정부의 지원을 받기 보다는 동결되거나 몰수된 범죄자들의 자산에서 재정을 확보하는 걸로 바뀌었으며, 이를 통해 재정적 독립성을 확보했다. 체포를 맡은 국가와 사건을 맡은 법정은 동결된 범죄 조직의 자산에서 소요된 비용을 변제받았다.

세 가지 시나리오를 마치면서

2050년에 이르러 세계가 마침내 이루어낸 글로벌 경제는 거의 모든 사람이 생활에 필요한 기본적인 것을 공급받을 수 있고, 대다수의 사람들이 안락한 삶을 살 수 있으며, 환경적으로도 지속가능성을 보장하는 것처럼 보인다. 그로 인해 사회적으로 안정되었고, 세계는 예전에 비해 평화로워졌다. 이러한 안정과 평화를 기반으로 21세기 후반에 인류에게 다가올 미래를 살펴보고 있다. 어떤 사람은 현재 우리에게 주어진 성공의 열쇠가 차세대 기술이라고 믿고 있으며, 또 어떤 사람은 자아실현경제 체제에서 인간의 잠재력을 발전시킨 것이 더 근본적인 이유였다고 믿고 있다. 또 다른 사람은 다양한 형태로 제공된 보편적 기본 소득과 같은 정치적, 경제적 정책이 지금과 같은 성공을 이끌었다고 믿고 있다. 이 세 가지 모두 중요했으며, 서로 시너지 효과를 냈고, 상호 보완적인 역할을 했다.

인간의 의식과 인공지능 사이의 차이는 점점 모호해지거나 의미가 없게 되었다. 가능한 모든 튜링 테스트Turing Test[25]는 이미 수년 전에 통과되었다.

인공지능과 인간의 상호 작용은 매우 복잡하면서도 지속적이어서 어떤 것이 어떤 것인지에 거의 의미가 없어졌다. 심지어 가상 현실, 증강 현실, 물리적 현실을 구별하는 것조차 지금은 무의미하다. 문명은 인간 의식과 기술의 연속체가 되어 가고 있다. 우리는 인간의 추론, 지식, 경험을 인공지능 증강 기술과 인위적으로 만든 인공 환경에 추가했다. 그와 동시에 인공지능 증강 기술을 우리의 몸 안이나 신체 바깥에 통합했으며, 이로 인해 우리의 의식과 기술이 어디서 시작하고 어디서 끝나는지 확실하게 구분되지 않게 되었다. 인간의 의식-기술 시대는 과거 시대에 많은 사람들이 상상했던 것보다 훨씬 더 낙관적인 미래를 열고 있다. 따라서 현재 우리는 다음 두 가지 질문을 하고 있다.

당신은 어떤 인생을 꿈꾸는가?
당신은 지루한가? 아니면 재미있는가?

WORKSHOP

실행 전략을 수립하기 위한 국제 워크숍

유럽 포어사이트 네트워크European Foresight Network에서 지역별 워크숍을 한 번 개최하였고, 19개 나라에서 약 30회의 2050 일자리/기술 워크숍을 진행하였다. 각 워크숍마다 조금씩 달랐지만 대개 다섯 개의 토론 그룹으로 나뉘어서 진행되었다.

1. 정부와 거버넌스
2. 기업과 노동
3. 과학과 기술
4. 교육과 학습
5. 문화, 예술, 미디어

일부 국가에서는 워크숍을 여러 번 진행하였으며, 그 내용을 괄호 안에 표시했다. 지금까지 진행된 워크숍은 다음과 같다.

- 아르헨티나(두 번 연속)
- 볼리비아(연속)
- 브라질
- 불가리아
- 유럽 포어사이트 네트워크
- 핀란드
- 독일(연속)
- 그리스
- 헝가리
- 이스라엘(2회)

- 이탈리아(2회)
- 네덜란드(2회)
- 멕시코(2회)
- 폴란드
- 스페인(2회)
- 대한민국(2회)
- 남아프리카
- 미국(2회)
- 우루과이(연속)
- 베네수엘라

호주, 중국, 크로아티아, 두바이(UAE), 조지아, 인도, 이란, 케냐, 몬테네그로, 파키스탄, 페루, 루마니아, 슬로바키아, 스리랑카, 터키, 영국, 잠비아에서 워크숍을 계획하고 있다. 이 연구에 참여하고 싶은 나라에서는 제롬 글렌에게 연락하기 바란다.

이들 워크숍을 통해 250개의 실행 전략이 도출되었다. 250개의 실행 전략 중 94개를 추려서 전 세계에 있는 실시간 델파이 패널들이 평가하였다. 패널들은 실행 전략의 등급을 매기고, 각 실행 전략의 효과성과 실현 가능성에 대한 의견을 제시하였다. 또한 117개의 실행 전략을 추가로 제시하였다.

ACTIONS

2050 일자리/기술 미래 전망과 실행 전략

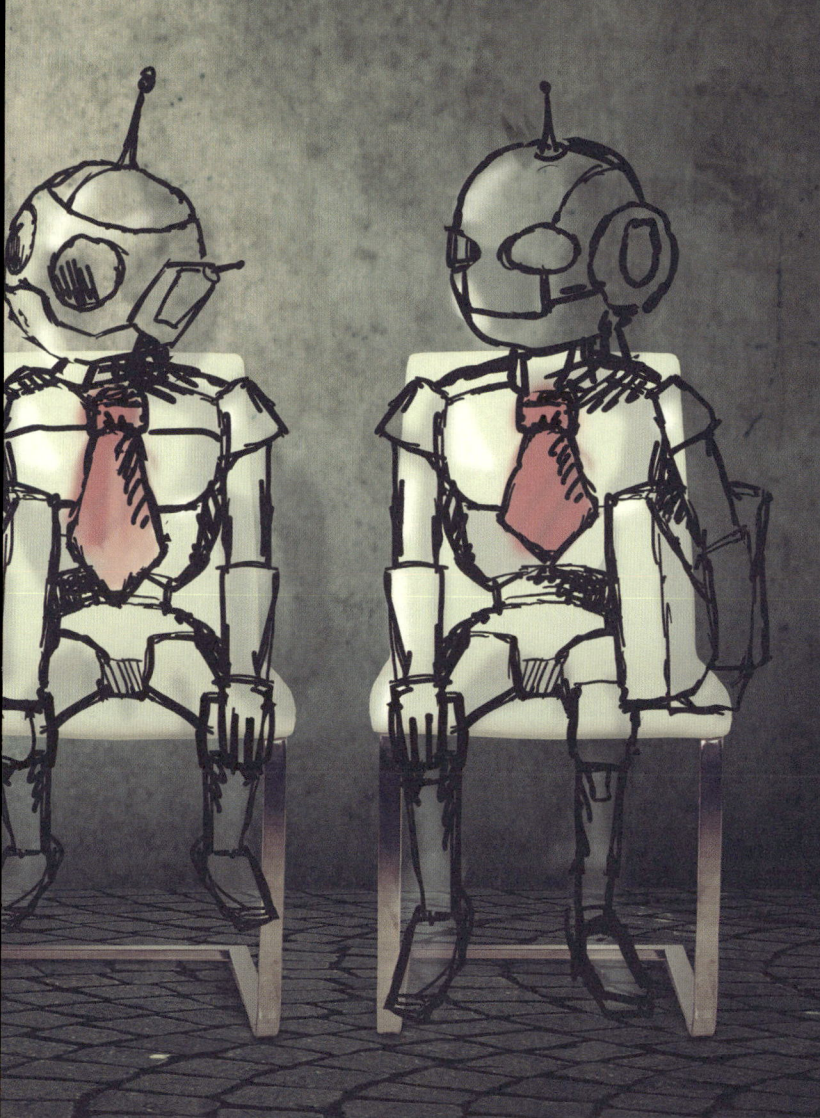

5번의 실시간 델파이 연구에서는 세 가지 2050 일자리/기술 시나리오에서 도출된 94개의 실행 전략들을 평가하였으며, 약 30개 나라에서 개최된 워크숍에서 250여개의 실행 전략들을 뽑아냈다. 워크숍은 19개 나라에서 진행되었고, 유럽 포어사이트 네트워크에서 지역 워크숍을 1회 진행했다.

워크숍의 5개 토론 그룹 각각에 대한 개별 실시간 델파이가 진행되었다. 실시간 델파이에 참가한 패널들은 실행 전략의 점수를 매기고, 각 실행 전략에 대한 효과성과 실현 가능성에 대한 의견을 제시하였다. 추가적으로 패널들은 추가 실행 전략들도 제시하였다. 5개 부문에 대한 실시간 델파이 결과, 실행 전략과 추가 전략은 다음과 같이 도출되었다.

- 정부와 거버넌스: 22개 실행 전략과 26개의 추가 전략
- 기업과 노동: 19개 실행 전략과 23개의 추가 전략
- 과학과 기술: 15개 실행 전략과 24개의 추가 전략
- 교육과 학습: 20개 실행 전략과 26개의 추가 전략
- 문화, 예술, 미디어: 17개 실행 전략과 18개의 추가 전략

94개의 실행 전략과 117개의 추가 전략에 대한 패널들의 의견을 분석하면 무엇을 해야 하고 어떤 것을 고려해야 할지 풍부한 통찰력을 얻을 수 있다.

ACTION 1

실행 전략 - 정부와 거버넌스

정부와 거버넌스 실행 전략 요약

① 미래 기술로 인한 입법, 사법, 행정 영향 예측 및 평가 부처 신설

② 인공지능 관련 국제 기구와 국제 표준

③ 긍정/부정 선례 지표 및 모델을 시스템으로 개발-국가미래지수

④ 국가 집단지성 시스템 의사결정에 모든 사람 참여

⑤ 합성생물학 관련 국가/국제 관리 체계 수립

⑥ 국제과학기술기구 창설-전 세계적인 온라인 집단지성 플랫폼

⑦ 보편적 기본 소득 실행 타당성 검토

⑧ 보편적 기본 소득 구축 전, 국제적인 조정 작업

⑨ 로봇 및 차세대 기술에 과세

⑩ 의사결정 거버넌스에 인공지능 적용

⑪ 정치인들을 위한 교육 프로그램 만들기

- 자영업 이슈를 정당 아젠다와 선언문에 포함 ⑫
- 기술/서비스 매칭 온라인 플랫폼 구축 ⑬
- 기술 재교육을 위한 주문형 바우처 도입 ⑭
- 미래 기술을 반영한 평생 학습 모델 개발 ⑮
- 저소득 계층의 자급 가능 연금 제도 구축 ⑯
- 조직 범죄에 대한 글로벌 대응 체제 구축 ⑰
- 레저, 문화, 관광, 오락 산업 촉진 ⑱
- 정부와 국민 사이에 새로운 사회적 계약 체결 ⑲
- 미래 인간을 위한 거버넌스 개발 ⑳
- 자원 공유 글로벌 시스템 구축 ㉑
- 증강 인간과 비증강 인간 사이의 갈등 해소 방안 연구 ㉒

정부와 거버넌스 실행 전략 22개를 표로 정리했다. 그리고 각 전략의 효과성과 실현 가능성을 점수화했다.

번호	전략	10(가장 높음)~1(가장 낮음)	
		효과성	실현 가능성
1	미래 기술이 정부의 입법, 사법, 행정 기능에 어떤 영향을 미칠 것인지를 알리는 예측 및 평가 부처를 만들기 바란다 (가칭, 미래부). 이 부처는 가능한 한 독립적이어야 한다.	7.12	6.51
2	좁은 인공지능과 일반 인공지능 및 다양한 인공지능을 활성화하기 위한 거버넌스 시스템과 관련된 국제 표준을 만들어야 한다(국제원자력기구와 유사할 수 있음).	6.72	5.62
3	긍정/부정 선례 지표 및 모델을 시스템으로 개발하여 적절한 방향으로 가고 있는지 나쁜 방향으로 가고 있는지를 평가하고, 필요할 경우 조정할 수 있는 시간을 준다(예: 국가미래지수SOFI).	6.65	6.18
4	공공/민간 전문가/시민이 국가의 집단지성 시스템에 접근할 수 있게 해서, 문제와 기회를 조기에 파악함과 동시에 전략적 분석도 진행되도록 한다. 이렇게 해서 일반 대중의 의사결정 참여를 더 쉽게 만든다.	6.76	6.09
5	합성생물학에 의해 만들어진 새로운 생명체와 독특한 미생물을 관리하기 위한 국가 및 국제적인 책임과 규제 체계를 수립해야 한다.	6.58	6.06
6	차세대 기술과 획기적인 과학적 성과로 인해 사회, 경제, 고용이 영향을 받을 것이고, 이에 대응할 수 있는 온라인 집단지성 플랫폼에 해당하는 가칭, 국제과학기술기구ISTO를 만들어야 한다. 이 조직에는 각 나라가 참여해야 하며, 모든 사람들이 이용할 수 있어야 한다.	6.65	5.82
7	보편적 기본 소득에 대한 대체 현금 흐름을 추정해서, 재정적인 지속가능성 여부와 실행 시점을 확인한다(로봇 관련 등록 수수료와 세금, 인공지능 및 인공지능에 의해 만들어진 것들, 세금 피난처 감소, 부가가치세, 탄소세, 차세대 기술로 인한 막대한 부의 성장, 최소 법인세 등을 고려한다).	6.65	6.02

번호	전략	10(가장 높음)~1(가장 낮음)	
		효과성	실현 가능성
8	보편적 기본 소득을 구축하기 전에 국제적인 조정 작업을 거쳐야 한다. 그렇지 않으면 보편적 기본 소득을 제공하지 않는 국가에서의 정치적 압력 및 이주 압력이 높아질 것이다.	6.28	5.07
9	로봇 근로와 다른 차세대 기술에 대해 세금을 부과한다.	5.84	5.80
10	공공 계획과 프로그램에 대한 예측, 문제 해결, 유효성, 효율성, 근거를 개선하기 위해 의사결정 거버넌스에 인공지능을 적용한다(좁은 인공지능을 적용; 일반 인공지능이 만들어져 있다면 일반 인공지능도 적용).	6.83	6.35
11	거버넌스 방법론을 만들어서 적용하기 전에 정치인들을 위한 교육 프로그램을 만든다.	6.93	5.80
12	정당의 아젠다와 선언문에 자영업 이슈를 포함시켜서 이와 관련된 이슈들이 사회적으로 활발하게 논의되도록 한다.	6.42	6.33
13	사람들이 자신들의 기술과 서비스를 풀타임이나 파트타임으로, 혹은 아주 잠깐 동안 제공할 수 있으며, 이를 처리할 수 있는 온라인 플랫폼을 만든다.	6.85	7.17
14	기술 재교육 바우처를 만들어서 주문형으로 이용할 수 있도록 한다.	6.60	6.19
15	정부, 기업, 노동조합은 평생 학습 모델을 만들어야 하며, 미래 기술 요구사항도 예측해야 한다.	7.11	6.15
16	저소득 계층을 위해 마련된 보조금으로 자급 가능한 연금 제도를 만든다.	6.20	5.70
17	조직 범죄에 글로벌하게 대응할 수 있는 체제를 만든다.	6.71	5.69
18	레저, 문화, 관광, 오락 산업을 촉진시킨다.	6.58	6.78
19	정부와 국민들 사이에 새로운 사회적 계약을 맺는다(예전에는 학교에 다니고, 직장에 가고, 은퇴 후 연금을 받았다).	6.78	5.82
20	미래의 인간을 위한 거버넌스를 개발한다.	6.10	5.27
21	2050년을 목표로 자원을 공유하기 위한 글로벌 시스템을 도입한다(과학 지식, 기술, 노동 등 모든 자원).	6.91	5.59
22	미래에 인공지능, 전자 또는 다른 수단을 통해 기술적으로 증강된 인간과 증강되지 않은 인간 사이의 갈등을 막을 수 있는 방법을 연구해야 한다.	6.97	5.98

정부와 거버넌스에 관련된 실행 전략 22개의 효과성과 실현 가능성을 차트로 정리했다(효과성이 높은 순으로 표시).

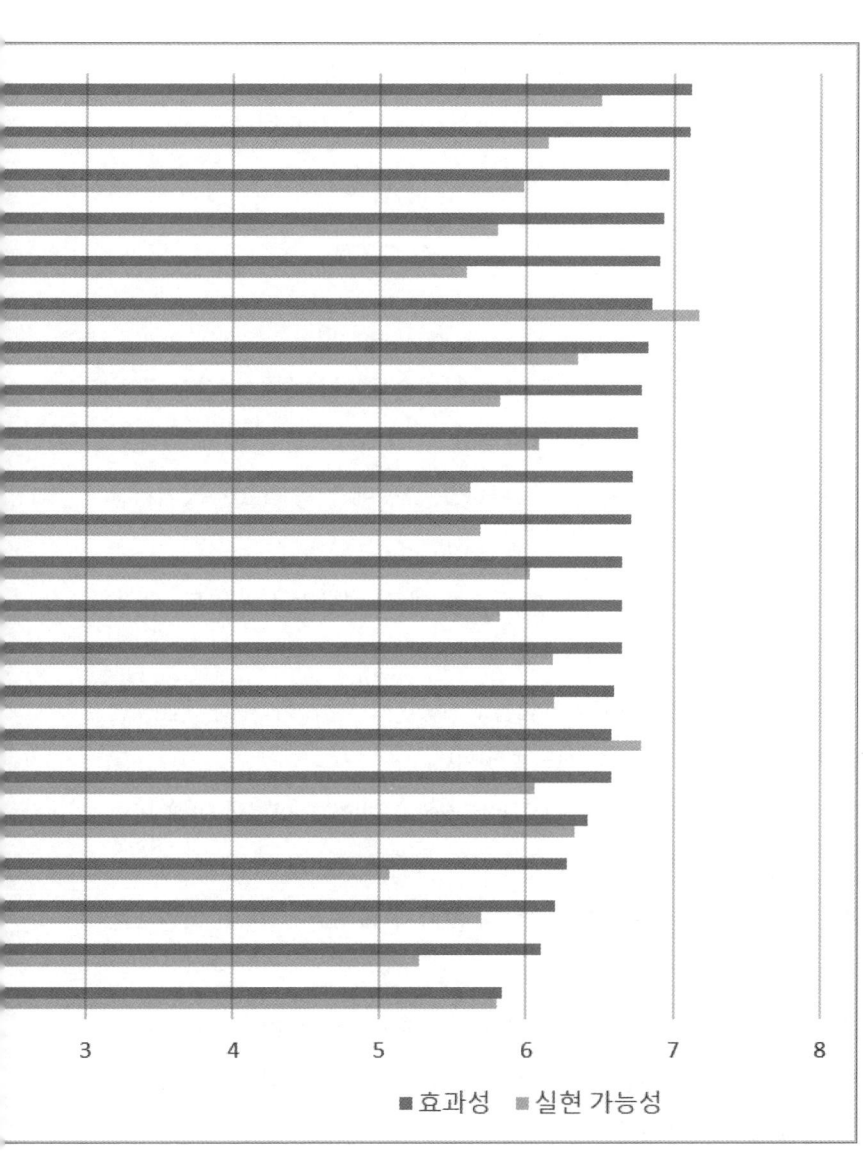

실행 전략 1 ▶ 미래 기술로 인한 입법, 사법, 행정 영향 예측 및 평가 부처 신설

미래 기술이 정부의 입법, 사법, 행정 기능에 어떤 영향을 미칠 것인지를 알리는 예측 및 평가 부처를 만들기 바란다(가칭, 미래부Agency for the Future). 이 부처는 가능한 한 독립적이어야 한다.

| 1.1 | 효과성 |

① 의사결정자들이 새롭게 떠오르는 미래 기술에 익숙해져서, 상황에 적합한 정책과 법안을 시의 적절하게 만들 수 있도록 도움을 줄 수 있다.
② 정치인들의 근시안적인 시야를 보완하고, 그들에게 꼭 필요한 장기적인 시야를 갖게 한다.
③ 장기적인 계획이 국가 발전을 가속화한 예로, 대한민국, 핀란드, 중국, 영국, 두바이, 유럽연합을 들 수 있다.
④ 핵심 인력을 정치와 무관한 사람들로 구성하고 자금을 오랜 기간동안 제공할 수 있다면 더 큰 효과를 낼 것이다.
⑤ 혁신 지형을 왜곡하고 로비도 심해질 것이다. 핀란드 의회의 미래 위원회는 자금을 독립적으로 확보하며(이는 정치적 로비를 막는 데 도움이 됨), 정부가 바뀌더라도 영향을 받지 않기 위해 모든 정당을 회원으로 두고 있다.
⑥ 정부 정책이 진행되는 과정과 공식적으로 연계되어 있어야 한다.
⑦ 정책을 수립하는 사람들이 한쪽으로 치우친 정보에만 접근하지 않으면 긍정적인 발전을 이룰 수 있다.

| 1.2 | 실현 가능성 |

① 입법부와 이야기가 잘 되면 쉽게 만들 수 있다.
② 미래 기술이 미치는 영향력을 고려할 때 빨리 만들어질수록 좋다.
③ 인프라 규모를 너무 크게 하지 않고, 자금을 장기적으로 확보할 수 있고, 정치적 로비를 받지 않는 구조로 만든다면 실현 가능성이 꽤 높다.
④ 분산되어 있는 전문 지식을 연결하는 일종의 조력자 역할을 할 것이다.
⑤ 정치적으로 짧은 임기 동안 그 직을 수행하는 사람들은 이 전략에서 나온 결과를 무시할 것이고, 우선순위를 뒤로 밀 것이다.
⑥ 기술 부문에서 글로벌 표준을 만드는 일에는 어려움이 따르며, 관련자들도 이 문제를 잘 알고 있다.
⑦ 정부 기관은 변화를 제 때에 이끌어낼 수 있을 정도로 이 전략을 충분히 이해하지 못할 가능성이 높다.
⑧ 일부 국가에서 이와 관련된 작업을 이미 하고 있으므로 이 전략을 실현하는 일이 어렵지 않을 수 있다.

| 1.3 | 기타 의견 |

① 정부 기관은 정부의 기술 정책을 준비하거나 의견을 제시하는 일에 있어서 공식적인 역할을 수행해야 한다.
② 인간 삶의 모든 면에서 장기적인 계획 및 예측의 가치를 향상시키는 광범위한 프로그램이 있고, 이 전략이 그 프로그램의 일부라면 효과가 있다.
③ 빠른 변화에 사회가 적응할 수 있게 하는 데 있어 이 전략은 중요하다.
④ 이 전략이 효과를 내려면 분산된 네트워크로 운영되어야 한다.

⑤ 델파이 같은 협업 소프트웨어를 사용해서 열성적인 지지자들과 전문가들을 활용해야 한다.

⑥ 국제적인 미래 기술 포럼을 포함해서 국제적인 영향력에 있어 가칭, 미래부Agency of the Future는 그 정부의 얼굴이 될 것이다.

⑦ 대학 및 민간 부문에서 제시된 연구 결과도 공개해야 한다.

⑧ 정치 지도자의 생각과 정책은 계속해서 도전을 받게 되어 있다. 이 전략이 실현되고 효과를 내려면 정치 지도자의 의지와 개방성이 높아야 한다.

⑨ 정부의 모든 부처에 '국' 규모의 가칭, 미래국Office of the Future을 별도로 두어서 부처들 사이의 통합을 이루어야 한다.

⑩ 기술은 수평선에서 타오르고 있는 불과 같아서 그 길에 있는 모든 것을 파괴한다. 우리는 우리 앞에 펼쳐져 있는 것에 대해 현재 완벽하게 준비되어 있지 않다.

⑪ 국가 단위 정부 부처보다 유럽 기술예측 평가그룹ETFA(European Technology Forecasting and Assessment)같은 것을 두는 것이 더 좋다. 유럽에 있는 나라들은 유럽연합 차원에서 자원을 모으는 것이 더 좋을 수 있고, 이렇게 되면 재능 있는 연구원들이 더 많은 관심을 가질 것이다. 또한 국가 수준에서 정부 부처를 만들 자원이 부족한 회원국들에게도 도움이 될 것이며, 각 국가에서 만든 정책을 유럽 기술예측 평가그룹에 통합하는 효과도 볼 수 있다. 유럽연합 수준의 부처를 만드는 데 있어 단점은 국가 단위 부처보다 만들고 활성화시키는 데 훨씬 더 많은 시간이 걸린다는 점이다. 국가 수준의 기술 예측 부처가 만들어지더라도 유럽연합 수준의 기관에 의한 보완 작업이 이루어져야 한다.

⑫ 미국의 경우 NBIC Nanotechnology, Biotechnology, Information technology, Cognitive science와 관련된 일련의 컨버전스 회의들이 이 전략에서 추구하는 방향성을 목표로 개최되었다. 그러나 '독립성'을 확보하면서 제대로 기능하는 실체를 만드는 일이 현실적이지 않다는 것이 확인되었다.

⑬ 정치 자문 기구의 역할이 줄어들면 그 기구가 미치는 영향력도 줄어든다.

⑭ 특정 그룹이 영향력을 미친다는 인식이 생기면 그 그룹에 속한 사람들은 로비 대상이 되거나 제대로 된 활동을 하지 못할 수 있다. 따라서 예측 기관의 독립성이 확보되어야만 미래 세계를 더 잘 이해시키는 일을 제대로 할 수 있다는 것이 나의 확신이다.

⑮ 대다수의 나라에는 과학과 교육을, 혹은 과학과 기술을 관장하는 중앙 부처가 있다. 따라서 이 전략을 진행하기 위한 부처를 별도로 둘 이유를 잘 모르겠다.

⑯ 이 전략에서 제안하는 부서는 노동부의 산하 기관으로 들어가야 한다.

⑰ 신흥 국가의 경우 이러한 부처를 만들면 어떤 이점이 있는지를 확인하기 위해 더 많은 작업이 필요하다.

실행 전략 2 ▶ 인공지능 관련 국제 기구와 국제 표준

> 좁은 인공지능과 일반 인공지능 및 다양한 인공지능을 활성화하기 위한 거버넌스 시스템과 관련된 국제 표준을 만들어야 한다(국제원자력기구와 유사할 수 있음).

2.1 효과성

① 인공지능 연구에 대한 진입 장벽이 원자력보다 훨씬 더 낮기 때문에 표준은 유용한 지침 역할을 할 것이다. 그렇다고 해서 표준이 인공지능 연구를 더 높은 수준으로 발전시키는 것은 아닐 것이다.

② 좁은 인공지능이든, 일반 인공지능이든, 인공지능이 얼마나 실현 가능한지 사람들은 충분히 알지 못한다. 따라서 이를 위한 지침이나 표준을 만드는 일에 크게 마음을 쓰지 않아도 된다. 그러나 2050년이 되면 표준이나 지침을 만들 수 있을 정도로 인공지능에 대해 충분히 알게 될 것 같다. 그렇다고 그때 가서 표준을 만들면 좀 늦을 것이다.

③ 국제 표준을 만드는 일이 지금은 어려울 것이다. 그러나 관련된 논의를 곧 시작하는 것은 꽤 중요하다.

④ 국제 표준이 인공지능의 개발이나 배포를 규제해서는 안된다.

⑤ 국가에서 개발된 인공지능을 국내에 한정해서 사용하는 것과 관련된 규정도 포함되어야 한다.

⑥ 결과의 원인이 무엇인지 파악하는 일이 매우 어렵겠지만 인공지능이 미치는 영향을 모니터링해야 한다. 그리고 인공지능의 기능적 특징으로 제한되더라도 모니터링을 해야 한다.
⑦ 국제 표준을 만드는 시스템을 자발적 공개 방식으로 운영해야 한다.
⑧ 인공지능의 표준 기능을 제한적으로 공개하는 메커니즘을 가동해야 하며, 그렇게 해서 인증된 버전만 배포되도록 해야 한다.
⑨ 표준을 조기에 정하면 발전을 방해할 수 있는 위험이 있으므로 혁신은 별도로 진행되어야 한다.
⑩ 원자력 표준과 국제원자력기구IAEA(International Atomic Energy Agency)가 없었다면 현재 세계가 어떻게 되었을지 상상해 보아라.
⑪ 엘론 머스크부터 헨리 키신저에 이르기까지 많은 지도자들이 이 전략과 비슷한 것들을 만들자고 했었다.
⑫ 컴퓨터 프로그램이 위험한 산업 설비는 아니므로 컴퓨터 프로그램을 산업 설비와 비교할 필요는 없다.

2.2 실현 가능성

① 국제 규제 기구를 만드는 일은 장기적으로 진행되어야 하며, 이를 주도적으로 하는 이들은 핵심적인 역할을 함에도 불구하고 그들이 누릴 수 있는 이익들 중 일부는 내려놓아야 한다.
② 무제한적인 인공지능 개발이 주는 잠재적인 전략적 이점을 감안할 때 국가들이 이 전략에 반대할 이유는 너무 많다.
③ 이 전략에 부합하는 국제 기구가 만들어지더라도 일부 국가들이 참여하지 않을 수도 있다.

④ 국제 기구에 참여는 하더라도 국가에서 가지고 있는 역량이나 프로젝트를 은폐할 수도 있다(이라크를 사찰한 국제원자력기구 사례 참고).
⑤ 이 전략에 대한 반대가 있을 수 있으므로 이 전략을 위한 프로젝트를 시작하기가 어렵고 완성하기는 더 어렵다.
⑥ 표준이 만들어지더라도 200개에 이르는 주권 국가에서 제대로 모니터링될 가능성은 낮다.

2.3 기타 의견

① 인공지능과 관련해서 글로벌 협정을 만드는 것에는 분명 가치가 있다. 그러나 히로시마 수준에 버금가는 인공지능 재앙이 있어야 국제원자력기구와 비슷한 기구를 만들기 위한 논의가 진행될 것이다.
② 좁은 인공지능에 대한 국제 표준이 더 절실하다. 좁은 인공지능이 어떻게 될지 확실히 알고 있으며, 그것이 우리의 일과 직업에 영향을 미칠 것이라는 사실을 확신하고 있다. 그러나 일반 인공지능은 어떤 모습으로 올지 아직 확실하게 알지 못한다. 일반 인공지능에 대한 표준을 전산학, 심리학, 인지과학을 기반으로 제대로 만들지 못하면 표준이 잘못된 가설을 기반으로 만들어질 가능성이 있다.
③ 목표는 괜찮다. 일자리/기술 관련 장기 전망을 개선하는 데 있어 주요 전략이 될 것이다.
④ 국제적 합의안을 만드는 것이 더 쉬울 수 있으며, 이 합의안에서 인공지능의 범위와 역할을 정의할 수 있다.
⑤ 정부는 이러한 표준이 왜 필요한지를 인지하고 있어야 한다.

⑥ 더 많은 것을 배우게 될 것이며, 그에 따라 협의와 표준은 계속해서 조정되어야 한다.
⑦ 좁은 인공지능과 일반 인공지능을 정의하고, 법적으로 준수해야 하는 강제 규정으로 적용할 수 있다.
⑧ 지금의 인공지능이 5년 뒤에는 바뀔 것이고, 2050년이 되면 또 바뀔 것이다.
⑨ 현재의 인공지능 카테고리를 구성하고 있는 정의가 시간이 지나면서 점점 더 딱 맞아떨어지지 않고 있다.
⑩ 현재 표준에 맞춰 인공지능을 정의하더라도 시간이 지나면 바뀔 것이며, 그럼에도 불구하고 표준을 만들려는 시도가 좀 이상하게 보일 수 있고, 2050년이 되면 지금 만들어진 표준이 완전히 맞지 않을 수 있다.
⑪ 알려지지 않은 것을 통제하려고 시도할 필요는 없고, 자기 조직화self-organization에 더 많이 의존해야 한다.
⑫ 양자 컴퓨팅 노드와 실시간 양자 네트워크는 현재 우리가 인공지능이라고 인식하고 있는 것을 근본적으로 변화시킬 준비가 되어 있다.
⑬ 이 전략은 논리적으로 몇 가지 불일치와 역설을 만들어낸다. 인간지능과 인공지능의 경계선을 누가 결정할 수 있겠는가?
⑭ 지정학적 긴장으로 인해 이 전략을 이행하기가 매우 어렵다.
⑮ 과소평가되어서 일반에게 알려지지 않은 것들이 있을 수 있으며, 이로 인한 의도치 않은 영향력을 막기 위해 이 전략은 꼭 필요하다.

⑯ 다양한 아젠다 이행을 필요로 하는 이 전략이 빠르게 진행되지는 않을 것이며, 진행되더라도 쉽지 않을 것이며, 정치적으로도 영향을 받을 것이다. 또한 다양한 형태로 빠르게 진화하고 있는 인공지능에 맞는 표준을 만들어내지도 못할 것이다.

⑰ 기업가의 자유와 시장 관리도 고려해야 한다. 그리고 다른 사람들의 삶의 체계와 문화가 훼손되지 않도록 개발 수준을 지정해야 한다.

⑱ 국제 표준이 있으면 좋겠지만 중요하지는 않다. 이슈가 생기면 그때 표준을 만들면 된다.

⑲ 인공지능 개발이 인류의 이익을 위해 진행될 수 있도록 국제적으로 합의된 표준을 만드는 일은 매우 중요하다. 악의적인 인공지능과 인공지능 무기 시스템을 개발하는 것을 통제할 수 있는 표준도 필요하다.

⑳ 국제원자력기구에는 강제할 수 있는 권한이 없다는 점에서 세계무역기구 WTO(World Trade Organization)가 좋은 예이다. 그러나 세계무역기구 가입 여부는 자유다.

실행 전략 3   긍정/부정 선례 지표 및 모델을 시스템으로 개발–국가미래지수

> 긍정/부정 선례 지표 및 모델을 시스템으로 개발하여 적절한 방향으로 가고 있는지 나쁜 방향으로 가고 있는지를 평가하고, 필요할 경우 조정할 수 있는 시간을 준다(예: 국가미래지수SOFI).

3.1 효과성

① 이 전략이 진행되면 이슈를 부각시킬 수 있고, 이렇게 되면 정부가 실제로 움직일 것이고, 그로 인해 정부 및 민간 부문에서 적절한 전략이 진행될 수 있다.

② 이 전략은 매우 유용할 것이다. 그러나 각 나라에 맞는 시스템을 개발해야 한다.

③ 이 전략들 중 일부는 밀레니엄 프로젝트의 국가미래지수에 이미 적용되어 있다. 그리고 이 전략을 통해 만들어지는 지표에는 경제, 환경, 문화, 기타 관련 지표들도 같이 들어가야 한다.

④ 지표가 큰 비중을 차지하려면 다양한 정당들의 지지를 받아야 하며 지표가 매우 구체적이어야 한다.

⑤ 지표가 측정될 수 없거나, 보기에 나빠 보이거나, 기존에 우선해서 해야 할 것이 뒤로 밀린다면 사람들은 이 전략을 받아들이지 않을 것이다.

⑥ 좋은 방향으로 가고 있는지 나쁜 방향으로 가고 있는지를 파악하는 일은 지표를 만드는 것보다 훨씬 더 어렵다.

⑦ 좋은 방향인지 나쁜 방향인지를 알 수는 없다. 다만 미래의 주요 관심사가 무엇인지를 알 수 있다.

3.2 실현 가능성

① 지표를 무게감 있게 계속 사용하다 보면 장기적으로는 많이 사용될 것이다.
② 미래의 상태에 대한 관심이 높아지고 있으며, 국가미래지수에서 제공되는 지표는 개발, 보급, 결과 보고 수단들 중 하나로 사용될 것이다.
③ 핵심 이슈, 즉 가장 힘든 것은 지표를 확실하게 정하는 것이다. 현재 우리에게는 미래에 대한 일관된 비전이 부족하며, 이론만 있다. 우리가 추구하고 싶은 것을 파악하고 우선순위를 정할 수 있는, 또한 하지 말아야 할 것을 파악할 수 있는 능력을 갖추어야 한다.
④ 통계 관련 부처에서는 이미 이 전략과 관련된 것을 실험적으로 진행하고 있으며, 예측 결과를 점점 더 많이 공개하고 있다.
⑤ 유효한 지표를 만드는 일은 쉽지 않다. 먼저, 인공지능 사용과 관련된 징후와 소식을 수집하는 것이 더 중요하다.

3.3 기타 의견

① 각종 연구와 이에 참여한 과학자들은 국내총생산을 대체할 수 있는 지표가 필요하다고 이구동성으로 말하고 있다.

② 장기적이고 체계적인 개발을 이해하기 위해 측정 가능한 지표는 매우 중요하며, 기술 개발 및 일자리와 관련해서 기술적으로 무엇이 좋은 개발이고 무엇이 나쁜 개발인지 기준을 만드는 일은 쉽지 않을 것이다. 그리고 지금 적용되는 평가와 2050년에 적용되는 평가가 같지도 않을 것이다.

③ 지표가 우리의 이해력을 어떻게 개선할 것인지가 합리적으로 확인되어야 한다.

④ 집중해서 해결해야 할 일은 지표의 적정성 및 일반화이다. 그리고 지표가 모든 이들의 공감을 얻으려면 업계와 정부 등 모든 곳에서 강력한 리더십이 뒷받침되어야 한다.

⑤ 국가미래지수에는 국가와 지역 상황에 영향을 미치는 동향 및 국가 차원의 추가 지표들도 포함되어야 한다.

⑥ 변화 상황을 이해할 수 있는 좋은 수단이며, 빨리 만들어야 좋다.

⑦ 이 지표가 있다면 어떤 조정 작업이 필요한지 알 수 있을 것 같다.

⑧ 피드백과 가능성을 제공하고, 미래 전략을 개발하기 위한 메커니즘으로 이용될 수 있다.

⑨ 몇 년이 지나는 동안 혁신이 일어나고 다른 변화가 있으면 지표들을 그에 맞게 조정해야 할 것이다.

⑩ 이 전략은 꼭 필요하며, 인공지능 응용 부문에 도움이 된다.

⑪ 기존에 인류가 만든 기법으로는 효과적인 모델링 메커니즘을 만들 수 없다.

⑫ 상황을 반영하고 모니터링하는 과정을 지속적으로 유지하려면 어느 정도 체계적인 프로세스가 필요하다.

⑬ 지표를 평가할 때 그 지표가 좋은지 나쁜지를 평가하지 마라. 이해 관계자 관점에 따라 달라진다.
⑭ 국가에 필요한 국가미래지수를 개발할 때 주체는 국가가 되어야 한다. 국가는 그 나라에 무엇이 좋고 나쁜지를 알기 때문에 종합적인 이해력을 가지고 지표 개발에 임할 수 있다.
⑮ 지표를 만드는 주체가 정치적인 입장을 취하면 원래 측정하려고 했던 것을 제대로 측정하지 못한다.

실행 전략 4 ▶ 국가 집단지성 시스템 의사결정에 모든 사람 참여

공공/민간 전문가/시민이 국가의 집단지성 시스템에 접근할 수 있게 해서, 문제와 기회를 조기에 파악함과 동시에 전략적 분석도 진행되도록 한다. 이렇게 해서 일반 대중의 의사결정 참여를 더 쉽게 만든다.

| **4.1** | 효과성 |

① 정치인들은 경쟁 우위를 확보하기 위해 어떤 이슈를 여론화해야 하는지에 관심이 많다. 따라서 이 전략은 여론조사 및 포커스 그룹이 관심을 기울이는 주제가 될 가능성이 높다.
② 구글이 제공하고 있는 모든 서비스만큼이나 가치가 있다.
③ 위험이 있을 경우 의사결정자가 그 위험을 알아차리는 데 도움이 된다.
④ 문제와 기회를 미리 알게 될 경우 시민들의 비판적 사고 의식이 형성되는 데 도움이 된다.
⑤ 이 전략은 매우 바람직하다. 현재 밀레니엄 프로젝트와 미국국가안전보장국을 포함해서 많은 단체가 이미 이러한 일을 하고 있지만 이 전략은 이들 조직이 하고 있는 것을 단순히 확장하는 개념은 아니다.
⑥ 해결해야 할 과제가 있다. 원래 의도한 목적이 실제로 이루어지도록 충분히 활용되도록 만들어야 한다.
⑦ 미세한 징후나 예측 불가능한 것에 초점을 맞춘다면 이러한 유형의 시스템이 중요해질 수 있다.

⑧ 핀란드 의회의 미래 위원회가 2013년부터 기술 예측 및 평가를 위한 도구인 RTI Radical Technology Inquirer[26]를 성공적으로 운영하고 있으며, 여기서 가능성을 엿볼 수 있다.
⑨ 유럽연합 차원에서도 이 전략과 관련된 프로젝트를 시작했다. 유럽연합 집행위원회에서 진행했던 RIBRI Radical Innovation Breakthrough Inquirer[27] 프로젝트가 그 예이다.
⑩ 인공지능과 관련된 다양한 시나리오가 있는 미래 지도 Futures Map를 만드는 도구가 될 수 있다.

4.2 실현 가능성

① 이 전략의 필요성을 일반 대중에게 인식시키는 캠페인이 필요하며, 그렇게 되면 일반 대중들이 정치인들에게 요구할 것이다.
② 정치 쪽에서 유권자 관련 정보를 적극적으로 찾아야 할 필요성이 커질 것이며, 사람들은 이렇게 모인 정보를 실제로 공유하고 싶어할 것이며, 이로 인해 역효과가 생길 수도 있다.
③ RTI 같은 툴을 사용하면 계속 발전해 나가는 미래 지도를 만드는 일이 그렇게 어렵지는 않다. 그러나 객관성 확보가 관건이 될 수 있다.
④ 정부나 입법부에서 이런 시스템의 개발에 소요되는 예산을 승인할 것 같지 않다.
⑤ 실현 가능성이 있다. 그러나 품질이 떨어질 수 있다.

| 4.3 | 기타 의견 |

① 이런 유형의 시스템은 새로운 형식의 민주주의로 발전할 수 있다. 가령, 대표 민주주의delegative democracy의 한 형태인 유동적 민주주의liquid democracy를 예로 들 수 있다.

② 이 시스템은 제한하기 보다는 권한을 주는 식으로 만들어져야 하며, 완벽하게 구축해서 효과를 내는 데 집중할 필요는 없다.

③ 집단지성 시스템의 관건은 기술이 아니라 설계다.

④ 기회, 도전해야 할 문제, 반사적인 정책 수립에 대한 일반 대중의 인식을 높이기 위한 참여형 활동은 매우 중요하며, 이를 다른 정책 분야에도 적용하는 것이 좋다.

⑤ 미국국가안전보장국, 구글, 페이스북, PEW(pew.org)[28] 등과 같이 이미 운용 중인 시스템들을 모으고, 집단지성 시스템에 이들 시스템을 연결해서, 시민들이 조기 경보에 참여할 수 있도록 한다.

⑥ 전략을 적절하게 분석할 수 있으려면 전 세계 싱크탱크들의 정보를 연결하고 통합해야 한다. 그러나 일부 싱크탱크의 정보는 그렇게 되지 않을 수 있다. 물론 전 세계 모든 싱크탱크가 이 전략에 꼭 참여해야 하는 것은 아니다. 그런 점에서 보면 이를 중재할 수 있는 탁월한 시스템이 필요하다.

⑦ 이 전략으로 만들어진 시스템이 어떤 이익이 되는지를 사람들에게 널리 알려야 한다. 이때 기술적인 면을 부각시키기 보다는 이익이 되는 것을 부각시켜야 한다.

⑧ 생각을 많이 해서 의사결정을 해야 하는 이러한 시스템에 참여할 수 있는 대상은 여가 시간이 있고 읽고 생각할 여력이 있는 소수 엘리트로 국한될 것이다.

⑨ 일반 대중이나 정부 지도자들이 이 시스템을 그냥 무시하거나 진지하게 받아들이지 않을 수 있으며, 그러한 경우에 이 시스템은 통찰력을 높일 수 있는 일반적인 프로그램의 일부로써 가치를 지닐 수 있다.

⑩ 이 시스템이 성공하려면 포용성을 갖추어야 한다. 또한 경계를 최대한 넓게 해야 한다.

⑪ 넘쳐나는 정보의 처리 방법, 정보에 대한 의미 할당 방법, 언론의 자유와 프라이버시 보호의 경계 설정 정도를 결정해야 한다.

⑫ 문제를 파악하고 기회를 규정한 후 전략 실행 전에 합의를 해야 한다.

⑬ 유엔 밀레니엄 개발 목표를 따른다.

⑭ 민간 기업에서 일하고 있는 전문가들과 연구원들이 선호하는 비공식 소셜 미디어 커뮤니티가 이미 있다. 이곳에서는 참여한 사람들의 의견을 청취하고, 오고가는 의견들 속에서 주제와 패턴을 추출함으로써 집단지성 시스템 역할을 일정 부분 하고 있다. 이러한 커뮤니티의 성장을 촉진하고 더 많이 만들 필요가 있다.

⑮ 일반 대중을 참여시키는 것은 언제 들어도 좋은 생각이다.

⑯ 시민 참여를 위해 필요한 것을 준비해야 한다.

⑰ 이 전략이 진행되려면 중간 합의점을 찾아야 하며, 그것이 이 전략의 약점이다.

⑱ 자치에 일반 대중을 참여시키는 것은 효과적이지 않다. 그런 점에서 볼 때 이 시스템에서 일반 대중 참여를 어느 수준으로 둘 것인지를 고민해야 한다.

⑲ 의사결정 주체는 선출된 지도자이므로 일반 대중이 의사결정에 직접 참여할 수도 없고 그렇게 해서도 안된다.

⑳ 정책적인 계획안과 검토 내용이 들어갈 것이므로 보안 시스템을 갖추어야 한다.

㉑ 장기적으로는 사회적 학습 및 심오한 개발 효과를 확실하게 확보할 수 있을 것이다. 그리고 단기적으로는 정부에 대한 두려움, 불안감, 복합적인 긴장과 요구가 생길 수 있다.

| 실행 전략 5 | 합성생물학 관련 국가/국제 관리 체계 수립 |

합성생물학에 의해 만들어진 새로운 생명체와 독특한 미생물을 관리하기 위한 국가 및 국제적인 책임과 규제 체계를 수립해야 한다.

5.1 효과성

① 새로운 분야의 실질적인 개발을 개선할 수 있지만 이것이 많은 근로자에게 얼마나 많은 기회를 줄 수 있을지는 모두가 고민해야 한다.
② 합성생물학을 잘못 사용했을 때의 위험성은 우리가 상상할 수 있는 것만큼이나 나쁘다.
③ 미래에 인간 생존에 위협이 되는 새로운 미생물과 생명체로 세상이 가득차는 것을 막기 위해 이 전략이 필요하다.
④ 현재 진행 중인 여러 가지 작업을 계획하고, 리뷰하고, 평가하기 위한 중요한 기회가 된다.
⑤ 윤리 및 생물학적 안정성 관점에서 이러한 체계를 꼭 만들어야 한다.
⑥ 이 전략은 꼭 있어야 한다. 그러나 진입 장벽이 낮을 경우 문제를 해결하기에 충분치 않게 된다.
⑦ 이 분야에 있는 연구원들은 이슈들을 매우 잘 알고 있지만 이 분야에 있지 않은 사람들은 문제의 범위를 이해하지 못한다.

5.2 실현 가능성

① GMO~Genetically Modified Organism~에 대한 미국과 유럽의 분쟁은 이 전략이 얼마나 힘들 수 있는지를 보여준다. 그러나 합성생물학의 알려지지 않은 결과에 대한 두려움이 있으며, 이 두려움으로 인해 이 전략의 수용 가능성이 더 높아질 수 있다.
② 위험이 확실하다는 것이 확인되고 전 세계적인 재앙이 분명해질 경우 이 전략이 전 세계적으로 수용될 것이다.
③ 여러 가지 조건이 충족되더라도 조직화된 이해 집단이 이 전략과 관련된 규정을 파기하거나 완화하기 위해 강력하게 맞설 것이다.
④ 책임 및 규제 프레임워크가 영향을 발휘하려면 강력함과 신뢰성을 갖춘 실행 메커니즘이 작동되어야 한다.
⑤ 국가적인 책임과 표준 및 국제적인 책임과 표준을 맞추어서 수립해야 한다.
⑥ 규제에 독특한 어려움이 있다. 왜냐하면 합성 유기체를 누군가의 집에서 만들 수 있고, 이렇게 만들어진 유기체 및 다른 생명체를 의도적이든 부주의에 의한 것이든 국경 너머로 운송하는 것이 쉽다.
⑦ 인공지능에 기울이는 관심만큼 합성생물학에 기울이는 관심이 높지 않기 때문에 이 전략을 실현하려면 더 많은 노력이 필요하다.

5.3 기타 의견

① 합의가 반드시 필요하다. 책임을 지우려면 새로운 기술적 방법론이 있어야 하고, 건강, 도덕성, 윤리성, 사회적 측면에서 어떻게 다룰 것인지 새로운 방법도 강구해야 한다.

② 인공지능 기반의 소송 개입, 디지털 기술, 생명공학 분야에서의 발전에 대처하기 위해 법률 체제도 근본적으로 바뀌어야 할 것이다.

③ 이 전략을 통해 만들어지는 협약은 지금 우리가 알고 있는 체계와는 크게 다를 것이다.

④ 생물학적 개체는 정적이지 않으며, 주변 환경이나 생태계와의 상호작용도 정적이지 않다. 따라서 생물학적 개체는 변화하고, 진화하고, 예상치 못한 구역으로 이동한다. 이로 인해 잠재적인 책임 사슬이 시작하는 경계 지점을 정확히 정의하고, 어떤 상황으로 전개되는지 정확하게 규정하는 일 등이 어렵다.

⑤ 위험한 합성생물학이 확산되는 것을 막기 위한 전략은 불가피하며, 새로운 생물 형태에 대해 나라마다 다르게 규정한 법규를 조화롭게 만드는 일은 2050년이 다 되어야 가능할 것이다.

⑥ 국제 규제로는 국가 차원에서 지원하는 나쁜 행위나 악당 같은 과학자가 진행하는 연구를 막거나 확실하게 지연시킬 수 없다.

⑦ 필요하다는 점은 이해한다. 그러나 실제로 이러한 체계를 수립할 수 있을 것 같지는 않다.

⑧ 일부 불량 국가와 일부 불량 회사가 한통속이 된다면 이러한 규제 체계는 효과를 발휘하지 못한다.

⑨ 국가 단위에서 이 규제를 기만할 가능성보다는 개인이나 기업 단위에서 이 규제를 기만할 가능성이 더 높다.
⑩ 손수생물학DIYBio(Do It Yourself biology)29) 및 합성생물학과 관련해서 유력한 자치 징후가 있듯이 규제 체계에 대한 동의도 이루어질 것이다.
⑪ 합성생물학뿐만 아니라 생물에 관련된 모든 종류의 기술에 적용되어야 한다.
⑫ 이와 관련된 체계를 부분적으로 진행하고 있다. 가능한한 빠른 시간 안에 체계를 확립할 필요가 있다.
⑬ 지구적인 재앙을 막기 위해 필요한 전략이지만 강력한 반대에 직면할 것이다.

> **실행 전략 6** ▶ 국제과학기술기구 창설-전 세계적인 온라인 집단지성 플랫폼

> 차세대 기술과 획기적인 과학적 성과로 인해 사회, 경제, 고용이 영향을 받을 것이고, 이에 대응할 수 있는 온라인 집단지성 플랫폼에 해당하는 가칭, 국제과학기술기구ISTO를 만들어야 한다. 이 조직에는 각 나라가 참여해야 하며, 모든 사람들이 이용할 수 있어야 한다.

6.1 효과성

① 이 전략은 유권자에게 영향을 미칠 가능성이 있다. 그리고 업무와 활동 개념 혹은 고용에 중장기적으로 영향을 미치는 공식적인 정책과도 깊게 관련된다.
② 국제적인 기술 개발과 사회 경제적 이슈를 연결할 수 있다.
③ 기술 및 과학 발전으로 인해 글로벌 위기가 올 수 있으며, 그렇게 되면 우리는 어쩔 수 없이 우리가 속한 글로벌 사회 시스템을 빠른 시간 안에 다시 생각하게 될 것이다.
④ 집단지성 시스템의 개발 주체는 기존의 국제 조직이어야 한다.
⑤ 국제노동기구ILO(International Labour Organization)가 노동 트렌드를 추적하고, 미래 고용 부문을 관장하고, 미래 연구를 진행해서는 안된다.
⑥ 이 전략을 이행하기 위해 만들어지는 조직은 투명한 방법론을 활용해야 한다. 가령, 핀란드 의회 미래 위원회가 사용하는 RTI 같은 도구를 사용하거나 주제별 델파이 연구를 진행해야 한다.

6.2 실현 가능성

① 공공과 민간을 막론하고 기존에 있는 노동 및 HR 관련 국제 조직 내부에 혹은 그와 같은 조직으로 만든다면 2050년에 큰 영향을 충분히 미칠 정도로 정착시킬 수 있을 것이다.
② 이 전략에 관련된 새로운 개념을 모두 정의해야 하고 그렇게 정의된 모든 것을 실제로 실행하는 주체들과 공유해야 한다.
③ 이 전략에 의해 마련된 사회, 경제, 고용 관련 집단지성 시스템을 모든 사람이 사용할 수 있어야 한다.
④ 이 전략을 체계화하는 일이 복잡할 것이다.
⑤ 핀란드에서는 RTI를 이미 테스트했고, 테스트 결과 성공 가능성을 확인했다.

6.3 기타 의견

① 이 플랫폼이 마련되면 열정적인 많은 전문가들이 힘을 얻을 수 있을 것이고 그들이 가진 최고의 아이디어들이 이곳에 쌓일 것이다. 그리고 이 플랫폼에는 개발도상국에 있는 젊은이들이 많이 참여할 것이며, 이들이 가장 큰 수혜자가 될 것이다.
② 전 세계가 하나로 되어 역량을 발휘하면 최상의 방법이 될 것이므로 환영할만한 전략으로 보인다. 그리고 국가들 사이의 경험 공유에 매우 유용할 것이다.

③ 현재 무역, 기후, 난민, 야생생물 등에 관련된 국제적인 조직이 많이 있는 것처럼 그런 조직들과 같은 선상에서 과학/기술을 전담하는 국제 조직이 필요하다.

④ 새로운 종류의 일자리와 기술에 의해 창출된 기회를 식별하기 위해 다른 나라들과 협업하는 것은 나쁠 이유가 전혀 없다.

⑤ 전 세계에 있는 밀레니엄 프로젝트 조직의 네트워크가 이 전략의 연결고리가 될 수 있다.

⑥ 세계 은행이나 유엔 등과 같은 기존의 국제 조직 내부에 두면 비교적 쉽게 만들 수 있다.

⑦ 국제과학기술기구가 고용 문제에 효과적으로 대처하기 위해서는 국제노동기구나 노동에 관련된 다른 국제 조직과 연계가 잘 되어야 한다. 그리고 인터넷에는 이미 너무 많은 정보가 있으며, 국제과학기술기구가 인터넷에 있는 기존 정보 이상의 어떤 것을 만들어 내려면 직업 교육 시스템, 공식적인 교육 시스템, 비공식적인 교육 시스템과도 연계될 필요가 있다.

⑧ 이 전략은 한 국가의 정부 수준에서 할 수 있는 것이 아니고 국제적인 공조하에 진행되어야 한다.

⑨ 기술적인 솔루션도 필요하고 사회적 솔루션도 필요하다.

⑩ 공통의 목표와 전망을 개발해야 한다(인류의 목적도 포함).

⑪ 이 전략을 실현할 수 있다. 그러나 전략을 더 구체화해서 진행해야 한다.

⑫ 국제노동기구는 "모든 사람은 일을 할 수 있어야 한다"라는 조항을 두고 있다. 차세대 기술이 나오고 과학 분야의 획기적인 성과가 나오는 시점에 이 조항은 "모든 사람은 직업이나 자발적인 지역사회 봉사나 자아 실현 등 어떤 방식으로든 사회에 기여하고 학습하는 일에 생산적으로 참여할 수 있어야 한다"라는 조항으로 바꿔어야 한다.

⑬ 우리는 이제 신보수주의 시대로 접어들고 있으며, 국제적인 과학/기술 조직이 필요한 시대가 되었다.

⑭ 경제를 다시 설계해서 시운전을 해야 하고, 자본주의를 대체하는 경제체제를 찾아야 한다.

⑮ 인류에게 해를 가하려는 사람들을 제한하기 위해서 개인적인 탐욕에 빠져 있는 사람들을 격리할 수 있는 곳을 확보해야 한다.

실행 전략 7 ▶ 보편적 기본 소득 실행 타당성 검토

> 보편적 기본 소득에 대한 대체 현금 흐름을 추정해서, 재정적인 지속 가능성 여부와 실행 시점을 확인한다(로봇 관련 등록 수수료와 세금, 인공지능 및 인공지능에 의해 만들어진 것들, 세금 피난처 감소, 부가 가치세, 탄소세, 차세대 기술로 인한 막대한 부의 성장, 최소 법인세 등을 고려한다).

7.1 효과성

① 대체 현금 흐름 추정과 관련해서 나라마다 다른 방안이 있을 것이다. 이들 방안을 비교하면 의미 있는 것을 배울 수 있다.
② 이 전략에 관련된 연구와 분석이 많이 되어 있으며, 대중의 지지도 충분히 얻을 수 있다.
③ 다양한 조건하에서 보편적 기본 소득의 효과를 파악할 수 있는 경제적 로드맵을 만들면 매우 도움이 될 것이다. 그러나 이와 관련된 분석의 정확성은 제한적일 수밖에 없다.
④ 이 전략에서 진행된 실험적인 연구는 대체 현금 흐름 추정 개선에 밑바탕이 될 것이다.

⑤ 보편적 기본 소득 기준과 관련된 선택 사항이 많이 있고 이들 선택 사항을 복합적으로 적용하려면 재정이 얼마나 필요한지를 알아야 하고, 재정을 적용할 때도 많은 선택 사항을 복합적으로 적용해야 한다. 이를 파악하기 위한 실험을 공정하게 진행하려면 대중을 대상으로 한 캠페인이 지속적으로 이루어져야 한다.

7.2 실현 가능성

① 일반적인 믿음과 동의를 얻은 로드맵을 만드는 일은 쉽지 않다. 그러나 그렇게 할 수 있다면 큰 도움이 될 것이다.
② 추정을 하는 것은 비교적 간단한 것처럼 보이지만, 추정이 정책 방향을 즉각 제시할 수 있을지 여부는 다른 문제다.
③ 이 전략의 실현 가능성은 꽤 높다. 다만 다음 조건이 충족되어야 한다. 첫째, 보편적 기본 소득이 빈곤 퇴치를 위한 효과적인 해결책 및 대안이 된다는 분석을 도출하는 과정이 체계적이고 과학적이어야 한다. 둘째, 분석 결과가 일반 대중에게 편견없이 솔직하게 알려져야 한다. 셋째, 알려져 있는 수 많은 재정 충당 옵션을 테스트해서 보편적 기본 소득에 필요한 재원의 수익원을 실제로 확보할 수 있다는 것을 입증해야 한다.
④ 사회적으로 제공되는 다른 사회 보장 시스템과의 조율이 필요하다. 그러나 출산율을 높이기 위한 방편이 되어서는 안된다.
⑤ 핀란드, 이탈리아, 스위스, 기타 국가에서 이 전략을 공식화하기 위한 사전 회의가 개최되었으며, 이 전략의 실현은 시간 문제이다.

7.3 기타 의견

① 면허 수수료와 조세 벌금에는 회피와 보상이 공존한다. 이익을 숨기고 조세 당국을 기만하기 위해 많은 시간을 들여 법률 전략과 범죄 계획을 짠다. 기본 소득은 신뢰할 수 있는 세원(예: 지속가능한 에너지 생산)에서 얻은 세금으로 직접 충당되어야 한다.
② 불평등을 해소할 수 있는 해결책을 이런 방식으로 찾도록 시스템을 만든다면 실질적인 아이디어를 만들 가능성이 매우 높아진다.
③ 이 전략이 효과를 내려면 추진 계획이 어떻게 받아들여지느냐에 달려있다. 이 전략이 중립적인 선전 혹은 정치적인 선전으로 보여질 수도 있다.
④ 미래의 일자리는 지금처럼 충분하지 않은 것이 사실이다. 가능한 빨리 새로운 사회적 협약을 만들어야 한다.
⑤ 상당히 많은 수의 일자리가 없어질 것이므로 이 전략은 중요하다.
⑥ 미래의 사회 경제 시스템에서 이 이슈는 가장 중요하다.
⑦ 협동조합 같은 지속가능한 평등 비즈니스 모델이 불평등 수준에 어떤 영향을 미치는지를 분석해야 한다.
⑧ 기본 소득은 인간이 자기 가치를 유지할 수 있는 수준에서 정해져야 한다.
⑨ 경제 로드맵이 없다면 눈을 감고 변화를 만들어 나가는 것과 같다.
⑩ 완전하지 않은 대체 모델이라도 정치적 논의에 유용할 것이다.
⑪ 이후 10년 동안 일부 나라에서 이 개념의 효과를 입증한다면 그 이후 20년 동안 실질적인 효과를 충분히 이룰 수 있다.

⑫ 현금 흐름도 중요하지만 프로테스탄트 정신이나 직업 윤리도 놓쳐서는 안된다.

⑬ 파키스탄의 경우 정부 차원에서 이와 관련된 전략이 진행되고 있지만 민간 부문에서는 아무런 움직임이 없다.

⑭ 복잡한 요소가 얽혀 있다. 즉, 검증 가능하고, 신뢰할 수 있고, 예측 가능한 경제 과학이 없고, 경제 이론이 정치 및 사상과 완전히 분리되어 있지 않다.

⑮ 나는 실비오 게젤Silvio Gezel[30)]의 모델을 믿는다. 이 모델에서는 매일 매일 보편적 기본 소득에 마이너스 금리 분포를 적용한다.

⑯ 이 전략을 진행하기 바란다. 기본 소득과 관련해서 현재 나와 있는 대부분의 접근법이 왜 실패했는지 더 잘 이해할 수 있고, 어떻게 하면 더 좋은지를 찾을 수 있다.

⑰ 이 전략이 진행되면 현재 나와 있는 정책이 지속가능하지 않다는 것을 확인할 수 있다. 경제 원칙의 근본적인 변화가 필요하다.

⑱ 기존 사회 경제 시스템에서는 매우 어렵거나 불가능하다.

⑲ 보편적 기본 소득은 미래의 고용을 비관적으로 본다는 것에 기인한다.

⑳ 이 이슈와 관련해서 남아메리카 국가들은 매우 회의적이다.

㉑ 기존의 국제 정치, 경제, 안보 질서 하에서는 국제적인 규모로 이 전략을 실현하는 것이 불가능하다.

| 실행 전략 8 | 보편적 기본 소득 구축 전, 국제적인 조정 작업

> 보편적 기본 소득을 구축하기 전에 국제적인 조정 작업을 거쳐야 한다. 그렇지 않으면 보편적 기본 소득을 제공하지 않는 국가에서의 정치적 압력 및 이주 압력이 높아질 것이다.

8.1 효과성

① 매우 중요하다. 그렇지 않으면 지난 수 년 동안 일어났던 것보다 더 많은 이주가 무차별적으로 일어날 수 있다.
② 불합리한 수준의 불법 이민을 방지하기 위해 전 세계적으로 지속가능개발목표를 실현하는 것이 중요하다.
③ 유럽의 경우 개별 국가에서 진행하는 것보다는 유럽연합처럼 더 큰 규모에서 진행하는 것이 더 합리적이다. 그러나 구매력평가지수PPP(Purchasing Power Parity)에 대한 논의가 있어야 한다.
④ 고도로 로봇화된 사회는 인구 밀도가 높고 보편적 기본 소득을 보장하지 못하는 나라들과 부를 공유하는 데 동의할 것이다.
⑤ 어떤 국가가 보편적 기본 소득을 실제로 도입하려고 할 때 국제적인 조정 작업을 해야 한다면 그 자체가 장애물로 보일 수 있으며, 이와 관련해서 큰 성공을 거둔 사례가 확실하게 만들어지지 않는다면 많은 나라에서는 이 전략을 회의적으로 바라볼 것이다.

⑥ 다른 나라로 이주하려는 사람들은 그에 걸 맞는 타당한 이유가 있다. 이주를 나쁘다고 생각하는 사람들은 기본 인류애가 부족한 것이며, 그런 이들과는 의미 있는 대화를 나누기가 힘들다.

8.2 실현 가능성

① 실험적으로 진행되는 보편적 기본 소득과 이주 개혁을 함께 통합해서 진행하고 그 결과를 전 세계적으로 폭넓게 공유하고, 저개발 국가의 사회 경제 발전을 촉진하고 지원하는 일을 동시에 진행한다면 보편적 기본 소득과 '미래의 삶'에 대한 아이디어를 더 완전하게 구축하기 위한 토대를 마련할 수 있다. 물론 이를 이루려면 많은 시간이 필요할 것이다.
② 부유한 나라와 가난한 나라에 깔려 있는 현재의 사회적 인식 상태에서는 이 전략을 실현하는 것이 불가능하다.
③ 2050년이 되면 국제적인 조정 노력 중 일부가 자리를 잡겠지만 이로 인해 경제 개혁이 빨라지기 보다는 더 지연될 것으로 생각한다.

8.3 기타 의견

① 이 전략은 꼭 이루어져야 한다. 그러나 협상 전에 반이민 정서가 없어져야 한다.
② 각 나라는 자체적으로 결정할 것이며, 어떤 나라는 난민을 잘 받아들이지만 또 다른 나라는 그렇지 않을 수 있다.
③ 국제적인 조정보다는 지역 조정이 실현될 가능성이 더 높다.
④ 국제적인 조정 작업을 어떻게 강제할 수 있겠는가?

⑤ '풍요로운 발전'으로 인해 생활비가 낮아지고, 이로 인해 보편적 기본 소득이 효과적으로 사용될 수 있을 것이다.
⑥ 보편적 기본 소득은 충분히 가능성이 있으며, 그럴듯한 시나리오다. 그러나 모든 나라에서 동시에 실현되지는 않을 것이다.
⑦ 감옥을 만들고 장벽을 세우는 것보다는 보편적 기본 소득에 투자하는 것이 더 좋다.
⑧ 이 전략은 인공지능 혁명으로 인해 일어나는 대다수의 문제를 해결할 수 있는 방편이다.
⑨ 여러 나라에서 제대로 운영되는 것이 입증된 후에 전 세계적으로 받아들여질 것이다.
⑩ 국제적인 조정 작업을 추진하는 것은 좋은 생각이 아니다. 왜냐하면 보편적 기본 소득 프로그램을 성공적으로 운용하는 나라들은 전 세계로부터 밀려드는 이민 압력을 경험할 것이고, 대부분의 선진국들은 이민에 있어서 지금보다 더 개방적이어야 한다는 압력을 받을 것이다.
⑪ 모든 나라에서 보편적 기본 소득이 구축되기 전에는 국제적인 조정이 이루어질 가능성이 거의 없다. 그렇다고 해서 핀란드나 덴마크 같은 나라가 있는 스칸디나비아 같은 곳에서 보편적 기본 소득이 시행되는 것이 배제되지는 않을 것이다. 그럼에도 불구하고 보편적 기본 소득이 더 많은 나라에서 구축되기 전에 이민 문제에 대한 해결책이 마련되어야 한다.
⑫ 오랜 시간을 두고 불평등 격차를 줄이면 보편적 기본 소득을 더 빨리 실현할 수 있다.

⑬ 스스로 책임을 져야 하는 자기 책임self-responsibility 접근법과 이 전략을 연계해야 한다.

⑭ 보편적 기본 소득이 아주 낮게 책정된 나라에서는 더 높은 소득을 만들려는 노력이 시작될 것이고, 그렇게 되면 보편적 기본 소득을 추진하는 일은 잠재적으로 힘들어진다.

⑮ 보편적 기본 소득은 더 이상 진행되지 않을 것이다.

⑯ 전 세계적으로 동시에 만들어질 것 같지는 않고, 나라별로 진행되어야 한다.

⑰ 딱 떨어지는 해결책은 없으며, 혼란에서 벗어날 수 있는 방법을 찾아야 한다.

실행 전략 9 ▶ 로봇 및 차세대 기술에 과세

로봇 근로와 다른 차세대 기술에 대해 세금을 부과한다.

| 9.1 | 효과성 |

① 실업자를 돕는 소득원이 될 것이다.
② 로봇 근로의 생산성은 인간을 위한 새로운 일자리를 만드는 것에 사용될 수 있다.
③ 로봇이 대부분의 부를 만들어내는 세상에서는 세금 및 돈의 개념을 전반적으로 다시 생각해야 한다.
④ 이 전략에 관련된 정의를 확정하기 위해 더 많은 고민이 필요하다. 왜냐하면 아마존의 알렉사Alexa나 구글의 시리Siri는 로봇 근로를 하지 않는다.
⑤ 이 전략이 전위 효과displacement effect[31]를 늦출 수 있다. 그러나 장기적으로는 문제가 되지 않는다. 다만 일부 유형의 보편적 기본 소득에 필요한 재원을 마련하는 것에는 도움이 된다.
⑥ 로봇 근로에 세금을 부과할 필요는 없고 자원 사용 및 소비에 세금을 부과해야 한다.
⑦ 세금 부과는 에너지 같은 기본 자원에 집중되어야 한다.
⑧ 차세대 기술과 관련된 잠재적인 근로를 배제하므로 부정적인 결과가 만들어진다.

9.2 실현 가능성

① 자동차에 세금을 부과하는 것처럼 로봇에도 세금을 부과해야 한다.
② 민주주의 국가에서는 경제적으로 지원이 필요한 사람들의 요구가 결국 비즈니스/기술 로비스트들을 압도한다.
③ 단기적으로 로봇 생산에 세금을 부과하는 것이 효과적일 수 있지만 세금을 매기기 더 어려운 암호화폐 같은 형태의 돈으로 전환되는 움직임이 가속화될 것이다. 그러나 정부가 블록체인의 안전성을 보장해서 암호화폐를 지원하고 모든 거래에 대해 작은 비율의 세금을 부과한다면 기존의 세금 체계를 대체하면서 다가오는 경제적 대변동을 견딜 수 있는 세금 체계를 만들 수 있을 것이다.
④ '로봇 근로'에 세금을 우선적으로 부과하려는 이유가 무엇인가? 로봇 근로가 제공될 때 파악되지 않는 어떤 경제적 이익이 있는가? 아니면 정부 지출에 부족한 재원을 충당하기 위한 또 다른 세금 수입원을 찾고 있는가?

9.3 기타 의견

① 빌게이츠, 국제 기구, 국제 포럼 같이 세계 경제를 이끌고 있는 주체들이 이 전략에 동의한다.
② 로봇과 다른 차세대 기술에 세금을 부과할 수 있다면 새로운 세금 수입원을 확보할 수 있으며, 이렇게 확보된 세금을 가지고 보편적 기본 소득을 실현할 수 있다.
③ 로봇이 사람을 점점 더 많이 대체하기 때문에 이 전략은 실현 가능하다.

④ 세금의 목적과 용도가 명확히 규정되어야 한다.

⑤ 이 전략이 일부 국가(예: 캐나다, 스칸디나비아, 유럽 등)에서는 가능하겠지만 전 세계적으로 시행될 가능성은 거의 없어 보인다.

⑥ 투자 및 자원 분배 결정을 내리고 그 결정의 효과성을 추적하기 위한 수단으로서 매우 유용하다.

⑦ 걷힌 세금이 로봇에게 이익이 되지는 않는다.

⑧ 이 전략을 실현할 수 있어 보인다. 그러나 이 전략은 형편 없는 아이디어라는 생각이 든다. 왜냐하면 나는 로봇 혁명을 이루는 데 일조하기 위해 나의 평생을 바쳤으며, 내가 바라는 수준은 '어느 누구도 일할 필요가 없는 것'이었기 때문이다.

⑨ 모든 사람에게 필요한 아이디어를 기존 경제 시스템이 처리할 수 없다면 그 시스템을 대체해야 하며, 이때 로봇과 인공지능을 사용하는 것에 불이익을 줌으로써 부족함이 없는 경제post-scarcity[32] 환경이 도래하는 것을 제한해서는 안된다.

⑩ '근로'에 대해 어떻게 세금이 부과되지 않는가? 제공된 기술이나 서비스에 대해 판매세가 부과될 것이고, 로봇을 제공한 기업들이 이익을 내면 그것에도 세금을 부과하지 않는가?

⑪ 차세대 기술로 인해 과학, 문화, 레저 분야에서 유료 일자리가 만들어지고, 이로 인해 생산성과 생활 수준이 높아진다는 점에서는 괜찮다. 그러나 보편적 기본 소득을 필요로 하는 '부자 실업자'가 더 많이 양산되는 데에도 기여할 것이다.

⑫ 로봇 근로를 확실하게 정의하기란 거의 불가능하다. 로봇 근로의 범주를 정하기가 쉽지 않으며, 로봇 근로를 확실하게 구분하기도 어렵다. 또한 어떤 로봇 근로가 어느 나라에서 이루어졌는지를 파악하기도 쉽지 않다. 그럼에도 불구하고 기업들은 로봇 근로를 구분하고 정량화해야 한다. 따라서 이를 처리하는 국제적인 규제 및 시행 조직을 만들어야 한다.
⑬ 새로운 기술의 보급 및 확산을 감안할 때 이것은 발전적인 흐름을 역행하는 것처럼 들린다. 공기에 세금을 부과하는 것과 같다.
⑭ 로봇으로 인한 실업이 주요 이슈가 되는 시점에 이 전략이 현실화될 것이다. 그러나 세금이 긍정적인 영향을 미칠 것으로 생각하지는 않는다 (재생 에너지를 만들고 사용했는데 인센티브를 주기는 커녕 세금을 부과한다고 생각해 보아라).

실행 전략 10 ▶ 의사결정 거버넌스에 인공지능 적용

공공 계획과 프로그램에 대한 예측, 문제 해결, 유효성, 효율성, 근거를 개선하기 위해 의사결정 거버넌스에 인공지능을 적용한다(좁은 인공지능을 적용; 일반 인공지능이 만들어져 있다면 일반 인공지능도 적용).

10.1 효과성

① 실제 구현 여부에 따라 결과가 달라지겠지만 가능성이 매우 높다는 점에는 동의한다.
② 결과에 따라 피드백이 개선될 것이다. 인공지능은 법이 의도하는 결과가 무엇인지를 알려줄 것이며, 의도한 결과가 달성되지 않으면 법은 자동으로 소멸된다.
③ 인공지능이 정치인들보다는 오류에 덜 빠진다. 그러나 인공지능이 제시하는 모델은 현실에 부합하는 조언만 할 수 있으며, 중요한 요소를 놓치기 쉽다.
④ 일반 인공지능과 머신러닝은 우리가 상상할 수 없는 방법으로 문제를 식별하고 해결할 가능성이 있다.
⑤ 인공지능은 '엄밀한 사고'에 따라 잘 설계되었기 때문에 블랙박스 알고리즘[33]임에도 불구하고 신뢰할 수 있다. 그러나 의사결정에 문제가 있을 때 누가 책임을 지는가?

⑥ 이 전략이 진행되면 공무원의 대규모 정리 해고와 잠재적 비용 절감이 일어날 수 있다.

⑦ 자동화된 의사결정 시스템이 아니라 의사결정 지원 시스템이어야 한다. 사람이 최종적으로 책임을 지는 원칙을 고수해야 하며, 자동화된 전략을 진행할 때 책임을 질 수 있는 인간 의사결정자와 연계되어 있어야 한다.

⑧ 작업 정의가 잘 되어 있으면 유용하다. 작업이 잘 정의되기 위해서는 센스메이킹sensemaking[34]에 의존해서는 안되고 관찰 가능한 현상에 관해 많은 양의 확실한 정보를 다루어서 동향을 추정하고 패턴을 추출할 수 있어야 한다. 그리고 전체 시스템의 내부 논리를 변경하는 획기적인 기술로 인해 발생하는 불연속성도 이해할 수 있어야 한다. 이 정도가 되어야 정제되지 않은 무작위 정보에서 중요한 사건을 파악하고 미래 발전의 작은 씨앗이 될 수 있는 것을 분별할 수 있다.

⑨ 두려움, 감정, 다른 '인간적인 결함'을 측정하거나 정량화할 수 있지는 않다. 이것들은 정치적 결정을 할 때 핵심 요소가 된다. 즉, 정치적으로 좋은 의사결정을 할 때 전제 조건들 중 하나가 바로 두려움이다.

⑩ 중앙 정부에서는 주로 규제를 만들기 때문에 중앙 정부 차원에서 인공지능에게 결정을 맡길 수 있는 일은 매우 적다. 그러나 건축 허가나 지역 개발 같이 지역 차원에서 이루어지는 결정에는 인공지능이 더 많이 참여할 수 있다.

10.2 실현 가능성

① 이 전략은 이미 시작되고 있으며, 멈추기가 어려울 것이다.
② 인공지능은 인공지능이 내린 결정을 설명하고 정당화할 수 있어야 한다. 그러나 인공지능 개발자들은 인공지능이 최종 결정을 내리기 위해 사용한 알고리즘의 자가 학습 부분이 어떻게 만들어졌는지를 정확하게 설명하지 못할 수 있다.
③ 방위고등연구계획국DARPA(Defense Advanced Research Projects Agency)[35]의 인공지능 탐사AIE(Artificial Intelligence Exploration) 프로그램[36]은 문맥 기반으로 되어 있어서 상황에 맞는 설명을 할 수 있다. 이미지 인식용 테스트 항목이 수십억 개나 있지만 새롭고 예상치 못한 상황에 직면해야 하는 정책 의사결정을 위한 것은 아니다. 이는 인공지능 솔루션의 품질에 어느 정도의 불확실성과 우려가 항상 있다는 것을 의미한다.
④ 정치인과 공무원은 그들이 만든 정책이 제대로 돌아가고 있는지 혹은 나쁜지를 인공지능이 확인하는 상황을 좋아하지 않을 것이다. 많은 알고리즘에 대해 이러한 일이 이미 일어나고 있어서 큰 악영향을 미치고 있다. '대량 살상 수학 무기'[37]라는 별명까지 나왔다.

10.3 기타 의견

① 의사결정을 지원하는 도구로서 적절하다.
② 이 전략을 실현하는 방향으로 실험적인 계획이 이미 진행되고 있으며, 2050년이 되기 전에 실제적인 결과가 나올 것이다.

③ 거버넌스 인공지능(좁은 인공지능과 일반 인공지능 모두)을 만드는 것이 바람직하며 거스를 수 없는 추세이다. 더 좋은 의사결정을 내리는 데 도움이 될 수 있는 모든 도구는 최대한 활용되어야 한다.

④ 이 전략의 필요성, 중요성, 실현 가능성 모두 공감한다. 복잡해지고 있는 문제들에 관련된 정보가 너무 많아 인공지능의 도움을 받아서 문제들을 해결하고 의미 있는 징후를 찾아내야 한다.

⑤ 이 전략이 실행되면 권력이 정치인에게서 알고리즘/인공지능 시스템을 만드는 사람으로 넘어갈 것이다. 그리고 이 전략이 진행될 때 투명성, 책임성, 대표성이 고려되어야 하며, 신중한 접근이 필요하다.

⑥ 자원을 많이 투입하면 매우 큰 효용성을 얻을 수 있다. 그러나 추론을 적절하게 분류하려면 여전히 사람이 필요할 것이다.

⑦ 취약 계층에 있는 사람들을 보호하는 것과 상충될 때는 최적화를 염두에 두고 세운 경제 계획 혹은 실행 계획 기준을 완화해야 한다.

⑧ 의사결정용 인공지능은 가치 있는 목표이다. 그러나 해킹과 멀웨어를 생각하면 두렵기도 하다.

⑨ 인공지능은 필요하다. 그러나 기득권을 가진 사람들의 공격이 있을 것이므로 입법화는 험로가 될 것이다.

⑩ 실수 발생 시 지불해야 하는 비용은 매우 높으며, 그에 반해 책임지는 사람은 없을 것이다.

⑪ 이 전략은 모든 전략 중에서 최악이다. 인공지능이 종교, 경제, 정부를 어떻게 대체할 수 있단 말인가?

| 실행 전략 11 | 정치인들을 위한 교육 프로그램 만들기 |

거버넌스 방법론을 만들어서 적용하기 전에 정치인들을 위한 교육 프로그램을 만든다.

11.1 효과성

① 학제간 연구로 복잡한 현대 세계를 배워야 한다.
② 핀란드 의회의 미래 위원회가 이런 방식으로 활동하고 있다.
③ 정책 분석 및 구현 도구가 이데올로기에 매몰되어 있지 않은지를 확인한다.
④ 이전에 성공한 정치인들로부터 수집한 데이터와 통찰력을 사용한다. 그들이 새로운 법률 제정을 어떻게 성공적으로 이끌어냈는지를 활용한다.
⑤ 대학을 꼭 졸업해야 할 필요는 없다. 일반 시민들도 연방 정부의 대표자로서 효과적으로 봉사할 수 있으며, 이와 관련된 훈련 프로그램을 만들어야 한다.
⑥ 대통령이 되려면 정치학 박사를 취득해야 하고, 취득한 학위에 따라 지위를 부여하는 것은 괜찮은 생각 같다. 즉, 정치인이 되려면 공부를 해야 한다. 이와 관련해서 대학 무상 교육을 실시해서 가난한 사람이 정치인이 될 수 없게 만드는 장벽을 없애야 한다.
⑦ 지방 정부에서도 경험과 증거를 기반으로 하는 이런 교육을 정규적으로 시행해야 한다.

⑧ 현재 우리가 하는 것보다 더 좋게 만들어야 한다.

| 11.2 | 실현 가능성 |

① 핀란드 의회의 미래 위원회는 이 전략이 실현 가능하다는 사실을 보여 주었다.
② 다음 세대의 공무원들을 위해 이 전략에 관련된 프로그램을 만들 시간이 충분히 있다. 그러나 민주주의 사회에서 성공하는 정치인들은 전문 능력을 기반으로 성공하는 것이 아니라 일반 유권자들과의 연계 정도를 기반으로 성공한다. 따라서 정치인들의 경우 이러한 유형의 프로그램과 교육에 시간과 열정을 더 많이 쏟을 가능성이 별로 없다.
③ 새로 선출된 정치인들에게는 이 교육을 시킬 수 있다. 신인 정치인은 자신의 선거구에 가서 정부의 성공과 실패를 알릴 수 있으며, 일반 대중들은 당파적인 이해관계를 떠나서 입법을 요구할 수 있다.
④ 이미 선출된 정치인들을 위한 사후 교육 프로그램은 소용이 없다. 왜냐하면 그들을 교육으로 이끌 수 있는 강력하고 효과적인 무엇인가가 있어야 하는데 마땅한 것이 없기 때문이다. 또한 강력하고 효과적인 무엇인가가 있다면 기존 정치인들은 그것을 강하게 배척할 것이다.

| 11.3 | 기타 의견 |

① 정치인이 임기를 시작하기 전에 거버넌스 방법론을 교육시키는 일이 필요하다. 그러나 정당을 분리하지 않고 교육을 하면 이들은 개인적으로 서로를 알기 시작할 것이고 업무 관계를 구축하기 시작할 것이다.

② 매우 바람직한 전략이며, 다음 네 가지가 필요하다. 1) 업계, 정부, 학계에서 컨텐츠에 대한 합의가 이루어져야 한다. 2) 방법론 준수 여부를 모니터링하고 질적인 결과를 이끌어내기 위한 정치적 의지와 능력이 필요하다. 3) 책임에 대한 합의가 이루어져야 한다. 4) '헌장'을 위반한 이들을 검열하거나 퇴출하는 조항이 있어야 한다.
③ 정치에 입문하려는 사람들이 알아야 할 의무를 만들고, 정치인들이 갖추어야 할 미래 문해력 지수 Future Literacy Index를 만든다.
④ 과학 기술 개입 증가로 거버넌스가 더 복잡해지면서 이 전략은 점점 더 많이 필요하다.
⑤ 밀레니엄 프로젝트는 이 전략을 달성하는 데 도움을 줄 수 있다.
⑥ 선거 개혁이 이루어지면 이 전략을 제대로 진행하는 것에 도움이 된다.
⑦ 미국의 경우 이러한 '교육'을 비민주적인 것으로, 혹은 명백한 조작으로 간주할 수 있다.
⑧ 오늘날 아마추어 같은 미숙함이 팽배하기 때문에 이 전략은 꼭 필요하다.
⑨ 정치의 동력은 유권자들의 관심이며, 이것이 거버넌스의 더 큰 근거가 된다.
⑩ 실제로 중요하고, 필요하고, 유용하고, 사리에 맞는 전략이다. 그러나 실제로 구현하는 것이 불가능할 수도 있다.

실행 전략 12 ▶ 자영업 이슈를 정당 아젠다와 선언문에 포함

> 정당의 아젠다와 선언문에 자영업 이슈를 포함시켜서 이와 관련된 이슈들이 사회적으로 활발하게 논의되도록 한다.

12.1 효과성

① 자영업이 일자리와 관련된 문제를 꽤 많이 해결할 수는 없기 때문에 이 전략은 기본적으로 한계가 있다. 그러나 인공지능/자동화로 인해 제기되는 일반적인 문제가 발생하기 전에 일반인들이 참여하는 토론을 이끌어내는 역할을 할 수 있다.
② 경제 발전과 함께 자연스럽게 이 전략이 진행될 것이다.
③ 중소 기업들의 아젠다와 정책 요구를 정당 아젠다에 포함시키는 일도 어려운데, 자영업 이슈를 정당 아젠다에 넣는 일은 두 배로 어렵다. 따라서 더 많은 노력을 기울여야 한다.
④ 향후 수십 년 동안 전반적인 고용 상황에서 자영업은 점점 더 중요해질 것이므로 이 전략은 어떤 모양으로든 진행될 것이다.
⑤ 대부분의 정당에서는 프로그램들을 융통성 있게 운영하고 있으므로 이 전략도 수용될 것이다.

12.2 실현 가능성

① 일반 인공지능이 나오면 이 전략이 필요할 것이다.

② 이 전략을 정당 아젠다에 포함시킬 때가 되었다. 그러나 폭 넓은 논의가 진행되어야 하고, 제시된 해결책이 실질적으로 진행되도록 해야 한다. 그렇게 해야 사회 경제적 주요 문제가 발생하는 것을 사전에 막을 수 있다.

③ 위의 의견에 동의한다. 그러나 기업들이 아웃소싱을 시작했을 때 자영업이 있었으며, 그 당시에 회사가 어떤 사람을 풀타임 컨설턴트로 채용하면서 근로자에게 주어야 할 혜택을 모두 제공하지 않는 것을 위법한 행위로 간주했었다. 그래서 기업들이 컨설턴트 수를 대폭 줄였다. 건강보험처럼 자영업과 관련된 일부 이슈들을 해결하지 않으면 자영업이 늘어날 수 있는 기술적 변화가 이루어지더라도 자영업 규모는 늘었다 줄었다를 반복할 것이다.

④ 자영업 이슈는 정당을 초월해서 해결할 수 있는 것이 아니라 정당마다 다른 시각으로 바라보는 이슈이다.

12.3 기타 의견

① 이 전략은 전 세계의 모든 정당들이 가장 큰 기대를 가지고 준비하는 미래 트렌드들 중 하나이다.

② 브라질의 경우 이 전략에 관련된 이슈가 크게 부각되고 있다.

③ 이 전략이 진행되면 최소한 이와 관련된 대화가 진정성 있게 시작될 것이다.

④ 자영업자가 노조의 영향을 받아서 집단으로 모일 가능성이 매우 높으며, 이 집단에 속하는 구성원은 계속 늘어날 것이다.
⑤ 개인들이 일자리를 선택하고 설계하는 일이 훨씬 더 자율적으로 진행될 것이며, 이로 인해 '비공식' 경제의 질서가 달라질 것이다.
⑥ 사회적 논의가 진행되면 자영업자를 '하나의 집단'으로 통합해야 한다.
⑦ 업무 목표를 변경하는 것과 관련된 대화를 더 많이 해야 하고, 누군가의 시간을 어떻게 사용하고 기업은 고용한 사람을 어떻게 존중해야 하는지에 대한 것을 다시 정의해야 한다. 이 두 가지는 관련성이 매우 높다.
⑧ 새로 정의된 '조직화된 업무'가 기존에 정의되어 있는 '회사에 고용된 업무' 및 '자영업자의 업무'를 대체한다면 자영업이 실제로 미치는 영향력이 매우 낮아질 수 있다.
⑨ 자영업 이슈를 정치적 아젠다로 둘 때 실질적인 효과보다 구호로만 그칠 수도 있다.
⑩ 사회적 기업가 정신과 혁신에 중점을 두어야 한다. 그렇게 해야 지속가능한 일자리가 만들어지고 불평등이 줄어든다.

실행 전략 13 ▶ 기술/서비스 매칭 온라인 플랫폼 구축

> 사람들이 자신들의 기술과 서비스를 풀타임이나 파트타임으로, 혹은 아주 잠깐 동안 제공할 수 있으며, 이를 처리할 수 있는 온라인 플랫폼을 만든다.

13.1 효과성

① 시민들을 위한 이 새로운 플랫폼이 지금보다는 더 효율적일 것이며, 지금보다 더 복잡한 지식과 노하우를 처리할 수 있을 것이다.
② 온라인 플랫폼이 이미 존재하며, 웹 사이트 및 상업용 채널로 운영되고 있거나 정부에서 운영되고 있다.
③ 국가 차원에서 혹은 국제적으로 인정된 공통 플랫폼을 만들면 약간의 개선 효과가 있을 수 있지만 급여, 근로 시간 및 조건과 관련해서 최저가 경쟁이 유발될 수도 있다.

13.2 실현 가능성

① 이런 시스템이 존재하고 있고 계속 개선되고 있으므로 이 전략을 실현하는 것이 어렵지는 않을 것이다.
② 이 전략에 관련된 비즈니스를 하는 조직들이 많이 있으며, 이들 조직이 정부에 영감을 주고 있다. 만약 정부가 나서서 이 일을 하면 더 큰 영향력이 발휘될 것이다.

13.3 기타 의견

① 기술을 가진 사람과 기술을 필요로 하는 사람을 연결시키는 것은 모두에게 윈윈이다.
② 이것을 더 쉽고 더 신뢰성 있게 만들면 모든 사회 구성원에게 이익이 된다.
③ 브라질의 rededots(https://www.rededots.com.br/)가 이 모델로 만들어졌으며, 빠르게 성장하고 있다.
④ 이 전략의 가장 큰 장벽은 정부의 늘어나는 규제일 수 있다.
⑤ 링크드인LinkedIn 같은 미디어 플랫폼이 이미 만들어져 있다.
⑥ 비공식 부문은 시민들에게 일자리를 제공하는 데 있어서 중요한 역할을 할 것이며, 시민들이 스스로 선택할 수 있는 것이 더 많아진다.
⑦ 이 전략에 좁은 인공지능을 적용할 수 있다.
⑧ 이 온라인 플랫폼은 불평등을 줄일 수 있다.
⑨ 이 온라인 플랫폼에 자원봉사도 추가하기 바란다.

실행 전략 14 ▶ 기술 재교육을 위한 주문형 바우처 도입

기술 재교육 바우처를 만들어서 주문형으로 이용할 수 있도록 한다.

14.1 효과성

① 직원을 퇴사시킬 때 일부 기업들이 이 방식을 자주 활용한다.
② 효과를 내려면 공공 부문과 민간 부문의 협업이 꼭 필요하다.
③ 재원 조달이 쉽지 않을 것이다.

14.2 실현 가능성

① 향후 10년 안에 주문형 바우처 사용 의무화가 법률로 제정될 경우 2050년이 되면 큰 영향을 미칠 것이다.

14.3 기타 의견

① 사업 부문 투자 수익에 대해 설득력 있는 사례가 만들어진다면 이 전략의 수행에 필요한 재원을 마련할 수 있을 것이며, 주 공급원은 관련된 영업세 등이 될 것이다. 그리고 이를 진행하는 사업 조직은 바우처 프로그램을 시장에 내놓을 때 신뢰성을 확보해야 한다.
② 근로자, 고용주, 정부 사이의 법적 프레임워크가 수립되어야 한다.

③ 장기적으로 봤을 때 일자리와 기술 전망이 어떻게 되느냐에 따라 재훈련이 결정된다.
④ 이러한 바우처가 유럽에는 이미 있으며, 이는 더 중요해질 것이다.
⑤ 이 바우처를 이용할 사람과 훈련을 시킬 사람은 아주 젊거나 나이가 아주 많을 것이다.
⑥ 실제로 직장을 다녀야 하는 사람의 경우 바우처가 무료라면 왜 사용하지 않겠는가?
⑦ 이 바우처를 일반인들에게 판매할 때 지혜를 발휘해서, '자격이 없는 사람'에게 선물식으로 제공되는 또 다른 '복지후생계획'으로 비춰져서는 안된다.
⑧ 일을 할 수 있는 청년이 충분하지 않다면 정답은 하나다. 나이든 사람에게 새로운 기술을 훈련시켜서 이들이 일할 수 있게 만드는 것이다.
⑨ 일자리를 보장하겠다는 약속은 재훈련을 보장하겠다는 약속으로 바뀌어야 한다.
⑩ 사람 노동력을 필요로 하는 완전히 새로운 분야의 일자리를 만들려면 오랜 시간이 필요하다. 새로운 기술이 새로운 유형의 활동을 만들어내고 주요 사업/산업이 되는 데에는 일반적으로 10여년이 걸린다. 실직한 사람들 입장에서 이렇게 긴 시간은 실제로 와 닿지 않는다.

실행 전략 15 ▶ 미래 기술을 반영한 평생 학습 모델 개발

정부, 기업, 노동조합은 평생 학습 모델을 만들어야 하며, 미래 기술 요구사항도 예측해야 한다.

15.1 효과성

① 평생 학습 모델은 이 모델에 관련된 주체들이 2050 일자리/기술의 공유 비전을 수렴하고 실현하는 데 도움이 된다.
② 정부, 기업, 노동조합의 협력은 매우 유익할 것이다. 그러나 이들 주체는 서로를 타고난 원수로 보는 경향이 있어서, 계속해서 충돌할 것이다.

15.2 실현 가능성

① 국제노동기구와 일부 조직은 이미 이 방향으로 움직이고 있다.
② 이 전략이 일부 시행되고 있다는 의견에는 동의하지만 세 주체가 협력하는 방식으로 진행되고 있지는 않다.
③ 인공지능과 자동화가 지배적인 세상에서 취업을 위해 뛰어난 수학과 유연한 기술 스킬을 필요로 하는 매우 복잡한 분야에서 자신의 능력을 높이기 위해 평생 학습과 지식 배양을 주장하는 사람들이 얼마나 될지 다소 의문스럽다.

15.3 기타 의견

① 평생 학습 모델을 꼭 만들어야 하며, 미래 기술을 예측하는 일도 꼭 해야 한다. 그러나 아주 짧은 기간 안에 이루어져야 하고, 그렇지 않으면 득보다 실이 더 많을 수 있다.
② 유럽의 경우 더 이상 필요 없는 전문가들을 많이 양산하고 있다. 왜냐하면 교육이 업계 및 노동 시장과 단절되었기 때문이다. 가장 좋은 공식은 정부와 기업 그리고 노동 조합, 세 주체가 함께하는 것이다.
③ 정부, 기업, 노동조합이 함께할 수 있다면 실로 강력한 실행 주체가 될 것이다. 또한 지방 정부와 중앙 정부가 협력하면 탁월한 성공 사례가 만들어질 것이다.
④ 이 전략에 협동조합을 포함시켜도 좋을 것이다.
⑤ 이 전략을 진행함에 있어서 교육과 비즈니스를 연결하는 것이 중요하며, 교육 시스템은 변화하는 세계에서 살아남기 위해 적절하게 변화되어야 한다.
⑥ 글로벌 시장에서 경쟁 우위를 유지하기 위해 이 전략은 중요하다.
⑦ 유럽사회기금 European Social Fund 같은 비영리 조직을 위한 사업이 아니라 사회-경제적 공공 전략으로 진행된다면 실현될 수 있다.
⑧ 인간 생존에 필요한 새로운 경제 모델에 부합하기 위해 매우 많은 양의 교육이 필요하다.

실행 전략 16   저소득 계층의 자급 가능 연금 제도 구축

저소득 계층을 위해 마련된 보조금으로 자급 가능한 연금 제도를 만든다.

16.1   효과성

① 이러한 유형의 민영화된 사회보장이 칠레에서 문제가 되고 있으며, 보편적 기본 소득을 고려하는 것이 더 좋다.
② 이 시스템이 도입되면 전환기에 완충 역할을 할 수 있으며, 최약자를 보호할 수 있다.
③ 때때로 '주는 것'이 사람들의 자발적인 재기를 막기도 하므로 약간의 규제는 필요하다.
④ 사회 계층 중에서 가장 낮은 계층으로써 수입이 전혀 없는 그룹이 있을 수 있다는 가정하에, 선진국 시민들이 저개발국가의 모든 시민에게 보조금을 지급하는 시스템으로 확장될 수 있는가?
⑤ 불구가 된 사람들처럼 의도치 않게 최하층으로 떨어진 사람들을 지원하는 일은 꼭 진행되어야 한다. 이렇게 최하층으로 떨어진 사람을 지원하는 것과 최하층 그룹을 영구적으로 만드는 일을 혼동해서는 안되며, 이것은 이 이슈의 숨겨진 아젠다이기도 하다.

16.2 실현 가능성

① 이 전략은 민영화된 사회보장연금과 많이 비슷해 보인다.
② 이 전략이 곧 실현될 것 같지는 않다.

16.3 기타 의견

① 보편적 기본 소득과 배치된다.
② 사회보장이 민영화되면 일반 대중이 얼마나 오래 살 수 있는지를 진지하게 조사할 필요가 있다.
③ 중부 유럽과 동유럽에 살고 있는 많은 사람들은 회사에 다니는 동안 냈던 것을 되돌려 받지 못하고 있기 때문에 연금 제도에 만족하고 있지 않다.
④ 전쟁 예산은 무한정으로 책정하지만 인간의 품위와 관련된 예산은 그렇지 않다. 즉, 노인이라면 누구나 할 것 없이 먹고 입는 것에서 부족함이 있어서는 안된다.
⑤ 연대감과 보완성 원칙을 잃지 않고 연금 시스템을 전환하는 방법을 찾아야 한다.
⑥ 기술적 진보가 충분한 흑자를 낸다면 이 전략이 가능하다.
⑦ 자기 목소리를 내는 일부 시민들은 부의 분배에 관심이 없는 부자들의 세습이 아무런 제약 없이 진행된다면 이 전략의 실현에 장애가 된다고 본다.
⑧ 저축 및 투자에 대한 책임을 근로자와 정부가 함께 공유해야 한다. 그리고 모든 사람이 적절하게 소비하게 만드는 '좋은 삶'을 위한 새로운 모델을 설정해야 한다.

실행 전략 17 ▶ 조직 범죄에 대한 글로벌 대응 체제 구축

조직 범죄에 글로벌하게 대응할 수 있는 체제를 만든다.

17.1 효과성

① 이 전략이 시행되지 않으면 조직 범죄는 최고의 소프트웨어를 구매할 것이고, 좁은 인공지능 및 일반 인공지능을 구매하고 만들어서 지금보다 훨씬 더 강력해질 것이며, 이로 인해 민주주의와 자유 시장은 혼란에 빠질 것이다.
② 이 기능을 인터폴이 수행해야 한다. 그러나 인터폴 자체는 부패했다. 따라서 이 전략에서 제안한 체제를 만들 필요가 있다. 그러나 조직 범죄도 이 체제에 대응하려고 할 것이므로 새로운 시스템이 와해되지 않도록 세심한 주의를 기울여야 한다.
③ 분산된 범죄 조직에는 글로벌 전략이 유용하지 않을 가능성이 있다.

17.2 실현 가능성

① 이 전략을 실현하려면 지금까지와는 다른 리더십이 필요하다. 정부는 마약 카르텔과 싸우고 있지만 차세대 기술로 인해 미래에 생기는 문제는 마약을 훨씬 더 뛰어넘는다.

② 처음에는 공공 부문에서의 광범위한 지원이 이루어질 것이며, 사이버 보안은 이미 글로벌 범죄 조직의 주요 활동이 되었다. 범죄자들을 추적해서 법정에 세울 수 있을 정도로 기술적으로 충분한 발전을 이루기 위한 노력을 계속 진행해야 할 것이다.

17.3 기타 의견

① 조직 범죄의 공격이 국경을 넘어 글로벌화되고 있는 상황에서 이 전략을 빠르게 진행해야 한다는 공감대가 확산되고 있으므로 이 전략의 실현 가능성이 높다.
② 특정 국가를 범죄 집단이 장악하고 있는 한 글로벌 전략을 수립하는 일이 어려울 것이다.
③ 블록체인 및 다른 기술로 인해 돈 세탁을 추적하는 일이 더 어려워지고 있으며, 이로 인해 조직 범죄는 암호화폐 사기 같은 것을 통해서 새로운 이익 기회를 창출하고 있다. 이에 글로벌 수준에서의 대응이 필요하다.
④ 이 체제를 꼭 만들어야 한다. 기업과 일반인들이 이 기술에 얼마나 확신하는지는 보안 및 프라이버시에 달려 있다. 의사소통 및 문제 해결에 활용되는 기술 수준이 낮다는 것을 빌미로 이 전략에 미온적일 수 있다.
⑤ 조직 범죄에 대한 정의를 초기에 정확하게 내려야 하며, 모든 사람이 공감할 수 있어야 한다.
⑥ 국제투명성기구Transparency International와 함께하는 법 집행 공조 체제를 갖추어야 한다.
⑦ 경제가 공정하지 못하면 범죄가 기승을 부린다. 불평등과 화이트칼라 범죄를 줄이는 것에 중점을 두어야 한다. 조직 범죄를 막는 가장 좋은 방법은 중산층 강화이다.

실행 전략 18 ▶ 레저, 문화, 관광, 오락 산업 촉진

레저, 문화, 관광, 오락 산업을 촉진시킨다.

18.1 효과성

① 2050년에 전 세계 근로자 수가 60억 명을 넘어서면 레저, 문화, 관광, 오락 산업 부문의 실제 고용 비율은 몇 퍼센트일까? 스포츠가 포함되면 대부분의 사람이 관여될 것이고, 기업과 정부가 이 전략에서 수익을 낼 수 있는 방법을 힘을 합쳐 찾을 것이다. 그렇게 되면 최소한 부분적인 이익이라도 내는 파트타임 고용이 이루어질 것이고, 이로 인해 어느 정도의 추가 소득으로 비용을 상쇄할 수 있을 것이다.

② '개인의 가치'를 찾으려는 움직임이 강한 가운데 자동화의 물결이 지속되고 있으므로 이 전략은 매우 중요하다.

③ 이 전략이 첫 번째 시나리오에서는 확실히 괜찮다. 그러나 두 번째 시나리오의 경우 이들 산업은 차세대 기술의 영향을 지배적으로 많이 받을 것이다.

④ 레저, 문화, 관광, 오락 산업은 이미 가장 빠르게 성장하면서 고용을 견인하고 있으며, 자동화로 인해 미래에는 여가 시간이 더 많아지기 때문에 이들 산업은 계속해서 성장할 것이다.

⑤ 문화 부문에 대한 세부 연구가 더 필요하다.

18.2 실현 가능성

① 자동화가 되더라도 이들 산업에서는 지속적인 고용 기회가 생길 것이다.
② 신디사이저가 나왔다고 해서 음악가들이 많이 줄지는 않았다. 그리고 스포츠 종류도 계속해서 더 늘어날 것이다.
③ 결과는 자동화가 얼마나 이루어지느냐에 따라 달라진다.
④ 이들 부문과 관련된 교육의 경우 오랜 기간 동안 지식적으로 많은 내용을 배울 필요는 없다. 그리고 사람들에게 충분히 인기도 있으므로 정치적 반대도 많지 않을 것이다. 특히 스포츠와 오락은 로마 시대의 빵과 서커스와 같은 역할을 할 것이다. 다만 관중과 참가자 모두 활동에 필요한 비용을 기꺼이 지불한다는 점이 다르다.

18.3 기타 의견

① 이 네 개 중에서 레저, 문화, 오락이 핵심이고, 관광은 중요도가 다소 떨어진다.
② 이 전략은 고령화에 대처할 수 있는 좋은 방안이 될 것이다.
③ 고령화 사회가 되고 간병인 로봇도 있고 뛰어난 서비스를 제공하는 인공지능이 있더라도 오락과 관광을 즐길 수 있다면 누릴 수 있는 서비스 옵션이 늘어나는 셈이 되고, 어떤 서비스들이 일부 지역사회나 모임에 의미가 있다면 이 전략에도 충분한 의미가 부여된다.
④ 대규모 도시들은 투자를 받아서 이 전략을 촉진하고 있으며, 촉진 사이클이 계속해서 빨라지고 있다. 정부가 해야 할 일은 지금의 이 '선순환'을 더 작은 도시와 시골에서도 활성화시키는 것이다.

⑤ 정부에서 진행하는 촉진 정책이 단순한 선전으로 끝나지 않도록 해야 한다. 촉진하는 것 이외에 문화나 음악 등에 대한 훈련 과정도 추가하기 바란다.

⑥ 경제적 스트레스를 줄이고 문화를 창출하는 사람들에게 돈을 지불하기 바란다.

실행 전략 19 ▶ 정부와 국민 사이에 새로운 사회적 계약 체결

> 정부와 국민들 사이에 새로운 사회적 계약을 맺는다(예전에는 학교에 다니고, 직장에 가고, 은퇴 후 연금을 받았다).

19.1 효과성

① 이 전략이 실행되면 기본적으로 큰 문화적 변화가 일어날 것이며, 세계 모든 나라에서 다른 과정을 밟게 될 것이다.
② 자아 실현을 위해 명예와 사회적인 책임이 수반되어야 하는 세상을 만들고 싶다면 이 전략이 필요하다. 또한 이를 위해서는 정부와 국민들 사이에 새로운 사회적 계약이 맺어져야 할 것이다.
③ 이 전략의 성패는 새로운 사회적 계약이 무엇이고, 어떻게 만들어지느냐에 따라 결정된다. 그러나 합리적으로 잘 이행한다면 큰 영향력을 미칠 수 있다.

19.2 실현 가능성

① 정부의 경제적 기조는 사람들이 일을 하고 정부에 세금을 내는 것이기 때문에 최소한으로 어떻게 될지 확정해서 언급하기가 매우 어렵다. 이 전략에서 말하는 새로운 사회적 계약과 관련해서는 정부가 새로운 비즈니스 모델을 만들어야 한다.

② '새로운' 사회적 계약 요소들은 현재 상태를 지지하는 사람들의 저항에 직면할 수 있다.

19.3 기타 의견

① 현재의 국제 사회는 새로운 사회적 계약을 맺는데 필요한 사항들을 빠르게 논의해야 한다. 가령, 인공지능과 인간의 삶, 장수와 죽음, 로봇과 노동 등에 대한 논의가 이루어져야 한다.
② 이 전략과 비슷한 유형의 사회적 계약을 맺은 선례가 있다. 병역의무가 필요한 나라에서 이러한 사회적 계약을 맺은 바 있으며, 의료 및 학업 부문의 소외 계층에 속하는 학생들의 대출금을 국가가 대신 갚기 위해 사회적 계약을 맺은 선례들이 있다.
③ 교육 비용이 상승하는 상황에서 대출 면제 프로그램을 운용하려면 사회 전반적으로 이를 받아들일 수 있는 분위기가 잠재적으로 깔려 있어야 한다. 그래야 다른 분야로의 확장이 가능하다.
④ 정부와 국민들 사이의 사회적 계약만으로는 안되며, 새로운 문화가 만들어져야 한다.
⑤ '우리', '그들'이라는 이분법을 넘어선 경제 체제를 만들어야 하며, 그 여정에서 글로벌 기업과 나머지 기업들 사이에 조성되어 있는 힘의 불균형을 해소하기 위한 방안을 마련해야 한다.
⑥ 이 전략은 지속가능한 시스템을 만들기 위한 첫 번째 단계이다.
⑦ 현재 승자인 자본주의가 지속가능하지는 않다. 따라서 경제 체제를 설계하는 일에 적극적으로 참여해야 하며, 그렇지 않으면 나중에 큰 비용을 감당해야 할 것이다.

⑧ 정부는 사람들이 스스로 공급할 수 없는 서비스들(예: 국방, 공공사업 등)을 계속해서 제공해야 한다. 그러나 교육, 취미 생활, 노후 보장 같은 것은 스스로 노력해서 이룰 수 있는 것이므로 각자 할 수 있도록 해야 한다. 그러나 요람에서 무덤까지의 모든 지원을 정부, 로봇, 인공지능에 전적으로 의존해서는 안된다(잭 윌리엄슨Jack Williamson의 소설 〈With Folded Hands〉 참고).

⑨ 사회적 질서에 관한 두 가지 시나리오가 있다. 하나는 파트너들 사이의 계약이고, 다른 하나는 '기술을 통제하는 존재'에 의해 정교한 방식으로 체결된 '계약'이다. 후자의 경우 계약 체결 정도가 매우 정교해서 1984년이 원시시대처럼 보일 수 있다(보드리야르Baudrillard의 시뮬라크르 simulacra 참고).

실행 전략 20 ▶ 미래 인간을 위한 거버넌스 개발

미래의 인간을 위한 거버넌스를 개발한다.

20.1 효과성

① 미래에 인간의 '일부분'이 될 개인 인공지능/아바타가 확산될 경우 매일 똑똑해질 수 있는 차세대 기술 증강 천재를 어떻게 관리할 수 있는가, 그리고 인공지능에 의해 증강된 거버넌스 시스템을 어떻게 관리할 수 있을까?

② 미래의 인간이 미래의 상황에 맞게 거버넌스를 다시 개발하는 일을 충분히 잘 주도할 수 있을지 누가 알 수 있는가?

20.2 실현 가능성

① 공상과학소설을 쓴 작가들은 한 세기를 넘어서 미래의 인간이 어떨지를 상상했지만 지금에 이르러 누구의 생각이 실제로 이루어질지 어떻게 알 수 있는가? 따라서 어떤 거버넌스가 필요하고 필요하지 않은지를 정의하기도 어렵다.

② 2050년의 일자리와 기술을 모두 예측해서 그에 부합하는 거버넌스를 만드는 일은 매우 복잡하다.

20.3 기타 의견

① 세계는 국가를 초월하는 글로벌 문제들에 직면하고 있으므로, 유엔, 세계무역기구, 세계보건기구 등과 같은 국제 조직을 개혁하고 글로벌 거버넌스를 구축해야 한다.

② 이 전략을 모든 부문에 적용해서 실현해야 한다.

③ 미래의 인간을 위한 거버넌스보다는 미래에도 계속 적용할 수 있는 탄력적인 시스템(예: 인간 존엄성에 입각한 시스템)을 만들어야 한다.

④ 사람들은 디지털 시민권을 제공하는 국가를 선택할 것이고, 그 나라에서 오래 살기 위해 가급적 빨리 이민을 갈 것이다(에스토니아는 현재 전자 시민권을 제공하고 있으며, 다른 나라들도 그렇게 할 것이다).

⑤ 이 전략과 관련해서 지금까지 들어간 비용과 발생한 결과를 그냥 무시하기 보다는 미래 인간의 이익 추구에 활용하는 것이 실제로도 적절하고 합당하다. 현존하는 입법 주체들 중 미래 세대를 위한 옴부즈맨을 둔 곳은 어디에도 없지만 모든 입법 기관은 이 작업을 해야 한다.

⑥ 가까운 미래에 인공지능으로 강화된 존재와 단순한 보통 인간이 공존할 것이다. 내가 생각하기에 거버넌스는 그 자체적으로 발전하겠지만 지배 주체에 대한 확고한 생각이 없는 상태에서 정부가 어떻게 변화할 것인지, 혹은 어떻게 변화해야 하는지, 그 방법을 예측하기가 쉽지 않을 수 있다.

⑦ 이 전략을 실현하기 위해서는 탁월한 선견지명이 있어야 한다.

⑧ 우리는 매슬로우의 기본 욕구 단계를 넘어서고 있지 못하지만 현재 전 세계에 만연하고 있는 물질주의 사회를 벗어나서 물질에 대한 의존을 대폭 줄이고 다른 요소를 찾으려는 쪽으로 획기적인 전환이 이루어진다면 이후 30여 년 안에 큰 진전이 이루어질 것이다.

⑨ 미래의 인간이 호모 사피엔스가 아닐 수 있다는 가정이 성립된다면 거버넌스의 합법성에 문제가 생기며, 이에 대한 집중적인 논의가 필요하다.

⑩ 미래 인간은 그들이 생각하기에 적당한 거버넌스를 개발할 것이며, 이러한 미래 인간은 2050년 이후에 나타날 것이다.

실행 전략 21 ▶ 자원 공유 글로벌 시스템 구축

2050년을 목표로 자원을 공유하기 위한 글로벌 시스템을 도입한다(과학 지식, 기술, 노동 등 모든 자원).

21.1 효과성

① 이 전략과 관련해서 오픈소스 운동이 이미 존재한다.
② 현재 트렌드로 자리잡고 있으며, 일자리/기술 발전에 일조할 것이다.
③ 정보화 사회는 이상적인 반자본주의 아이디어를 기반으로 하며, 사유재산 제한, 평등, 물질 장벽 철폐, 비대칭 정보 및 비대칭 정보로 인한 결과를 거의 모두 제거하거나 감축, 거래 비용 축소를 내세우고 있다. 이러한 것들이 실행되면 차이가 거의 없는 새로운 시장이 만들어질 것이지만 이념적 갈등도 생길 것이다.
④ 이 전략은 이미 어느 정도 진행되고 있으며, 세계무역기구의 설립 목적과 비슷하다.
⑤ 글로벌 자유 무역 시대지만 대부분의 나라들이 모두 이타적이지 않다. 그러나 건강, 농업, 산업, 재무 분야에서 정보를 공유하는 글로벌 단체와 협회가 많이 있다.
⑥ 특허는 어떻게 해야 할지를 규정해야 한다.
⑦ 개인, 기업, 정부가 차세대 기술, 시스템, 방법론, 물리적 자원에 투자할 것이며, 이 투자를 어떻게 회수할 수 있는지 정의해야 한다.

⑧ 지구에서 인류가 더 오래 살아남기 위해서는 이 전략이 반드시 필요하다.

⑨ 이 과정의 진행에 기술이 도움을 줄 수 있다. 개방형 공유 시스템이 만들어지려면 선한 용도로 만들어진 기술도 나쁜 용도로 사용될 수 있다는 사실을 인지하고 기술이 잘못 사용되는 것을 막기 위한 전략을 페이스북이나 주요 기업들이 너무 늦게 않게 시행해야 한다.

21.2	실현 가능성

① 이것이 현재 트렌드이지만 지적재산권 이슈를 손봐야 한다. 그렇게 해야 자원 공유가 최대한으로 활성화될 수 있다.

21.3	기타 의견

① 세상이 이 방향으로 나아가고 있는 것처럼 보인다.

② 고귀한 이상이다. 그러나 이러한 협력을 전 세계적으로 이끌어내려면 환경 위기나 자원 고갈 정도의 큰 이슈가 있어야 한다.

③ 갈등이 표출될 가능성이 더 높다. 우주의 다른 세계로의 탐험과 평화로운 정착 같은 프로젝트는 전 세계 사람들의 상상력을 이끌어낼 수 있을 것이다.

④ 공유 경제 및 순환 경제라는 이름으로 이 전략이 이미 시작되었다. 문제는 이 전략이 자본주의와 딱 맞아떨어지지 않는다는 것이다. 따라서 기업들은 세계보건기구, 유엔, 국제농업연구협의그룹CGIAR(Consultative Group for International Agricultural Research), 세계무역기구 등과 같은 모든 국제 기구에서 요구하는 것들에 대처할 준비를 갖춰야 한다. 강대국들은 큰 문제가 없다. 그러나 국제 시스템에 불균형이 만연해 있다는 점에서 이 전략을 달성하는 것이 쉬운 일은 아닐 것이다.

⑤ 지역별로 자원 공유 시스템을 갖추면 실현 가능성이 더 높을 수 있다.

실행 전략 22 증강 인간과 비증강 인간 사이의 갈등 해소 방안 연구

> 미래에 인공지능, 전자 또는 다른 수단을 통해 기술적으로 증강된 인간과 증강되지 않은 인간 사이의 갈등을 막을 수 있는 방법을 연구해야 한다.

22.1 효과성

① 이 주제는 긍정적인 인간-기술 개발의 중심에 있기 때문에 꼭 해결해야 할 중요한 갈등 및 트레이드오프 영역에 속한다.

② 기술적으로 증강된 사람과 자연적으로 증강된 사람이 선천적인 능력을 더 완벽하게 활용할 수 있게 하려면 어떻게 해야 하는지 근본적으로 다시 생각하는 일은 어려우면서도 매우 중요하다.

③ 꼭 필요하다. 그러나 진행되는 과정에 잠재적인 영향을 미칠 수 있는 사람들이 이 상황을 이해하지 못할 수 있으며, 극한 상황에 제대로 대처하려면 사회를 아주 깊이 이해하고 있어야 한다. 그럼에도 불구하고 이 전략으로 인해 역효과가 생길 수도 있다.

④ 이것은 심각한 문제이다. 미래에는 증강 인간과 비증강 인간 사이의 갈등이 지금의 부의 집중보다 더 심각한 문제로 대두될 수 있다. 이 전략을 진행할 때 매우 복잡한 갈등을 막는 것이 중요하다. 이로 인해 생기는 갈등은 현재의 정보 전쟁과 비교할 수 없을 정도로 복잡할 것이다.

⑤ 공상과학영화에서나 나오던 이것은 우리가 막아야 할 과제가 될 것이다.

22.2 실현 가능성

① 강한 갈등이 일어나기 전에 이들 이슈를 파악해서 해결해야 할 시점이 바로 지금이다.
② 향후 몇 년 동안 사상, 정치, 경제, 안보 분야에서 가장 이슈가 되는 문제가 바로 이것이다. 이를 해결하기 위해 심도 있는 학제간 연구가 필요하다. 주된 안건은 '증강 인간과 비증강 인간 사이의 갈등이 서서히 그 모습을 드러내고 있는 새로운 사회 질서에 어떤 영향을 미칠 것인가'이다.

22.3 기타 의견

① 이것은 미래의 핵심 이슈이다.
② 세계적인 차원 및 국가적인 차원에서 빈부 격차를 해결하기 위한 전략을 세울 때 이 전략이 들어갈 것이다.
③ 새로운 부자들과 그렇지 않은 사람들 사이의 갈등과 정치적 긴장을 완화하는 일은 쉽지 않을 것이다.
④ 인류는 의식을 높일 필요가 있다. 이와 관련해서 더 많은 시나리오와 예측이 필요하다.
⑤ 이와 관련된 갈등은 고용된 사람과 실직한 사람 사이에서 일어날 것이고, 기술적으로 다양하게 증강된 인간들 사이에서도 일어날 것이다.

⑥ 증강되지 않은 일반 사람들은 새로운 질서가 만들어지는 과정에 영향을 줄 수 있어야 한다. 그렇지 않으면 증강된 사람들에게 힘이 집중될 것이다.

⑦ 인공지능과 다른 향상된 기술을 추가하면 '다른 능력'의 범위가 확장될 것이다. 그러나 기존에 존재하는 상황이 실질적으로 바뀌지는 않을 것이다. 그러나 미래에는 증강 인간이 스스로를 새로운 집단으로 분리할 것이다.

추가 전략 ▶ 정부와 거버넌스 부문 추가 전략

> 2050년 일자리/기술의 역학 관계를 더 좋게 만들기 위해 장기적으로 추진해야 할 정부와 거버넌스 관련 추가 전략으로 무엇이 있는가?

① 유엔 차원에서 참여형 의사결정 지원 시스템을 만든다. 이 시스템에는 실시간, 인공지능, 집단지성이 적용되어야 한다.
② 2050년에 우리가 원하는 미래를 모든 교육에서 고찰한다.
③ 학교에서 인공지능으로 향상된 업무 처리 방법을 가르친다.
④ 국가, 종교, 글로벌 차원에서 공유할 수 있는 비전을 수립한다.
⑤ 일자리/기술 개선 이슈를 정치 캠페인으로 내세운다.
⑥ 점점 더 복잡해지고 있는 현대 사회를 이해하기 위해 여러 학문에 속한 전문가들이 힘을 합쳐서 새로운 방법을 개발한다.
⑦ 인간 노동자를 완전히 대체하기보다는 인간 노동자의 능력을 향상시키는 로봇/인공지능 장비를 개발한다.
⑧ 복잡해지는 미래에 도움을 줄 수 있는 아바타를 만든다. 이 아바타는 사람과 의사소통할 수 있어야 한다.
⑨ 인간의 정신적인 지능을 개선하고 키우기 위한 전략을 연구하고, 그 결과를 공유하기 위한 국제 컨소시엄을 만든다. 이 컨소시엄은 국가의 정부나 국제 조직에 영향을 미칠 것이다.
⑩ 특정 국가의 국가주의와 타협하거나 전 인류의 자유와 타협하지 않는 세계 정부 기구를 만든다.

⑪ 다양한 가치와 다양한 생활양식이 용인되도록 한다. 여러 다른 이론들이 나오고 논의될 때 더 많은 진보가 이루어진다.

⑫ 2050년까지 일자리/기술 역동성을 개선할 수 있도록 다양한 인센티브와 프로그램을 만든다. 여기에는 은행 및 금융기관의 탈중앙화도 포함된다.

⑬ 지구에 대재앙이 닥친 경우에 인류가 계속 살아남을 수 있게 하기 위해 지구 바깥에서 살아가기 위한 목표를 설정한다. 달이나 다른 행성에서 정착촌을 만드는 일은 미래에 대한 열정과 희망을 불러일으킬 수 있다.

⑭ 지구의 자연 자원을 아끼고 환경 오염을 줄여서 지구를 보존하는 일을 최우선 순위로 두어야 한다.

⑮ 한계비용 제로 경제 zero-marginal cost economy가 올 수 있으며, 이에 대한 의미를 되새겨보아야 한다.

⑯ 생활 비용을 낮출 수 있는 기술을 널리 알리고, 소득이 낮은 사람들이 이 기술을 사용할 수 있도록 한다.

⑰ 아르헨티나의 미래를 탐구하는 곳인 www.Argentina2050.org의 토론 그룹에 각종 정보를 올려서 활용될 수 있게 한다.

⑱ 금전적 성공과 명성 이외에 인센티브까지 연계시켜서 기업가적 혁신을 촉진한다.

⑲ 이번에 이루어진 연구 결과를 토대로 '일자리'에 대한 개념을 다시 잡는다.

⑳ 정치인과 공무원의 과학 및 기술 식견을 넓혀서 이들이 여기서 논의된 이슈들을 준비할 수 있도록 한다.

㉑ 새로운 기술이 나오면 직원들을 계속 훈련시킨다.

㉒ 모든 인간이 출생과 동시에 여권 및 비자를 포함해서 공통의 표준 시민권을 받을 수 있도록 국제법을 연구한다. 중범죄로 유죄를 받지 않는 한 시민권을 유지할 수 있도록 한다. 그리고 이 시민권을 가진 사람은 건강, 교육, 물, 인터넷 서비스를 무료로 제공받을 수 있게 한다.

㉓ 모든 정부에서 시민 참여를 장려한다.

㉔ 정부는 통합형 헬스케어 모니터링 기술을 활용해서 국민들의 건강한 생활을 관리한다.

㉕ 학생들이 학교에서 공부하는 동안 일자리 경험을 할 수 있도록 교육 년한을 몇 년 늘린다. 이렇게 해서 졸업한 학생들이 대학의 교수 및 연구원들과 오랜 기간 교류할 수 있게 하고, 회사에서 일하는 동안에도 학습함으로써 평생 학습에 익숙해질 수 있도록 한다. 이렇게 하면 업계 및 연구소에 있는 사람들 사이에 지식 교류가 늘어날 것이고, 협업 스킬도 개선될 것이다.

㉖ 건강하고 오래살기 위한 문샷 프로젝트 Moonshot Project[38]에 공공 투자를 진행하고, 전용 인공지능도 확보한다.

ACTION 2

실행 전략 - 기업과 노동

기업과 노동 실행 전략 요약

① 부의 편중 해소, 크라우드소싱 활성화

② 개인용 인공지능/아바타 개발

③ 1인 자영업 노동자를 위한 노동조합 설립

④ 차세대 기술, 미래 직무 기술, 재교육 데이터베이스 구축

⑤ 개인용 증강 천재 앱 개발

⑥ 노동조합, 노동 대체보다 증강 운동 시작에 주력

⑦ 보편적 기본 소득 시스템 구축

⑧ 새로운 형식의 경제와 일자리에 부응하는 문화적 전환 모색

⑨ 소득 격차 해소, 글로벌 자선 단체 설립

⑩ 자영업 경제와 자아실현경제 탐색, 월드 사이버 게임 개발

- 소득 격차와 부의 집중 해소, 장기 전략 개발 ⑪
- 윤리적, 미학적, 사회적 가치 만들기 ⑫
- 블록체인 및 암호화폐 관련 법적 프레임워크 구축 ⑬
- 전문가 네트워크 방식의 회사 경영 ⑭
- 기업의 경험 생산 장려 – 지식의 상품화 ⑮
- 이슈/관측 탐지 플랫폼 구축 – 고용/기술 동향 추적 ⑯
- 노동자 권리에 대한 사회적 계약 재정의 ⑰
- 기업의 사회적 책임 강화 ⑱
- 협동 지성, 경쟁 정보, 교수 전략 가르치기 ⑲

기업과 노동 실행 전략 19개를 표로 정리했다. 그리고 각 전략의 효과성과 실현 가능성을 점수화했다.

번호	전략	10(가장 높음)~1(가장 낮음)	
		효과성	실현 가능성
1	킥스타터 같은 크라우드소싱을 장려하고 이에 대한 투자를 진행하여 부의 편중을 해소한다.	2.88	3.17
2	인터넷을 검색하고, 전 세계 시장에서 물건을 사고, 스마트 계약을 맺어서 자영업을 지원하는 개인용 인공지능/아바타를 만든다.	3.00	3.17
3	자영업 노동자의 권리를 보장하기 위해 1인 사업장들을 연결하는 새로운 노동조합을 만든다.	2.74	2.74
4	노사정이 힘을 합쳐서 차세대 기술, 미래 직무 기술, 재교육 데이터베이스를 만든다.	3.54	3.48
5	개인용 증강 천재 앱을 개발한다(천재 앱은 두뇌의 성능과 정보를 증강시킬 것이다).	3.40	3.08
6	노동조합은 특정 직무를 지키는 것보다 소득을 유지하는 일에 더 집중해야 한다. 이를 위해 없어지는 직무에서 일하던 사람들이 그 다음 직장에 고용될 수 있도록 도와야 한다. 그리고 노동 대체보다는 증강을 위해 기술에 투자하는 증강 운동Augment Movement을 시작한다.	3.19	2.71
7	재정적으로 지속가능한 시점에 국가의 보편적 기본 소득 시스템을 만든다.	3.37	2.97
8	새로운 형식의 경제와 일자리가 나오면 문화적으로도 전환이 있어야 한다. 이러한 문화적 전환을 돕기 위해 광고에 밈meme을 넣는다.	2.84	3.47
9	소득 격차 해소를 주된 목표로 하는 글로벌 전략적 자선 단체를 설립한다. 가령, '세계 억만장자 클럽'을 하나 만들 수 있다.	2.76	2.86
10	자영업 경제와 자아실현경제를 탐색할 월드 사이버 게임 World Cyber Game을 만든다.	2.64	3.21

번호	전략	10(가장 높음)~1(가장 낮음)	
		효과성	실현 가능성
11	업계 리더들은 정부 및 여러 조직과 협력하여 소득 격차와 부의 집중을 줄이는 장기 전략을 개발하는 데 앞장서야 한다.	3.42	2.82
12	기업과 직원이 경제적 가치와 물질적 가치 이외에 윤리적, 미학적, 사회적 가치를 만드는 방법을 개발한다.	3.57	3.03
13	대체 경제를 만들기 위해서는 대체 블록체인 및 암호화폐를 위한 법적 프레임워크를 만들어야 한다.	3.15	2.83
14	회사를 정적 계층으로 관리하지 않고 전문가 네트워크처럼 경영한다.	3.44	3.22
15	더 많은 기업들이 물리적 상품 대신 경험을 생산하도록 장려한다. 여기서 핵심은 물리적 상품보다 지식을 파는 것에 초점을 더 맞추는 것이다.	3.13	3.39
16	고용의 미래에 관한 토론을 하고 고용 및 기술 동향을 업데이트하는 이슈 탐색 혹은 관측 탐색 플랫폼을 인터넷에 만든다.	3.44	3.60
17	미래의 글로벌 경제에서 노동자의 권리에 대한 사회적 계약을 새롭게 정의한다.	3.54	2.84
18	기업의 사회적 책임을 강화한다. 여기에는 유엔의 지속가능개발목표 달성, 정보 전쟁 대응, 스마트 시티 보안 확립, 인공지능 및 합성생물학 발전에 따른 윤리성 개발이 포함된다.	3.40	2.96
19	비즈니스 스쿨은 협동 지성synergistic intelligence, 경쟁 정보competitive intelligence, 교수 전략teaching strategy을 가르쳐야 한다.	3.40	3.43

기업과 노동에 관련된 실행 전략 19개의 효과성과 실현 가능성을 차트로 정리했다(효과성이 높은 순으로 표시).

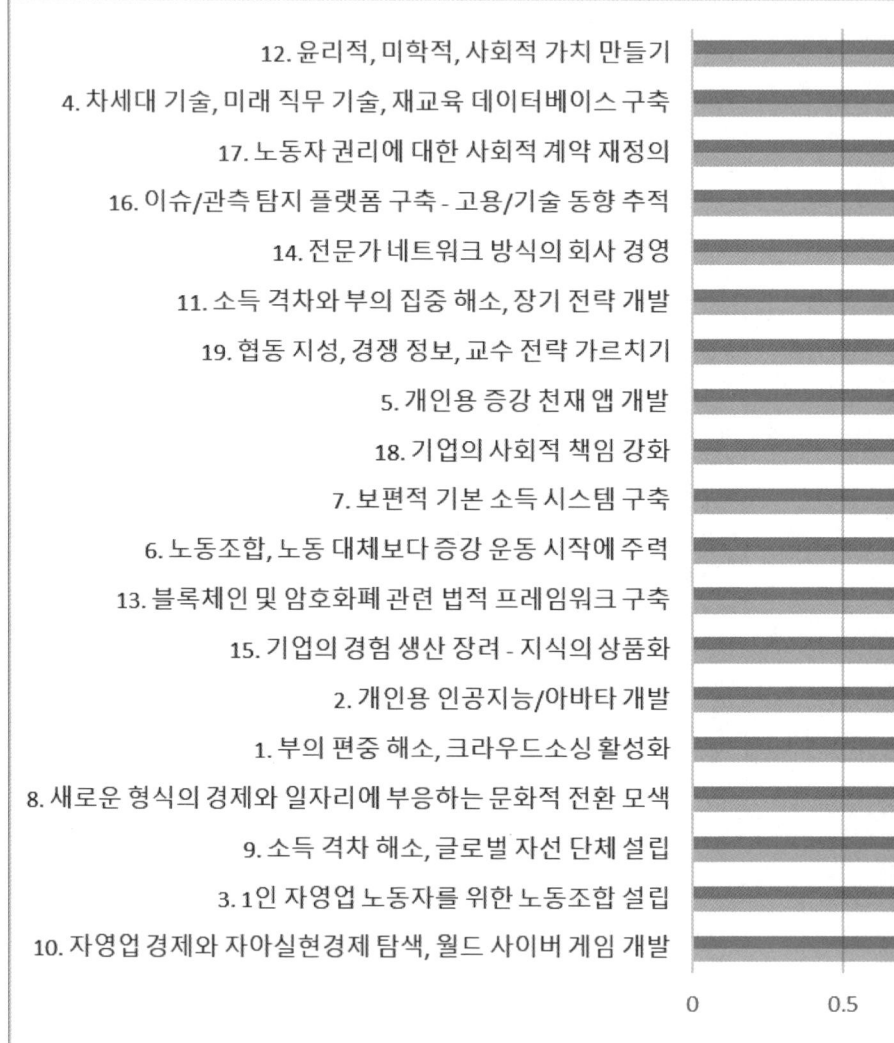

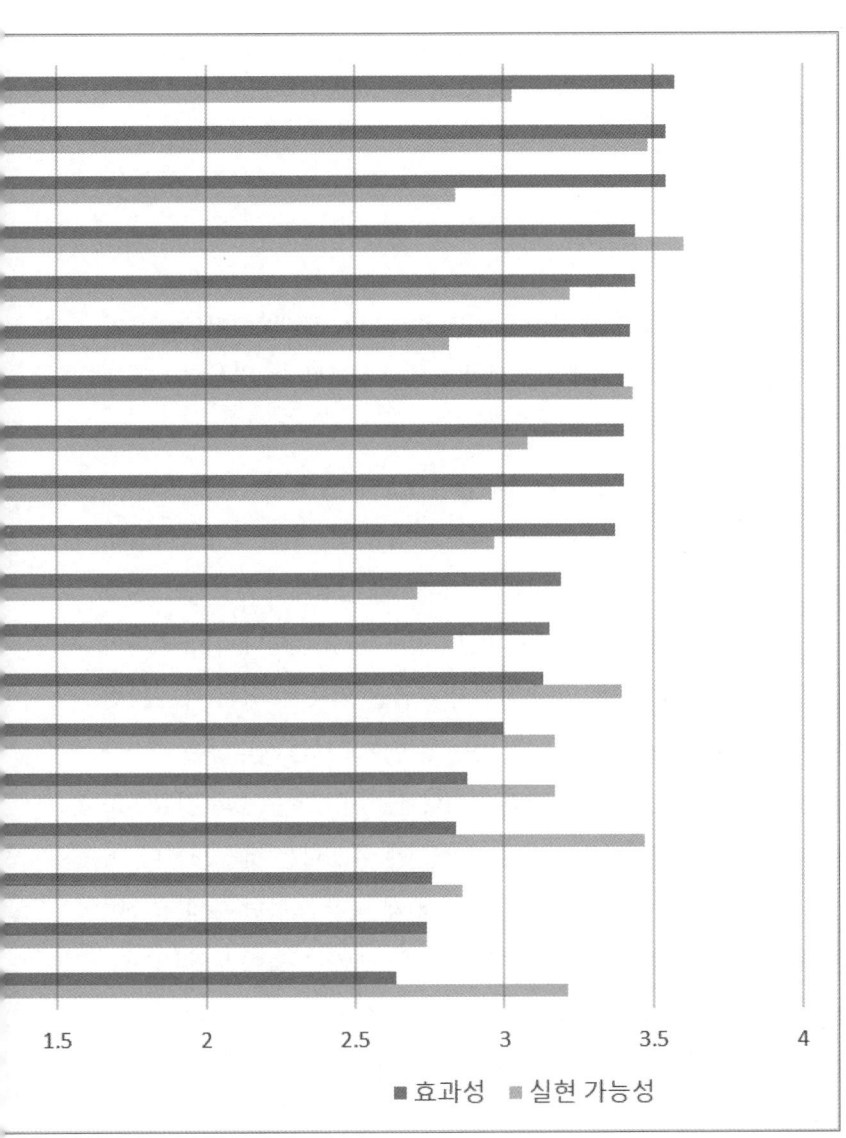

실행 전략 1 ▸ 부의 편중 해소, 크라우드소싱 활성화

킥스타터 같은 크라우드소싱을 장려하고 이에 대한 투자를 진행하여 부의 편중을 해소한다.

1.1 효과성

① 단순하게 크라우드펀딩에 참여하는 것이 아니라 크라우드펀드에 투자하면 어느 나라에 사는지에 상관없이 자본에 접근할 수 있다. 그리고 개인도 투자 기회를 얻을 수 있다.

② 벤처 캐피탈은 주로 부자들을 위해 존재했으며, 투자 수익률에 따라 수익을 되돌려 받은 결과 부자들에게 부가 집중되는 현상이 두드러졌다. 일반 대중이 그들이 원하는 미래를 '경제적인 관점에서 투표하기' 시작하면 새로 만들어지는 부의 집중이 완화될 수 있을 것이다. 뛰어난 아이디어를 가진 사람이 매우 많지만 벤처 자금을 얻을 수 있는 쉬운 방법은 없다. 아이디어는 많은데 돈을 버는 방법을 모르는 사람들은 킥스타터 같은 것이 있는지 모르며, 이런 아이디어를 지원할 수 있는 사람들도 그들이 벤처 캐피탈에서 직접적인 역할을 할 수 있다는 것을 모른다. 이들이 이 모든 것을 알고 벤처 캐피탈에서 제 역할을 하면 부의 집중이 개선될 것이고, 그들이 낸 아이디어를 전 세계 모든 이들이 누릴 것이다.

③ 적절한 영역을 목표로 정해서 집중하면 큰 성과를 낼 가능성이 있다.

④ 기존 시스템을 크게 훼손하지 않고도 사람들을 도울 수 있다.

⑤ 크라우드펀딩은 기업가 정신을 장려하고, 창조 및 자금 조달 과정에서 다양한 제품과 혁신을 이끌고, 많은 사람들이 참여하게 만든다. 그러나 부의 집중에 얼마나 많은 영향을 미칠지가 분명하지는 않다.
⑥ 토론은 충분히 했다. 이제 실행만 하면 된다.
⑦ 킥스타터는 아마존 같은 일종의 온라인 상점, 즉 부자들이 일반적인 생산 및 유통 라인에서 구할 수 없는 독특한 물건을 쉽게 받을 수 있는 고객 주문 서비스로 진화할 수 있다.
⑧ 더 많은 고객을 이끌 수 있는 마케팅 자금과 유통망을 갖추고 있지 않은 소기업이나 투자자가 한정된 개수의 상품을 판매하는 것을 킥스타터가 일정 부분 도울 수 있다.
⑨ 특허를 내려면 비용이 많이 든다. 자금력이 있는 사람은 킥스타터 제품을 구매해서 특허를 확보할 수 있다. 그리고 개인도 상품을 발명해서 큰 부를 쌓을 기회를 마련할 수 있으며, 이를 통해 부의 재분배를 이룰 수 있다.
⑩ 킥스타터는 장기 비즈니스보다는 필요성이 다소 떨어지지만 호사가가 더 좋아하고 정교함이 요구되는 비즈니스를 만들어낼 가능성이 더 높다.
⑪ 소셜 미디어와 IT 발전으로 인해 은행의 역할이 감소할 것이다.
⑫ 금융 관련 크라우드소싱을 활성화한다고 해서 부의 집중이 줄어든다는 주장이 실제로 입증된 바는 없다.
⑬ 킥스타터의 최종 수혜자는 선진국의 중산층 이상일 가능성이 높다.
⑭ 체계적인 접근이 더 요구되는 상황이다.

1.2 실현 가능성

① 이미 시행 중에 있으며 효과를 내고 있다. 한 가지 문제는 2050년까지 변화를 일으킬 정도로 충분히 성장할 것인지이다.
② 이 전략을 시행하는 데 비용이 많이 들지 않는다. 킥스타터가 정답이다.
③ 기술 덕분에 협업을 잘 한다면 이 전략 실현이 어렵지 않을 것이다.
④ 잡스법JOBS act 같은 것을 사용해서 크라우드펀딩에 쉽게 투자하려면 법을 바꿔야 한다.
⑤ 더 많은 엔젤과 다른 펀딩 메커니즘이 매년 가동되고 있지만 부의 집중에 영향을 미치기 위해서는 비즈니스 게임과 관련해서 문화적 변화가 근본적으로 크게 일어나야 하는데, 가령 사회적 기업을 예로 들 수 있다.
⑥ 2050년이 되려면 아직 많이 남아 있다. 이러한 변화를 만들어내기에 충분한 시간이 있다.
⑦ 시장 체제의 불평등과 새로운 진화(혁명) 사이에 연계성이 명확하지 않다.
⑧ 변화를 이끌기에 충분한 시간이 있을지 확실치 않다. 모든 것은 얼마나 많이 노력하는지에 달려 있다.

1.3 기타 의견

① 이것이 이론적으로는 가능하다.
② 이러한 방식으로 재분배할 부를 가지고 있는 정부와 관심 있는 유력자 입장에서 강력한 의지가 있다면 이 전략이 크게 효과를 낼 수 있다. 이와 관련된 짧은 글을 https://365tomorrows.com/2016/10/06/malia-read-the-paper-and-then-again/에서 확인할 수 있다.

③ 크라우드소싱 프로젝트가 성공적으로 완료되는 비율이 90%에 육박하고 있다(https://digital.hbs.edu/platforms-crowds/biggest-challenge-future-crowdsourcing-business/).

④ 단순히 크라우드펀딩을 하는 것과 크라우드펀드 투자를 법적으로 허용하는 것(예: 잡스법)을 구별해야 하고, 이를 통해 부를 확산시켜야 한다. 또한 투자 기회를 민주화하고 개인도 기업에 투자해서 이익을 낼 수 있도록 해야 한다.

⑤ 부의 집중을 줄이는 가장 효과적인 방법은 사회적 기업이나 협동조합 형식의 킥스타터 크라우드소싱을 권장하는 것이다.

⑥ 많은 기여자에게 상당한 부를 나누어 줄 수 있는 자본 집약적이거나 잠재력이 높은 것에 투자할 기회를 부여해야 한다.

⑦ 생산력을 증가시키는 도구를 모든 사람이 사용할 수 있게 되고, 사회 규모가 적절하고, 사람들이 쓸 수 있는 여가 시간이 많아지면서 더 많은 사람들이 이 프로젝트에 참여할 것이다.

⑧ 전통적인 주식 시장이 아니라 크라우드소싱인 킥스타터 같은 시스템을 통해 개인의 직접 투자가 가능해지면서 파트타임 투자자로 나서는 사람들이 늘어날 것이다.

⑨ 많은 형태로 분산화를 하고, 이에 더해서 크라우드펀딩을 진행하면 부의 집중을 줄일 수 있다. 왜냐하면 새로운 부가 공공 투자자에게 되돌아갈 수 있기 때문이다.

⑩ 크라우드소싱이 인기가 많은 부문(환경, 긴급 구호, 신생 스타트업 등)에 투자하기에는 괜찮은 방법이다. 그러나 따분해 보이지만 여전히 필요한 부문(도로 보수, 법 집행, 기업 매입 등)에 투자하는 것은 그다지 좋은 것 같지 않다.

⑪ 현재, 부채를 기반으로 한 경제 성장이 와해된 후에는 '새로운 질서'가 만들어질 것이다.

⑫ 부의 집중을 피할 수는 없기 때문에 이 전략의 목표는 부의 집중을 줄이는 것보다는 사회의 부의 양을 늘리는 것일 수 있다. 부의 집중을 줄이기 위한 정책을 펼치면 개인들의 에너지를 이끌어낼 인센티브가 줄어들며, 이렇게 되면 문제를 해결해서 사회적 이익을 만들어내는 데 개인들이 쏟는 에너지도 줄어든다.

⑬ 자본주의 생산 모델에서는 부가 집중될 수밖에 없다.

⑭ 자선 사업과 박애주의가 부의 축적 궤적의 논리를 바꾸지 못할 것이다.

⑮ 어떤 유형의 생산성을 증가시킬 수는 있지만 부를 분배하는 도구로서 큰 영향력을 미치지는 못할 것이다. 왜냐하면 이것이 부의 집중 메커니즘을 막지는 못할 것이기 때문이다.

실행 전략 2 ▶ 개인용 인공지능/아바타 개발

> 인터넷을 검색하고, 전 세계 시장에서 물건을 사고, 스마트 계약을 맺어서 자영업을 지원하는 개인용 인공지능/아바타를 만든다.

2.1 효과성

① 2050년까지 모든 사람이 인터넷에 연결되고 인구가 90억 명에 이르면 이 전략은 피할 수 없을 것이다. 이 전략이 실현되면 90억 명이 있는 시장이 만들어질 것이고, 개인용 인공지능으로 만든 것을 90억 명이 모인 시장에서 팔 수 있다.

② 소기업은 현재 관료주의로 인해 부담을 지고 있다. 인공지능 도입으로 적절한 기회를 찾고 스마트 계약이 실현되면 현재 지고 있는 부담을 줄일 수 있다.

③ 개인의 권한에 약간의 긍정적인 효과가 기대된다.

④ 공급자보다는 고객과 구매자에게 더 좋아 보인다.

⑤ 단기적으로는 좋다. 그러나 장기적으로는 생산에 집중하게 되어 소기업이 어려워질 수 있다.

⑥ 페이스북 창업자가 본인의 개입이 지정학적 수단이 될 것을 예상하지 못했던 것처럼 의도치 않은 결과가 일어날 것이다.

⑦ 개인간 접촉 및 원거리 시장이 없어도 된다는 점에서는 어느 정도 흥미가 생기지만 매우 큰 효과를 낼 것 같지는 않다.

2.2 실현 가능성

① 기술 개발이 가속화되고 사회 정치적 장벽이 낮아지면서 이 전략의 실현 가능성이 매우 높아졌다.
② 이 전략은 이미 실행 중이며, 이렇게 될 수밖에 없을 것 같다.
③ 이 전략을 실현함에 있어서 기술보다는 전 세계에 있는 사람들이 이 플랫폼을 사용하게 만드는 것이 도전 과제가 될 것이다.
④ 사람들이 이 시스템을 사용하는 데 필요한 스킬을 확보하는 것이 도전 과제가 될 것이다.
⑤ 2050년이 되면 '차원을 넘나드는 삶'interdimensional living이 더 보편화될 수 있다.
⑥ 국경을 넘어 일을 하려면 규제 완화가 필요할 것이다.
⑦ 현지 규제가 장벽이 될 수 있다.

2.3 기타 의견

① 자영업을 하는 사람과 추가 작업을 해야 하는 사람들이 거래할 때 도움이 되는 훌륭하면서도 시장 활성화에 도움이 되는 아이디어이다.
② 자영업 분야에서 새로운 기술로 새로운 상황을 만들 수 있는 실용적인 방법들 중 하나이다.

③ 개인 인공지능/아바타는 우리의 지능을 증강시켜서 하루 종일 우리를 안내하고 지원할 것이다. 그리고 우리가 잠을 자는 동안에도 흥미로운 기회를 찾을 것이다. 즉, 시맨틱 웹을 검색해서 우리를 만족시키면서 소득도 일으킬 수 있는 가장 좋은 활동을 매일 아침 제시하는데, 흥미로운 경험으로 하루를 채울 수 있는 것들로 준비한다. 2050년이 되기 전에 모든 사람은 전 세계에 있는 거의 모든 사람 및 모든 사물과 연결되기 때문에 스마트 계약을 활용하는 인공지능/아바타는 새로운 일과 흥미로운 교환 기회를 쉽게 만들 수 있으며, 우리의 잠재력을 쉽게 개발할 수 있다.

④ 나의 인공지능/아바타는 개인으로서, 혹은 조직을 이끄는 기업가로서 우리가 추구할 수 있는 여러 가지 기회에 더 좋은 통찰력과 더 많은 선택권을 부여할 것이다.

⑤ 모든 사람이 이런 시스템에 접근할 수 있게 만들려면 어떻게 하느냐가 관건이다.

⑥ 글로벌 시장을 더 효율적으로 만들 수 있는 모든 활동은 환영이다.

⑦ 소외되었다고 생각하는 사람들과 경제에 매우 유용하다.

⑧ 상품과 서비스에 대한 접근을 확대하기에 효과적인 방법이다.

⑨ 기업가가 되고 싶어하고 컴퓨터에 익숙한 사람들에게는 괜찮은 전략이지만 나머지 사람들의 경우에는 무엇이 좋은지 모르겠다.

⑩ 이 전략에 관련된 교육, 수습, 경험이 고려되지 않는다면 개인용 인공지능/아바타가 전 세계에 이미 있는 자영업을 찾는 데 도움을 줄 뿐, 자영업에 전체적으로 큰 영향을 미치지는 못할 것이다.

⑪ 이 전략이 선택사항이 될 수 있지만 생산적인 작업이 그렇게 쉽게 처리될 수는 없다.
⑫ 소규모의 간단한 작업의 경우 이 전략은 매우 효과적일 수 있고 기술적으로도 실현 가능성이 매우 높을 수 있다. 그러나 오늘날 직장을 떠나는 대부분의 사람들에게는 해당되지 않을 것 같다. 왜냐하면 그들은 다른 사람을 위해 일하는 것을 좋아하지 않기 때문이다. 그런데 혼자 일하는 사람들에게는 해당될 것 같다. 왜냐하면 이런 사람들은 자신이 다른 사람과 일하는 것이 어렵다는 것을 알기 때문이다.

| 실행 전략 3 | 1인 자영업 노동자를 위한 노동조합 설립 |

자영업 노동자의 권리를 보장하기 위해 1인 사업장들을 연결하는 새로운 노동조합을 만든다.

3.1 효과성

① 자영업자를 위한 일종의 단체 교섭 메커니즘이 필요하다. 자영업자 노동력을 사용하기로 되어 있는 고용주가 자영업자의 노동력을 부당하게 사용할 경우 이에 대처할 수 있도록 해야 한다.
② 이와 관련된 법안이 이미 존재한다. 시행될 때 부작용이 생길 수 있다.
③ 일종의 노동조합으로 조직화된다면 우버 드라이버들이 제기하고 있는 불만 사항들이 더 잘 해결될 것 같다.
④ 1인 사업장이 계속 늘어나는 구조이기 때문에 이 전략이 노동자들의 권리를 보장하는 데 있어 매우 효과적일 수 있다.
⑤ 일부 산업(예: 영화 산업)에서는 이것이 효과적일 수 있다. 그러나 대다수의 노동조합은 노동자들의 권리를 보호하는 것보다 임금을 올리는 일에 더 집중한다.
⑥ 기계들과 단체 교섭을 벌이는 일은 상상도 안 되는 일이다.
⑦ 노동조합이 개별 자영업자와 계약을 맺지는 않을 것이다.
⑧ 직업의 세분화 및 분산화가 높아서 이 전략의 효과성이 낮을 수 있다.
⑨ IT 시대 산업들에서는 노동조합이 필요 없을 것이다.

⑩ 정부는 소득 불평등과 불확실성을 해결하고 자영업자와 중소기업을 활성화하기 위해 새로운 형식의 일자리를 포용하기 위한 작업을 진행해야 한다.

3.2	실현 가능성

① 노동조합이 무엇을 어떻게 할 것인지에 대해서 독자적인 생각을 가진 자영업자들의 동의를 얻기가 어렵다.
② 공통 관심사가 충분하지 않으므로 타협점을 찾기가 어렵다.
③ 유럽의 경우 새로운 노동조합으로 발전하기에는 노동조합이 너무 약하거나 스스로를 방어하려는 성향이 너무 강하다.
④ 전 세계를 아우르는 이 해결책을 감당할 정도로 충분히 강력한 적임자를 찾기가 쉽지 않다.
⑤ 시장이 감당할 수 있는 것보다 더 높은 비용을 지불해야 한다면 이 전략은 제대로 작동하지 않을 것이다. 다만 자영업자가 제공하는 작업의 품질이 확실하다면 이야기가 달라진다.
⑥ 민간이 주도적으로 진행한다면 성공할 수 있다.
⑦ 인간 노력 및 자본의 역할에 대한 정의가 다시 정립될 수 있다.

실행 전략 4 ▶ 차세대 기술, 미래 직무 기술, 재교육 데이터베이스 구축

> 노사정이 힘을 합쳐서 차세대 기술, 미래 직무 기술, 재교육 데이터베이스를 만든다.

4.1 효과성

① 업계 자체적으로 직무 예측 자료를 만든다. 앞으로 무엇이 필요할지를 업계에서 알 것이며, 어떤 교육이 필요할지도 잘 안다. 또한 특정 직무가 앞으로 언제 없어질지도 업계가 가장 잘 알 것이다.
② 이런 프로그램이 꼭 필요하며, 이제 서서히 나올 것이다.
③ 투명성을 담보해야 한다.
④ 전망, 즉 미래의 가능성에 관련된 정보가 있으면 선택을 쉽게 할 수 있다.
⑤ 종전의 고용 시장 예측은 전혀 도움이 되지 않았다.
⑥ 심상치 않은 예측이 사실로 판명되면 놀랄 것이다.

4.2 실현 가능성

① 이 분야에서 이미 개발되고 있는 것이 있다.
② 아이디어가 명확할 경우 기업들은 이를 좋은 채용 수단으로 볼 것이다. 그리고 노동조합 입장에서도 기존 직무를 유지하기 위해 로비를 하지 않고도 고용을 유지하고 소득을 계속 올릴 수 있다고 판단할 수 있다.

③ 이 전략이 최상으로 작동하려면 장기가 아닌 단기에 초점을 맞추어야 한다. 그리고 가장 높은 효율성을 내려면 새로운 기술을 배우기 위한 단기 니즈, 기본 연구, 기본 교육에 소요되는 비용의 지불 주체를 정부, 업계, 노동계, 교육계가 합의해야 한다.
④ 소수에게 너무 많은 통제 권한이 부여되면 안 된다.
⑤ 교육을 받는 사람이 교육에서 배운 내용을 적용할 수 있는 능력을 키울 수 있도록 가상현실을 최대한 활용한다.
⑥ 데이터베이스를 만드는 일은 어렵지 않다. 그러나 데이터베이스를 충분하게 활용하고 최신 상태로 유지하는 일이 매우 어렵다. 왜냐하면 정보를 수집하고, 구현 계획을 수립하고, 계획을 실천하기까지 시간이 필요하기 때문이다.
⑦ 직무를 효과적으로 정의하는 일은 매우 어렵다. 평가를 통해서 어떤 역량이 필요한지를 정의하는 것이 더 효과적일 수 있다.
⑧ 직무 요구 사항을 반드시 공개해야 한다.

4.3 기타 의견

① 이 전략은 대단한 제안으로, 두말할 필요 없이 진행되어야 한다.
② 나는 브라질에서 이런 데이터베이스들 중 하나를 담당하고 있다.
③ 5년 혹은 그 정도 기간 안에 새로 생기는 직무를 제시하는 온라인 형태의 집단지성 시스템이 될 수 있으며, 새로운 직무에서 어떤 교육이 이루어져야 하는지를 고용주가 입력할 수 있다.
④ 직무에서 요구되는 기술과 교육 커리큘럼을 이 데이터베이스에서 제시할 수 있다.

⑤ 없어지는 직무에서 일하고 있는 노동자를 위한 재교육 혹은 재훈련에 도움이 되는 것이 무엇인지를 제시하는 일이 매우 중요하다.
⑥ 고급 재교육 프로세스가 들어 있는 데이터베이스가 2050년에는 큰 영향을 미치지 않을 것이다.
⑦ 중요한 것은 새로운 기술을 배우는 일이 재직 중에 이루어져야 한다는 점이다.
⑧ 개인이 책임감을 가지면 매우 효과적일 수 있다.
⑨ 기술 개발과 함께 가는 식으로 진행하기에는 매우 효과적인 방식이다. 특히 크게 발전하지 못한 나라에서는 효과가 더 클 것이다.
⑩ 고령 노동자와 스스로 회사를 나오기를 주저하는 노동자들에게 특히 도움이 될 수 있다.

| 실행 전략 5 | 개인용 증강 천재 앱 개발 |

개인용 증강 천재 앱을 개발한다(천재 앱은 두뇌의 성능과 정보를 증강시킬 것이다).

5.1 효과성

① 기술에 익숙하지 않은 사람들이 기술 시대에 동참하는 것을 크게 촉진시킬 것이다.
② 뇌의 성능을 향상시키는 어떤 것은 그것에 접근하는 사람들의 자산이 될 것이다.
③ 뇌의 성능보다 뇌의 통찰력이 더 중요해 보인다.
④ 추가 정보를 효과적으로 사용하는 방법에 대한 인식을 강화하고 개인을 훈련시키면 두뇌 성능이 향상될 것이다.
⑤ 감각 향상에는 매우 유익할 것이다. 그러나 뇌에 응용하는 것에는 회의적이다.
⑥ 이것을 세뇌로 인식하고 저항할 가능성이 있다.
⑦ 이런 앱이 나올 것이며, 여기에 접근할 수 있는 사람은 효과를 볼 것이다. 그러나 디지털 세계에 편입된 사람과 편입되지 않은 사람들 사이에 차이가 있을 것이다.
⑧ 컴퓨터에서의 자아 인식 및 자아 인식의 출현 패턴을 이해하는 데 도움이 될 수 있다.

5.2 실현 가능성

① 엘론 머스크는 www.neurolink.com에서 이 앱을 개발할 수 있는 사람을 채용하고 있다. 무기를 연구하는 연구소에서는 얼마 전부터 미래 병사를 위한 천재 앱을 개발하고 있다. 미래에는 증강된 사람과 증강되지 않은 사람 사이에 충돌이 있을 것이며, 이러한 충돌을 막는 방법을 생각해야 한다.
② 증강의 효과와 측정에 관한 문제가 남아 있지만 천재 앱이 개발되는 것은 시간 문제일 뿐이다.
③ IT가 발전하고, 인간의 지적 능력이 향상될 것이므로 자연스럽게 일어날 일이라는 점에서 실현 가능성이 매우 높다.
④ 기술적으로 볼 때 대다수의 응용프로그램을 만드는 것은 실현 가능하다. 그러나 초기에는 사용에 부담감이 있을 것이고 유연성을 확보하기까지 오랜 시간이 걸릴 것이다.
⑤ ICT를 기반으로 한 건강 분야는 최고 관심 영역이기 때문에 실현 가능성이 있다. 그러나 사람들 사이에 확산되어서 '자연스러운' 치료를 이룰 수 있는지에 대해서는 그다지 확신이 서지 않는다.
⑥ 시장에 의해 결정될 것이다.

5.3 기타 의견

① 인공지능 응용프로그램은 실시간으로 작동하고 기업가들이 모든 기회를 파악할 것이므로 특별히 개입할 필요가 없다.

② 세상이 더 복잡해지고 있으므로 교육을 더 많이 받은 지적인 대중이 요구되고 있다. 이것이 단지 일을 위해서만은 아니고, 사회에서 어떻게 살아갈지를 위해서이다. 이렇게 복잡한 미래에는 증강된 사람의 삶에 큰 변화가 있을 것이다. 그런데 교육의 경우 기술 증강이 필요로 하는 것을 따라 잡지 못하고 많이 뒤쳐져 있는 것 같다.

③ 이 전략은 무조건 좋은 일이다. 그러나 가장 중요한 것은 천재 앱의 환경이 사용자 친화적이어야 한다는 점이다.

④ 이러한 종류의 뇌-기계 인터페이스에서 봉착하는 주된 문제는 데이터 전송 속도. 컴퓨터에서의 속도는 매우 빠른데 컴퓨터와 뇌 사이의 인터페이스에서는 속도가 매우 느리다. 그럼에도 불구하고 이를 개선하기 위한 기술 혁신이 조만간 일어날 것 같지는 않다.

⑤ 이 전략을 실현하기 위한 방향으로 나가는 주요 단계로서 인공지능이 이미 우리 앞에 와 있다.

⑥ 외부 증강을 구현하려면 시간이 매우 오래 걸릴 것이다.

⑦ 이 전략이 실현된다고 하더라도 어떤 한 사람과 동화될 수는 있지만 눈이 안 보이는 사람을 고칠 수 없다는 점에서 이것은 미묘한 주제다.

실행 전략 6   노동조합, 노동 대체보다 증강 운동 시작에 주력

> 노동조합은 특정 직무를 지키는 것보다 소득을 유지하는 일에 더 집중해야 한다. 이를 위해 없어지는 직무에서 일하던 사람들이 그 다음 직장에 고용될 수 있도록 도와야 한다. 그리고 노동 대체보다는 증강을 위해 기술에 투자하는 증강 운동Augment Movement을 시작한다.

6.1 효과성

① 소득 유지와 일자리 유지를 분리해서 집중하는 것은 좋은 방법이다. 그렇지 않으면 자금이 이중으로 나갈 것이다.

② 일부 기술은 대체될 것이다(예: 힘들고 단조로우면서 반복적으로 진행되는 작업). 그리고 일부 기술은 증강될 것이다(예: 머리를 써서 하는 의사결정 작업).

③ 처음에는 기술이 노동을 강화하지 않고 기술이 노동을 대체한다.

④ 협업으로 일을 하는 경제 구조에서는 매우 효과적이다. 그러나 그렇지 않은 경제 구조에서는 효과적이지 않다.

⑤ 노동조합이 2050년까지 남아 있으면 이 전략이 실현될 것이다. 그러나 이 전략은 노동자들에게만 이익이 된다.

⑥ 피고용인의 권리를 대변하는 조직이 어떤 형태로든 남아 있겠지만 지금 우리가 노동조합이라고 부르는 조직과는 매우 다른 기능을 할 것이다.

6.2　실현 가능성

① 사람들은 변화에 적응할 것이며, 노조에 가입되어 있는 직원들은 직업을 바꾸지 않아도 된다.
② 노동조합이 가장 먼저 해야 할 일은 이러한 변화가 필요하다는 것을 인정하는 것인데, 이것은 가장 어려운 일이기도 하다.
③ 노동조합이 높은 신뢰성을 얻을 수 있다면 이 전략을 쉽게 이룰 수 있다.
④ 혁신을 규제할 수 없다. 만약 그렇게 한다면 경제 체제가 붕괴될 것이다.
⑤ 많은 노조원이 이 전략에 회의적이므로 변화 관리 및 교육이 필요하다.
⑥ 노동조합의 대다수 간부들(회원이 아님)이 누리는 인센티브는 곧 없어질 일자리에 매달리는 것이다. 시대에 뒤떨어진 관심 속에서 곧 없어질 구조를 고집한다면 이 전략의 실현에 방해가 된다.
⑦ 노동조합이 없어도 이 전략을 실현할 수 있다. 다만 사람들이 자신들의 경력을 기꺼이 바꾸어도 괜찮다는 자세가 되어 있어야 한다.

6.3　기타 의견

① 사람-기계 협력을 촉진해야 한다.
② 인간이 왜 더 기계 같아야 하는가? 기계는 왜 더 인간 같아야 하는가?
③ 속도나 원시 데이터 처리 능력에 있어 웨트웨어Wetware가 컴퓨터에 필적할 수는 없다.
④ 인간과 인공지능 시스템을 한 팀으로 만들기 위해 주력하는 시점에 인간의 상상력과 본능적인 잠재력을 단순히 모방하는 인공지능 시스템을 개발하기 위해 많은 시간을 투자하는 이유는 무엇인가?

⑤ 노동조합, 정부, 학계, 업계 연구 개발 부문에서는 인간 노동자를 대체할 목적으로 로봇과 인공지능 시스템을 만드는 데 주력하기 보다는 인간이 이미 잘 하는 것을 더 잘하게 만드는 도구 개발에 더 집중해야 한다.

⑥ 이를 진행하려면 비용도 많이 들고 시간도 오래 걸릴 수 있다. 그러나 결과적으로 장기적인 지속가능성을 확보할 수 있고 전 세계 모든 사람들의 이해를 얻을 수 있다.

⑦ 국제노동기구는 2019년에 100주년이었다. 국제노동기구는 지난 100년 동안 전 세계가 일자리와 노동 조합의 역할을 다시 생각하는 데 도움을 주었다. 여러분이 살고 있는 나라의 국제노동기구 사무실에 전화를 걸어서 이 전략에서 제안하고 있는 것, 혹은 이와 비슷한 다른 것을 준비하고 있는지 확인해 보아라.

⑧ 2050년이 되면 노동조합의 아디디어와 역할은 급격한 변화를 겪어야 할 것이다.

⑨ '증강 운동'을 통해서 많은 일자리가 없어지지만 새로운 일자리가 많이 만들어지기도 할 것이다.

⑩ 노동조합은 조직의 생산적 이익보다 노조원의 금전적 이익을 더 우선시 했으며, 향후 30~50년 안에 문화적 변화가 일어날 것이다.

⑪ 새로운 세대에 맞는 노조를 만들거나 노조가 필요하지 않은 사회적 기업이나 협동조합을 만들어서 필요한 것을 채워 나가야 한다.

실행 전략 7 ▶ 보편적 기본 소득 시스템 구축

재정적으로 지속가능한 시점에 국가의 보편적 기본 소득 시스템을 만든다.

7.1 효과성

① 취업 시장이 실질적으로 변화하는 시대에 이 전략은 꼭 필요하다. 밀턴 프리드먼Milton Friedman은 보편적 기본 소득 시스템을 도입하면 복지 관료주의의 병폐를 상당 부분 없앨 수 있고, 이로 인해 자유가 증대되고 납세자가 낸 돈을 절약할 수 있다고 했다.

② 사회적 이익을 주는 것이 그럴 듯한 대안일 수 있지만 그것보다는 보편적 기본 소득을 제공하는 것이 훨씬 더 낫다.

③ 실업 수당 같이 사회적 균형을 맞추는 작업이 부유한 나라에서는 자리를 잡을 것이며, 인공지능을 기반으로 한 노동 시장으로 전환되는 시점에 맞춰서 이러한 사회 보장 제도도 효과적으로 재편될 것이다.

④ 자동화 시대에 소득 보장, 부의 공유, 로봇 제품의 기본 수요 창출 같은 것이 현재 추세대로 진행될 경우 이 전략은 매우 괜찮은 것처럼 보인다.

⑤ 이 전략이 임시방편으로는 괜찮아 보인다. 제대로 되려면 이에 걸맞는 금융 시스템이 만들어져야 한다.

⑥ 지속가능성이 더 높은 '일하는 삶'을 이루는 데 있어 이 전략은 매우 효과적일 것이다.

⑦ 스파이럴 다이나믹 모델spiral dynamics model이나 PROUT 접근법 같이 더 높은 수준의 노동 가치가 요구되기 때문에 발전 수준에 따라 진행 여부가 정해질 것이다.

⑧ 문제는 현금 흐름이 아니라 정치 경제 모델과 일반인들의 인식이다. 기본 소득을 보장하면 사람들이 자유롭게 된다. 즉, 창의성을 발휘할 수 있고 소득 불안정이 해소된다. 이는 기존의 사회 경제 모델의 기반을 약화시키기 때문에 이에 대한 큰 저항이 지금도 있고, 앞으로도 계속해서 있을 것이다.

⑨ 이 전략이 진행되면 금융 재앙이 생길 것이고, 그 다음에는 내전이 일어날지도 모른다. 어떤 사회라도 돈을 의무적으로 지급하면 그 사회에 엄청난 충격이 가해진다.

7.2 실현 가능성

① 대체 현금 흐름 추정치가 어떤 조건에서도 지속가능하다는 것을 보여줄 수 있어야 한다.
② 최소한 부분적이나마 부를 공유하는 시스템이 많이 나올 것이며, 스웨덴, 독일, 노르웨이에는 사회적 급여망으로서 이와 관련된 기본 소득 시스템을 갖추고 있다.
③ 전략이 실현되는 시점은 해당 국가의 경제 상황에 달려 있다.
④ 이 전략을 실현할 때 조심스럽게, 그리고 현명하게 진행해야 한다.
⑤ 사회적 안정성의 장기적 회복에 도움이 될 수 있다는 점에서 이 전략이 필요할 것이다.

⑥ 모든 정부에게 돈을 발행할 권한이 있으며, 자산 기반 암호화(필수 인프라 발전과 연계) 방식으로 돈을 발행하면 보편적 기본 소득을 제공할 수 있다.

⑦ 일어날 가능성이 매우 희박하다. 왜냐하면 이 시스템을 만드는 데 참여하거나 시스템을 유지하는 일에 매우 많은 경제 주체들이 관여하지만 이들에게 돌아갈 인센티브가 거의 없거나 너무 적기 때문이다.

7.3 기타 의견

① 이 전략이 어느 시점에는 실행되어야 할 것이다. 그렇지 않으면 실업이 증가하고, 그로 인해 사회가 불안정해지고 사회적 붕괴로 이어질 것이다.

② 보편적 기본 소득은 사회 평등을 이루는 여러 방법들 중 하나다. 물론 인도의 경우 사회 평등 구현 및 여러 가지 목적을 위해 최저임금법을 시행했지만 원래 의도한 목적을 이루지는 못했다.

③ '가진 자'와 '가지지 못한 자' 사이에 새로운 사회적 계약이 성사되어야 한다. 이를 이루기 위해 노력하는 것이 이상적이다. 그러나 전 세계에서 이를 이루려면 '기본' 니즈가 무엇인지를 깊이 재고해 보아야 한다. 또한 즐겁고, 품위 있고, 안전하고, 만족을 주는 삶을 만드는 요소가 무엇인지도 곰곰이 생각해야 한다.

④ 원칙적으로는 괜찮은 주장처럼 들린다. 그러나 계산이 딱 맞아떨어지는 단일 연구를 본적이 없다. 아주 없는 것보다는 조금이라도 있는 것이 더 좋지만 지급 규모는 매우 적당한 수준으로 정해져야 한다.

⑤ 정권 유지 기간이 짧은 정부, 특히 개발도상국의 정부에서는 이 전략의 취약 정도가 높아진다. 여러 나라가 합쳐져 있는 유럽연합은 어떤가? 삶의 수준이 나라마다 다른 것은 어떤가? 나라와 지역 간의 차이점을 어떻게 보아야 하는가? 아프리카에서 수억 개의 일자리를 창출할 수 있을까? 이 전략이 실현되려면 새로운 정치력이 필요하다. 그리고 이념적인 배경을 만들어야 할 수도 있다.

⑥ 이 전략은 진화적으로, 혹은 혁명적으로 구현될 것이다. 그러나 평등을 표방한 혁명적 시도는 실패했다.

⑦ 주된 함정은 '사회 최저'social minimum가 때때로 최대한의 효과를 낸다는 것이다. 그리고 이상적인 작업장에서 가장 취약한 계층이 보호되지만 그렇지 않은 곳에서는 경쟁을 할 수 있다. 이런 모든 것을 보편적 기본 소득이 충족시킬지 확실하지 않다.

⑧ 기본 소득이 정착되면 게을러지는 사람이 많아질 것이다.

⑨ 시스템의 구현 방법과 재원의 조달 방법에 따라 명암이 완전히 갈릴 것이다.

실행 전략 8 ▶ 새로운 형식의 경제와 일자리에 부응하는 문화적 전환 모색

새로운 형식의 경제와 일자리가 나오면 문화적으로도 전환이 있어야 한다. 이러한 문화적 전환을 돕기 위해 광고에 밈meme을 넣는다.

8.1 효과성

① 어떤 밈이 선정되고 선정된 밈이 어떻게 전달되는지에 따라 효과성이 좌우된다.
② 예술적으로 촉매 작용을 일으키는 상징적인 작품을 활용해서 집단적인 의식의 변화를 도모할 수 있다.
③ 새로운 스토리가 많이 필요하며, 밈과 스토리가 합쳐져서 정보가 넘치는 세상에서도 어떤 계기를 만들 수 있다.
④ 변화를 뒷받침하는 데 있어 의사소통과 스토리텔링은 항상 일정한 효과를 발휘한다.

8.2 실현 가능성

① 이 전략은 이미 유기적으로 나타나고 있다.
② 미국 광고협의회와 지역의 광고 협의체들이 이를 채택하면 이 전략은 성공할 것이다.
③ 이 전략의 실현이 기술적으로 큰 일은 아니며, 충분히 실현 가능하다.
④ 광고에 밈이 이미 들어가 있다.

⑤ 불행하게도 소셜 미디어에 이미 세뇌되어 있으므로 이 전략을 이루기에는 좋은 기회이다. 그러나 조금은 넌더리가 난다.

8.3 기타 의견

① 유전자가 신체를 만드는 것처럼 밈은 사회를 만든다.
② 이 새로운 기술들로 어떤 종류의 사회를 만들고 싶은가?
③ 특정 사회의 밈을 생산하는 곳은 엔터테인먼트 미디어와 광고 에이전시다.
④ 광고 회사는 밈 처리에 익숙한 엔지니어를 채용해서 회사에서 만들어서 송출하는 광고에 밈을 삽입함으로써 문화적 전환에 도움을 줄 수 있다.
⑤ 이 전략이 젊은 노동자들에게 더 와 닿을 것이며, 국가 및 문화적 경계를 넘어서 실현될 수 있다.
⑥ 관련 상을 만들어서 이를 장려할 수 있다.
⑦ 사람이 행동하게 만드는 데 약 25번의 광고 노출이 필요하다.
⑧ 새로운 형식의 경제와 일자리가 현실 타당성을 갖춘다면 사람들은 새로운 것에서 추구하는 아이디어를 보다 더 전통적인 교육 및 훈련 채널을 통해서 받아들일 것이다.
⑨ 잠재의식 광고subliminal advertising가 효과를 낼 수 있다. 그러나 그것이 윤리적인지 따져 보아야 한다. 또한 경쟁사에서도 그들 자신의 밈과 암시적인 이미지를 미디어에 심어서 쉽게 대응할 수 있다. 이런 점에서 보면 모든 방법에 한계가 있다.
⑩ 나무도 처음에는 씨앗에 불과했다는 사실을 명심하기 바란다.
⑪ 오늘 한 걸음, 내일 한 걸음, 2일에 두 걸음 가는 것을 목표로 잡기 바란다.

실행 전략 9 ▶ 소득 격차 해소, 글로벌 자선 단체 설립

> 소득 격차 해소를 주된 목표로 하는 글로벌 전략적 자선 단체를 설립한다. 가령, '세계 억만장자 클럽'을 하나 만들 수 있다.

9.1 효과성

① 이들이 공동 투자를 전략적으로 한다면 매우 효과적일 것이다.
② 새로운 억만장자들 중 일부는 디지털 시대에 속하기 때문에 이 전략은 도움이 될 수 있다.
③ 이 전략은 이미 진행되고 있다.
④ 억만장자 중 거물급 인사가 얼마를 기부하겠다고 선언하는지 보기 바란다.
⑤ 이 전략이 인정을 받으려면 투명성, 책임성, 지속성이 필요하다.
⑥ 이 전략이 유용해지려면 억만장자들이 함께 일해야 하는데 그렇게 될 것 같지는 않다.
⑦ 역효과를 낼 것이다. 부가 한정된 무게의 케이크이고 더 균등한 조각으로 자르는 것이 해결책이라는 생각이 틀렸음을 확인하게 될 것이다.
⑧ 이들의 부를 모두 합쳐도 소득 불평등을 실질적으로 줄일 수는 없다.
⑨ 억만장자들은 소득 격차 해소에 관심이 없다.

9.2 실현 가능성

① Giving Pledge(https://givingpledge.org/)는 세계에서 가장 부유한 개인이나 가족이 대부분의 재산을 사회에 환원하겠다는 서약을 하는 곳으로, 22개국에서 83명의 억만장자가 서약을 했다.
② 이러한 것이 이미 있으므로 이 전략은 실현 가능하다.
③ 한 가지 유일한 질문은 어느 정도까지 제도화해야 하는가이다.
④ 일부 억만장자는 선행을 좋아하므로 이 전략의 실현 가능성이 있다.
⑤ 이런 자선단체를 만드는 것이 좋아 보인다. 그러나 억만장자들이 긴급하고 생명을 위협하는 어떤 것을 지원하는 것이 더 좋지 않을까?
⑥ 이런 클럽을 만드는 것은 쉽다. 그러나 소득 격차를 줄이기 위한 목적으로 억만장자들이 특별히 기부하게 만드는 일은 매우 어렵다.
⑦ 실질적인 효과가 있을지 의문이다.
⑧ XPrize 재단이 이 전략에 관심을 보일 것이다.

9.3 기타 의견

① 이런 유형의 프로젝트는 미국에서 프랭클린 D. 루스벨트와 엘리너 루스벨트가 활약하던 때에 엄청난 진전을 이루었으며, 진보적인 감각과 실질적인 선행을 이끌어냈고, 의욕도 고취시켰다.
② 소득 격차 해소를 위해 일관된 글로벌 전략을 수립하려면 183명의 억만장자를 Giving Pledge에 가입시켜야 한다. 이를 위해 어떻게 해야 하는가?

③ 좋다. 그런데 왜 한 개의 클럽인가? 목표는 억만장자들이 이 클럽에 마지못해 참석하게 해서 그들을 부끄럽게 만드는 것이다. 빌게이츠나 워런 버핏 같은 사람들이 개인 자격으로 이와 같은 클럽을 이미 운영하고 있으며, 정부가 이와 관련된 공공 지출을 늘리고 있으므로 억만장자 개인들의 활동이 빛을 잃고 있다. 소득 격차는 결국 정부가 안고 가야 하는 문제다.

④ '기업의 사회적 책임'Corporate Social Responsibility을 나타내는 새로운 아디이어와 방법에 초점을 맞춘다.

⑤ 스페인의 몬드라곤 협동조합Mondragon Corporation은 소로스 재단Soros Foundation 및 여러 단체들과 함께 소유권을 공유하는 비즈니스 모델을 개발하고 있으며, 주된 목적은 소득 격차 해소다.

⑥ 매우 깊은 문화적 저항과 인간의 탐욕이 두 세대 정도만에 해결되지는 않을 것이다.

⑦ 이 목표를 달성할 수 있는 공정한 분배 시스템을 누가 만들 수 있는가?

⑧ 민주주의를 약화시키면서까지 할 만한 가치가 있는가, 억만장자들은 위험이 따르는 정치로 왜 나서지 않는 것일까?

⑨ 더 개방적인 사회 생활과 여러 다른 이유로 인해 생긴 압력 때문에 부자들이 이전 시대와 비교해서 그들의 부를 나눠야겠다는 압력을 더 많이 느낄 것이라고 생각하는가?

실행 전략 10   자영업 경제와 자아실현경제 탐색, 월드 사이버 게임 개발

> 자영업 경제와 자아실현경제를 탐색할 월드 사이버 게임World Cyber Game을 만든다.

10.1 효과성

① 괜찮은 아이디어지만 필요한 수준에 도달하지는 못할 것이다. 개인 비즈니스 솔루션에 더 가까울 수 있다.
② 관건은 게임이 얼마나 좋은가에 달려 있다. 하나의 플랫폼(페이스북)이 불과 14년만에 전 세계 인터넷의 절반 이상을 점령할 것이라고 어느 누가 생각이라도 했는가?
③ 좋은 생각이다. 게임으로 만들면 어느 정도까지는 제 역할을 할 것이고, 훈련을 시키기에도 좋은 아이디어다.
④ 반이상향의 공상과학 영화를 만들기 위한 아이디어처럼 들린다.
⑤ 게임으로 오랜 지속 효과를 실제로 얻을 수 있다는 것에 의문이 든다.
⑥ 내가 알기로, 미디어 관련 연구들에서는 이 전략을 지지하지 않는다.
⑦ 자영업을 너무 많이 강조하다 보면 자영업 스토커/거지가 양산되는 걸로 마무리될 것이다.

10.2 실현 가능성

① 이미 기술적으로는 문제가 없어서 쉽게 구축할 수 있다.

② 사이버 공간은 거의 무제한이다.

③ 게임은 지역 및 국가 표준에 맞게 조정되어야 하므로 큰 효과를 못 낼 수 있다.

④ 현재 사이버에서 많은 것을 처리하므로 이 전략도 실현 가능하다.

⑤ 얼마나 좋은지, 홍보가 얼마나 잘 되는지에 모든 게 달려 있다.

10.3 기타 의견

① 새로운 목표와 사업 방안을 소개하기에 좋은 방법인 것 같다. 특히 청년들에게는 더 좋은 것 같다.

② 성공하려면 게임을 하는 사람들의 관심을 충분히 끌 수 있을 정도로 충분히 도전적이고 흥미롭게 게임을 만들어야 한다. 그렇다고 해서 '돈으로 승리하는' 전략이 허용되거나 망상에 빠지지는 일이 일어나서는 안 된다.

③ '세컨드 라이프' 가상 세계에 살고 있는 사람들 중 일부에게서 이미 이런 일이 일어나고 있다.

④ 오락, 기술 개발, 자아 인식 탐구를 위해서 월드 사이버 게임을 활용하는 것은 좋다. 재미만 있다면야 만들지 않을 이유가 없다.

⑤ 이것은 엔터테인먼트 산업의 이정표가 될 것이다.

⑥ 언더그라운드 그룹이 최상위 계층에 속할 수 있다.

⑦ 자아 인식을 찾고자 하는 젊은이들에게는 괜찮은 방법이다.

⑧ 언어와 문화적 규범 문제를 해결해야 한다.

⑨ 괜찮은 것처럼 들린다. 그러나 가상 세계에서 길을 잃을 것 같다.

실행 전략 11 　소득 격차와 부의 집중 해소, 장기 전략 개발

> 업계 리더들은 정부 및 여러 조직과 협력하여 소득 격차와 부의 집중을 줄이는 장기 전략을 개발하는 데 앞장서야 한다.

11.1　효과성

① 이 전략이 실현되면 매우 효과적일 것이다. 스칸디나비아의 기업-정부 협력을 사례로 들 수 있다.
② 트뤼도Trudeau 같은 신세대 정치 지도자와 게이츠나 머스크 같은 업계 리더들이 협력한다면 실질적인 변화가 일어날 수 있다.
③ 이 전략이 사실상 진행되고 있다.
④ 정부와 기업이 협력하면 실생활 문제를 해결할 수 있다.
⑤ 이렇게 되어야 이상적이지만 불행하게도 기존 리더들은 소득 격차 해소와 관련해서 해야 할 일을 제대로 하지 못했다.
⑥ 보조금 지급보다 기회 창출에 역점을 두면 이 전략이 효과를 낼 것이다.
⑦ 기업들이 이러한 사회적 책임을 맡아서 하는 것이 좋다.
⑧ 미래에 노동력을 대폭 재편하는 일은 어느 정도 불가피하며, 이에 들어가는 비용을 미리 투자할 수도 있다.
⑨ 부를 분산시키기 위해 힘을 쓰고 있는가? 좋은 결과가 있기를 바란다.

11.2 실현 가능성

① 이 전략이 필요할 것이며, Giving Pledges에 서명한 억만장자들이 처음 시작하기에 좋은 대상이다.
② 원원 방법으로 설계하기 바란다.
③ 업계와 정부 등 주관자들이 얼마나 잘 참여하느냐가 실현 가능성의 핵심이다.
④ 이 전략이 일부 상황에서는 실현 가능하다. 그러나 전 세계적으로 실현하는 것은 요원해 보인다. 일부 지역이나 시장의 일부 기업들이 동의는 하겠지만 완전히 적극적이지는 않을 것이다.
⑤ 단기간에 주주 가치를 극대화하려는 자세에서 여러 영역에서 지속가능성을 탐색하는 쪽으로 사고방식을 바꾸어야 할 필요가 있다.

11.3 기타 의견

① 역사적으로 볼 때 기업이 이런 일을 맡은 적은 없었다. 그러나 업계 리더들은 전 세계에 큰 영향력을 미치며, 사업과 관련이 없는 이슈들에 점점 더 많이 관여할 것이다.
② 몬드라곤은 이미 이 일을 하고 있으며, 대규모 협동조합을 성공적으로 이룰 수 있다는 모범 사례를 보여주고 있다.
③ 기업의 사회적 책임을 촉진할 필요가 있다.
④ 협업은 경제 발전의 핵심이다.
⑤ 단일 기관이 주도하는 것보다는 노사정이 적극 동참해야 한다.

⑥ 보편적 기본 소득이 실현되면 빈부 격차와 부의 집중에 대한 관점이 매우 달라질 것이다.

⑦ 이 일을 실제로 주도하는 것은 정부여야 한다.

⑧ 이러한 시도가 매우 환영할 일이지만 업계 리더들은 정부와 협력해서 그들의 수입을 늘리려는 경향이 있다.

⑨ '시스템을 주도하는 것'은 기업들을 움직이게 하는 동기가 된다. 특히 대기업의 경우 더 큰 동기가 된다. 그러나 일부 나라에서는 개인 사업가가 이 목표를 채택하고 개인들이 도움을 줄 수 있다.

실행 전략 12 ▶ 윤리적, 미학적, 사회적 가치 만들기

기업과 직원이 경제적 가치와 물질적 가치 이외에 윤리적, 미학적, 사회적 가치를 만드는 방법을 개발한다.

12.1 효과성

① 많은 기업들이 이미 윤리적 가치를 제안해서 시행하고 있으며, 아마존의 제프 베조스Jeff Bezos는 기업의 윤리적 가치 준수가 매우 효과적이라는 것을 보여주고 있다.
② 기업들은 현재 이 전략을 시행하려고 한다. 기업의 윤리적 브랜드의 가치는 중요한 부분으로써 사람들은 이것을 보고 특정 회사를 선택하고 그 회사의 상품을 구매한다.
③ 나이지리아에서는 약탈에 가깝게 사업을 하는 다국적 기업이 핀란드에서는 아주 깨끗하게 행동하는 이유가 여기에 있다.
④ 고객 만족도 다음으로 기술적 타당성, 비즈니스 가치, 사회적 영향력이 비즈니스의 새로운 기준으로 자리잡기 시작하고 있다.
⑤ 이 전략은 노동조합이 했던 역할들 중 일부에 해당된다.
⑥ 최소한 노동조합과 사측이 서로를 물어뜯지 않을 때 사회적 지속가능성을 구축하고 형성하는 일이 매우 효율적으로 진행되었다.
⑦ 일자리/기술 전망에 큰 영향을 주지 않는다.
⑧ 대다수의 일자리가 자동화될 때 이 전략은 점점 더 중요해질 것이다.

12.2 실현 가능성

① 이 일은 이미 일어나고 있으며 윤리적 브랜드 가치를 확보한 기업들은 경쟁 우위를 점하고 있다.
② 내가 돕는 고객과 이미 이 일을 하고 있다.
③ 정부가 적절한 인센티브를 법적으로 보장하는 일을 기꺼이, 제대로 추진하기만 하면 된다.

12.3 기타 의견

① 기업은 이해관계자들이 더 큰 반향을 일으키는 일을 도모하고자 하며, 그런 점에서 보면 이 전략을 실현하는 일이 어렵지 않을 것이다. 다만, 단기적으로는 이익이 줄 수 있지만 장기적으로는 더 크게 발전할 것이고, 구성원들의 사기도 더 높아질 것이다.
② 몬드라곤 협동조합은 이 전략이 어떻게 실현될 것인지를 보여준다.
③ Ethical Operating System(https://ethicalos.org/)을 예로 들 수 있다.
④ 이제, 윤리적 리더십을 전공으로 하는 석사 학위도 개설되었다.
⑤ 기업과 직원은 이런 일을 이루는 주체가 아니다. 그리고 경제적 인센티브나 처벌 조항이 없다면 기업들이 자발적으로 '옳은 일을 하지' 않을 것이다.
⑥ 이 전략이 실현되려면 기업 문화와 가치가 바뀌어야 한다.

실행 전략 13 블록체인 및 암호화폐 관련 법적 프레임워크 구축

> 대체 경제를 만들기 위해서는 대체 블록체인 및 암호화폐를 위한 법적 프레임워크를 만들어야 한다.

13.1   효과성

① 많은 (젊은) 기업가들이 대체 경제를 경험할 수 있는 길을 열 것이다.
② 가치와 돈을 만들기 위한 새로운 방법을 구현하기 위해 매우 효과적인 수단이다.
③ 가장 큰 문제는 대중들이 이것을 많이 이해하고 있지 못하다는 것이다.
④ 암호화폐 개념은 기본적으로 불법인 것에 근거하고 있으며, 불법적인 목적으로 사용된다.
⑤ 이것을 가능케 하는 법적 실체는 대체 경제가 기존 경제를 대체하기 시작할 수 있다는 것이다.
⑥ 수익에 도움이 될 수 있다.

13.2   실현 가능성

① 이 전략은 이미 진행되고 있다(https://bitcoinmagazine.com/articles/cryptocurrency-regulation-2018-where-world-stands-right-now/).
② 실현 가능하며, 실현되지 않는다면 암호화폐는 사라질 것이다.
③ 이 분야의 기술은 이미 상당히 앞서 있다.

④ 전 세계적으로 관련되어 있는 주체들이 매우 폭넓게 있으며, 이들 주체에게 맞는 다양한 인센티브를 마련해서 조정 작업을 진행해야 한다.
⑤ 적절한 교육이 수반된다면 이 전략을 실현하는 일이 어렵지는 않을 것이다.

13.3　기타 의견

① 2050년이 되면 디지털 화폐와 블록체인이 전 세계 인구의 20%에게 영향을 미칠 것이며, 중앙 집중형 기관 없이 분산형으로 실현된다면 극적이고도 긍정적인 변화를 이끌어낼 가능성이 있다.
② 블록체인이 미치는 영향은 암호화폐를 뛰어넘을 것이다.
③ 대체 경제가 긍정적인 환경에서 제대로 된 기능을 수행하려면 이 전략은 선결 필수 조건이다.
④ 블록체인과 암호화폐가 조직 범죄, 불법 무기 거래, 국제적인 테러 망에 이익을 준 것이 사실이다. 따라서 법적 프레임워크가 필요하다.
⑤ 블록체인과 암호화폐는 엄청난 양의 에너지를 사용한다. 가령, 10년이 채 안 되는 기간 안에 태양이 생산한 전체 에너지가 블록체인 채굴에 사용될 것이다. 이는 매우 낭비적이며, 현재 기후 변화 상황을 감안할 때 환경적으로도 전혀 지속가능하지 않다.
⑥ '법적 프레임워크'를 만든다는 것은 우리가 원래 알고 있던 개념에 속하지 않는 다른 '권한을 가진 기관'에 이 시장을 맡긴다는 의미로 봐야 한다.

실행 전략 14 ▶ 전문가 네트워크 방식의 회사 경영

회사를 정적 계층으로 관리하지 않고 전문가 네트워크처럼 경영한다.

14.1 효과성

① 미래에 변화하는 시장에서는 변동성, 불확실성, 복잡성, 모호성이 나타날 것이고, 유연한 계층을 가진 조직이 이러한 특징에 더 주력해서 대응할 수 있다.
② '작업이 실제로 이루어지는 공간'에 권한을 넘겨주어야 성공할 수 있다.
③ 많은 기업에서 이미 이러한 비즈니스 모델을 실현하고 있으며, 꽤 잘 작동하고 있는 것으로 보인다.
④ 이 전략의 효과성은 충분하다. 사회를 변혁시키는 주체인 기업들은 이미 이 방향으로 나아가고 있다. 그러나 가장 큰 걸림돌은 정부 조직 자체가 극도로 계층적으로 관리되고 있다는 점이다. 정부를 포함해서 다른 나머지 조직도 계층적으로 되어 있다면 기업들이 이러한 변화를 이루어내기란 거의 불가능에 가깝다.
⑤ 이전의 방식과 가치에 집착하는 경영자를 둔 기업과 그렇지 않은 기업의 차이는 점점 커질 것이다.
⑥ 이 전략이 실현되더라도 불평등이 늘어나지 않고 줄어들 것이라고 믿을 이유가 없다.

14.2 실현 가능성

① 이미 이 전략이 나오고 있으며, 많은 사례가 생기고 있다.
② 운영 중에 학습한 교훈을 전파하면 이러한 운영 스타일과 문화가 채택되는 데 도움이 될 것이다.
③ 네트워크 조직으로 전환하는 것과 관련해서 존 코터John Kotter[39]가 낸 결과물들을 참고하기 바란다.

14.3 기타 의견

① 뇌는 점점 더 생산에 영향을 미치는 요소가 되어 가고 있으며, 산업 시대에 필요한 통제에 적합하지 않다. 또한 기술 중심 기업들은 계층적 기반이 아닌 네트워크 혹은 메시 기반으로 운영되며, 이러한 조직의 분산된 권한과 책임 구조가 진전되는 것은 좋은 징조다.
② 새로운 기술로 인해 이 전략은 불가피하게 진행될 수밖에 없으며, 새로운 기술이 계층적이고 정적인 구조에서는 제 기능을 발휘하지 못한다.
③ 코피티션copetition[40]은 노동에 대해 새로운 관점을 만들고 있다.
④ 두 극단 사이에서 최적의 균형점을 찾아야 한다. 기업마다 균형점은 다를 것이다.
⑤ 변화 속도가 빨라지기 때문에 계층 구조가 해체되어야 한다.
⑥ 통계에서는 이것이 성공 비즈니스의 핵심이라는 사실을 이미 보여주고 있다.
⑦ 전문가 네트워크는 지속적으로 진화하는 유기체로 남아 있기 때문에 관리될 필요는 없다.

⑧ 비즈니스 스쿨은 정적인 계층 구조를 여전히 재생산하고 있다.
⑨ 최종 결정을 내려야 한다. 이 전략을 수용하지 않은 기업들은 엉망진창인 상태로 끝날 것이다.

실행 전략 15 기업의 경험 생산 장려 – 지식의 상품화

더 많은 기업들이 물리적 상품 대신 경험을 생산하도록 장려한다. 여기서 핵심은 물리적 상품보다 지식을 파는 것에 초점을 더 맞추는 것이다.

15.1 효과성

① 파인Pine과 길모어Gilmore가 제안했던 경험 경제experience economy[41]로 나아가고 있다.
② 이 전략으로 인해 자동화가 지배했던 제조에서 사람 기반 비즈니스로 옮아갈 것이다.
③ 오픈 소스 경험을 통해 지역의 독립 생산으로 가면 저소득 국가가 대다수의 부유한 국가들만큼 물질만능주의에 빠지는 것을 방지할 수 있다.

15.2 실현 가능성

① 세계의 부유한 지역에서는 이 전략의 실현 가능성이 매우 높다. 물질적 필요를 채우고 일정 수준의 부를 이룬 사람들은 경험을 생산하는 방향으로 이동하기 시작할 것이다.
② 이미 디지털 리얼리티digital reality로 전환하는 움직임이 일어나고 있다.
③ 미래에 지식 및 서비스 경제가 정착되더라도 물리적 상품은 여전히 실질적인 역할을 할 것이다.

15.3 기타 의견

① 업계는 인공지능과 인공현실artificial reality[42]로 시작되고 있는 경험들을 발명하고 구현할 것이다.
② 컨설팅 부문이 이것에 도움을 줄 수 있다.
③ 여행 에이전시는 경험을 팔고, 대학은 성인 소득자가 되는 데 필요한 지식과 경험을 판매한다.
④ 기업들 입장에서 이 전략을 권장할 필요는 없다. 일부 기업은 경험을 제공하는 것에 대해 포지셔닝이 잘 되어 있고, 어떤 기업은 그렇지 않다. 그러나 무엇이 되었든 이익을 내고 지속가능한 비즈니스 모델을 유지하는 목표는 중요하다.
⑤ 부작용이 있을 수 있으며, 그 부작용이 무엇인지를 염두에 두기 바란다.
⑥ 이 전략을 시장에 맡겨야 한다.

실행 전략 16 이슈/관측 탐지 플랫폼 구축 – 고용/기술 동향 추적

> 고용의 미래에 관한 토론을 하고 고용 및 기술 동향을 업데이트하는 이슈 탐색 혹은 관측 탐색 플랫폼을 인터넷에 만든다.

16.1 효과성

① 널리 공유되고 자유롭게 사용될 수 있다면 매우 효과적일 것이다. 특히 개발도상국에서 더 효과적일 것이다.
② 이것을 사용하고, 이것에서 이익을 내는 기술을 가진 소수의 사람들에게 큰 도움이 될 것이다.
③ 이 아이디어에는 약간의 잠재력이 있으며, 이미 많은 시도들(예: 스타트업)이 진행되고 있다는 것을 확실하게 이야기할 수 있다. 그러나 용감한 사람만이 이익을 낼 것이다. 즉, 이를 활용할 만한 역량을 가진 사람들은 이와 같은 자원을 이용하는 데 관심을 보이겠지만 그렇지 않은 사람들은 관심을 두지 않을 것이다.
④ 좋은 아이디어이다. 그러나 높은 신뢰성을 확보해야 한다.
⑤ 이 전략과 관련해서 정부는 너무 느리게 움직이고 있다.

16.2	실현 가능성

① 진행 중인 초기 시도들이 인공지능에 의해 강력한 지원을 받고 있다.
② 글로벌 전문가 네트워크가 만들어지려면 고도의 과학적 기반이 갖추어져야 한다.

16.3	기타 의견

① 점점 더 역동적이고 복잡해지는 환경에서 행위의 발현과 통제력을 장려하는 데 있어서 사람들이 미래를 이해하고, 미래에 선택할 수 있는 옵션들을 이해하도록 돕는 것은 중요하다.
② 괜찮은 전략이다. 고용 및 기술에 관련된 최신 동향을 올릴 수 있는 공간을 확보하기 위해 이런 플랫폼을 빨리 만들어야 한다.
③ 지식, 동향, 기술에 무료로 접근할 수 있게 하면 시민들의 개인 및 집단 자기 개발이 매우 효과적으로 진행될 것이다.
④ 인공지능 시스템을 활용하면 이 전략을 쉽게 처리할 수 있으며, 빠르게 변화하는 고용 지형에서 이 전략은 중요하다.
⑤ 바스크 지방 정부 노동청은 이미 FUTURELAN라는 온라인 플랫폼을 개발했으며, 이를 프로스펙티커Prospektiker가 지원하고 있다.
⑥ 향후 수십 년 동안 일어날 기술적 과제에 대처할 수 있는 최상의 시나리오로 협업 네트워크를 들 수 있다.
⑦ 지속가능성을 확보하기 위해 어떻게 해야 할지 고민해야 한다.

| 실행 전략 17 | 노동자 권리에 대한 사회적 계약 재정의

미래의 글로벌 경제에서 노동자의 권리에 대한 사회적 계약을 새롭게 정의한다.

17.1 효과성

① 미래에는 고용주와 피고용인 사이에 새로운 계약이 맺어지는 대신에 근로자와 시장 사이에 새로운 계약이 이루어질 것이다. 시장에서는 B2B, B2C, 혹은 다른 모든 형식의 공급망이 나타날 것이다.
② 인공지능에 의해 밀려나지 않은 노동력을 가진 근로자들에게는 이 전략이 좋을 것이다.
③ 프리랜서 근로자는 여성과 남성 임금 격차, 승진 문제, 소셜 미디어 접근과 관련된 프라이버시 문제에서 차별을 받고 있으며, 이들 프리랜서 근로자의 고용주들에 대한 감독은 거의 이루어지고 있지 않다.
④ 이것이 모든 국가에서 항상 시행되지는 않겠지만 '인권'과 비슷하게 글로벌 플랫폼으로 만들어져야 한다.
⑤ 인공지능은 모든 사람이 상상할 수 있는 것 이상으로 상황을 악화시킬 것이다. 그러한 상황을 처리하는 데 있어 이 전략이 효과적이거나 효율적인 방법이라고 볼 수는 없다.

17.2 실현 가능성

① 글로벌 통합을 지원할 수 있다.
② 일부 국가의 근로자들이 이 전략에 이견을 보일 수 있고, 심지어 반대 입장을 낼 수도 있다.
③ 매우 필요한 전략이다. 그러나 국가의 관련 당국은 사안을 너무 섬세하게 관리하려고 시도할 것이며, 시장 및 정치와 관련된 국가 조직이 간섭을 하려고 할 것이다.
④ 이 전략이 작동되는 것을 막는 가장 큰 요인은 이와 관련된 문화가 활성화되어 있지 않기 때문이다.

17.3 기타 의견

① 새로운 사회적 계약이 민간 기업에서 시작될 것이며, 그 이후 전 세계 각 사회로 퍼져 나갈 것이다. 역사적으로 볼 때 이런 변화에 대해 정부는 항상 늦게 동참한다.
② 특히 많은 일자리가 없어질 경우 사회적 안정을 유지하기 위해 이 전략이 실현되어야 한다.
③ 프리랜서 경제가 노동자 경제를 대체하고 있으며, 금세기가 끝날 무렵에는 노동자가 없을 것이다.
④ 이 전략이 시행되면 노동자들의 지위와 자존심이 확실히 높아질 것이며, 이는 사회의 모든 구성원들에게 큰 이익이 된다. 그러나 이를 전 세계적으로 구현하려면 어떻게 해야 할지 고민해야 한다.

⑤ 부유한 나라와 가난한 나라의 격차는 이 전략의 실현 정도에도 그대로 반영된다.
⑥ 나라마다 고유한 문화가 있으며, 자체의 고유한 현지 문화가 있으며, 그것을 존중해야 한다.
⑦ 이 전략의 실현 가능성이 높지 않다. 왜냐하면 노동조합의 '부분적인 이해'가 '일반적인 이해'와 배치될 때 '부분적인 이해'가 우선되기 때문이다.

실행 전략 18 ▶ 기업의 사회적 책임 강화

기업의 사회적 책임을 강화한다. 여기에는 유엔의 지속가능개발목표 달성, 정보 전쟁 대응, 스마트 시티 보안 확립, 인공지능 및 합성생물학 발전에 따른 윤리성 개발이 포함된다.

18.1 효과성

① 기업의 사회적 책임CSR(Corporate Social Responsibility)은 밀레니얼 세대의 표준이 되었으며, 밀레니얼 세대는 이것을 대학에서 공부했다.
② 이 전략은 실현될 것으로 예상되며, 기업의 사회적 책임이 확산되면 노동의 미래도 영향을 받을 것이다.
③ 기업의 사회적 책임이 실제로 강화되고 더 전략적으로 만들어지면 매우 효과적일 것이다.
④ 성과 측정 기준이 '모든 수단을 동원해서 이익을 내는 것'에서 '지속가능개발목표의 진전을 돕는 것'으로 바뀌고, 모든 회사의 상품과 서비스에 '지속가능개발목표 준수' 라벨을 반드시 붙여야 한다면 기업들의 관행을 바꾸는 데 주된 동력이 될 것이다. 그러나 이를 위해서는 기업의 사회적 책임에 대한 정의 및 측정 방법을 규정해야 하고 여기에는 보상 및 처벌 조항이 들어가야 한다.

⑤ 윤리와 소득이 동일한 목표가 될 수 있다. 사람들의 소득이 증가함에 따라 윤리에 관해 더 많은 주의를 기울일 것이다. 즉, 무엇을 구매할지, 어떤 상품이 어떻게 만들어졌는지, 상품 생산에 사용된 자원이 어디서 왔는지를 생각할 때 윤리적인 면도 함께 본다.
⑥ 원칙적으로는 어느 정도 효과가 있다고 본다. 그러나 이런 유형의 전략을 처음 시행할 때 일반적으로 복잡한 문제가 생기고 기간도 늘어난다.
⑦ 좁은 인공지능과 일반 인공지능이 지금의 제한된 범위를 넘어서 발전하려면 이 전략이 절대적으로 필요하다.
⑧ 이 전략이 일자리/기술 전망과 무슨 관련이 있는지 확실치 않다.
⑨ 대부분의 기업들은 기업의 사회적 책임에 대해 립 서비스 수준으로만 대처한다.

18.2 실현 가능성

① 이 전략은 이미 진행되고 있다.
② 사회가 자연스럽게 진화하고 소비자들이 기업에 압력을 가하는 한 이 전략은 실현 가능하다.
③ 이 전략이 시작되려면 개인의 책임성을 확보하는 것이 실질적인 관건이다.
④ 이 전략이 이루어지려면 그에 맞게 법을 바꿔야 한다.
⑤ 이 목표를 달성하는 방법이 많이 있으며, 이와 관련해서 한 가지 흥미로운 채널이 있으므로 참고하기 바란다(https://www.academia.edu/1206001/NUDGE_TOWARDS_CORPORATE_SOCIAL_RESPONSIBILITY).

| 18.3 | 기타 의견 |

① 기업의 목적을 달성함에 있어서 생산력이 좋은 두뇌를 사용해야 하는 상황이 점점 더 명확해지고 있기 때문에 기업의 사회적 책임이 증가할 것이다.
② 개인 사업을 운영하는 대표와 직원들의 윤리적 행동을 더 강화하는 것으로 이 전략을 시작한다.
③ 이 전략으로 인한 이점이 조금씩 늘어나는 것처럼 보인다. 그러나 수십 년이 지나고 나면 이 전략이 강력한 효과를 발휘할 것이다.
④ 이 전략에서 지향하는 방향으로 빠른 발전을 이루려면 하향식 접근법이 더 좋을 것이다.
⑤ 윤리성을 개발하려면 시행 가능한 법적 배경이 갖춰져야 한다.
⑥ 기업의 사회적 책임을 강화하고 기업에 책임을 물을 수 있는 수단을 얼마나 많이 확보하느냐에 따라 이 전략의 실현 가능성이 결정된다. 물론 그런 수단을 확보하지 못한다고 해서 이 전략을 실현할 수 없는 것은 아니다. 그러나 이러한 이슈들을 해결할 때 정부와 기업이 대처하는 방법이 달라서 의도와 성과 사이에 차이가 생긴다.
⑦ 인공지능과 생물학이 발전하고 있는 상황에서 인간 본연의 특징을 보호하기 위한 프로토콜이 요구된다. 이와 관련해서 공적이고 전략적인 거점을 모니터링하는 것을 합법화해야 한다.
⑧ 대부분의 서구 기업들은 이 전략의 영향을 받으며, 중국이나 아시아의 기업들은 관심이 없지만 미래에 시장을 지배할 것이다. 따라서 시장의 힘이 가하는 압박때문에 이 전략이 실현되지 못할 것이다.

⑨ 어느 회사의 상품이나 서비스를 구매할 것인지를 소비자가 결정할 것이다.

⑩ 나는 세상을 움직이는 주체가 기업이 되는 것을 원치 않는다.

⑪ 기업은 독립적인 실체이며 사회적 책임의 짐을 떠맡아서는 안된다.

실행 전략 19 ▶ 협동 지성, 경쟁 정보, 교수 전략 가르치기

> 비즈니스 스쿨은 협동 지성synergistic intelligence, 경쟁 정보competitive intelligence, 교수 전략teaching strategy을 가르쳐야 한다.

19.1 효과성

① 모든 학교에서 교수 전략, 협동 지성, 미래 사고와 관련된 최신 지식을 가르쳐야 한다.
② 협동synergy은 코피티션을 넘어서는 단계다.
③ 이런 것들을 비즈니스 스쿨에서 가르쳐야 한다.
④ 모든 고등 교육 기관에서는 협력적이고 협동적인 접근 방식을 가르쳐야 한다.
⑤ 비즈니스 스쿨에서는 이미 이런 것을 가르치고 있다.
⑥ 미래에 비즈니스 스쿨이 존속될지 확신이 서지 않는다.

19.2 실현 가능성

① 많은 의사결정자들이 코피티션의 가치를 활용하지 않고 경쟁에만 몰두하고 있다.
② 주요 비즈니스 스쿨에서 이 전략을 실현하고 있다.

③ 고등 교육 기관의 경우 비즈니스 스쿨에 국한되지 않고 다른 모든 학과에서도 이 전략이 실행되어야 한다. 현재 지구촌 문제를 해결하기 위해 사람들이 노력하고 있는 다른 것들보다 이 전략을 실행하는 것이 더 효과적인 대책이 될 것이다.

④ 문제는 너무 많은 고등 교육 기관이 세계의 변화하는 상황에 적응하기보다는 독자적인 판단 기준을 근거로 운영되고 있다는 점이다(이는 우리 학교의 특별한 상황일 수도 있다).

⑤ 비즈니스 스쿨은 과거의 산물이다.

추가 전략 ▶ 기업과 노동 부문 추가 전략

> 2050년 일자리/기술의 역학 관계를 더 좋게 만들기 위해 장기적으로 추진해야 할 기업과 노동 관련 추가 전략으로 무엇이 있는가?

① 여성의 기업 활동 이슈에 집중한다. 즉, 보육비를 낮추고 보육 기관의 신뢰성을 높이면 여성들의 능력을 기업 현장으로 제대로 끌어올 수 있다. 또한 임신 및 육아로 경력이 단절된 여성들에 대한 훈련(고등 교육 포함)을 시행해서 이들 여성이 미래에 대한 비전을 갖게 한다.

② 노동자에게 유리한 고용 및 노동 관행, 지속가능성 플랫폼, 부패 방지 대책, 각종 사회적 이슈에 대한 대응 플랫폼(기아, 실업, 인권 보호, 직무 훈련, 지역사회 기여 등)을 평가 항목으로 넣어서 기업 등급을 매기는 글로벌 경제 기구를 설립한다. 등급에 따라 기업의 신용 점수를 부여하고, 신용 점수가 좋으면 대출을 쉽게 받을 수 있게 한다.

③ 외교와 기업가 정신 사이에 협업 시너지를 촉진한다. 이렇게 되면 외교관들은 그들의 임무를 수행하는 데 도움이 될 것이고 기업가들은 그들의 사업을 발전시키는 데 필요한 지원을 받을 것이다.

④ 이니셔티브, 호기심, 혁신, 도덕적 판단을 장려한다. 그리고 조직의 이익을 위해 공헌하는 것에 대해 동기를 부여하고 공헌 시 적절한 보상을 한다.

⑤ 권력 집중을 막는다. 이를 위해 헌법상의 권리, 직접 민주주의, 연방주의, 부의 대규모 재분배를 보장한다.

⑥ 부가 집중되는 것을 막는다. 부에서 권력이 나올 수 있으며, 부에서 나온 권력은 선출된 권력이 아니므로 위험하다.

⑦ 이데올로기보다는 특정 기술 이슈에 더 많은 주의를 기울인다.

⑧ 공적인 조달을 정부가 책임진다.

⑨ 집단 전략을 수립하면 다른 활동 부문과 보완 활동 부문 사이에 연결 통로가 만들어질 것이며, 이는 일자리와 기술 분야를 혁신으로 이끄는 원천이다. 따라서 이를 이끌 코피티션을 활성화한다.

⑩ 가치를 창출할 수 있는 모든 노력이 포함될 수 있도록 비즈니스의 개념과 정의를 바꾼다.

⑪ 전 세계적으로 노동 운동이 자유롭게 이루어질 수 있도록 한다.

⑫ 정책 수립 및 접근 방식으로써 넛지Nudge(https://en.wikipedia.org/wiki/Nudge_theory)를 발전시킨다.

⑬ 기업과 사회 전반에서 장기 목표와 계획 수립을 장려한다. 근로자는 기술과 성과에 대해 직책이나 돈만이 아니라 의미 있는 방법(예: 명성)으로 보상받고 인정받아야 한다. 기업은 투자자에게 돌려주는 이익만이 아니라 고객에 대한 지속가능한 혜택 같이 새로운 성공 평가 방법을 채택해야 한다. 지속적인 성장이 본질적으로는 지속가능하지 않으며, 원래 설정했던 목표에 도달한 시점에 지속적인 성장을 포기해야 한다.

⑭ 소규모 스타트업이 크라우드소싱과 마이크로 크레디트[43]를 신속하고 쉽게 이용할 수 있게 한다.

⑮ 능력 있는 근로자에게 뛰어난 사업 아이디어가 있으면 이것을 발전시킬 수 있는 기회를 줄 수 있어야 한다. 이때 학벌 때문에 차별을 받아서는 안된다. 그리고 사업 계획을 실행할 때 이를 무료로 지원하는 법안을 만든다.

⑯ 미래를 결정할 때 노동계가 더 큰 목소리를 낼 수 있도록 장려한다.

⑰ 인류의 공동 일치가 중요하다는 것을 상기시키는 비즈니스 모델을 만든다.

⑱ 최저 소득과 최대 소득 범위를 정한다.

⑲ 탈세를 금지하고 위반 시 기소한다.

⑳ 사회 공동 자원을 기반으로 한 동료 생산peer production[44]의 파트너십을 권장하고 보호한다.

㉑ 무료로 운영되는 온라인 도서관을 만들어서 일자리를 갖고 싶어 하는 사람들이 필요한 기술을 배울 수 있도록 한다.

㉒ 인간과 기계가 협업할 수 있게 한다.

㉓ 기업가 정신에 관한 교육을 초등학교 커리큘럼에 넣는다. 우리 사회에는 사업을 시작하고 실패에 대한 두려움에 물러서지 않는 기업가 정신을 가진 준비된 사람들이 필요하다.

ACTION 3

실행 전략 - 과학과 기술

과학과 기술 실행 전략 요약

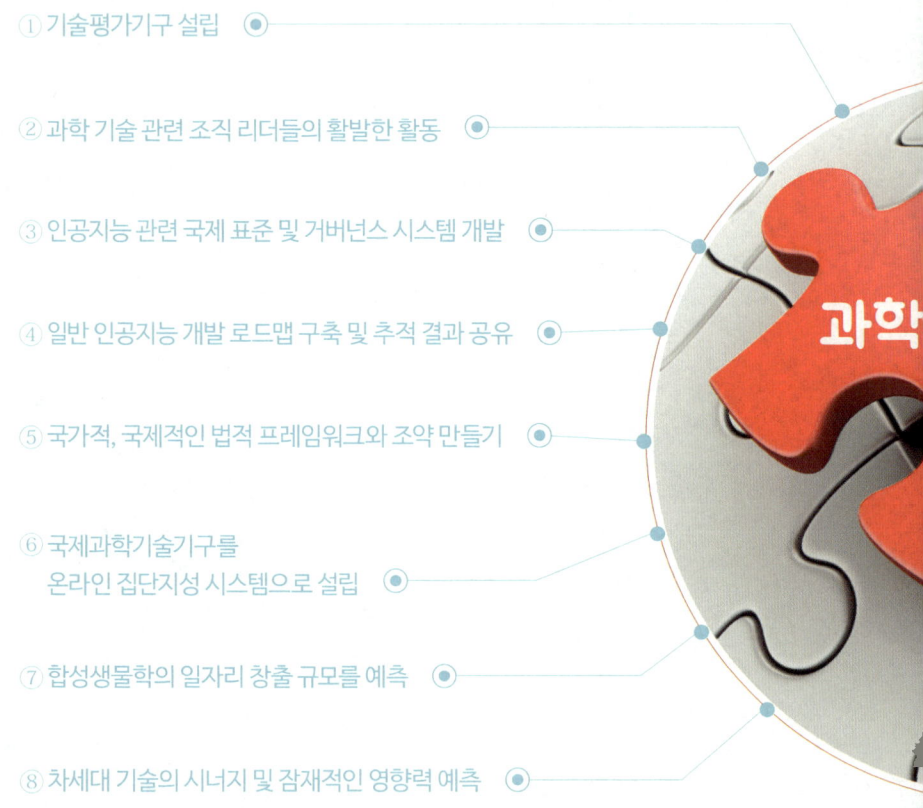

① 기술평가기구 설립

② 과학 기술 관련 조직 리더들의 활발한 활동

③ 인공지능 관련 국제 표준 및 거버넌스 시스템 개발

④ 일반 인공지능 개발 로드맵 구축 및 추적 결과 공유

⑤ 국가적, 국제적인 법적 프레임워크와 조약 만들기

⑥ 국제과학기술기구를
   온라인 집단지성 시스템으로 설립

⑦ 합성생물학의 일자리 창출 규모를 예측

⑧ 차세대 기술의 시너지 및 잠재적인 영향력 예측

기술

- 과학적 사실 확립 후 전달-인공지능이 만드는 허위 정보 대응 ⑨
- 사물인터넷 관련 정책과 표준 수립 ⑩
- 국가 차원의 기술 TF에 과학기술계 리더 참여 ⑪
- 차세대 기술로 인한 실업 해소 및 인간 근로자 확대를 위한 연구 ⑫
- 인류 생존을 위한 우주 이주 지원 ⑬
- 태양 에너지 자율 운반체 개발-도시의 무료 개인 운송 ⑭
- 창의적 개발, 비전공자의 고급 기술 개발 참여 ⑮

과학과 기술 실행 전략 15개를 표로 정리했다. 그리고 각 전략의 효과성과 실현 가능성을 점수화했다.

번호	전략	10(가장 높음)~1(가장 낮음)	
		효과성	실현 가능성
1	과학과 기술 커뮤니티는 정부와 협력해서 기술을 평가하기 위한 단체나 협회를 만들어야 한다. 주된 목적은 두 가지다. 하나는 부정적인 결과를 예측해서 과거에 겪었던 문제가 재발되지 않도록 해야 하고, 다른 하나는 긍정적인 결과를 예측해서 이익의 성취 및 활용성을 보장해야 한다.	6.98	6.66
2	정부의 과학 관련 연구소의 수장들과 과학과 기술 커뮤니티의 여러 리더들은 현재의 과학과 미래의 기술을 일반 대중에게 이해시키기 위해 많은 노력을 기울여야 한다.	7.41	6.69
3	인공지능 분야 리더들은 정부 및 국제 조직과 연계해서 국제 표준과 거버넌스 시스템을 만들어야 한다. 이는 좁은 인공지능에서 일반 인공지능으로 넘어가는 시점에 꼭 필요한 일이다.	7.08	5.83
4	일반 인공지능 개발에 대한 로드맵을 만든다. 그리고 좁은 인공지능과 일반 인공지능이 미치는 영향력을 몇 년에 걸쳐 확인한 후에 결과를 널리 알린다.	7.13	6.30
5	기술적 위험을 방지하고 인류에게 이익이 되는 기술을 장려할 수 있는 미래의 법적 책임 요건을 미리 준비하기 위해 과학 기술계와 법조계는 국가적으로, 국제적으로 협력해서 법적 프레임워크와 조약을 만들어야 한다.	7.19	5.92
6	국제과학기술기구를 (새로운 관료주의가 아닌) 온라인 집단지성 시스템으로 설립한다. 그리고 글로벌 기반으로 예측된 기술, 기술의 잠재적인 영향력, 위키피디아와 비슷하게 업데이트되는 다양한 견해를 공유한다. 물론 이 집단지성 시스템에는 동료 검토peer review 시스템이 내장되어 있어야 한다. 또한 이 집단지성 시스템은 모순되는 내용도 보여주어야 하고, 모순되는 각 내용 옆에는 관련된 데이터 및 연구 원천도 제시하고 다른 주장과 차이점이 무엇인지도 보여주어야 한다. 그리고 조기 경보 시스템 역할도 해야 한다.	6.89	6.13

번호	전략	10(가장 높음)~1(가장 낮음)	
		효과성	실현 가능성
7	다른 차세대 기술로 인해 교체되는 것보다 더 많은 일자리를 합성생물학이 만들 것인지 혹은 만들지 못할 것인지를 예측한다.	6.12	5.80
8	차세대 기술에 속하는 모든 기술이 어떤 시너지를 낼지를, 그리고 잠재적인 영향력이 무엇인지를 예측한다. 차세대 기술에는 인공지능, 로봇공학, 합성생물학, 나노 기술, 양자 컴퓨팅, 3D/4D 프린팅 및 바이오 프린팅, 사물인터넷, 드론(및 다른 자율 주행 차량), 가상 현실, 증강 현실, 클라우드 분석, 의식 기술, 시맨틱 웹, 홀로그램 통신, 블록체인, 텔레프레즌스telepresence가 해당된다.	7.32	6.27
9	인공지능으로 인한 허위 정보의 영향력이 매우 높아질 수 있으므로 과학 관련 단체(예: ISC International Science Council, NAS National Academies of Sciences)는 과학적 사실을 확립해서 사람들에게 전달하기 위한 책임을 달성할 수 있도록 이와 관련된 방법과 절차를 개발해야 한다.	6.98	6.43
10	사물인터넷은 미래의 사이버 보안 시스템에 큰 짐이 될 것이다. 따라서 사물인터넷과 관련해서 국가 차원의 정책과 표준을 만들어야 한다.	7.39	6.53
11	과학과 기술을 이끄는 사람들은 그 나라의 과학과 기술 국가 전략을 만들고, 정기적으로 업데이트하고, 구현하는 국가 차원의 팀에 참여해야 한다.	7.31	6.72
12	차세대 기술로 인한 실업의 영향을 줄이는 데 도움을 주기 위해, 그리고 가능한 많은 곳에서 인간 근로자를 늘리기 위해 기술에 대한 연구 개발을 늘려야 한다.	6.49	5.92
13	장기적으로 인류 생존을 위한 보험성 정책으로 우주 이주를 지원한다.	5.86	5.08
14	도시의 무료 개인 운송을 위해 태양 에너지 자율 운반체를 만든다.	6.75	6.10
15	인간이 창의적인 개발을 할 수 있도록 하고, 기술을 전공하지 않은 사람들도 고급 기술 개발에 참여할 수 있게 하고, 일과 삶의 균형이 개선될 수 있도록 생산과 서비스의 자동화에 대한 투자를 늘려야 한다.	7.02	6.20

과학과 기술에 관련된 대표 전략 15개의 효과성과 실현 가능성을 차트로 정리했다(효과성이 높은 순으로 표시).

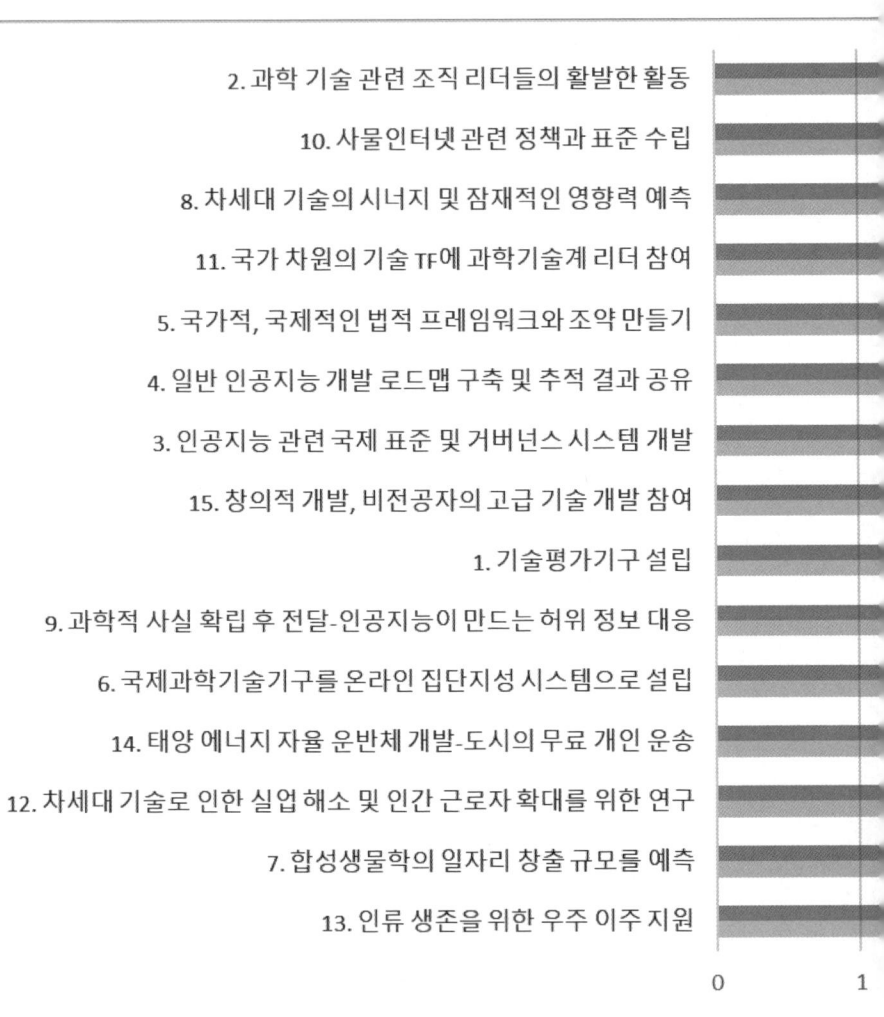

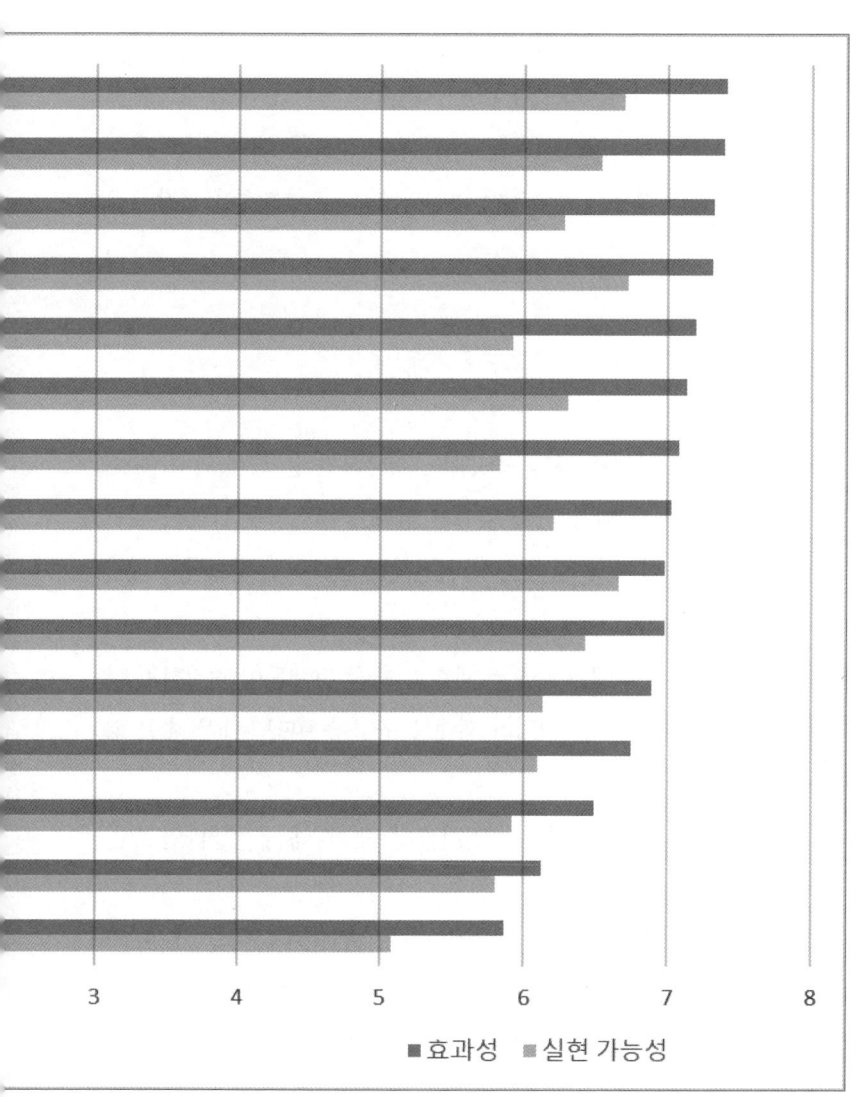

실행 전략 1 ▶ 기술평가기구 설립

> 과학과 기술 커뮤니티는 정부와 협력해서 기술을 평가하기 위한 단체나 협회를 만들어야 한다. 주된 목적은 두 가지다. 하나는 부정적인 결과를 예측해서 과거에 겪었던 문제가 재발되지 않도록 해야 하고, 다른 하나는 긍정적인 결과를 예측해서 이익의 성취 및 활용성을 보장해야 한다.

1.1 효과성

① 첫 단계를 어떻게 진행하느냐가 중요하다. 왜냐하면 정치인들과 이들 주변에 있는 참모들은 과학과 기술이 어떤 영향을 미칠지에 관해서 세부적으로 잘 알지 못하며, 균형적인 시각을 갖춘 정보원도 확보하고 있지 못하다.
② 저희 나라의 경우 정부에서 나오는 과학과 기술 전략들이 적절하지 않기 때문에 과학과 기술 커뮤니티가 제대로 구성이 된다면 매우 좋은 영향을 미칠 것 같다.
③ 과학과 기술 커뮤니티에 참여하는 인력들이 적절하게 구성된다면 괜찮은 영향력으로 이어질 것 같다.
④ 기술 변화 속도가 더 빨라지고 있기 때문에 과학과 기술 커뮤니티의 필요성이 날로 높아지고 있으며, 과학과 기술 커뮤니티의 활동에 공공성을 더 많이 부여해야 한다.

⑤ 2050년에 가서 더 좋은 시나리오가 나오는 데 있어 과학과 기술 커뮤니티가 많은 기여를 할 것이다.
⑥ 개방형 협업 작업을 위한 전략적 제휴는 이 전략을 진척시키기 위한 강력한 수단이 된다.
⑦ 전 세계 각지에서 이 커뮤니티에 동참하는 국가들의 활동을 통합하는 조직이 필요하며, 그 조직은 글로벌 조직이어야 하고 리더를 따로 두지 않는 협업 체제이어야 한다.
⑧ 정부의 의사결정은 지식을 기반으로 이루어져야 하며, 교환된 의견은 공개되어야 하는데, 이런 형태의 운영이 매우 중요하다.
⑨ 무언가를 시행하려고 할 때 정부의 정책 실행 능력이 뒷받침되어야 한다. 자유 자본주의 경제 체제에서 아주 극단적인 경우(예: 기후 변화)를 제외하고는 '부정적인 결과가 생길 가능성이 있다'고 해서 산업에 대한 규제가 이루어진 적은 거의 없다.
⑩ 한 곳의 정부 부처에서 아주 광범위한 기술을 담당하자는 제안은 좀 과하다. 이미 미국식품의약국FDA(Food and Drug Agency)을 포함해서 다른 감시 및 사전 승인 기관이 있으며, 이들 기관 이외에도 정부 기관만큼 영향력을 미치는 민간 기구들도 있다. 인공지능 같은 핵심 기술이 기술 평가를 현실화할 수 있다.
⑪ 기술 변화 속도와 방향을 평가하는 가칭, 기술평가부Technology Assessment Agencies에 대한 아이디어가 나온 지는 30년 이상 되었지만 아직 입증되지는 않았다.
⑫ 관료주의는 기술 평가에 도움이 되지 않는다.

1.2 실현 가능성

① 일부 국가는 다른 국가보다 더 쉬울 것이다. 후진국은 더 잘 사는 선진국에서 이룬 성과를 가져다 활용할 수 있다.
② 각 나라에서 기술을 평가하기 위한 부서를 만들려면 시간이 너무 오래 걸린다. 밀레니엄 프로젝트Millennium Project 같은 국제 조직에는 각 나라에서 기술 평가와 관련된 활동을 하는 전문가들이 있고, 이들이 내린 결정을 각 나라에 제공할 수 있다.
③ 과학과 기술 커뮤니티와의 시너지 효과를 내기 위해 정부 외부에서 이루어지는 전략이 필요하다.
④ 과학과 기술 평가 부서의 역할을 좁게 제한하지 않으면 큰 영향력을 미치지는 못한다. 그러나 인공지능에 더 많이 중점을 둔다면 2050년 경에는 큰 영향력을 미칠 수 있다.
⑤ 과학적 사실이나 의견보다 이데올로기적인 메시지를 더 중요하게 여기는 나라에서는 이 전략을 받아들이지 않을 것이다.
⑥ 일부 로비스트를 제외한 다른 사람들의 의견에 귀를 기울이지 않으려는 정책 결정자들 때문에 이 전략이 실현되지 못한다.
⑦ 정부에서 장기 비전을 수립하고 다음 정부들에서도 그 비전을 지속한다면 이 전략의 실현 가능성은 매우 높아진다.
⑧ 멕시코의 경우 이 전략의 필수 요소를 추진하는 부서를 두고 있다.
⑨ 아르헨티나가 겪은 위기를 통해 지식이 아닌 천연 자원을 기반으로 하고 있는 라틴 아메리카 정부들은 미래의 국가 경제를 긴급하게 분석할 필요성을 깨닫게 되었다.

1.3 기타 의견

① 과학과 기술 커뮤니티는 정부와 협력해서 기술 평가를 전담하는 부처를 만들어야 한다.

② 과학과 기술 커뮤니티뿐만 아니라 미래를 내다보는 전문가 그룹도 있어야 한다.

③ 정치인들은 자신들의 미래가 증거에 기초한 미래 지향적인 의사결정을 얼마나 제대로 하느냐에 달려 있다는 사실을 깨달아야 한다. 그러한 점에서 이 전략의 가장 확실한 우군은 정치인이다.

④ 일부 나라에서는 이미 이 전략을 진행하는 부처를 두고 있다는 점에서 이 전략의 실현 가능성은 매우 높으며, 이 전략의 효과 역시 매우 긍정적일 수 있다.

⑤ 다른 사람들이 이미 주장한 것에 영향을 받지 않도록 독립적인 관점을 허용하는 것이 필요하다.

⑥ 기술의 결과를 부정적으로 평가하는 사람들의 수가 극소수로 많지 않지만, 이들은 자신이 전문이 아닌 다른 분야의 성과를 고려하지 않는다. 따라서 다양한 분야에서 균형 감각을 가지고 생각하는 사람들이 균형 잡힌 인식을 가질 수 있게 만드는 일에 더 많이 집중해야 한다.

⑦ 우주가 어떻게 움직이는지와 관련해서 자신들만의 신념을 고집하는 다양한 사회 단체와 종교 단체가 있으며, 이들은 과학을 거부하거나 확대하지 말라는 압력을 정치인들에게 가하고 있다.

⑧ 우리나라의 경우 미래 기술을 고려해서 입법 법안을 검토하고 부처들 사이의 조정 작업을 할 수 있는 중진 의원들이 위원회를 만들어 효과적으로 활동했다.

⑨ 과학과 기술 관련 기업들 중 상당수는 글로벌 기업이며, 이들 기업이 '자국 정부'와 일하는 것은 쉬운 일이 아닐 것이다.

⑩ 정부 부처의 상황 예측 및 빠른 전략이 얼마나 충분할까?

⑪ 과학과 기술 단체에 대한 정부 간섭이 많으면 안된다.

⑫ 기술 승자와 패자가 선택되는 과정에서 과거의 다양한 산업 정책이 영향을 미쳤으며, 그중에서 사회적 목표와의 연계 측면에서 경제적 인센티브를 평가하고 적용하는 것이 유용했다.

⑬ 부적절한 기술로부터 사람들을 보호할 목적으로 만들어진 정부 규제 기관은 매우 많이 있다(예: 미국식품의약국, 자동차전자협의회 AEC(Automotive Electronics Council), 미국농무부USDA(United States Department of Agriculture) 등). 이들 기관이 평가하는 기술의 폭이 매우 넓어서 어느 한 기관이 모든 기술을 다 잘 처리할 수는 없다. 새로 만들어지는 기관은 집중하는 기술 분야를 좁혀서, 가령 인공지능만 담당하는 식으로 하면 더 많은 효과를 낼 수 있다.

⑭ "10년 안에 사람을 달로 보냈다가 무사히 귀환시키는 방법이 무엇인가?", 혹은 밀레니엄 프로젝트의 15대 지구촌 도전 과제(15 Global Challenges; http://www.millennium-project.org/projects/challenges) 같이 목표를 명확하게 정해서 그 목표를 실현하는 조직을 만들 수 있다.

⑮ 미국에 기술평가국OTA(Office of Technology Assessment)이 있었는데 한 가지 문제점을 안고 있었다. 이미 시장에 나온 기술을 평가하는 일이 잦았고, 많은 영향을 미치기에는 평가가 너무 늦게 이루어졌다. 또한 정치인과 로비스트들이 보고서를 왜곡하는 것을 막기 위한 방법을 만들어야 했다. 너무 늦게 나온 것이 기술평가국의 문제는 아니었고, 기술평가국을 망가뜨린 것은 정치였다. 이런 기술평가국이 다시 가동되어야 한다.

실행 전략 2 과학 기술 관련 조직 리더들의 활발한 활동

> 정부의 과학 관련 연구소의 수장들과 과학과 기술 커뮤니티의 여러 리더들은 현재의 과학과 미래의 기술을 일반 대중에게 이해시키기 위해 많은 노력을 기울여야 한다.

2.1 효과성

① 이 전략은 중요하다. 왜냐하면 자신들이 이해하지 못한다는 이유로 이해하지 못하는 그것에 반감을 보이는 사회 구성원들이 너무 많기 때문이다.
② 많은 대화가 필요하지만 실제로 많이 이루어지고 있지는 않다.
③ 연구소를 이끄는 장들은 전통 미디어와 협력을 잘 해야 한다.
④ 일반 대중도 관련 논의에 참여할 수 있는 동기가 부여되어야 한다.
⑤ 이 전략 내용에 정통한 시민들이 정치인들에게 적절한 압력을 넣을 수 있으며, 과학과 기술 커뮤니티와의 대화에서 도움을 줄 수도 있다.
⑥ 과학을 이해하지 못하는 사람과 과학을 이해하는 사람들이 분열될 위험이 있으며, 이를 막아야 한다.
⑦ 과학의 진가를 인정하는 사회는 장기 비전을 널리 알리고 발전되고 있는 기술을 적절하게 측정할 것이다.
⑧ 기술이 더 많이 발전되면 개인의 인지 학습 스타일에 특화된 데이터를 제시하는 일이 더 쉬워질 것이다.

2.2 실현 가능성

① 지난 10여년 동안 밀레니엄 프로젝트에서는 미래의 과학과 기술 관리에 관한 연구를 진행하면서 국책 연구소의 장들을 인터뷰했으며, 이들은 연구소에서 진행된 연구 성과를 일반 대중에게 알리는 일을 했다는 것을 확인했다. 그리고 장들이 일반 대중에게 더 잘 다가갈 수 있도록 커뮤니케이션 훈련도 진행되었다는 것을 확인했다.

② 과학계에서는 일반적으로 커뮤니케이션 스킬에 소홀한데, 기관 책임자들과 과학자들에게 커뮤니케이션 훈련을 시켜야 한다.

③ 과학과 기술 계통에 있는 사람들은 온라인 SNS 등에 연구 결과를 공개하여 일반 대중이 쉽게 활용할 수 있게 해야 한다.

④ 대외 활동을 주로 하는 자리, 즉 '연구실 대변인'을 만들면 이상적이다. 그러나 일반적으로 국책 과학 연구소의 예산이 많지 않아서 그런 자리를 하나 만들기가 쉽지 않을 것이다.

⑤ 이 전략을 진행하기 위해 관련 당국의 도움을 받아서 진행에 필요한 예산을 조금이라도 확보해야 한다.

⑥ 이 전략을 실현할 수 있을 것이다. 왜냐하면 대부분의 연구센터에는 홍보 부서가 있기 때문이다.

⑦ 대부분의 연구소는 연구 성과와 관련해서 이미 보도자료를 배포하고 있으며, 공개 포럼도 진행한다. 그러나 과학적인 내용을 일반 대중이 이해할 수 있게 하려면 예산과 시간이 필요한데, 이는 연구와 무관하다. 따라서 예산을 받기가 쉽지 않을 수 있다.

⑧ 디스커버리 채널 및 관련 TV 프로그램은 괜찮다. 그러나 더 많은 것이 필요하다. 즉 모든 종류의 학교와 주요 미디어에서도 과학을 알리기 위한 다큐멘터리 같은 프로그램을 운용해야 한다.

⑨ 유튜브 같은 웹 영상을 활용하면 이 전략을 더 쉽게 실현할 수 있다.

2.3 기타 의견

① 과학 글쓰기 학위 과정을 http://sciwrite.mit.edu와 http://advanced.jhu.edu/academics/graduate-degree-programs/science-writing/에서 운용하고 있다.

② 미국과학진흥협회AAAS(American Association for Advancement of Science)에서 Mass Media Science and Engineering Fellowship 프로그램을 운영하고 있다(https://www.aaas.org/news/mass-media-fellows-prepare-summer-science-journalism).

③ 과학 해설사science communicator는 신중하게 선택된 문구, 핵심 인터뷰, 시각적으로 감동을 주는 이미지, 매력적인 시각을 이용해서 사람들을 설득하는 메시지를 던진다. Best American Science and Nature Writing(https://www.publishersweekly.com/978-1-328-71551-7)을 참고한다.

④ 미국과학아카데미National Academy of Sciences의 프로그램인 Science and Entertainment Exchange(http://scienceandentertainmentexchange.org/about/about-the-program/)는 인기 있는 영화와 TV쇼를 많이 진행했으며, 이를 통해 일반인들에게 과학이 무엇이고 과학자가 무엇을 하는지를 알려주었다. 예를 들어, 〈빅뱅이론〉(물리학), 〈하우스〉(의학), 〈본즈〉(법인류학)가 있다. 25개국 이상에서 방송된 〈빅뱅이론〉은 전 세계적으로 상

업적 성공을 거두었다. 스티븐 폴 레이바Steven Paul Leiva는 2009년에 LA 타임즈에 다음과 같이 말했다. "〈빅뱅이론〉은 현존하는 모든 미디어에서 과학자를 가장 잘 묘사한 프로그램으로, 지금까지 나온 TV 코미디들 중에서도 하나의 획을 긋는 시리즈이다"(https://physicstoday.scitation.org/doi/pdf/10.1063/PT.3.3427).

⑤ 기술 혁신이 주류가 되었을 때 어떤 결과로 이어질지 사람들이 알 수 있게 돕는다. 〈블랙 미러〉 같은 TV 시리즈는 과학 채널보다 더 많은 사람에게 다가갈 수 있다.

⑥ 기술이 어떻게 작동하는지 설명하는 것보다는 기술이 사람들의 삶에 어떻게 영향을 미칠 것인지를 설명하는 것이 더 중요하다.

⑦ 유명한 과학자들 중 많은 이들은 일반 대중과 함께하고 싶어하지 않는다. 그러나 우리에게 유명한 과학자 모두가 필요한 것은 아니고 소수만 있으면 된다. 일반 대중과 함께하고 싶어하지 않는 과학자들도 일반 대중과 함께하는 동료 과학자를 부분적으로 지원할 수 있다. 일례로, 칼 세이건Carl Sagan[45]이 일반 대중과의 소통에 성공한 과학자였는데 동료 과학자들은 그를 무시하지 않았고, 오히려 그의 대중적인 리더십을 지원했다.

⑧ 과학과 기술에 관련된 괜찮은 커뮤니케이션이 매우 필요하다. 이는 국가주의와 사일로식 사고silo thinking[46]에 대응하기 위해서이며, 특히 탈진실post-truth[47] 및 '가짜 뉴스'가 판을 치는 시대에 사람들은 실제 사실과 음모 이론conspiracy theory[48]을 구별하고, 왜곡된 의견이나 편향된 의견을 구별할 수 있도록 적절한 교육이 진행되어야 한다.

⑨ 현재 유럽연합의 과학과 기술 혁신 프레임워크 프로그램인 Horizon2020에서 이 전략을 우선적으로 진행하고 있다.

⑩ 미항공우주국과 유럽우주국ESA(European Space Agency)에서는 괜찮은 교육 프로그램을 운용하고 있지만 실제로 많은 이들이 참여하고 있지는 않다.

⑪ 대규모 문맹이 아직도 문제가 되고 있는 개발도상국의 경우 이 전략을 실행하는 것이 특히 어렵다.

⑫ 과학과 기술에 관련된 부처, 대학, 소셜 미디어가 전략적 협약을 맺을 필요가 있다.

⑬ 이 전략을 통해 사람들이 지속적인 학습 및 평생 교육에 참여할 수 있도록 가르쳐야 한다.

⑭ 차세대 기술은 교육받은 사람과 교육받지 못한 사람 사이의 지식 격차를 더 벌리기 때문에 각 나라에서 교육받지 못한 집단에 미치는 부정적인 영향이 매우 클 것이다.

⑮ 사람들은 본인이 이해하지 못하는 것에 두려움을 느끼며 망상에 빠질 수 있다.

⑯ 더 많은 일반 대중이 〈사이언스 뉴스〉, 〈퍼퓰러 사이언스〉, 〈퍼퓰러 메커닉스〉, 〈크리스천 사이언스 모니터〉 같은 과학/기술 신문이나 잡지를 읽게 하려면 어떻게 해야 하는가?

실행 전략 3 ▶ 인공지능 관련 국제 표준 및 거버넌스 시스템 개발

> 인공지능 분야 리더들은 정부 및 국제 조직과 연계해서 국제 표준과 거버넌스 시스템을 만들어야 한다. 이는 좁은 인공지능에서 일반 인공지능으로 넘어가는 시점에 꼭 필요한 일이다.

3.1 효과성

① 빌 게이츠, 스티븐 호킹, 엘론 머스크는 지구가 직면할 재앙을 경고한 바 있으며, 이런 사람들이 없었다면 우리는 감당할 수 없는 재앙에 직면할지도 모른다. 만약 원자력 관련 표준 및 거버넌스 시스템인 국제원자력기구IAEA가 없었다면 지금 세상이 어떻게 되었을지 상상해 보기 바란다.

② 이 전략은 꼭 필요하다. 어떤 형태로든 군사 무기와 관련이 있을 때는 특히 그렇다. 군사 무기에 대해 이 전략이 적용되지 못하면 일반 인공지능 개발은 심각한 반대에 직면할 것이다.

③ 인공지능 시스템 표준 및 응용에 대한 국제 협약은 매우 어렵겠지만 전 세계에서 이루어지는 인공지능 분야 발전에 맞추어서 그에 합당한 시도를 추진하는 것이 중요하다.

④ 인공지능 시스템 구축과 관련해서 지금과 다른 규제 프레임워크가 필요하다는 것이 나의 생각이다. 그리고 이것은 매우 중요하다.

⑤ 인공지능이 군사적으로 위험하게 활용된다고 할 때 핵무기에 적용된 것과 동일한 수준의 거버넌스 구조를 갖추는 것이 필수적이며, 여기에는 제재도 포함된다.
⑥ 국제 가이드라인을 반드시 만들어야 한다. 모든 사람이 지키지 않을 수 있지만 지키도록 노력은 해야 한다.
⑦ 라틴아메리카의 경우 이 전략에 더 많은 노력을 기울여야 한다. 우리가 지금까지는 단순하게 기술을 사용하는 수준이었지만 이제는 집중해서 살펴보아야 할 긴급한 이슈이다.

3.2 실현 가능성

① 이 전략을 실현하기 위한 프레임워크는 이미 나와 있으므로 구현하는 것이 너무 어렵지는 않을 것이다. 그러나 약간의 시간이 걸릴 것이다.
② 이 전략은 복잡하고, 어렵다. 그러나 늦은 감이 있지만 해야 한다.
③ 공익에 전념하도록 교육 받은 새로운 부류의 정치 지도자가 필요하다.
④ 국제원자력기구를 만들었듯이 이 전략도 실현 가능하다. 그러나 시간은 좀 걸릴 것이다.
⑤ 인공지능 표준에 관한 국제 협약을 도출하는 일이 매우 어려울 것이다. 왜냐하면 시스템 전환에 효과적인 표준이 무엇인지 확인하고 제대로 승인할 수 있을 정도로 인공지능을 충분히 이해하고 있는 공무원이 별로 없기 때문이다.

⑥ 일반 인공지능이 실제로 어떤 모습으로 만들어질지, 어떤 느낌일지, 어떻게 작동할지 실제로 아는 사람이 하나도 없기 때문이 이 전략은 불가능하다. 또한 정부 지출이 크게 늘어나야 하는 막대한 위험도 감수해야 한다.

3.3 기타 의견

① 산업계는 이미 훨씬 앞서 있어서 공공 기관이 빨리 따라잡지 못하면 업계에서 자체적으로 표준을 만들 것이다.
② 지도자는 정부 및 국제 조직과 협력해서 좁은 인공지능에서 일반 인공지능으로의 전환을 위한 국제 표준 및 거버넌스 시스템을 만들어야 하며, 이는 매우 중요한 일이다.
③ 기술을 창조하는 사람들은 규제를 원하지 않지만 이 전략은 다른 경우에 속한다. 가속화가 잠재되어 있다는 것에는 너무 오래 기다릴 경우 너무 늦을 수 있다는 의미가 내포되어 있다. 일반 인공지능이 만들어지고 난 후 얼마나 빠른 슈퍼 인공지능이 출현할 지 알 수 없다.
④ 이 전략은 매우 중요하며, 인공지능 분야 실무자와 리더에게 맡기는 것이 가장 좋다. 정부가 맡아서는 안 된다. 정부의 역할은 조정자에 머물러야 한다.
⑤ 과학과 기술의 표준화에는 두 가지 측면이 있다. 하나는 더 많은 하드웨어를 다른 하드웨어와 통합할 수 있다는 것이고, 다른 하나는 발전을 지연시킬 수 있다는 것이다.
⑥ 이 전략이 효과적일 수 있다. 그러나 인공지능처럼 복잡한 것에 대한 합의가 이루어질 수 있을지 의문이다.

⑦ 국가들 사이의 이해 관계에서 충돌이 크게 나기 때문에 전 세계적으로 일반적인 합의가 이루어지기 전에 양자 혹은 지역 합의가 먼저 이루어질 필요가 있다.

⑧ 표준에 대한 합의가 이루어지면 기술 구현 속도가 빨라질 수 있지만 시민에 대한 통제력을 유지하기 위한 정부의 핵심 수단으로 인공지능이 사용될 위험이 있다.

⑨ '기술이 폭정에 유리한 이유'라는 주제의 글(https://www.theatlantic.com/magazine/archive/2018/10/yuval-noah-harari-technology-tyranny/568330/)을 읽어보기 바란다.

⑩ 라틴 아메리카의 경우 이 전략은 복잡한 이슈이다.

⑪ 인공지능이 초기 단계에서 규제나 표준에 의해 제한되어서는 안 된다.

⑫ 해결되지 않는 역설을 해결해야 한다. 즉, 인공지능 지도자들은 정치적, 사회적 영향을 총괄적으로 파악하는 것에 있어 무지하다. 반면에 정치인들은 인공지능이 어떤 영향을 미칠 것인지에 대해 무지하다.

⑬ 이 전략은 국민 국가$_{nation-state}$[49] 패러다임을 기반으로 한다. 구글과 IBM이 실제로는 미국인 기업이라는 점에서 이 전략은 구글이나 IBM 같은 글로벌 기업의 실제 상황과 맞아떨어지지 않는다.

⑭ 국제 거버넌스 시스템이 현재 이 질문에 대해 열려 있다고 믿지 않는다.

⑮ 우리는 새로운 수준의 정보를 가진 비전 있는 정치인들을 필요로 한다.

⑯ 90년대 초반에 나노 기술과 관련해서 이와 비슷한 토론을 한적이 있지만 국제 표준과 거버넌스 시스템이 만들어지지는 않았다. 왜냐하면 나노$_{nano}$는 재료, 에너지, 의학 연구로 확산되었고 기본적인 안전 표준이 채택되어 있었기 때문이다. 아마도 인공지능에 대해서도 마찬가지 상황

이 일어날 것이다. 그리고 국제 표준 기구의 역할은 지역 혹은 산업별 표준 기구가 관장하는 지역에서 인공지능 관련 표준이 필요할 때 인공지능 부분을 지역 혹은 산업별 표준에 조정해서 넣도록 유도하는 수준으로 정해질 것이다.

⑰ 인간 수준의 인공지능보다 훨씬 더 우리 곁에 와 있는 사물인터넷에 대한 통합 제어 시스템이 이슈가 된다. 사물인터넷과 관련된 운영체제, 통신, 칩(운영체제가 더 쉽기 때문에 칩은 그 다음)에 대한 정리theorem 기반 보안이 가장 먼저 필요하다. 또한 가짜 인공지능에 대한 거품이 심한 것도 주요 문제가 되는데 실제로 작동하지 않는 시스템으로 인간을 대체하는 일이 생기고 있다.

⑱ 정책 입안자까지 인공지능이나 일반 인공지능으로 바뀔 수 있다. 이런 경우 어찌 되었든 행동 강령을 마련해야 할 것이다.

실행 전략 4 ▶ 일반 인공지능 개발 로드맵 구축 및 추적 결과 공유

> 일반 인공지능 개발에 대한 로드맵을 만든다. 그리고 좁은 인공지능과 일반 인공지능이 미치는 영향력을 몇 년에 걸쳐 확인한 후에 결과를 널리 알린다.

4.1 효과성

① 인공지능을 알리는 작업이 지속적으로 진행되고 있고, 인공지능과 일반 인공지능을 의미 있게 재구성해야 하는 시점에 이 전략은 기본적으로 중요한 사안이다.

② 현재 인공지능에 대해 국제적으로 논의가 진행되고 있지만 좁은 인공지능, 일반 인공지능, 슈퍼 인공지능 정책을 만드는 일도 여전히 명확하지 않다. 그리고 공적인 토론도 방향을 잘못 잡고 있다.

③ 일반 인공지능에 대한 이해를 넓히는 데 도움이 된다. 즉, 일반 인공지능이 무슨 일을 하고, 자체적으로 어떻게 진화하는지를 알릴 수 있다. 그리고 인간이 인공지능을 통해 진보하기보다 인공지능에 종속되는 것을 막기 위해 필요한 일종의 제어 장치를 마련하는 데 도움이 될 수 있다.

④ 빠르게 진행되는 개발의 전후 사정을 파악하기 위해 대체 로드맵이 필요할 것이다.

⑤ 우리가 지금까지 경험했던 것도 아직 생소한데 어떤 기술이 미치는 영향력을 파악하는 작업을 하는 것은 불가능해 보인다. 그럼에도 불구하고 유용성 측면에서 이 전략은 추진해 볼 가치가 있다.

4.2 실현 가능성

① 로드맵이 일부는 이미 존재한다. 그러나 일반 대중이 쓸 수 있도록 상품화가 잘 되어 있거나 많이 알려져 있지는 않다.
② 개별 기업, 정부, 국제 기구들마다 이러한 로드맵을 많이 만들어 두었을 것이다.
③ 여러 관심사(가끔은 반대되는 관심사)들을 결합해야 한다는 점에서 보면 이 전략은 중요하면서도 복잡하다.
④ 원하는 수준으로 긍정적인 영향력이 나타나게 하려면 이 전략에 관련된 시나리오를 누가 만들 것인지를 적절하게 확인해야 한다. 그렇게 하지 않고 그냥 개발자들에게 맡기면 그들은 결과를 충분히 예상하지 못한 상태로 로드맵만 만들 것이다.
⑤ 이 전략을 추진하기 위한 지식, 동기, 인센티브의 보유 및 관리 주체가 누구인가?
⑥ 이 전략의 결과물이 널리 퍼지면 변화를 일으킬 수 있다.

4.3 기타 의견

① 현재 인공지능 단계에서 최상의 접근법이다.
② 일반 인공지능 개발에 대한 대체 로드맵을 만드는 일이 매우 중요하다.
③ 각국 정부는 인공지능 기술에, 특히 군사 응용 분야에 뒤쳐졌을 때의 결과를 조사하고 있다고 가정해야 한다.
④ 인공지능 파트너십Partnership on AI[50]이나 미래생명연구소Future of Life Institute[51] 같은 조직들은 구글 및 IBM과 함께 이 작업을 할 것이다.

⑤ 인간 게놈 프로젝트Human Genome Project의 경우 반발이 거의 없다. 그 이유는 프로젝트 초기부터 일반 대중과의 소통 비용이 예산에 들어갔기 때문이다.

⑥ 산업별로 자체 인공지능 로드맵을 개발한다면 가장 효과적일 것이다. 미국반도체산업협회Semiconductor Industry Association만큼 효과적인 로드맵이 나올 수 있는 산업 분야는 거의 없다. 미국반도체산업협회는 최종 성과를 예측했었다. 왜냐하면 공급망에 속한 거의 모든 주체가 이 작업에 참여했고 이로 인해 연구 및 자본 투자가 적절하게 이루어졌기 때문이다.

⑦ 과학과 기술에 관련된 기관들 중에서 이런 비생산적인 작업에 누가 짐을 지고 개별적인 노력을 기울이겠는가?

⑧ 로드맵을 만들 때 최대한의 이익을 얻는 데 초점을 맞춘다. 이렇게 되면 대체 로드맵은 무용지물이 될 수 있다.

⑨ 글로벌 연구로 진행될 수 있다. 그러나 정부 차원에서의 글로벌 협력은 어려울 것이다.

⑩ 로드맵을 만드는 주체의 편향성이 지속되는 것을 방지하기 위해 독립된 개인이나 단체가 로드맵을 만들어야 한다. 그런 다음에 다양한 채널과 스폰서를 통해 미디어 캠페인을 진행한다. 이 작업에는 정부, 학계, 민간 재단, 민간 부문이 참여할 수 있다.

⑪ 대부분의 경우, 필요해 보이는 과학 및 기술 혁신을 위해 시작하기 보다는 어느 누군가가 선호하는 응용프로그램, 상품, 서비스로 시작하는 것 같다.

⑫ 규제와 강제성이 없으면 단기 성과에 집중하는데, 이는 장기적으로 위험을 수반한다.
⑬ 이 전략은 빨리 이루어지지도 않고 돈도 많이 들어간다. 따라서 정부 차원, 특히 미국과 중국 정부가 이 전략의 진행에 더 많이 관여하는 것이 중요하다.
⑭ 이 전략은 너무 미래 지향적이고 추상적이어서 일반인들이 보기에 이것을 지금 당장 해야 한다는 시급성을 느끼기 어렵다.
⑮ 그럼에도 불구하고 대체 로드맵을 만드는 일은 가치가 있다. 물론 대체 로드맵에서 제시되는 일정은 추측에 더 가깝다는 점을 고려해야 한다.

실행 전략 5 ▶ 국가적, 국제적인 법적 프레임워크와 조약 만들기

> 기술적 위험을 방지하고 인류에게 이익이 되는 기술을 장려할 수 있는 미래의 법적 책임 요건을 미리 준비하기 위해 과학 기술계와 법조계는 국가적으로, 국제적으로 협력해서 법적 프레임워크와 조약을 만들어야 한다.

5.1 효과성

① 이 전략을 진행하는 일은 매우 복잡하다. 따라서 작업을 빨리 시작할수록 더 좋다.

② 이 전략은 꼭 필요하다. 그리고 이 전략이 실현되면 더 나은 경쟁과 유용한 결과와 기술을 만들 수 있는 길이 열릴 것이다.

③ 학계와 과학계 사이의 협력은 사회를 개선할 수 있는 유일한 방법이라는 점에서 이 전략을 무조건 찬성한다.

④ 미래의 법적 논의에서는 합법적인 주체가 누구 혹은 무엇인지를 확립하고, 인공지능이 포함된 세상에서 합법적인 주체의 법적 책임이 무엇인지를 확립하기 위한 새로운 판단이 필요할 것이다.

⑤ 이 전략은 꼭 이루어져야 하는 고귀한 목표다. 그러나 실세계에 이슈가 없는 상태에서 법적 프레임워크와 조약을 만드는 일이 어려울 수 있다. 지금까지 역사를 보면 정책에 동기를 부여하는 일은 매우 어려웠다. 이슈가 생기고 법적 소송이 발생해야 정책이 뒤따라 나올 것이다.

⑥ 그렇다. 이 전략은 고귀한 목표다. 미국식품의약국, 미국농무부, 미국환경보호청EPA, 혹은 이와 비슷한 특별한 기능을 수행하는 정부 규제 기관이 중점적으로 할 수 있는 일이다. 그러나 새로운 기술은 고사하고 기존 기술에도 인공지능이 추가되면 적절한 법적 프레임워크와 조약을 만드는 일이 어려워진다.

⑦ 때때로, 합의에 도달하는 일이 어렵지는 않다. 그러나 국제협상네트워크INN(International Negotiation Network)를 설립한 윌리엄 유리William Ury[52] 정도가 되어야 합의된 내용을 관리할 수 있다.

5.2 실현 가능성

① 복잡하지만 필요한 전략이다.
② 법 관련 컨퍼런스와 국제 회의에 법률 전문가를 패널로 참석시켜서 인공지능 세부 사항과 관련된 법률 용어와 법적 정의를 논의할 수 있다.
③ 자기 이익 집단은 미국식품의약국 같은 규제 조직에 들어가서 일반 대중의 이익을 도외시하고 특정 집단을 위한 결정이 내려지도록 방향을 트는 일을 많이 해 왔다. 이 전략이 꼭 필요하기는 하다. 그러나 원하는 효과를 내기 위해서 기존 규제 기관의 조직을 정화해야 한다. 힘을 가진 무책임한 개인들이 그들의 정치적 목적을 이루기 위해 규제 기관 조직을 해체하게 둬서는 안 된다.
④ 과학기술계는 이러한 전략에 관심이 없을 수 있다.
⑤ 위험을 감수하는 것과 관련해서 문화적 차이가 있기 때문에 합의에 도달할 가능성은 별로 없어 보인다.

⑥ 유럽의 경우 피해를 방지할 수 있는 입증된 방안을 강조하기 때문에 혁신이 진행되지 않을 수 있다. 반면에 미국의 공리주의에서 중요하게 여기는 위험/보상 접근법의 경우 의사결정에 아무런 의견을 개진하지 않은 사람들은 예기치 못한 비참한 결과를 맞이할 수도 있다.
⑦ 내가 생각하기에 입법 이전에는 유해한 결과가 나오지 않을 것이며, 입법 이후에 유해한 결과가 나올 것이다.

5.3 기타 의견

① 스티븐 호킹과 여러 사람들이 언급한 경고에 주의를 기울이기 바란다. 과학계는 합의안을 만들어서 정부, 학계, 기업, 국제 조직이 일반적인 프레임워크를 만들도록 권고하는 일을 시급하게 진행해야 한다.
② 법적으로 복잡한 특징들이 나타나기를 기다리기 보다는 전 세계 법률 전문가들이 이 전략과 관련된 논의를 시작하고 예비 의견이 도출되도록 미리 움직이는 것이 더 좋아 보인다.
③ 이 전략은 핵, 화학, 유전학 기술에 대해 진행되어야 한다.
④ 미래의 법적 책임을 정의하는 법적 프레임워크가 마련된다면 과학 기술 발전 촉진에 유용하다. 그리고 기술적 위험을 탐색하고 파악하는 일은 공학에서 이미 필수사항으로 되어 있다.
⑤ 국제법 프레임워크를 구축하는 일은 필요하다. 그러나 국가 간 합의를 도출하려면 시간이 걸린다. 합의가 도출된다고 하더라도 실제로 구축하려면 더 많은 시간이 걸린다. 그럼에도 불구하고 이 전략은 필수적으로 해야 하는 일이다.

⑥ 국가의 법적 프레임워크를 만들자고 주장하는 일은 비교적 쉽다. 이 일을 한 다음에 국제적 합의를 만들기 위해 점진적으로 움직여야 한다.

⑦ 법적 프레임워크와 조약에서 인류에게 유익한 기술을 개발하는 일에 초점을 맞추도록 강조할 수 있으며, 많은 학자들이 지속 불가능한 시스템을 비판하기도 하고, 혁신에 필요한 아이디어를 제공하기도 한다.

⑧ 중요한 논의가 학계에서만 이루어져서는 안되고, 이제 과학 기술 개발과 관련된 곳으로 넘어가야 할 필요가 있다.

⑨ 어떤 것이 골칫거리 혹은 위험해지는 시점이 언제이고, 이익이 되는 시점이 언제인지를 누가 결정하는가?

⑩ 공통 근거를 찾는 일은 매우 어렵다. 특히 (비밀스럽게, 미리 앞서서) 군사적으로 응용될 경우에는 더 어렵다.

⑪ 법의 지배가 지금처럼 세계의 많은 곳에서 겨우 기능하고 있다면 국제적 동의를 끌어내는 일에서 일관성을 확보하기가 어려울 것이다.

⑫ 관련되어 있는 모든 주체들 사이에서 확실한 이해가 선행되어야 한다. 과학 기술계, 법조계, 사회 과학계, 인문 과학계, 시민 사회 단체, 생명윤리 전문가가 참여해야 한다.

⑬ 정부는 변화에 빠르게 대처하지 못한다. 따라서 사회 각계가 기술 변화에 호응하기 위해 적극적으로 나서야 한다.

실행 전략 6　국제과학기술기구를 온라인 집단지성 시스템으로 설립

국제과학기술기구를 (새로운 관료주의가 아닌) 온라인 집단지성 시스템으로 설립한다. 그리고 글로벌 기반으로 예측된 기술, 기술의 잠재적인 영향력, 위키피디아와 비슷하게 업데이트되는 다양한 견해를 공유한다. 물론 이 집단지성 시스템에는 동료 검토 peer review[53] 시스템이 내장되어 있어야 한다. 또한 이 집단지성 시스템은 모순되는 내용도 보여주어야 하고, 모순되는 각 내용 옆에는 관련된 데이터 및 연구 원천도 제시하고 다른 주장과 차이점이 무엇인지도 보여주어야 한다. 그리고 조기 경보 시스템 역할도 해야 한다.

6.1　효과성

① 위키피디아처럼 동료 검토 기능, 정보 출처 모니터링 및 자체 수정 기능을 두는 것은 좋은 생각이다.
② 위키피디아와 경쟁 체제를 갖추는 것에 대해서는 생각을 해 보아야 한다. 그리고 이 시스템이 사람을 조종하는 데 사용될 수 있지만 적절한 동료 검토 시스템을 갖추면 높은 가치를 확보할 수 있을 것이다. 어찌 되었건 정확한 데이터를 확보하는 것은 좋은 일이다.
③ 온라인 집단지성 시스템은 전 세계 사람들이 배우고 기여하는 데 유용한 중심점 혹은 기준 정보가 되어야 한다. 사람들이 이 시스템에서 무언가를 배우고, 또 자기가 알고 있는 것을 제공할 수도 있다. 결국 다른 시스템, 법률, 조직화를 더 효과적이고 지능적으로 수행할 것이다.

④ 온라인으로 운영되는 집단지성 시스템을 경험해 본 바에 따르면 몇 가지 문제가 있다는 것을 안다. 특히, 사기, 잘못된 정보, 정보 유출, 사이버 범죄, 부패 등 여러 가지 나쁜 일이 있었다. 그런 점에서, 취약점을 보완하지 않은 상태에서 너무 이상적이고, 너무 임의적으로 접근해서 구축하면 온라인 집단지성 시스템을 관리하는 일이 매우 어려울 수 있다.
⑤ 이를 구축하는 작업은 유엔의 관리 감독하에 진행되어야 한다.
⑥ 아직 안정되어 있지 않고 불평등이 만연해 있는 상태에서 합의에 이르는 일은 쉽지 않다.
⑦ 러시아에서는 소셜 네트워크 서비스인 라이브저널Livejournal[54]이 이런 용도로 활용되고 있다. 물론 정치적 이유로 이를 막기 위한 DDoS와 스팸 공격이 있었지만 계속 사용되고 있다. 전혀 새로운 것을 만드는 것보다는 '오컴의 면도날'Occam's razor[55] 법칙이 적용될 수 있다.

6.2 실현 가능성

① 이를 추진하는 주체가 정부 외 조직으로써 정부에서 나온 의견도 수용하고 일반 대중, 정부, 학계에 추진 기구의 존재를 알리기 위한 미디어 캠페인을 효과적으로 진행한다면 2050년에는 큰 영향을 미칠 수 있다.
② 이것은 일종의 운동으로써, 시스템의 구현을 위해서 대중이 필요하다. 이 대중은 선의의 비판을 할 수 있어야 하고 잘 준비된 무리이어야 한다.
③ 이러한 시스템을 만드는 일이 어렵지 않다. 의지를 갖춘 전담 조직을 구성한 다음에 지속적으로 모니터링하고 업데이트가 계속해서 일어나게 하면 된다.
④ 배포가 잘 되어야 한다. 그리고 쉽게 사용할 수 있어야 한다.

⑤ 처음에 만드는 일은 비교적 쉬울 것이다. 그러나 유지하기가 더 어렵다. 위키피디아의 경우 이기적인 사람들로 인해 남용되는 일이 잦아졌다. 위키 내부에서 각자 올린 글을 서로 폄훼하는 일이 일어났고, 위키 외부적으로 널리 퍼진 신뢰할 수 없는 가짜 뉴스에 압도당하는 상황이 발생했다.

⑥ 오늘날 기후 변화를 강력하게 추진할 정치력 부재로 인해 기후 변화가 매우 위험하고 피해를 일으킬 수 있다는 조기 경고가 계속 나오고 있음에도 불구하고 정치 지도자들은 기업들의 이윤 가치를 안전보다 더 중요하게 여기고 있다. 이것은 무시할 수 없는 선례이다.

6.3 기타 의견

① 전 세계적으로 의사소통이 실시간으로 이루어지는 요즘 시대에 국제 과학 기술 조직들은 온라인 집단지성으로써 정보를 자유롭게 교환할 것이다. 그리고 2050년이 되면 훨씬 더 많은 기술적 혁신이 일어나서 지역 및 국가 간 연결이 근본적으로 바뀔 것이다.

② 이 전략은 꼭 이루어져야 한다. 그러나 어떤 유형의 조직이 추진할 것인지, 제대로 진행하려면 어떻게 해야 하는지를 점검해야 한다. 그리고 집단지성 시스템이 실질적으로 운용되려면 정보가 양방향, 다방향으로 흘러가야 하며, 이를 감당할 수 있는 뛰어난 성능의 네트워크를 확보해야 한다.

③ 밀레니엄 프로젝트나 세계, 지역, 국가 수준에서 활동하는 다른 유사한 싱크탱크들이 인공지능형의 공동 시스템을 만들어야 한다. 최소한 1년에 한번은 함께 모여서 필요한 작업을 해야 한다. 세계경제포럼 WEF(World Economic Forum)이 다보스에서 진행하는 것처럼 세계집단지성 시스템서밋Summit of World Collective Intelligence System을 개최해야 한다.

④ 집단지성 시스템은 모순되는 다른 내용도 보여주어야 하고, 모순되는 각 내용 옆에는 관련된 데이터 및 연구 링크도 제시해야 한다. 또한 조기 경보 시스템으로서의 역할도 수행해야 한다.

⑤ 국제과학기술기구가 국제적으로 자율 규제 작업을 수행해야 한다.

⑥ 이 전략을 추진할 수 있을 정도로 충분한 진지함을 갖춘 사람을 찾아야 한다.

⑦ 유엔이나 다른 국제 체제에서 검증된 정치 체제 및 관료주의를 꼭 갖추지 않아도 된다면 정부 외 조직이 추진 주체가 되어야 할 수 있다.

⑧ 집단지성 시스템에서 확보된 결과물이 화석화되는 것을 막으려면 효과적인 동료 검토 시스템을 갖추어야 한다.

⑨ 이 시스템을 충분히 만들 수 있다. 그러나 확보된 정보를 가지고 무언가를 꼭 하려고 하기 보다는 정보를 공유하는 것에 초점을 맞추어야 한다.

⑩ 거짓말은 진실이 신발을 신기도 전에 지구를 두 바퀴 돈다라는 농담이 있다. 사람들이 무언가를 읽고, 읽은 것에 대해 질문하는 훈련을 받지 못하고 의문을 품은 정보를 조사하도록 훈련을 받지 못했다면 정보의 또 다른 출처를 지정하는 일은 효과적이지 않다. 정보가 신뢰성을 확보하려면 그 정보가 거짓이 아닌지 의문을 품고 확인하는 작업을 해야 한다.

실행 전략 7 ▶ 합성생물학의 일자리 창출 규모를 예측

> 다른 차세대 기술로 인해 교체되는 것보다 더 많은 일자리를 합성생물학이 만들 것인지 혹은 만들지 못할 것인지를 예측한다.

7.1 효과성

① 일반화를 하자면, 전 세계적으로 사람들은 합성생물학과 그것의 잠재적인 미래에 관해 잘 모른다.

② 합성생물학에는 다양한 가능성이 넓게 열려 있다. 특히 자연을 모방해서 배우는 생체 모방과 함께할 때 더욱 그렇다.

③ 합성생물학이 미래의 일자리를 창출하는 방법에 대해 실제 분석도 없이 걸러지지 않은 주장이 너무 많다. 이에, 합법적이고 상세한 예측을 하는 것이 현재 우리가 하고 있는 어떤 일보다 더 도움이 될 것이다.

④ 차세대 기술 관련해서 모든 일자리 대체에 대한 정확한 예측이 가능할 경우에만 이 전략이 제대로 진행될 수 있다.

⑤ 이와 관련된 연구에서 두 가지 다른 작업이 진행되어야 한다. 합성생물학으로 인해 얼마나 많은 일자리가 만들어지는가와 다른 기술들에서 얼마나 많은 일자리가 없어지는가이다.

⑥ 장기적으로는 '일자리 개수'가 아니라 '고용 시간'에 대한 토론이 이루어질 것이다.

⑦ 테러리스트들에게 있어 합성생물학은 훌륭한 수단이 된다. 따라서 이들을 추적하기 위한 일자리가 많이 만들어질 것이다.

⑧ 합성생물학으로 인해 발생하는 일자리 및 윤리 문제는 장기적으로 사회와 관련이 있다.

⑨ 합성생물학으로 인해 생태계에 재앙이 일어날 수 있지만, 이로 인해 더 많은 일자리가 만들어질 수도 있다.

7.2 실현 가능성

① 이 방향으로 적절하게 움직이면 글로벌 웰빙에 도움이 될 가능성이 많다.

② 국제노동기구가 이미 글로벌 일자리 동향을 분석하고 있다. 추가로 필요한 일은 국제노동기구 같은 조직에 지금보다 더 나은 미래 관련 부서를 만드는 것이며, 밀레니엄 프로젝트 네트워크 같은 그룹이 이 일에 도움을 줄 수 있을 것이다.

③ 과거에 로봇과 관련해서 예측을 하기 위해 많은 노력을 기울였고, 그 결과 현재 작업용 로봇을 많이 만들었다. 그런데 그 예측을 완전히 신뢰할 수 있는 상황은 아니다.

④ '지리' 조건과 '시간' 조건에 따라 예측이 제대로 될 수도 있고 그렇지 않을 수도 있다. 가령, '시간' 조건을 예로 든다면, 일자리가 없어지는 시간과 새로 만들어지는 시간을 정확하게 확인해야 하고, 테러리스트로 인해 일자리가 없어지는 시간과 테러리스트를 추적하기 위해 일자리가 새로 만들어지는 시간을 확인해야 한다.

| 7.3 | 기타 의견 |

① 해결해야 할 문제가 있지만 좋은 시도다.
② 합성생물학이 직업에 어떤 영향을 미칠지 명확하지 않다. 이를 가늠할 수 있는 시나리오를 만드는 프로젝트를 제대로 진행해야 한다.
③ 합성생물학은 아직 초기 단계에 머물러 있으며, 이것이 미래의 고용 창출에 어떤 영향을 미칠지 신뢰할만한 예측을 하기에는 너무 이르다.
④ 왜 합성생물학에만 초점을 맞추는가?

실행 전략 8 차세대 기술의 시너지 및 잠재적인 영향력 예측

> 차세대 기술에 속하는 모든 기술이 어떤 시너지를 낼지를, 그리고 잠재적인 영향력이 무엇인지를 예측한다. 차세대 기술에는 인공지능, 로봇공학, 합성생물학, 나노 기술, 양자 컴퓨팅, 3D/4D 프린팅 및 바이오 프린팅, 사물인터넷, 드론(및 다른 자율 주행 차량), 가상 현실, 증강 현실, 클라우드 분석, 의식 기술, 시맨틱 웹, 홀로그램 통신, 블록체인, 텔레프레즌스telepresence[56]가 해당된다.

8.1　효과성

① 문화적 변화뿐만 아니라 교육 및 학습과 관련된 활동을 지원하는 것이 매우 효과적일 수 있다. 왜냐하면 다른 부문들이 기술적으로 어떻게 연결되는지를 깨닫고, 깨달은 것을 알리게 만드는 것이 더 많은 사람들이 차세대 기술로 인한 변화를 적극적으로 준비하는 데 도움이 될 것이기 때문이다.
② 어디에 투자할지를 알아야 하는 기업들 입장에서는 이런 예측치가 매우 중요하다. 그러나 차세대 기술 개발에는 매우 효과적이겠지만 일자리/기술 관계를 얼마나 개선할지는 확실치 않다.
③ 시너지를 낼 것이며 과학과 기술 확대에 기여할 것이다.
④ 복잡한 관계가 효과적이라는 것을 보여주기 위해 이런 로드맵이 필요하다.

⑤ 이 전략이 시너지를 낼 수 있는 유일한 방법은 인류가 생존할 수 있도록 지구를 지속가능한 수준으로 회복시키는 목표나 마스터 플랜을 세우는 것이다. 그렇지 않으면 영화 〈매트릭스〉처럼 인류는 태양을 보지 못하고 다른 종을 파괴할지도 모른다.
⑥ 이 전략이 좋아 보이기는 하지만 실질적인 산업 동인이 될 가능성은 없다.
⑦ 기술의 하이브리드화는 각 기술에 실질적인 잠재력을 제공할 것이다.

| 8.2 | 실현 가능성 |

① 이 전략을 진행하는 일은 쉽다. 관련된 연구를 수행할 여려 연구소에 자금을 대고, 결과들을 비교하면 된다.
② 일부 업계에서 낸 기술 로드맵이 잘 되어 있어서 연계되어 있는 여러 기술에 대한 투자를 동시에 이끌어냈다.
③ 일부 민간 부문에서 새로운 상품을 개발할 때 이러한 작업을 하지만 결과물을 공유할 가능성은 없다.
④ 어떤 기술에서 아직 일어나지 않은 가상의 발전이 어떤 영향력을 미칠지 예측하는 일은 어렵다. 모든 기술이 실세계에 어떤 시너지를 낼지 신뢰할 만한 예측치를 내는 일은 현재 능력을 넘어서는 것 같다.

| 8.3 | 기타 의견 |

① 또 다른 좋은 도전 과제이며, 꼭 필요하다.

② 차세대 기술의 통합 및 상호작용으로 인해 의도치 않은 결과가 일어나는 것을 파악해서 개발 중에 나쁜 시나리오가 일어나는 것을 방지하는 데 도움이 될 것이다.
③ 차세대 기술은 미래에 직업과 기술에 잠재적인 영향력을 미칠 것이며, 모든 영향력을 끌어내기 위해 국제적인 수준에서 이 전략이 실행되어야 한다. 이 분석이 전 세계적으로 매우 폭넓게 진행되면 정부, 민간, 학계, 미디어, 다른 부문들에 영향을 미칠 수 있다.
④ 차세대 기술 스펙트럼은 넓다. 따라서 현재 차세대 기술의 실제 범위를 파악할 수는 없다. 그러나 차세대 기술들 사이에서 시너지를 낼 수 있다면 비약적인 발전이 가능하다. 이 시점에 확실하게 예측할 수 있는 것은 2050년이 되면 차세대 기술이 일자리/기술 전망을 크게 향상시킬 것이라는 점이다. 차세대 기술은 매우 효과적이면서도 실현 가능한 미지의 영역이다.
⑤ 일반적으로 공급망이 복잡할수록 복잡한 관계가 모두 해결되기까지 시간이 더 오래 걸린다. 로드맵이 작동하고 있는 미국반도체산업협회 같은 곳에서 공급망의 각 연결 고리를 구성하는 솔루션을 가지고 있는 경쟁사들은 장기간 동안(6~12년 혹은 그 이상) 문제를 해결하기 위해 노력하고, 투자를 할 경우 3~5년 주기로 언제, 그리고 어디서 이익을 낼 수 있는지를 예측할 수 있다. 이렇게 되면 벤처 캐피탈리스트나 다른 곳으로부터 자금을 펀딩받고, 산업을 신뢰 가능한 방법으로 발전시킬 수 있다. 또한 12년 이상, 장기적으로 내다보아야 하는 '인간적인 측면'과 관련해서, 이 부분은 공상과학소설 작가에게 맡기는 것이 가장 좋을 것 같다. 공상과학소설 작가는 기술 예측에서 할 수 없는 방법으로 사람들 사이의 대화와 관계 속에서 시나리오를 만들 수 있기 때문이다.

실행 전략 9   과학적 사실 확립 후 전달-인공지능이 만드는 허위 정보 대응

> 인공지능으로 인한 허위 정보의 영향력이 매우 높아질 수 있으므로 과학 관련 단체(예: ISC International Science Council, NAS National Academies of Sciences)는 과학적 사실을 확립해서 사람들에게 전달하기 위한 책임을 달성할 수 있도록 이와 관련된 방법과 절차를 개발해야 한다.

9.1　효과성

① 이 전략은 매우 중요하며, 허위 정보를 막는 데 도움이 될 것이다.
② 과학 관련 단체들은 과학적 지식의 원천이며, 여기에 속한 과학자들이 이 전략을 얼마나 진지하게 받아들이는지에 따라 효과를 더 낼 수도 있고 그렇지 않을 수도 있다. 그리고 과학자들이 소셜 미디어를 어떻게 잘 활용하느냐도 매우 중요하다.
③ 이 전략은 매우 중요하다. 이를 주관하는 과학 기구를 설립할 법안을 만들어서 빠른 시간 안에 성사되도록 해야 한다.
④ 웹을 통해 이와 관련된 작업이 더 포괄적이고 협력적으로 이루어지도록 장려해야 한다.
⑤ 이 전략은 이와 관련된 다른 전략들을 보완한다는 점에서 매우 유용할 수 있다. 지금까지 제한되었던 연구를 진행할 수 있으며, 이를 통해 유용한 정보와 정책 권고안을 널리 전할 수 있다.

⑥ 이 전략이 중요한 일임에는 틀림이 없다. 그러나 과학 단체들 중 일부에 대한 신뢰성이 담보되어 있지 않은 상태에서 이들 기관을 통해 발표된 과학적 사실이 항상 우리가 원하는 영향력을 미치지 않을 수 있다는 것이 현재 우리가 직면하고 있는 여러 이슈들 중 하나다. 그리고 일부 사람들은 과학적 사실보다는 음모론을 더 믿는다는 점도 극복해야 할 문제다.

9.2 실현 가능성

① 많은 사람들이 참여하고 접근할 수 있게 하는 집단지성 네트워크에 이들 과학 단체들을 연결시킬 수 있다면 매우 큰 영향력을 발휘할 수 있다. 한 가지 해결해야 할 과제는 이렇게 모인 정보를 해킹과 위조로부터 보호하는 것이다.
② 이들 과학 단체가 추구하는 것을 잘 인식하고 준비가 잘 된 팀에 의해 관리되어야 하며, 이 팀은 일을 제대로 해야 한다.
③ 강력한 리더십이 요구되는데 아직 가시적으로 보이고 있지는 않다.
④ 정치인과 의회도 이 전략에 걸맞는 역량을 갖추어야 한다.

9.3 기타 의견

① 인공지능으로 인해 허위 정보가 미치는 영향력이 크게 확산될 위험이 있으며, 이를 피하기는 어려울 것이다.
② 과학 단체들은 일종의 엘리트주의를 강화하기 보다는 일반 대중과 더 잘 소통하는 방법을 배워야 한다. 과학 단체들과 과학 단체들로 구성된 네트워크는 인공지능을 포함해서 과학 및 기술에 관한 정보를 전 세계에 알리는 역할을 맡아서 실행해야 한다.

③ 대체로 좋은 전략이다. 그러나 과학 관련 단체들이 모인 협의회와 대학들이 과학 관료주의로 퇴보하는 것을 막아야 한다. 특히 저개발국가들 중 일부 나라에서 과거에 이러한 일이 일어난 것을 본 적이 있다.

④ 과학 관련 협회와 대학들에서는 이런 정보에 자주 접근할 수 없는 일반 대중들과 소통하기 위한 포럼을 만들어서 이미 운용하고 있다. 이를 강화하려면 지역사회와의 소통을 늘리고, 거리로 나가서 알리려는 시도를 해야 하고, 대중 교통도 활용해야 한다. 또한 지역의 공공 서비스를 이용하는 것도 좋은 방법인데 각종 병원이나 보건소, 도서관, 정부의 민원 서비스 기관에서 사람들과 소통하고 의견을 받을 수 있다.

⑤ 나는 이것이 흥미로운 주제라고 생각한다. 왜냐하면 내가 느끼기에 과학자들은 자신들이 하고 있는 것을 소수의 사람들에게 이해시킬 목적으로 여겨지는 방법을 동원해서 사람들과 의사소통하고 있기 때문이다. 한 가지 더 부연하자면 과학자들의 이러한 의사소통이 더 효과적으로 이루어지고 더 투명하게 진행된다면 더 좋을 것 같다는 생각을 한다.

실행 전략 10 ▶ 사물인터넷 관련 정책과 표준 수립

사물인터넷은 미래의 사이버 보안 시스템에 큰 짐이 될 것이다. 따라서 사물인터넷과 관련해서 국가 차원의 정책과 표준을 만들어야 한다.

10.1 효과성

① 더 많은 것이 연결될수록 범죄, 조작, 정보 전쟁의 대상이 더 많아진다.
② 전문 해커가 해킹하는 것을 소개하는 TED 동영상인 https://youtu.be/hqKafI7Amd8을 참조한다.
③ 국가 정책과 표준을 만드는 것은 좋은 생각이다. 그러나 국제 표준이 더 많은 영향을 미치고 더 큰 관련이 있을 것이다.
④ 국가 단위 조직은 국제적인 조정 작업에 참여해야 한다.
⑤ 보호 기능을 제대로 갖춘 블록체인을 사용하기 바란다.
⑥ 이 전략이 실현되면 사이버 보안 분야 일자리 보존 및 촉진이 가능하다.
⑦ 중요한 일이다. 그러나 기술은 개인적인 삶과 사회적인 삶의 생산성을 높이고 보상하는 수단이라는 점에서, 기술을 이용하는 종합적인 솔루션의 일부로서만 이 전략이 시행되어야 한다.

10.2 실현 가능성

① 정책과 표준을 개발해서 여러 국가들 사이에서 동의를 이끌어 내는 일은 복잡하면서도 쉽지 않을 것이다. 그러나 이렇게 해서 확정된 정책이 미래의 사이버 보안을 공고하게 만들 수 있다면 노력해 볼 가치가 있다.
② 사물인터넷이 어떤 양상을 띨지 파악하는 방법을 제시할 수 있다. 그리고 일반 시민들은 사물인터넷으로 인해 주변이 어떻게 될지 가늠할 수 있다.
③ 이 전략이 채택된다면 표준과 정책에 큰 영향을 미칠 수 있다.
④ 국가 정책과 표준이 글로벌 표준 및 정책과 얼마나 잘 맞을지가 관건이다.
⑤ 합의에 이르려면 시간이 필요하다.
⑥ 쉽지 않다. 합의안을 도출하기에 매우 복잡한 주제다.

10.3 기타 의견

① 소수의 큰 나라만 사물인터넷 정책 및 표준을 국가 차원에서 수립하고 제정할 여력이 있다.
② 범죄 조직은 돈을 주고 최고의 소프트웨어 능력을 갖춘 인재를 데려올 수 있다. 명예를 아는 천재가 요구된다.

③ 이 전략은 가장 우선해서 즉각적으로 시행해야 할 정도로 중요하다. 스턱스넷Stuxnet⁵⁷⁾ 기술이 나오면서 미국국가안전보장국은 (1960년대에 이미 나온) '언브레이커블 운영체제'unbreakable OS를 만드는 데 필요한 기술을 제한하고 억제하기에 이르렀다. 그러나 스턱스넷 기술이 유출되면 전력을 많이 사용하고 인터넷이 고도로 발달된 나라들은 10년 안에 발전소 반을 잃을 위험에 처한다.

④ 유기체는 생존을 위해 뇌와 면역 체계를 필요로 하는데, 인공지능이 이 문제를 자체적으로 해결할 수는 없으며, 머신-검증 운영체제 표준을 만드는 작업을 확실하게 해 나가야 한다.

⑤ 대부분의 국가는 국가 표준을 먼저 시작한 다음에 국제 무대로 나가서 국제 표준에 동의하려는 경향이 있다.

⑥ 기술 개발 초기에 스타트업들은 창의성을 제한하는 표준을 좋아하지 않는다. 그러나 결국에 가서 스타트업들은 각자가 만든 기술이 표준이 되기를 원한다. 그리고 더 큰 규모의 시장으로 나가려면 표준이 필요하다.

⑦ 문제가 하나 있다. 더 많은 개인용 사물인터넷 디바이스가 집에서 사용되고 인프라 시스템에 설치되면 프라이버시 침해 및 지불 시스템에서의 절도가 횡행할 것이다. 이에 대한 보안을 확보하기 위해 정부가 얼마나 심혈을 기울이는가가 관건이다.

⑧ 표준을 관장하는 기관은 판매자와 소비자 모두 안정적으로 사용할 수 있는 '보안 유닛', '안전 유닛', '웰빙 유닛'을 측정할 수 있는 새로운 기술을 예측하고 만들어야 한다.

실행 전략 11 ▶ 국가 차원의 기술 TF에 과학기술계 리더 참여

과학과 기술을 이끄는 사람들은 그 나라의 과학과 기술 국가 전략을 만들고, 정기적으로 업데이트하고, 구현하는 국가 차원의 팀에 참여해야 한다.

11.1 효과성

① 과학과 기술 지도자들 중 어떤 사안과 관련된 국가적 전략 문서를 모두 읽지는 않겠지만 전략 문서를 만드는 과정에 영향력을 미칠 수는 있다.
② 과학계는 사회적 비용을 받으면서도 홀로 동떨어져서 움직이는 경향이 많이 있었다. 그러나 과학과 기술 지도자들은 교육과 학습, 사업과 노동, 문화 발전과 관련된 국가 및 국제 전략을 수립하는 일에 참여할 필요가 있다.
③ 투명하게 오픈하는 절차를 만들어야 한다. 그렇지 않으면 계몽전제주의 enlightened despotism[58]에 빠질 수 있다.

11.2 실현 가능성

① 이미 누군가가 이 일에 관여하고 있으며, 사람들의 의견을 청취하고 있는 것 같다.
② 세계경제포럼이 하는 것처럼 좋은 목적을 가지고, 윤리적 원칙을 토대로 이루어져야 한다.

③ 이 전략은 이미 진행되고 있다. 그러나 한 가지 해결해야 할 과제가 있다. 미래의 직업과 기술로 전환하고 발전하는 일을 진행하려는 여러 원칙들이 나라들마다 만들어져 있는데, 이들 원칙을 잇는 작업이 필요하다. 또한 이렇게 만들어진 안은 특정 나라만이 아니라 전 세계 모든 사람들이 쉽게 수용하고 이용할 수 있어야 한다.

11.3 기타 의견

① 이것은 확실하게 실현 가능한 전략이다.
② 정치 집단이 과학과 기술 리더들에게 미치는 영향과 중요성이 어느 정도냐에 따라 실현 가능성이 결정된다.
③ 국가의 과학과 기술 전략에는 통찰력이나 미래를 내다보는 접근법이 통합되어야 한다.
④ 전문가들은 보통 사람이 이해하기 어려운 기술적 용어를 사용한다. 그리고 미래학자와 정치인들은 큰 변화를 예측한다. 이들 전문가와 미래학자 및 정치인을 연결시켜야 한다.
⑤ 펀딩 대상 결정에 있어 폭넓은 혜택을 확보할 수 있다. 그러나 하향식 통제는 재앙으로 이어질 수 있다. 특히 과학 혹은 공학 패러다임의 세부 사항을 하향식으로 통제하면 더 심각한 상황이 발생할 수 있다. 좌뇌형 사람들은 상향식을 선호하는 우뇌형의 엔지니어와 기술자들을 좋아하지 않으며, 이는 또 다른 문제로 대두되고 있다. 다자간 의사소통이 꼭 필요한 이유다.

⑥ 국가 전략을 국제 전략과 연계해서 개발해야 한다. 왜냐하면 한 기술이 한 국가에서만 운용되지 않고 여러 나라에서 운용되기 때문이다. 또한 한 나라에서 괜찮게 여겨지는 기술이 또 다른 나라에서는 매우 부정적으로 간주될 수 있으므로 보다 더 글로벌한 관점에서 전략을 운용해야 한다. 만약 과학과 기술 전략을 국제적으로 공유하는 일에 동참하지 않는 나라의 국가 전략은 국제적 갈등의 원인을 제공할 것이다.

⑦ 소득이 낮고 국력이 약한 나라들도 다른 나라들의 연구에 의지해서 이 전략에 참여할 수 있다. 그러나 각 나라는 이와 관련된 이슈들에 대해 자체 상황에 맞게 노력해야 한다.

| 실행 전략 12 | 차세대 기술로 인한 실업 해소 및 인간 근로자 확대를 위한 연구 |

차세대 기술로 인한 실업의 영향을 줄이는 데 도움을 주기 위해, 그리고 가능한 많은 곳에서 인간 근로자를 늘리기 위해 기술에 대한 연구 개발을 늘려야 한다.

12.1 효과성

① "당신이 그들을 이길 수 없다면 그들과 함께 하십시오". 인공지능과 로봇 공학이 노동을 대체하기보다 노동을 증강하는 쪽으로 방향을 잡을 수 있다. 물론 모든 상황에서 다 그렇게 할 수는 없다. 그러나 노동 대체보다 노동 증강에 더 많이 초점을 맞추면 맞출수록 차세대 기술로 인한 실업이 더 적게 일어날 것이다.

② 사회 일각에서 기술을 억누르려는 시도를 하겠지만 기술에 대한 연구 개발이 늘어나는 것은 피할 수 없는 필연적인 상황이다.

③ 연구 개발 확대로 인해 일부 기술은 개선될 것이고, 어떤 기술은 아예 없어질 것이다.

④ 이 전략은 좋은 생각이다. 그러나 이의 주체는 민간이 될 것으로 예상하고 있다.

⑤ 어떤 직업에서 인간이 점점 더 적게 필요하도록 상황을 필연적으로 만드는 것은 잘못이라는 생각이 든다.

⑥ 경제적 생존의 주된 방법으로써 고용에 대한 재정의가 필요하다.

12.2 실현 가능성

① 많은 사람들이 이 일을 할 것이며, 주된 이유는 경쟁력을 확보하기 위해서다.
② 노동 대체 기술에 대한 연구 개발에 투자하는 것보다 노동 증강 기술에 대한 연구 개발에 투자를 집중할 때 누리게 되는 인센티브는 무엇인가?
③ 증강된 노동자를 만들어낼 수 있는 과학자와 기술자를 충분히 확보하고 있는 나라는 많지 않다.
④ 불행하게도 일부는 이 전략을 기술적으로 불리한 사람들을 위한 '해결책'으로 볼 것이다. 그러나 인간의 기본 인권에 대해 기본적으로 불평등하게 접근하는 문제는 소홀할 수밖에 없다.

12.3 기타 의견

① 기술 연구 개발은 기술 발전을 위한 새로운 길을 열 수 있으며, 그 와중에 고용 개념 자체가 바뀔 수 있다.
② 차세대 기술로 인한 실업의 영향력을 줄이는 데 도움을 주기 위해, 그리고 가능한한 모든 곳에서 인간을 증강시키기 위해 기술 연구 개발을 늘리는 일은 매우 중요하다.
③ 증강이 어떤 형태로 일어날지, 생물학적 인간-머신 인터페이스가 얼마나 많이 이루어질지 명확하지는 않다. 그러나 사회 일각에서는 이와 관련된 연구 개발이 이루어지는 것을 거부할 것이다. 또한 일부에서는 경쟁력을 확보하기 위해 연구 개발을 늘릴 것이다.

④ 인간의 기술적 증강을 믿는 사람은 미겔 니코렐리스Miguel Nicolelis[59])의 모든 연구 결과를 진지하게 공부해야 하고, 뇌 컴퓨터 인터페이스의 긍정적 응용 및 부정적 응용에 대해 알고 있어야 한다.

⑤ 인간을 증강시키는 비용과 기능을 자동화하는 비용이 얼마인지에 따라 효과성이 결정될 것이다.

⑥ 가까운 미래에 합성생물학과도 연계될 것이다.

⑦ 인간의 기본 권리에 대해 국제적으로 동의한 것이 있으며, 이 전략을 실행하는 것은 일할 수 있는 기본 권리에 대한 불평등에 대처하는 수단이 될 수 있다.

⑧ 이 전략은 전체 이슈의 핵심이다. 인공지능, 로봇공학, 생명공학, 양자 혁명, 향상된 나노 기술, 3D/4D 프린팅, 현재 상상할 수 없는 어떤 것들로 인해 인간 활동이 중단될 것이다.

⑨ 차세대 기술은 진화적 도약을 이룰 수 있는 통로이며, 이를 이루기 위해서 민간 및 정부의 연구 개발 역량을 완전히 집중해야 하고, 그로 인해 발생한 이익을 모든 사람이 완전하게 사용할 수 있다는 미래 비전을 공유해야 한다. 즉, 특정 엘리트나 특정 경제 주체가 아닌 모든 사람이 이익을 함께 나눠 가져야 한다. 이를 실현하려면 초기의 사회주의에서 주장하던 것을 연상시키는 특별한 형태의 '이익을 공개해서 나누는 프로그램', 가령 '보편적 기본 소득'이나 '보편적 기본 재산' 같은 것에 대한 대화를 할 용기를 내야 한다.

⑩ 연구 개발은 항상 일자리를 대체하거나 없앨 것이다. 기업들은 생산성, 관리의 용이성, 저렴한 비용을 이유로 들면서 머신이나 로봇으로 기능을 대체하고 일자리를 없애려고 시도할 것이다. 따라서 새로운 일자리, 자영업, 서비스를 준비하기 위해 교육을 획기적으로 바꾸어야 한다. 또한 프로세스 진행상 발생하는 시간차를 줄이기 위한 정책을 마련해야 한다. 실업자를 위해 보편적 소득 시스템이나 재훈련 프로그램 같은 사회적 정책도 개발해야 한다.

실행 전략 13 　 인류 생존을 위한 우주 이주 지원

장기적으로 인류 생존을 위한 보험성 정책으로 우주 이주를 지원한다.

13.1　효과성

① 초기 우주 경쟁의 목적은 정치적이었지만 우주 탐사는 현재 우리가 누리고 있는 많은 기술들의 개발과 출현에 지대한 영향을 미쳤으며 이익으로 남게 되었다.
② 인류 생존을 위한 장기적인 보험성 정책으로 이 전략을 시행할 수 있으며, 이 전략을 진행하다 보면 모든 부문에서 기술적인 발전이 더 많이 진행될 것이다. 즉, 건강에서부터 채굴, 휴대용 기술, 소형화, 운송 등 모든 분야의 기술이 발전할 것이다.
③ 이 전략을 최대한 빠른 속도로 진행해야 한다!
④ 인류 생존을 위한 장기 보험성 정책인 우주 이주를 지원하는 것에 동의한다.

13.2　실현 가능성

① 우주 이주를 먼 미래가 아닌 곧 실행되어야 하는 전략으로 본다면 민간 부문에서 진행될 가능성이 훨씬 더 높다. 사실 실제로 곧 현실화될 것이다.
② 우주 이주를 지원하는 일은 크게 어렵지 않다. 그러나 2050년이 되면 심각한 영향력을 미칠 수 있으므로 그때 가면 지금보다 더 어려울 수 있다.

13.3 기타 의견

① 인류가 지구를 잃어버린 후에 인류 생존 유지에 필요한 충분한 공간을 확보하려면 효과적인 전략적 사고와 전제 조건을 확보해야 하는데, 현재로서는 부족해 보인다.

② 가장 중요한 전제 조건은 경제적 지속가능성, 즉 경제가 자연스럽게 좋아져야 한다. 이를 위해서는 우주에 있는 인간이 지구에 있는 인간에게 더 많은 양질의 상품(예: 우주에 있는 에너지)을 수출할 수 있어야 한다 (이것이 핵심 전제 조건이다).

③ 맨킨Mankin의 저서인 〈The Case for Space Solar Power (2014)〉에서 지구 어디서나 송전 및 교환을 포함해서 킬로와트시당 9센트로 전기를 사용할 수 있는 신뢰할 만한 새로운 방법을 제시하고 있다. 그러나 이를 위해서는 위성 발사 비용이 낮아져야 하는데 저궤도의 경우 kg당 500달러 미만이어야 한다. 현재 미국이 이를 실현할 수 있는 기술을 보유하고 있다. 그러나 홍보가 제대로 되지 않아서 우리가 이것을 할 수 있고 기술적으로도 해결할 수 있다는 사실이 알려져 있지 않다. 물론 전 세계적으로 보면 기술은 퇴보하고 있으며 인간 및 정치적 리스크가 이 전략의 진행을 어렵게 만들고 있다. 아이러니하게도 우주 이주를 원하지 않는 사람들은 실제로 일어나지 않은 것들에 관한 가짜 낙관주의를 그들의 주요 도구로 활용하고 있기까지 하다.

④ 인류 생존이라는 장기 목표는 둘째로 치고, 우주 이주를 실현시킬 기술 개발을 가속화하는 것 외에 다른 이유는 없다.

⑤ 우주 탐사와 정착은 인류의 미래 안녕을 위해 필수적으로 이루어져야 한다. 이것은 실현 가능하며, 매우 유익할 것이다(우주의 무한한 에너지와 물질 자원을 얻을 수 있다).

⑥ 우주 이주는 너무 긴 프로젝트라서 2050년에 어떤 영향을 미칠지 예측할 수는 없다.

⑦ 우주 이주 외에 다른 장기 전략도 있다. 최근, 인공지능 관련 논문으로 사이언티픽 아메리칸Scientific American[60]에 게재되었는데, 모든 개인이 버추얼 더블virtual-double[61]을 갖는다는 것이다. 이것은 너무 먼 미래의 이야기인 것 같기도 하고, 우주 이주라는 범주에 꼭 맞지는 않다.

실행 전략 14 ▶ 태양 에너지 자율 운반체 개발-도시의 무료 개인 운송

도시의 무료 개인 운송을 위해 태양 에너지 자율 운반체를 만든다.

14.1　효과성

① 대부분의 과학 및 기술은 사회에 큰 영향력을 미치는데, 이를 이끄는 두 요소로 에너지와 이동성을 들 수 있다.
② 이 전략이 이루어지면 도시에서의 삶이 확실하게 개선될 것이다. 그러나 이것이 미래의 직업-기술 역학 관계에 엄청나게 큰 영향을 주지는 않을 것이다.
③ 이를 만드는 데 소요되는 비용을 누가 지불하는가? 정부인가? 아니면 이 시스템에 소요되는 자금을 지속적으로 끌어와서 개발을 지속시킬 다른 비즈니스 모델이 있는가?
④ 우리는 이미 이 방향으로 가고 있다. 다만 '무료'에 대해서는 아직 확실치 않다.

14.2　실현 가능성

① 좋게 들린다. 그러나 재원 충당 방법을 찾아야 한다. 또한 공공 및 민간 부문에서 많은 일자리가 없어질 것이라는 점도 고려해야 한다(택시 운전수, 우버 운전수, 버스 운전수 등).

② 이 전략이 진행되면 큰 변화가 일어날 것이다. 산타 모니카에서 전동 스쿠터 공유 서비스인 버드 스쿠터와 라임 스쿠터가 소개된 지 몇 주 만에 스쿠터가 도시를 점령하다시피 했다.

③ 대부분의 도시에서 인구가 크게 증가할 것이라는 점을 기억하기 바란다.

14.3 기타 의견

① 2050년 이전에는 자율 운송 시스템 운행에 필요한 재생 가능한 대체 에너지원이 만들어질 것이다. 그리고 개인의 자율성이 향상될 수 있지만 직업에 어느 정도의 영향력을 미칠지는 명확하지 않다.

② 이와 관련된 기술 자체는 환경을 개선하고, 소음을 줄이고, 교통 안전을 높이고, 교통량을 줄이는 데 매우 바람직해 보인다.

③ 개인 운송이 이렇게 되면 현재 과도하게 개인화된 사회가 더 강화될 것이다. 그리고 개인 운송용 자율 운반체 이외에 정기 노선 및 다른 대중 교통 체계를 가진 버스들도 자율 운반체로 만들어질 것이고, 이렇게 되면 자율 운송 체계 정체로 이어질 것이다.

④ 도시 교통을 무료로 운영하는 것은 사회적으로 좋은 정책일 수 있다.

⑤ 무료 개인 운송을 위해 태양 에너지로 움직이는 자율 운송체를 만드는 일은 중요하다.

⑥ 2050년이 되면 사람들이 인공지능 자동차를 탈 수 있겠지만 이를 이루기 위해서는 인프라 문제를 해결해야 하고, 메가 시티보다 더 큰 도시를 감당할 수 있는 더 긴 운송 시스템을 확보해야 한다.

실행 전략 15 ▶ 창의적 개발, 비전공자의 고급 기술 개발 참여

> 인간이 창의적인 개발을 할 수 있도록 하고, 기술을 전공하지 않은 사람들도 고급 기술 개발에 참여할 수 있게 하고, 일과 삶의 균형이 개선될 수 있도록 생산과 서비스의 자동화에 대한 투자를 늘려야 한다.

15.1 효과성

① 이렇게 하면 이상적인 세계가 될 것이다. 그러나 이를 위해서는 더 '깨어 있는 자본주의'conscious capitalism가 필요한데, 디지털 시대에 그러한 자본주의에 이르는 일이 쉽지 않을 수 있다.

② 할 수 있다면 최고의 접근법이다. 그런데 우리가 이것을 할 수 있을까? 할 수 있다면 누가 할 것인가?

③ 이 전략이 어쨌든 실현될 것이다. 그러나 이 시나리오에서 미래의 일자리/기술 이슈를 어떻게 해결할지는 보편적 기본 소득 시스템이 구현될지, 구현된다면 어떤 형태로 언제 구현될지에 따라 달라진다.

④ 일부 자동화에서 첨단 제품 및 서비스 개발에 기술을 갖추지 않은 인력이 공헌할 수 있는 기회가 실제로 확대될 것인데, 이들의 주된 역할은 제품과 서비스를 더 인간적이면서도 유용하게 만드는 것이다.

⑤ 생산성, 혁신, 사회적 평등 사이에 균형을 맞추기 위한 적절한 논의가 이루어진다면 '사회민주주의'social democracy로써 촉진된 기술 개발이 일과 사회 생활, 두 측면 모두에서 인간과 기술 사이의 관계를 더 잘 표현할 수 있다는 것에 동의한다.

15.2 실현 가능성

① 여러 상황을 볼 때 이 전략은 충분히 실현 가능성이 있다. 그리고 이 전략이 진행되면 인도적인 발전이 더 촉진될 것이다.
② 이러한 미래를 만들기 위한 합의가 아직 이루어져 있지는 않으며, 합의를 해야 할 필요가 있다.
③ 두 가지 다른 이슈가 있다. 하나는 자동화이다. 자동화는 진행될 것이고 가속화될 것이다. 다른 하나는 사회적 이익이다. 사회적 이익은 사회-경제 시스템의 변화에 달려 있다.

15.3 기타 의견

① 이것은 합리적인 방법이며 꼭 진행될 것이다. 그러나 인구가 많고 인구 증가율이 상대적으로 더 높은 나라들에서는 자동화를 무조건 받아들이는 것이 정치적으로 현명하지 않을 것이다. 이런 나라들에서는 효과성이나 실현 가능성 그 자체가 핵심 이슈는 아니다. 이들 나라에서 이 전략이 실현되려면 2050년 전에 인구통계학적 전환이 중점적으로 진행되어야 한다.

② 이 전략이 진행되려면 새로운 교육 시스템이 반드시 확보되어야 한다.

③ 재정 확보 방안을 마련해야 한다.

④ 자동화 시스템에 대한 과세가 이루어지고, 어떤 형태로든 보편적 기본소득이 모든 국민에게 제공된다면 이 전략이 작동될 것이다.

⑤ 이 전략에서는 여가를 지원하기 위한 방법과 관련해서 경제적 이슈를 도외시하고 있다. 창의적이면서 경제적으로도 가치 있는 활동 및 무언가를 개발하기 위해 더 많은 여가가 필요한데 그런 여가를 사용할 수 있는 사람은 극소수에 불과하다.

⑥ 이미 이루어지고 있다. 투명하고 개방된 인사 시스템을 구축하면 양도할 수 없는 인간의 기본 권리를 강화할 수 있다. 즉, 인간이 다른 누군가에게 '재산'으로 귀속되지 않는다.

⑦ 창조 경제creative economy 관련 연구소도 만들어야 한다.

⑧ 능력에 따라 기여하고 필요에 따라 받도록 할 때 기여에 대한 인센티브가 매우 작게 늘어나서 시스템이 붕괴되는 것을 이미 경험한 바 있다. 자동화를 도입하면 어려운 일을 사람이 하지 않게 하고 더 많은 사람들의 일할 수 있는 능력을 향상시킬 수 있다. 또한 사람들에게 충분한 보상을 하는 방향으로 원칙을 정한다면 자동화가 추구하는 철학이 유용해질 것이다. 이런 조건들이 충족되지 않는다면 잘되어야 지루해 하면서 대충 참여하는 사회가 조성되고, 최악의 경우에는 혁명이 일어날 수도 있다.

⑨ 더 많은 기술이 나온다고 해서 인간의 질병을 해결하지 못했고, 앞으로도 그럴 것이다.

⑩ 모든 개인의 개인화된 버추얼 더블은 온라인에서 필요한 정보를 찾고 접촉해서 실제 개인의 강점을 강화하거나 약점, 편견, 선호도 등을 보완 및 충족시킨다. 이렇게 함으로써 학습 곡선과 실행 곡선을 빠르고 확실하게 향상시킨다. 이와 관련된 내용이 〈사이언티픽 아메리칸〉 잡지에 게재되어 있으니 참고하기 바란다.

추가 전략 ▶ 과학과 기술 부문 추가 전략

> 2050년 일자리/기술의 역학 관계를 더 좋게 만들기 위해 장기적으로 추진해야 할 과학과 기술 관련 추가 전략으로 무엇이 있는가?

① 전 세계적으로 진행되는 교육 및 문화 관련 논의에 과학 및 기술 정책 이슈를 통합해서 진행하는 일에 더 많은 주의를 기울인다.

② 지금 우리는 축적을 통한 무한 성장을 추구하는 글로벌 정치경제학 시대에 살고 있으며, 미래에는 지구위험한계선planetary boundaries[62]을 벗어나지 않는 선에서 모든 사람이 더 품위 있는 인생을 살 수 있는 경제로 전환해야 한다. 따라서 이와 관련된 연구를 진행한다.

③ 산업계와 기업에서 인간의 노동력을 계속 사용할 수 있으려면 고용 비용을 줄일 수 있어야 한다. 고용 비용을 줄일 수 있는 방법은 다음 두 가지다. 첫째, 사회 보장, 의료 보험, 출산 휴가, 장애 보험, 돌봄 같은 사회 안정망 및 복지 비용을 기업이 아닌 정부가 부담할 수 있는 가장 효율적인 방법을 찾는 것이다. 둘째, 사회 복지와 관련해서 정부가 부담해야 할 비용이 증가할 때 자동화/로봇 생산에 부과하는 세금을 적절하게 부과하는 방법을 찾아야 한다. 이 두 가지 방법을 포함해서 인간이 생산에 계속 참여할 수 있는 방법을 연구한다.

④ 인간 본연의 잠재력과 협력을 극대화할 수 있는 방법을 깊이 연구한다.

⑤ 핀테크 기반의 보편적 기본 소득 엔진을 만들 수 있는지를 살핀다. 이렇게 만들어진 보편적 기본 소득 엔진은 전자상거래의 자동 과세를 기반으로 자체 펀딩을 진행할 수 있다.

⑥ 기술을 개발하고 문제 해결 시스템을 만드는 일에 자원을 더 많이 집중할 수 있으면 좋다. 이를 위해 현재는 정부 지원 및 이윤 창출 같은 수단을 활용하지만 이보다 더 좋은 매커니즘이 있는지 파악할 필요가 있다. 가령, 제프 베조스, 엘론 머스크, 폴 앨런 같은 사람들의 창조적인 능력을 적극 활용하기 위해 그들이 포함된 박애주의적인 채널을 확장할 수 있다.

⑦ 성취감이 더 높은 일자리를 찾을 수 있도록 과학과 기술 및 사회공학적 방법을 활용한다.

⑧ 스마트폰으로 모든 서비스를 처리할 수 있고, 에너지 시스템도 갖출 수 있도록 한다. 가령, 스마트폰의 열전지가 태양열이나 폐열을 사용할 수 있다.

⑨ 개인의 삶을 개선하고 회사 이익도 극대화할 수 있도록 암호화폐/블록체인 기반의 글로벌 경제 체제를 만든다. 이 경제 체제의 발전이 처음에는 더디게 진행되겠지만 여러 이니셔티브와 연계되면서 시너지 효과가 만들어질 것이다.

⑩ 〈사이언티픽 아메리칸〉의 인공지능 기사에 나왔던 것처럼 모든 사람이 자신의 버추얼 더블을 만들어서 연구 개발에 투자할 수 있게 한다.

⑪ 정부는 제약, 항공기, 원자로 등과 같은 일부 상품에 일반적으로 적용되는 것과 같은 높은 수준의 연구, 설계, 비용 위험 분석, 후속 평가 기준을 충족하는 법령, 규제, 조례를 만든다. 이의 목적은 사람들의 최선의 이익과 복지를 최적으로 제공하는 법적 실체를 만들고 유지하는 것이다. 목적 달성을 측정할 때 척도는 인권, 생활 수준, 삶의 질이 될 것이다.

⑫ 로봇에게 과세한다.
⑬ 민간 및 공공 부문의 하향식 1인 제어 시스템이 많이 있으며, 이에 대한 대책으로써 전력 부문 국제표준화기구ISO(International Organization for Standardization)를 확대한다.
⑭ 저소득 국가, 중소득 국가, 고소득 국가별로 일자리/기술 시나리오를 만든다. 또한 이들 국가 사이의 대응 관계에 대한 시나리오도 준비한다.
⑮ 국가가 아닌 개인이 처리하는 상향식 기본 소득 운동 및 시스템을 시작한다. 이에 필요한 펀딩을 부유한 개인이 할 수 있고, 아니면 개인이 참여하는 크라우드펀드로 할 수도 있다. 일단은 규모가 작은 곳에서 한 다음에 서서히 넓혀나가는 것이 좋다. 이 아이디어에 대한 영감은 부분적으로 독일의 'Mein Grundeinkommen(My basic income)'에서 얻었으며, 이 프로젝트에서는 기본 소득을 크라우드펀드로 충당한 다음에 추첨을 통해 분배하는 식이었다. 이것을 만든 사람은 공동 투자로 스타트업을 성공시킨 후에 회사 지분을 매각하고 돈과 시간을 가진 행운아라는 생각을 했고, 그래서 이것을 만들었다고 한다. 이에 대해 더 자세히 알고 싶으면 www.meingrundeinkommen.de를 방문한다.
⑯ 과학과 기술 집단지성 시스템을 개선한다. 그리고 미래를 예측할 수 있는 프로세스도 개선한다.
⑰ 유전 연구, 수명 연장, 우주 여행 관련 연구 개발을 늘린다.
⑱ 차세대 기술로 인해 절감된 비용 중 일부를 인간 복지를 위해 더 많은 일을 하는 간호 인력에게 가게 하는 방법을 찾는다.
⑲ 시민의 삶의 질을 개선하는 기술 개발이 자유롭게 이루어져야 하며, 이를 위해 정부, 시민사회, 기업 사이에 대화가 원활하게 이루어지도록 한다.

⑳ 산업계의 부정적인 생태 환경을 개선하기 위해 공공 기관, 기업의 의사 결정자, 학계가 참여하는 국제적인 공조 체제를 만든다.

㉑ 과학 기술을 적용하여 학습 속도를 높인다. 1) 퀵런quick learn 기법을 모든 종류의 복잡한 영역에 적용하여 학습 곡선을 빠르게 향상시킬 수 있다. 2) 퀵런 기법을 게임 플레이가 아닌 게임 메이크에 적용해서 학습 유지율을 높일 수 있으며 다양한 수준의 학생들에게 적용할 수 있다. 3) 11세 혹은 이보다 어린 학생들이 어려운 책을 읽을 수 있게 한다(예: 〈물리학 GRE 정복〉, 〈GRE 수험서〉, 〈GRE 화학 시험 크래킹〉). 4) 고급 수학과 관련된 다양한 심볼주의를 여러 학습 프로그램 서두에 넣을 수 있다(예: 맥스웰 방정식과 관련된 〈Divs, Grads & Curls〉, 특수 상대성 및 중력과 관련된 아인슈타인 & 리만 표기법, 약한 자기장Weak Fields 관계와 관련된 일반 대칭 방정식 등). 5) 처음에 물리학(물리 수학 포함), 그 다음에 화학, 마지막에 생물학을 가르치는 것이 적절한 순서이며, 각 과목에 관련된 수학도 포함된다. 6) 합성생물학 사전 학습으로 종이접기 교육을 할 수 있다.

㉒ 연구 개발 총 예산을 민주적으로 지출할 수 있는 방법을 찾는다.

㉓ 과학기술 연구 개발 초기 단계에서 연구 및 혁신 관련 원칙을 세운다. 그리고 과학자와 엔지니어들이 사회과학 및 인문학 전문가와 협력하여 기술 개발이 미래에 미치는 영향을 예상할 수 있도록 한다.

㉔ 우주 프로그램이 어떤 영향을 미칠 것인지를 폭넓게 평가한다.

ACTION 4

실행 전략 - 교육과 학습

교육과 학습 실행 전략 요약

① 개인의 지능 향상을 국가 교육 목표로 설정

② 교육/훈련 시스템의 목적을 기술 숙달로 전환

③ STEM과 병행하는 하이브리드 시스템 구축

④ 창의성, 비판적 사고, 기업가 정신, 윤리 등의 개발에 집중

⑤ 학습 및 교수 방법의 지속적인 개선에 신경과학 활용

⑥ 유비쿼터스 및 평생 학습 시스템 개발

⑦ 대학교와 직업훈련센터 통합, 외부 프로젝트와 학교 협력 활성화

⑧ 로봇과 인공지능을 교육에 활용

⑨ 혁신적 기술과 팀 기업가 정신을 교육

⑩ 자영업 활성화를 염두에 둔 커리큘럼 변경

- 생활지도 카운슬러 양성-미래 지향성 강화 ⑪
- 교육 공동체의 육아 책임 분담 ⑫
- 학습 시스템을 지속적으로 개선하는 공동체 구성 ⑬
- 시뮬레이션 기반 학습을 기존 학습에 통합 ⑭
- 보안 문제 대응 능력 학습 ⑮
- 취업 중개 시스템을 교육 및 고용 시스템에 통합 ⑯
- 사회 전 구성원이 참여하여 평생 학습 모델 구축 ⑰
- 출생 후 3세까지의 학습 시스템 구축 ⑱
- 이슈 해결 전략을 홍보하는 일에 유명인 활용 ⑲
- 커리큘럼에 역사와 미래학 포함 ⑳

교육과 학습 실행 전략 20개를 표로 정리했다. 그리고 각 전략의 효과성과 실현 가능성을 점수화했다.

번호	전략	10(가장 높음)~1(가장 낮음)	
		효과성	실현 가능성
1	개인의 지능 향상을 국가 교육 목표로 한다(국가에서 지능을 어떻게 정의하느냐에 따라 '지능' 향상이 국가의 목표가 될 수도 있고 그렇지 않을 수도 있다).	3.76	2.93
2	교육/훈련 시스템이 전문 지식을 익히는 것에서 기술을 숙달하는 쪽으로 넘어간다.	3.85	2.93
3	STEM과 병행하여 하이브리드 시스템을 만든다. 이 시스템에서는 스스로 정한 진도에 따라 탐구 기반의 학습이 진행되며, 교육의 주된 목적은 자아 실현이어야 한다. 선생님은 새로운 인공지능 도구들을 학생들과 함께 사용하는 코치로서의 역할을 맡는다.	3.80	3.17
4	창의성, 비판적 사고, 인간 관계, 철학, 기업가 정신(개인과 팀), 예술 능력, 자영업 능력, 사회적 조화, 윤리, 가치를 개발하는 일에 더 많이 집중한다. 이를 통해 자신을 알아가고, 일과 삶을 균형감 있게 꾸려 나갈 수 있다. 또한 인생 목표와 목적이 진척되는 과정을 스스로 평가할 수도 있다(핀란드에서 많이 이루어짐).	4.18	3.26
5	신경과학에서 새로 제기되는 통찰력을 활용하여 학습 방법과 교수 방법을 지속적으로 업데이트한다.	3.65	2.95
6	장소에 상관 없이 원격 교육을 무료로 받게 한다. 이를 위해 유비쿼터스 및 평생 학습 시스템을 제공한다.	3.89	3.68
7	대학교와 직업훈련센터를 통합하고, 학교 외부에서 진행되는 괜찮은 프로젝트와 학교 사이의 협력을 활성화한다.	3.54	2.85
8	교육에 로봇과 인공지능을 활용한다.	3.30	3.14
9	혁신적 기술exponential technologies과 팀 기업가 정신을 중점적으로 교육한다.	3.40	3.25
10	자영업이 일상적으로 활성화되도록 모든 수준에서 커리큘럼을 변경한다.	3.01	2.93

번호	전략	10(가장 높음)~1(가장 낮음)	
		효과성	실현 가능성
11	학교의 미래 지향성을 강화하기 위해 생활지도 카운슬러를 교육한다.	3.79	3.49
12	하나의 교육 공동체로서 육아 책임을 분담한다.	3.05	2.63
13	학습 시스템을 지속적으로 개선하는 '실천 공동체'를 만들어서 활성화시킨다.	3.68	3.16
14	멀티플레이어 환경을 사용하는 시뮬레이션 기반 학습을 기존 학습에 통합한다.	3.56	3.42
15	교수 기술 및 학습 기술과 관련해서 보안 문제가 있을 수 있으므로 보안에 대한 학습을 포함시켜야 한다.	3.14	3.19
16	취업 시장을 중개하는 지능형 시스템을 교육 시스템과 고용 시스템에 통합한다.	3.45	3.35
17	정부, 모든 산업 부문의 기업, 노동조합은 적절한 평생 학습 모델을 만들기 위해 협력해야 한다.	3.73	2.90
18	출생 후 3세까지의 학습 시스템을 만든다. 이는 창의성과 인성을 개발하기 위한 핵심 단계이다.	3.25	2.97
19	전 세계에서 큰 변화를 일으키는 이슈들을 해결하기 위한 전략들을 대중들에게 알리기 위해 유명인과 함께 대규모 홍보 캠페인을 만든다.	3.08	3.41
20	커리큘럼에 역사를 넣을 때 미래학도 포함시킨다. 미래를 대체할 수 있는 비전, 예측, 잠재적 미래를 평가할 수 있는 능력을 가르친다.	4.05	3.51

교육과 학습에 관련된 대표 전략 20개의 효과성과 실현 가능성을 차트로 정리했다(효과성이 높은 순으로 표시).

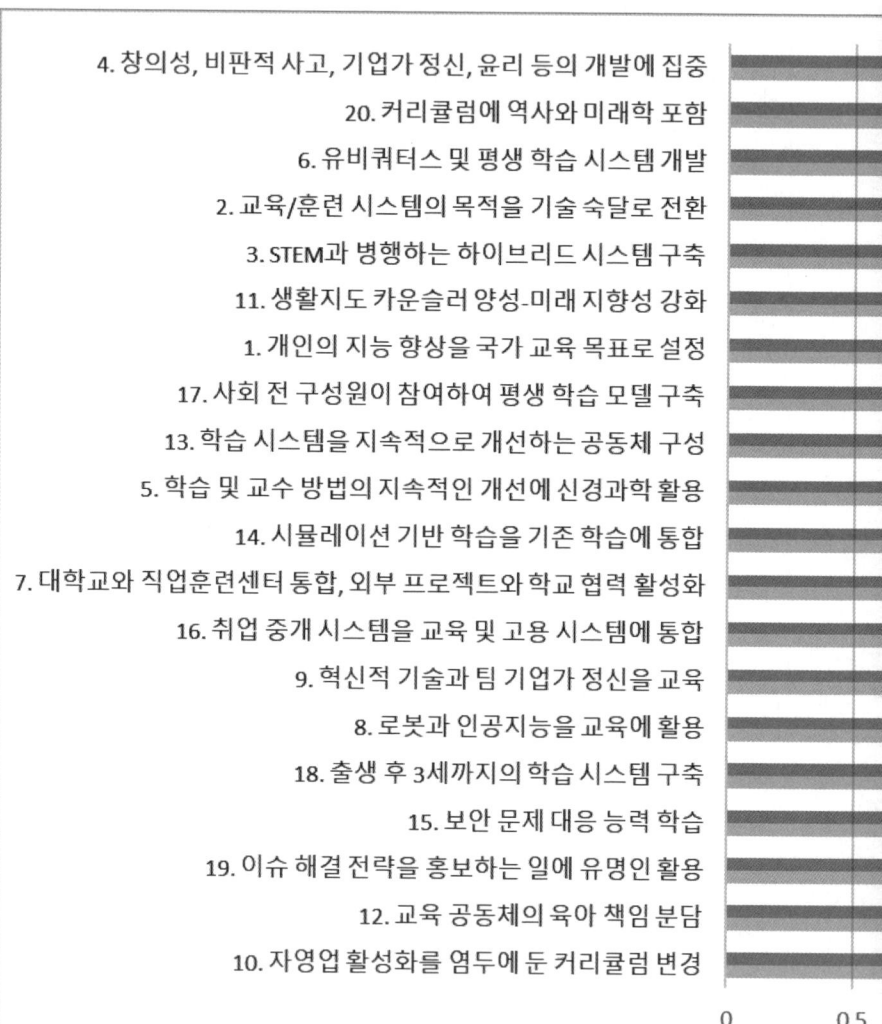

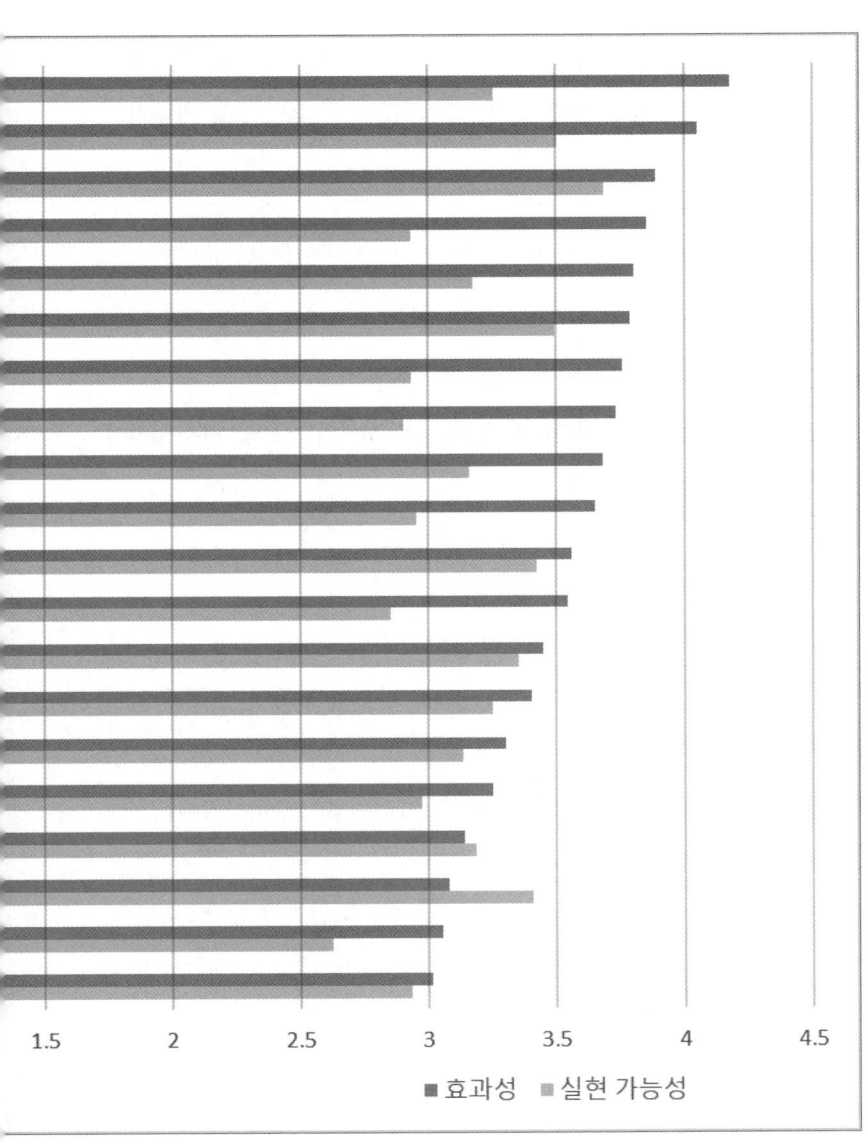

교육과 학습

실행 전략 1   개인의 지능 향상을 국가 교육 목표로 설정

개인의 지능 향상을 국가 교육 목표로 한다(국가에서 지능을 어떻게 정의하느냐에 따라 '지능' 향상이 국가의 목표가 될 수도 있고 그렇지 않을 수도 있다).

1.1   효과성

① 사회적 지능과 정서적 지능이 포함되어야 한다.
② 기술 요구사항이 빠르게 변화하고 있으므로 개인의 지능을 향상시켜야 할 필요성이 더 커졌다.
③ 개인 사고 능력을 더 높은 수준으로 끌어올릴 수 있다.
④ 능력과 기술 스펙트럼의 범위를 더 넓혀야 한다.
⑤ 개인의 지능을 향상시키면 개인의 역량을 강화할 수 있다.
⑥ 지능 이외에 동점심과 정신 건강에 관심을 기울여야 하며, 그렇지 않으면 정신병적인 범죄자가 양산된다.
⑦ 플린 효과Flynn effect[63]에 반해서 노르웨이 남성의 IQ가 왜 떨어지는지를 이해해야 한다.
⑧ 현재 우리가 처한 상황을 변화시키기 위해 지능을 높여야 한다.
⑨ 지능 향상과 병행해서 '도전 좋아하기' 같은 사고방식도 가르쳐야 한다.
⑩ 지능 향상이 교육 시스템보다는 기술 촉진에 의해 일어날 수 있다.

1.2 실현 가능성

① 기술과 신경생물 과학을 활용해서 개인의 유전적 한계를 극복할 수 있다.
② 교육부 장관이 지능 향상을 국가 목표로 선언하는 것은 쉬울 수 있으나 그것을 실행하는 것은 어려울 수 있다. 그러나 실현 가능성은 충분하다.
③ 교육 분야에서 다른 변화를 실현할 때 지능 향상도 연계해야 한다.
④ 어떻게 정의하고 어떻게 측정할 것인지에 대한 전반적인 동의가 이루어지지 않으면 실제 구현에 어려움이 뒤따를 수 있다.
⑤ 대다수 후진국의 교육은 가장 앞서 있는 스칸디나비아 국가들의 교육 표준을 모방할 것이다.
⑥ 개인화보다는 표준화에 따라 교육을 진행하는 대형 교육 기관들을 완전히 해체해야 할 필요성이 있다. 물론 이 일이 쉽지는 않겠지만 할 수는 있다.
⑦ 이 전략을 실행하려면 포용성과 민주적인 팀워크를 갖춘 조직이 필요하다.

1.3 기타 의견

① 이 전략은 훌륭한 생각이다. 그러나 지능에 가치를 부여하려면 문화적 규범을 바꾸어야 한다.
② 이 전략에 대해 조심스러운 낙관론을 제시한다.
③ 사고 기술, 시민 의식, 윤리 의식, 복잡성과 뉘앙스까지 인정할 수 있는 방향으로 나가야 한다.

④ 지혜를 추가해야 한다.
⑤ 집단지성, 브레인스토밍, 프로젝트에 초점을 맞춘 방식을 활용해야 한다.
⑥ 이 전략에 대한 정의를 나라마다 다르게 내릴 수 있다. 그러나 그 정의에 '뇌 기능화'나 '사고 기술'이 들어간다면 이 전략을 진행해야 한다. 물론 우선순위를 둘 수는 있을 것이다.
⑦ 향상된 지능을 조정 및 협력을 위한 도구로 사용해야 한다.
⑧ 시험을 잘 보게 하기 위한 교육이 아닌 지능을 높이기 위한 교육은 매우 힘들 것이다.
⑨ 일부 정부에서는 인종 차별주의나 민족 고유 신화를 강화하기 위해 이 전략을 악용할 수 있다.
⑩ STEM 교육, 컴퓨터 기술이 한층 더 강조될 것이며, 이와 관련해서 초등학교에서도 프로그래밍 언어 교육이 진행될 것이다.
⑪ '바보 만들기' 현상에 대처할 수 있는 가장 좋은 방법들 중 하나는 '지능을 높이는 것'이다.

실행 전략 2 ▶ 교육/훈련 시스템의 목적을 기술 숙달로 전환

> 교육/훈련 시스템이 전문 지식을 익히는 것에서 기술을 숙달하는 쪽으로 넘어간다.

| 2.1 | 효과성 |

① 초등 교육에서부터 기술, 사회성, 직관력을 배우는 등, 복합적인 능력을 키우는 일이 시작된다.
② 구체적으로 컴퓨터 언어의 이면에 있는 원리를 학습할 것이며, 이는 차세대에 이루어질 변화를 알기 위해 필요한 일이다.
③ 복합적인 능력을 갖추기 위해서는 문화, 역사, 민주주의, 인권에 대한 기본 교육도 진행되어야 한다. 복합적 기술 능력을 전 생애에 걸쳐 갖춘다면 유연성과 이동성이 향상될 것이며, 더 다양한 일자리 기회를 얻게 된다.
④ 2050년이 되면 지금처럼 많은 의사와 변호사가 필요하지 않다. 즉 1인당 의사/변호사 수가 많이 줄어든다.
⑤ 일부 전문직은 사라지지만 기술에 대한 니즈가 없어질 일은 없다.

2.2 실현 가능성

① 이 현상은 첨단 기술 산업과 일부 교육 시스템에서 특히 많이 일어나고 있다. 대학은 예전부터 견고하게 지켜온 문화와 교육 과정 체계를 변경해야 하고, 학위 기준과 평가 시스템도 바꿔야 한다.
② 전문가 단체들은 이 전략에 저항할 것이다.
③ 이 전략에 대한 준비가 유아기부터 이루어져야 한다.
④ 기업은 필요한 전문 기술이 무엇인지를 예측해야 한다.

2.3 기타 의견

① 유럽의 일부 국가에서 국가 교육 체계로 만들어서 이미 시작하고 있다.
② 자동화/인공지능 기술이 발전하면 복합 기술을 익히는 것에 대한 의미가 없어질 수 있다. 그러나 그 전에 복합 기술을 학습하면 충분한 가치를 지닐 수 있게 만드는 방안이 마련될 것이다.
③ 전환 교육을 진행하는 기관이나 사업체가 출현할 것이다.
④ 기술 마스터형 방법과 '진화하는 전문직' 마스터형 방법을 공동으로 발전시키는 구조가 공식적으로 가동된다.
⑤ 기술은 맥락의 영향을 받지만 역량은 맥락의 영향을 받지 않는다. 이 전략에서 필요한 것은 맥락에 상관 없는 운용 능력이다.
⑥ 다양한 맥락에 대한 적응력을 갖추는 것이 한 가지 전문 지식에 특화해서 노력하는 것보다 더 좋을 수 있다.
⑦ 혁신에 방해가 되는 장애물을 제거해야 한다.

⑧ 기술을 결정하는 주체는 누구이고, 결정하는 방법이 무엇인지를 정해야 한다.
⑨ 교육 컨셉을 '빈 잔 채우기' 개념에서 타고난 능력 개발로 전환해야 한다.
⑩ 직관적인 학습도 포함해야 한다.
⑪ 4살 때부터 철학을 배운 어린이들은 나중에 커서 기업가 정신과 비판적 사고 기술에 있어서 더 탁월한 능력을 보일 것이다.

실행 전략 3 — STEM과 병행하는 하이브리드 시스템 구축

> STEM과 병행하여 하이브리드 시스템을 만든다. 이 시스템에서는 스스로 정한 진도에 따라 탐구 기반의 학습이 진행되며, 교육의 주된 목적은 자아 실현이어야 한다. 선생님은 새로운 인공지능 도구들을 학생들과 함께 사용하는 코치로서의 역할을 맡는다.

3.1 효과성

① 미래 사회에서는 레오나르도다빈치 유형의 사람이 더 많이 필요하다.
② 자기 주도 탐구형 학습을 도입하면 교수 중심 및 시험 중심 교육에서 야기되고 있는 많은 문제를 막을 수 있다.
③ 이 전략이 실현될 경우 학습자는 본인에게 적합한 직업을 찾는 데 있어서 더 많은 동기부여를 갖는다.
④ 가르치는 사람은 개인의 학습 스타일과 능력을 이해하고 학생들의 능력과 관심 분야에 맞는 분야로 학생들을 이끌 수 있다.
⑤ 교육은 더 많이 글로벌화되고 국경도 없어질 것이며, 사람들은 본인이 원하는 곳에서 혹은 배울 필요가 있는 모든 곳에서 공부할 수 있다.
⑥ 암기식 교육에서 지식 탐구형 교육으로 넘어가기 위해서 교육 당국은 인공지능 지원형 질의 교수 시스템을 확보할 방법을 찾아야 하며, 선생님들을 대상으로 한 재교육도 진행해야 한다.

| 3.2 | 실현 가능성 |

① 지금은 쉽지 않지만 2030년이 되면 실현 가능성이 매우 높아지고, 이후 20년의 시간이 더 지나면 변화가 일어날 것이다.
② 학생들이 자기 주도적으로 탐구 학습을 진행할 수 있도록 교사가 학생을 가르칠 수 있어야 하며, 이를 위해 인공지능 인터페이스는 교사가 사용하기 쉽게 만들어져야 한다.
③ 학생들도 지루하지 않게 공부할 수 있도록 인공지능 인터페이스를 구성해야 한다.
④ 예비 교사 훈련에도 괜찮은 성과를 낸다.

| 3.3 | 기타 의견 |

① 시스템화할 필요는 있다. 그러나 급격하게 하면 안되고 점진적으로 해야 한다.
② 교사를 '코치'로 재교육해야 한다.
③ 탐구 중심 학습은 인공지능이 보유하고 있는 역량과 잘 맞아떨어질 것이며, 인공지능(특히 일반 인공지능)은 "또 무엇을 알 수 있을까요?"라고 물을 것이다.
④ iSTEAM innovation, Science, Technology, Engineering, Arts and Mathematics 교육을 선호한다.
⑤ 전통적인 학습 환경을 이용할 수 없는 실직 근로자를 재교육할 때 유용할 수 있다.

⑥ 교사가 학생들을 가르치기 위해 인공지능의 도움을 받아야 하는지 확실치 않다.

⑦ 학교에 다니면서 지식만 습득하는 것은 아니다. 그 자체가 사회화 과정이라는 사실을 잊어서는 안된다.

⑧ 개발도상국의 경우 STEM과 STEAM을 개발하고 이를 위한 필수 인프라를 갖추려면 오랜 기간이 걸릴 것이다.

⑨ 상호대화형 지식 트리 시스템을 이용하면 학생들로부터 배울 수도 있다.

⑩ 조기 교육과 사업가를 양성하는 교육에는 좋지만 근로자를 고용해야 하는 이들에게는 대단위 교육 시스템에서 문서로 하는 교육이 더 유용하다.

⑪ 연구원들의 역할이 유연한 '스마트' 랩이 운용될 것이다.

⑫ 나이가 같은 아이들을 같은 학년에 두고 한 명의 교사가 가르치는 개념이 바뀌어야 하며, 이 전략에서 제안한 모델과 병행해서 변화를 이끄는 일이 이미 서서히 진행 중에 있다.

⑬ 인공지능 지원 학습은 인터넷 장애 시 어려움에 직면한다.

| 실행 전략 4 | 창의성, 비판적 사고, 기업가 정신, 윤리 등의 개발에 집중 |

창의성, 비판적 사고, 인간 관계, 철학, 기업가 정신(개인과 팀), 예술 능력, 자영업 능력, 사회적 조화, 윤리, 가치를 개발하는 일에 더 많이 집중한다. 이를 통해 자신을 알아가고, 일과 삶을 균형감 있게 꾸려 나갈 수 있다. 또한 인생 목표와 목적이 진척되는 과정을 스스로 평가할 수도 있다(핀란드에서 많이 이루어짐).

4.1 효과성

① 미래의 일과 학습에는 이러한 종류의 지적 호기심이 필요하다.
② 실행 전략에서 제시한 것들은 인간으로 살아가는 데 있어 기본 조건이기도 하다.
③ 성공과 지속가능성을 위해서는 다음 두 가지가 필요하다. 하나는 동기를 유발시키는 모든 것을 동시에 즐기는 것이고, 다른 하나는 인간으로서 '필요로 하는 영역'과 인간으로서 '원하는 영역'에서의 성취 결과를 비교하는 것이다.
④ 사회 환경이 우리에게 적응하지는 못한다. 우리가 이와 같이 변모하는 사회 환경에 적응해야 하며, 적응하는 방법을 배워야 한다.
⑤ 로봇이나 인공지능이 대체할 수 없는 기술에 집중해야 한다.

⑥ 핀란드의 일부 사람들은 이와 같은 새로운 접근법이 다른 나라와 비교해서 핀란드 학생들의 시험 성적을 낮출 것이라고 걱정했지만 그런 일은 일어나지 않았다.

⑦ 핀란드 학생들의 수준은 이 전략과 관련해서 훨씬 더 엄격한 시스템을 갖춘 대한민국 학생들의 수준과 비슷하다.

4.2 실현 가능성

① 핀란드가 이를 어떻게 이루었는지 연구할 필요가 있다.
② 이 전략을 실현하는 교육 시스템을 가동하기 시작한 나라가 많다.
③ 이 전략이 실현되면 행복한 삶을 영위하는 데 필요한 모든 것을 확보할 수 있다. 그러나 자신의 삶과 지역사회를 발전시키기 위해서는 욕구 불만을 표출하는 방법도 배워야 하는데 이를 배우지 못함으로 인해 이와 관련된 사회악이 발생할 수 있다.
④ 기존의 고전적인 계몽식 교육을 주장하면 엘리트주의자나 구식인 사람으로 취급된다. 그렇게 되지 않고 고전적인 계몽식 교육을 유지할 수 있는 방법을 찾아야 한다.
⑤ 이 방식을 채택한 나라는 한 세대 안에 경쟁 우위를 확보할 것이다.

4.3 기타 의견

① 2050년 일자리/기술 전망 개선에 필요한 여러 전략들을 성공적으로 이끄는 데 긍정적으로 기여할 것이다.
② 윤리 및 '자기 지식'knowledge of self이 결합되면 자아 실현self-actualization으로 이어질 수 있다.

③ 인적 자본, 그 자체가 목적이라면 괜찮지만 인적 자본을 경제적 목적을 달성하기 위한 수단으로 여긴다면 다시 고민해 보아야 한다.

④ 새로운 교육 체계의 핵심이며, 이를 이루기 위해서는 교육 체계의 목적과 방법을 전혀 새로운 방식으로 생각해서 완전히 재구성해야 한다.

⑤ 이 방법이 얼마나 효과를 내는지 그 효과성을 측정하는 일은 쉽지 않다.

⑥ 이 전략이 모든 사람에게 완전히 맞아 떨어진다고 볼 수는 없다.

⑦ STEM은 여전히 주된 핵심이 될 것이다.

⑧ 부모 교육, 시간 관리, 직업 연구, GRIT[64] 교육이 추가로 진행되어야 한다.

⑨ 창의적인 훈련은 고급 교육 상품이므로 이것을 대규모로 진행하기는 어려울 것이다.

⑩ 바이오/신경-화학 요법 기술이 적용된 방법이 개발될 수 있으며, 이 방법을 이용하여 감정 충동을 학습하고 조절하는 인간의 평균 능력을 향상시킬 수 있다.

⑪ 미래에는 기업가적 역량이 성공 요인으로 자리잡는다. 꼭 사업을 시작할 필요는 없지만 인생에 대한 접근 방식을 기업가적 마인드로 할 필요는 있다.

⑫ 앞에 나온 실행 전략 1번부터 3번까지는 상호 보완적이며, 그 전략들을 '표준' 커리큘럼에 통합해야 한다.

⑬ 자기 이익 추구와 집단 이익 추구 사이에 균형을 맞춰야 한다.

⑭ 교육용 인공지능은 평생 학습을 이끄는 해결책이다.

⑮ 집합 교육에 맞춰져 있는 모든 교육 체계를 개인 교육으로 바꾸는 일은 어렵다. 그러나 장기적인 일자리/기술 전망 개선에 있어서 개인 교육 체계로 바꾸는 것이 가장 효과적이다.

실행 전략 5 ▶ 학습 및 교수 방법의 지속적인 개선에 신경과학 활용

신경과학에서 새로 제기되는 통찰력을 활용하여 학습 방법과 교수 방법을 지속적으로 업데이트한다.

5.1 효과성

① 인지 과학 및 인공지능 개발자의 통찰력도 추가로 활용할 필요가 있다.
② 신경과학을 이용하면 표현되지 않는 느낌과 결정을 파악할 수 있으며, 팀이나 업무 네트워크에서 일하는 사람을 관리할 때도 도움이 될 수 있다.
③ 우리는 신경과학을 통해 윤리적 결정이 감정에 의해 먼저 이루어지고, 결정이 그렇게 나온 이유에 대한 설명을 이성적인 두뇌가 만들어낸다는 사실을 알고 있다. 윤리와 책임감에 대한 교수 방법을 바꾸어야 할 수 있다.
④ 이 실행 전략이 신경과학의 상태에 대한 실질적인 이해를 증명한다고 보지는 않는다. 또한 신경과학을 이용한다고 해서 직접적이고 실용적인 교훈을 끌어낼 수 있다고 생각하지도 않는다.
⑤ 지금까지 통찰력이 사용된 적은 거의 없다. 그러나 학습자가 특정 시점에 실제로 무엇을 경험하고 있는지와 그것이 왜 유용할 수 있는지를 학습자와 교수에게 확인시켜 줄 수 있는 수단으로서는 매우 큰 잠재력을 지니고 있다.

5.2 실현 가능성

① 측정 장치(휴대성 향상 및 길어진 배터리 수명) 및 노이즈 필터링 알고리즘이 발전하면 이 전략의 실현 가능성이 충분히 있다.
② 연구 결과를 공개적으로 사용할 수 있도록 하고 적용할 수 있게 하면 실현 가능하다.
③ 신경과학은 분명히 기여할 수 있다. 그러나 모든 학습이 뇌에서 이루어진다는 가설에 갇히지 않는다면 신경과학은 훨씬 더 많이 기여할 것이다.
④ 달성하는 데 수십 년이 걸릴 수 있다. 왜냐하면 개인마다 특수한 신경 패턴을 가지고 있으며, 정신과 정서를 처리하는 신경 패턴은 더욱더 고유하기 때문이다(아마 운동을 처리하는 신경 패턴은 덜 고유할 것이다). 따라서 개인에게 맞는 유효한 시스템을 만드는 일이 매우 어려울 수 있다.
⑤ 대부분의 나라에서 새로운 통찰력을 실제 커리큘럼에 통합하는 데에도 몇 년이 걸릴 것이다.

5.3 기타 의견

① 이 실행 전략이 적용되면 지금까지의 '믿는 효과성'에서 '과학적 이해와 입증된 결과를 기반으로 한 어떤 것'으로 전환된다.
② 학생들은 신경과학의 도움을 받아서 개인적인 성취의 어려움을 극복할 수 있다.
③ 이 전략은 매우 중요하다. 그러나 제대로 작동하려면 열정적이고 훌륭한 교사가 있어야 한다.

④ 이 전략의 진행 속도를 높이는 유일한 방법은 필수 시험에 넣는 것이다.

⑤ 예산에 의해 제약을 받을 수 있다. 또한 표준화된 커리큘럼이 걸림돌로 작용할 수도 있다. 재정적으로 더 적절해 보이는 수단(예: 무크)이 활성화되면서 이 전략이 제한적으로 진행될 수도 있다.

⑥ 이 전략이 실현되려면 교수 방법을 계속 업데이트해야 한다.

⑦ 일시적인 유행이 지나갈 때마다 운영상 리스크를 겪을 것이다.

⑧ 이론은 계속 새로 나오는데, 최신 실험 결과가 나올 때마다 그에 맞춰서 커리큘럼을 계속 변경하면 전혀 도움이 되지 않는다.

⑨ 스펙트럼을 다양하게 갖춘 정책이 뒷받침되어야 한다.

⑩ 교육 분야와 신경과학 분야는 동등하고 신중하게 협력해야 하며, 그렇게 해야 새로 제기되는 통찰력을 실제로 적용하여 결과를 이끌어 낼 수 있다.

⑪ 가까운 미래에 신경과학이 학습에 있어 중대한 돌파구를 제공할 가능성은 없다. 그러나 생화학과 심리과학 분야 연구가 진행되면서 더 좋은 방법이 나올 것이다.

실행 전략 6 ▶ 유비쿼터스 및 평생 학습 시스템 개발

장소에 상관 없이 원격 교육을 무료로 받게 한다. 이를 위해 유비쿼터스 및 평생 학습 시스템을 제공한다.

6.1　효과성

① 이 전략은 소외 계층, 외곽 변두리 지역, 개발도상국에서 매우 도움이 된다.
② 이 같은 학습이 이루어지려면 사회적 연결이 필요하고, 인터넷 연결도 필요하다.
③ 한정된 수의 사람에게는 효과적이다. 그러나 일자리 확대에 큰 영향을 미칠 정도는 아니다.
④ 정부는 양질의 콘텐츠 제작을 지원할 수 있고, 민간 기업은 새로운 종류의 학습 시스템을 만들어서 수익을 창출할 수 있다.

6.2　실현 가능성

① 이러한 현상이 이미 나타나고 있다. 세계 각지에서 휴대폰을 이용한 무크 접속이 증가하고 있다.
② 품질 관리 및 질문 처리가 문제이며, 이를 해결해야 한다.

③ 아프리카 전역에서의 휴대폰 확산 속도는 대부분의 사람들이 예상하는 것보다 훨씬 더 빠르며, 휴대폰이 확산되는 속도만큼 무료 원격 교육도 빠르게 보급될 것이다.

6.3 기타 의견

① 이 전략은 피할 수 없으며, 반드시 이루어질 것이다.
② 사회 경제적 격차 해소 및 최소화에 도움이 된다.
③ 현실이 정보에 투영된다는 사실을 '아는' 능력을 갖추어야 하며, 이 능력과 이 전략이 결합된 상태로 운용되어야 한다.
④ 수업료를 무료로 한 초기의 무크 모델은 지속가능하지 않았으며, 가장 큰 수혜자는 소외 계층이 아니라 대학 교육을 이미 받은 사람들이었다.
⑤ 무료로 제공하는 것에 너무 얽매일 필요는 없다.
⑥ 전 세계 모든 시민이 태어날 때 미래의 '스마트폰'을 한 대씩 받는다면 노예 제도는 사라질 것이고 읽고 쓰는 능력도 높아질 것이다.
⑦ 개발이 진행되는 동안 기업과 정부의 협력이 수반되어야 한다.
⑧ 모든 경제 체제에서 평생 학습은 필수적인 핵심 요구사항이다.

실행 전략 7 ▶ 대학교와 직업훈련센터 통합, 외부 프로젝트와 학교 협력 활성화

대학교와 직업훈련센터를 통합하고, 학교 외부에서 진행되는 괜찮은 프로젝트와 학교 사이의 협력을 활성화한다.

7.1 효과성

① 사람들이 만든 고가의 '지식 요새'인 대학교를 와해시키고 대학 이전부터 있었던 오래된 제도를 지식 경제계 혹은 지식 생태계로 끄집어낸다.
② 사람들이 다양한 교육 및 훈련 자원으로 유입 및 유출될 수 있게 한다.
③ 대학교와 직업훈련센터가 통합되면 교육 선택의 다양성이 줄어들 것이다.
④ 상호 작용은 필요하지만 통합은 곤란하다. 대학교의 역할과 직업훈련센터의 역할이 다르다.
⑤ 이 전략이 대학교보다는 민간 부문과 더 잘 어울린다.
⑥ 생태계적이고 전체론적인 접근 방식으로 공유 체제를 구축하면 시스템 운영의 효율성과 효과성을 훨씬 더 높일 수 있다.
⑦ 학문적 배경이 다를 때 생기는 차이점을 극복할 수 있다.
⑧ 이 전략이 성공하려면 통합 학습 생태계를 구축하는 쪽으로 목표를 설정해야 한다.
⑨ 교육 표준 개선에 도움을 줄 수 있다. 그리고 새로운 업무 조건에서 요구되는 전문가와 기술자를 양성하는 데 도움이 될 수 있다.

⑩ 이론과 실무가 함께 진행되어야 하고, 그렇게 해야 대학교와 직업훈련센터 모두 더 좋아진다.

7.2 실현 가능성

① 동기를 부여할 수 있는 방안이 마련되어야 한다.
② 국가 비상 사태에 준하는 마인드 전환이 필요하고, 관련된 모든 구성원이 동의해야 한다.
③ 전면적인 시행은 불가능하고, 제한적인 실행은 가능해 보인다.
④ 협업은 되지만 통합까지는 아니다.
⑤ 대학교는 학교가 미치는 영향력이 줄어들 것으로 판단할 것이다. 그러나 대학교는 학교의 영향력을 높일 수 있다.
⑥ 교육 체제들 사이의 경쟁이 건전하고 현명하게 진행될 것이다.

7.3 기타 의견

① 대학교는 우수한 교육의 중심 축으로 계속 남아 있어야 한다.
② 대학 교육과 직업훈련 교육, 두 경로는 현재보다 더 분리되어서 각기 설정된 방향으로 진행되어야 하고, 각 경로에 더 큰 가치와 존중이 부여되어야 한다.
③ 견습생 모델을 다시 시작해야 한다.
④ 영리를 위한 사교육을 무료 공교육과 통합하는 일은 어려울 것이다.
⑤ 무크를 통한 온라인 교육으로 통합될 수 있다.
⑥ 이 실행 전략은 의미가 없으며, 현실적으로도 비생산적이다.

실행 전략 8 ▶ 로봇과 인공지능을 교육에 활용

교육에 로봇과 인공지능을 활용한다.

8.1 효과성

① 어떻게 사용하느냐에 따라 달라진다.
② 인간 교사를 인공지능으로 대체하는 것이 아니다. 학생이 요구하는 것을 선생님이 더 잘 이해하고 커리큘럼 개발을 돕는 식으로 인공지능을 도입해야 한다.
③ 로봇은 반복 작업과 학생의 감정 모니터링에 유용하다.
④ 면대면 수업이 이루어지는 전통적인 학교를 좋아하지 않고 적응하지 못하는 어린이 및 10대 아이들과 새로운 형식의 학습 관계를 만들 수 있다.
⑤ 교사 부족을 해결할 수 있는 한 가지 방법이다.

8.2 실현 가능성

① 로봇보다는 인공지능이 더 유용하다. 인공지능이 2020년대에는 전문지식과 기술의 학습 및 향상에 실질적인 도움을 줄 것이며, 2030년대에는 교육과 관련된 새로운 기술이 나와서 인간의 수행 능력을 한층 높일 것이다.
② 모든 곳에서 가능하지는 않고 분야와 활용 방법에 따라 다르다.

③ 이와 관련된 기술은 이미 확보되어 있다. 그 기술을 책임감 있게 활용해야 한다.
④ 커리큘럼을 만드는 일에는 적합하지만 실제 교육에는 그렇지 않다.
⑤ 스마트폰이 널리 보급되면서 몇 가지 기회가 열릴 것이다.
⑥ 인공지능 비용이 떨어지면서 범용화 및 실현 가능성이 높아지고 있다.

실행 전략 9 혁신적 기술과 팀 기업가 정신을 교육

혁신적 기술exponential technologies과 팀 기업가 정신을 중점적으로 교육한다.

9.1 효과성

① 이 전략이 꼭 필요하다. 그러나 인문학과 자아 실현을 도외시해서는 안 된다.
② 20년 이후의 관련 기술을 확실하게 예측할 수 있는 방법이 있는가?
③ 사회적, 경제적으로 이익이 가장 높은 기술을 선택해야 한다.
④ 엄격한 경쟁 과정을 통해서 기술을 선택해야 한다.
⑤ 사회를 개선하는 사회적 대의명분과 함께 협력하는 방식으로 활용해야 한다.
⑥ 교육의 일부가 될 수는 있지만 중점 대상은 아니다.
⑦ 혁신적 기술을 지지하는 대다수의 사람은 세계의 지정학적 문제를 잘 모르는 엘리트주의자이다.
⑧ 사회적 정의까지 확장해서 교육에 포함시켜야 한다.
⑨ 혁신적 기술은 향후 몇 년 동안 핵심 동력이 될 것이다.
⑩ 팀 기업가 정신은 팀워크 측면에서의 스킬업을 필요로 한다.

9.2 실현 가능성

① 실현 가능성이 있으며, 실제 문제를 실시간으로 해결하기 위해 사용될 수 있다. 그리고 학습자들의 참여를 높인다는 것이 입증되었다.
② 이러한 종류의 과정을 지나치게 강조하는 방향으로 나가고 있다는 것에 두려움이 든다.
③ '혁신적 기술'은 활용 가능 범위가 매우 넓다.
④ 팀 기업가 정신이 모든 경제 체제에 맞지는 않다.

9.3 기타 의견

① 레버리지 효과가 높은 아이디어이다.
② 현실 세계와 교실 사이의 경계선을 모호하게 만든다.
③ 학습 표준과 평가 측면에서 혁신이 필요할 것이다.
④ 유일한 중점 대상이 아니라 중점 영역이다.
⑤ 모든 사람에게 해당되지는 않는다. 가장 크게 성공한 사람은 롤 모델이 될 수 있다. 그러나 대다수는 계속 노동자일 것이다.
⑥ 때로는 가장 큰 발견이 결국에 가서 기대에 미치지 못하기도 한다. 따라서 승자를 미리 선택하려는 것이 비생산적일 수 있다.
⑦ 혁신적 기술은 기술 진화 방법의 몰이해를 기반으로 하고, 인기 공상 과학 영화와 틀린 데이터에 의해 대중화된다.
⑧ 팀 기업가 정신이 어떤 상황에서는 중요할 수 있다. 그러나 천재의 범주에 들어가는 개인의 번뜩이는 지혜를 담아내지는 못한다.

⑨ 다국적 기업, 국영 기업, 소규모 기업가, 정부 중 소유자는 누구인가? 어떤 영역에서 진행되는가? 일반 민간 영역인가? 군사 영역인가?

⑩ 영감을 주는 한 명의 멘토와 배우기를 간절히 바라는 한 명의 학생이 있다면, 이들을 어떻게 포용할 수 있는가?

⑪ 이를 표방하는 확실한 예로 몬드라곤 팀 아카데미Mondragon Team Academy가 있다. 몬드라곤대학교Mondragon University의 새로운 학위 과정인 '리더십과 기업가 정신'Leadership and Entrepreneurship은 새로운 협력 비즈니스 이니셔티브를 만들고 있다.

실행 전략 10 ▶ 자영업 활성화를 염두에 둔 커리큘럼 변경

> 자영업이 일상적으로 활성화되도록 모든 수준에서 커리큘럼을 변경한다.

10.1 효과성

① 현재 회사에서 버는 이익보다 더 많은 이익을 내기 전까지는 회사를 계속 다니면서 여러분이 생각한 사업을 준비한다.
② 다른 회사에서 일을 하면서 습득한 기술과 경험이 창업 시점에는 여러분이 창업한 본인의 회사로 이전된다.
③ 적극적으로 참여하고 헌신적으로 일하는 기업가에게는 하나의 선택지가 될 수 있지만 모든 사람에게 유용하지는 않다.
④ 직접적인 사회적 상호작용이 줄고 공동체 의식이 훼손될 수 있다(더 큰 그룹에 속해서 활동).
⑤ 자영업은 이미 경제를 이끄는 동력이므로 그에 맞게 커리큘럼을 짜는 일이 당연할 수 있다.
⑥ 대다수의 서민들에게는 와 닿지 않는 모호한 전략이다.
⑦ 장기적으로 볼 때 자영업은 거스를 수 없는 추세이다.

10.2 실현 가능성

① 자영업은 자율성과 다르다. 자율성은 고급 기술을 통해 커리큘럼의 초점을 자율성에 둔다.
② 자영업은 중소규모인 경우에 이상적이거나 적절하며, 좋은 목표가 된다. 그렇다고 해서 만병통치약은 아니다.
③ 최소한의 변화를 요구하며, 자영업이 실제로도 필요하다. 그러나 2050년까지 우선적으로 지향해야 할 사회적 니즈인지에 대해서는 확신이 들지 않는다.
④ 이 전략은 필수가 아니라 선택이다.
⑤ 이 전략에 초점을 맞춘 대학과 다른 형태의 교육 기관이 나올 것이다.

10.3 기타 의견

① 이 전략은 실현 가능하며, 불가피한 일이기도 하다.
② 사람들은 일자리 대신 시장 찾는 방법을 알게 된다.
③ 초등학교에서 간단한 수학을 배운다. 그리고 자영업자가 알아야 할 현금출납부, 원장, 현금 흐름 예상, 간단한 수학 능력의 활용 방법을 배워야 할 경우 초등학생 수준의 수학으로도 충분한다.
④ 좋은 아이디어이지만 살펴보아야 할 점이 많이 있다.
⑤ 자영업으로의 전환이 가속화됨에 따라 아주 작은 수준의 수입밖에 올리지 못하는 개인들이 더 많아진다.
⑥ 지속가능한 생활 임금이나 보편적 기본 소득 없이는 이 전략이 작동될 수 없다.

⑦ '자영업'이라는 가방 안에 모든 것을 두기 보다는 조직 내부에서 협업하는 방법을 배우는 것이 더 효과적이다.
⑧ 협업하면서 다른 사람과 일하는 즐거움을 길러야 한다.
⑨ 모든 사람이 자영업을 하면 극심한 생존 경쟁으로 내몰릴 수 있다.
⑩ 여러분의 후원자가 여러분을 착취했던 적이 있었으며, 이제 여러분은 여러분 자신을 착취하고 그것을 자유라고 부른다.
⑪ 교육의 목적이 단지 고용을 위한 것은 아니다.
⑫ 자영업의 타당성 여부는 농업, 서비스업, 제조업 등 업종마다 다르다.
⑬ 여러분이 어떤 존재인지에 대한 자부심을 가지기 바란다.
⑭ 우리에게는 우리를 이끄는 사람과 아티스트가 필요하며, 우리를 따르는 사람과 소비자도 필요하다.
⑮ 교육 수준이 낮고 고급 기술을 가지지 않은 기업가가 운영하는 소규모 상점이나 서비스는 인공지능에 의해 쉽게 대체된다. 따라서 빠르게 변화하는 기술을 앞서갈 수 있어야 한다. 이렇게 하려면 어떻게 해야 하는가?
⑯ 기업들은 이것을 좋아한다. 왜냐하면 많은 유산 비용 legacy cost[65]을 없앨 수 있기 때문이다.
⑰ 긱 경제 gig economy[66]가 자유를 보장하는 것처럼 들리지만 여기에는 실질적인 이슈가 몇 가지 숨어 있다.
⑱ 사람들이 과도하게 고립되지 않도록 사람들을 모으는 방법을 구체화해야 한다.

실행 전략 11 ▸ 생활지도 카운슬러 양성-미래 지향성 강화

학교의 미래 지향성을 강화하기 위해 생활지도 카운슬러를 교육한다.

11.1 효과성

① 생활지도 카운슬러를 교육하는 일은 필수적인 요구사항이다.
② 동향과 미래에 대한 연구에 쉽게 접근할 수 있어야 한다.
③ 카운슬러는 앞을 내다보는 훈련을 받아야 한다. 이는 미래를 파악하기 위해 꼭 필요하다.

11.2 실현 가능성

① 생활지도 카운슬러 훈련 커리큘럼에 이 내용을 넣고, 미래에 관해 학생들과 대화할 수 있는 준비를 할 수 있도록 미래 연구를 시켜야 한다.
② 카운슬러와의 인터뷰에서 미래를 얼마나 알고 있는지를 파악해야 한다.
③ 생활지도 카운슬러 관련 훈련을 유료로 듣는 이들은 없을 것이다.
④ 학생들이 진출하려는 분야에서 실제 업무 경험이 있는 '현장 멘토'를 생활지도 카운슬러로 둔다.

11.3 기타 의견

① 온라인 생활지도 시스템은 매우 효과적일 수 있다.
② 나무에 가장 낮게 매달려 있어 따먹기 쉬운 과일처럼 보인다. 생활지도 카운슬러는 현재 무슨 훈련을 받고 있는가?
③ 모든 수준에서 이루어지는 각 수업의 마지막 주에는 해당 수업에서 가르친 주제가 미래에 어떻게 될지를 다루어야 한다.
④ 역사와 미래를 가르쳐야 한다.
⑤ 이 전략이 활성화되면 인공지능으로 자동화된 제안 시스템들 중 일부가 교사의 능력을 높이고 정규직으로 있는 생활지도 카운슬러의 역할을 더 빨리 없앨 수 있다.
⑥ 2050년에 여러 가지 성과가 나타날 것이며, 그 성과들을 이루는 데 있어서 생활지도 카운슬러를 훈련시키는 것은 여러 이니셔티브들 중 하나이어야 한다.
⑦ 생활지도 카운슬러가 트렌드를 계속 따라가게 하는 방법을 찾아야 한다.
⑧ 교육의 효과를 높이려면 미래를 긍정적으로 생각하게 만들어야 한다.

실행 전략 12 ▶ 교육 공동체의 육아 책임 분담

하나의 교육 공동체로서 육아 책임을 분담한다.

12.1 효과성

① 기술이 사회적으로 큰 변혁을 일으키는 시점에 육아와 관련된 공동체들은 이 전략과 관련된 사회적 규범을 강화해야 한다.

② 학교가 '부모'의 역할을 맡아야 할 책임은 없다.

③ 육아 관련 훈련이 필요하며, 공동체는 이러한 교육을 하기 위한 노력을 기울여야 한다.

④ 주일 학교 교사와 걸스카우트 및 보이스카우트 연맹이 육아 관련 훈련을 효과적으로 할 수 있다.

⑤ "아이를 키우려면 한 개의 마을 전체가 필요하다"라는 철학에 일부 진리가 있으며, 가정 밖에서 이 철학의 최대 이해관계자는 학교이다. 그렇다고 해서 교사들에게 사회 문제를 해결하라고 요청하는 것이나 학생들이 최고가 되게 가르치라고 요청하는 것이 결과적으로는 전혀 효과적이지 않다.

⑥ 영재아는 국가 차원에서 돌보아야 하는 자원이지만 평균을 올리는 일에 집중하다 보면 영재아를 잘 돌보지 않게 된다.

⑦ 청소년에게는 교육 시스템 외부의 '부모'나 다른 사람이 필요하며, 이들이 청소년의 성공에 관심을 가져야 한다.

⑧ 부모의 책임을 공유하자는 말이 괜찮게 들리기는 하지만 부모의 무조건적인 사랑과 보살핌이 아이에게 미치는 영향이 줄어들 수 있다.
⑨ 일상의 생존에 집중해야 하는 개발도상국에 살고 있는 부모나 빈민가에 살고 있는 부모들 중 많은 이들에게는 지적이거나 창의적인 기술 환경을 제공할 자원이나 시간이 없으며, 이런 가정에서는 학교에서 가르치는 것을 지원하거나 보완할 수 없다.

12.2 실현 가능성

① 너무 많은 교사들이 이미 너무 많은 책임을 과다하게 지고 있으며, 평생학습 과정의 추진 주체는 공동체 전체이어야 한다.
② 이러한 움직임은 피할 수 없는 강력한 것으로, 적절한 흐름이다.
③ 교사당 학생 수를 적절하게 두는 것이 도움이 되는 것처럼 교사와 학부모가 연계하는 것이 도움이 될 수 있다. 그러나 경제적인 측면에서 보면 비용이 많이 들어간다.
④ 이 전략이 실현되려면 훈련 모델이 유연해야 하고, 모든 이해관계자들의 헌신이 수반되어야 한다.
⑤ 시골에는 청소년을 성인으로 만드는 프로그램이 많이 있었지만 도시로 이주한 청소년들은 그런 프로그램을 접하지 못하게 되었다.
⑥ 이 전략이 독재 사회에서는 가능하다. 그러나 다원화된 사회에서 이 전략이 제대로 작동하려면 모든 구성원이 합의한 기준이 있어야 한다.

12.3 기타 의견

① 가족이라는 체계가 점점 더 약해지고 있으므로 교육 공동체가 책임을 공유하는 새로운 제도가 만들어져야 한다.
② 부모는 더 많은 책임을 져야 한다.
③ 자식을 신뢰하지 않는 일탈한 철학이 있으며, 이것이 장애물이 될 수 있다.
④ 나는 교사이며, 이미 이렇게 하고 있다.
⑤ 여러분이 가진 부모의 역할을 사회가 줄이려 한다고 생각하지 말기 바란다.

실행 전략 13   학습 시스템을 지속적으로 개선하는 공동체 구성

학습 시스템을 지속적으로 개선하는 '실천 공동체'를 만들어서 활성화시킨다.

13.1   효과성

① 학습 시스템에 지식 공동체를 참여시키면 실질적인 통찰력과 역동성이 높아질 것이다.
② 초중고등학교, 대학교, 학생, 기업, 과학계, 기술 전문가들이 협업해야 한다.
③ 대부분의 혁신은 한 명의 교사에 의해 시작되었다.
④ 다른 학교와 시스템에 속해 있는 매우 혁신적인 교사들을 연결해서 서로 대화하도록 만드는 일에 관심 있는 공동체가 있다면 교육계 전반에서의 생산적인 혁신을 검증하고 수용하는 작업이 빠르게 진행될 것이다.

13.2   실현 가능성

① 여러 가지 학습 시스템이 어떻게 되어 있는지 배워야 한다.
② 정부에서 만든 커리큘럼은 학습과 관련해서 빠르게 변화하는 흐름과 새로운 연구에 제대로 적응할 수 없다.
③ 일부 전문가는 자신이 만든 것을 지키는 일에 급급해서 다른 사람과 공유하지 않을 수 있다.

13.3 기타 의견

① 새로운 구조를 제도적으로 만드는 일에 도움이 될 수 있다.

② 이 전략이 메이커 운동[67]에서 일어날 수 있다.

③ 전략이 가시화되어 결과가 나오더라도 학교 시스템이 그 결과를 수용하고 이행하는 것이 더 중요하다.

④ 재학생 커뮤니티와 졸업생 커뮤니티가 만들어져야 한다.

⑤ 일부 영역에서 도움이 될 수 있다. 그러나 '위원회' 차원에서만 진행될 수도 있다.

⑥ 전적으로 교육부가 어떻게 하느냐에 따라 달라진다.

실행 전략 14 ▶ 시뮬레이션 기반 학습을 기존 학습에 통합

> 멀티플레이어 환경을 사용하는 시뮬레이션 기반 학습을 기존 학습에 통합한다.

14.1 효과성

① 시뮬레이션에 증강 현실과 가상 현실을 통합하면 언어 교육과 군사 훈련이 매우 효과적이라는 사실이 입증되었다. 그러나 여러 사람이 함께 하는 상황에서 직접 만났을 때 만들어지는 사회적인 상호작용의 가치를 잃어버려서는 안된다.

② 학습에서 '실패를 수용하는 것'이 중요하며, 이를 시뮬레이션에 통합해야 한다.

③ 시뮬레이션 기반 학습에서 진행된 게임에 머무르지 말고 실질적인 학습 성과로 이어져서 소기의 목표가 달성되어야 한다.

④ 전통적인 교실 수업에서 할 수 없는 환경을 시뮬레이션 방식으로 학습할 수 있다.

⑤ 이 전략이 진행되려면 광범위한 훈련이 필요하다.

⑥ 모든 것에 게임 요소를 넣고 게임 형식으로 만들어서 학습하게 해야 한다. 이 방식의 교육이 적합한 사람의 경우 상당한 학습 효과를 낼 수 있다.

⑦ 혼합 현실MR(Mixed Reality)이 우리가 가야 할 길이다!

14.2 실현 가능성

① 전 세계 인터넷이 클라우드로 연결되면서 2030년이 되면 시뮬레이션 기반 학습에 들어가는 비용이 내려갈 것이고 2050년이 되면 실질적인 효과가 나타날 것이다.
② 많은 교육 스타트업이 이 아이템을 가지고 사업 모델을 만들 것이며, 그 중에서 많은 곳이 실패하겠지만 최소한 일부 스타트업은 성공할 것이다.
③ 스타트업들이 투자하기에 좋은 분야이다.
④ 시뮬레이션은 가능한 한 현실적이어야 한다.
⑤ 시뮬레이션 환경을 구축하는 것은 예술에 더 가깝다. 기계 학습machine learning에서 사용했던 방식으로 접근하면 제대로 작동되지 않을 것이다.
⑥ 실시간 그룹 문제 해결 방식은 시간과 비용을 줄일 수 있으므로 합의에 이르기도 용이할 것이다.

14.3 기타 의견

① 계산 과학computational science의 발전으로 인해 아마추어 과학자들의 교육 시스템 기여가 가능케 되어 화학, 물리학, 생물학, 공학에 대한 일반인들의 이해도가 높아진다.
② 게임화Gamification[68]를 적용하면 매우 강력한 효과를 발휘할 가능성이 높다.
③ 한 가지 장벽 요인이 있다면 비용이다.
④ 다수의 인간 '경쟁자'나 '플레이어'가 주는 실시간 피드백은 프로그래밍 방식의 로봇 반응보다 훨씬 더 유용하다.

⑤ 교육용 게임 스타트업들 중 일부는 적절한 균형을 찾기 시작하고 성공을 거둘 것이다.
⑥ 비행 훈련 시뮬레이션은 여러 해 동안 제대로 된 역할을 하고 있다. 그러나 시뮬레이션은 실제 훈련이기 보다 게임에 더 가깝다는 사실을 잊지 말기 바란다.
⑦ 이 전략이 제한적으로 효과가 있을 것이다.
⑧ 글쓰기와 프로그래밍의 경우 장기간 효과를 내려면 비용이 많이 들어간다.
⑨ 전 세계적으로 학습 시제품이 실제로 점점 더 많이 나오고 있다.

실행 전략 15 ▶ 보안 문제 대응 능력 학습

교수 기술 및 학습 기술과 관련해서 보안 문제가 있을 수 있으므로 보안에 대한 학습을 포함시켜야 한다.

15.1 효과성

① 이 전략은 반드시 진행되어야 하며, 이 전략이 고용 전망을 더 좋게 하는 것과는 무관하다.
② 합성생물학, 나노 기술, 인공지능 등이 부정적인 영향을 끼칠 것으로 예상해야 한다. 따라서 시스템이나 정책도 그런 위험을 관리할 수 있도록 조정해야 한다. 만약 그렇게 하지 않으면 큰 재앙이 생길 것이다.
③ 보안은 꼭 익혀야 할 능력이다.

15.2 실현 가능성

① 해킹에 대한 시스템 취약성 증가로 인해 보안 교육이 필요할 것이다.
② 보안 격차와 기술 사용에 더 적극적으로 임해야 한다.
③ 사이버 보안은 성장하는 직업군이다.
④ 보안 교육을 학습 과정에 포함시킬 수 있지만 교수 기술 및 학습 기술 관련 보안 문제 때문은 아니다.
⑤ 국가 정책과 교육 당국의 전략적 측면에서 보안 교육이 이루어져야 한다.

⑥ 국제원자력기구가 없어서 원자력 관련 예측, 표준, 거버넌스 시스템이 가동되지 않았다면 어떤 일이 일어났을지 상상해 보아라. 아마도 핵과 관련된 재난이 많이 일어났을 것이고, 지금쯤 핵 전쟁이 일어났을지도 모른다.

15.3 기타 의견

① 향후 모든 시스템에서 보안 문제가 제기될 것이다.
② '실제 보안'과 '체감 보안' 사이에 어떤 차이가 있는지를 이해하는 것이 비판적 사고의 중요한 부분이 될 것이다.
③ 공격이 일어났을 때 공격을 어떻게 인지할 것인지, 공격으로 인한 영향을 최소화하기 위해 무엇을 해야 할지 이해하는 것이 필요하다.
④ 관리 및 조직 차원에서 보안 교육을 구조적으로 설계해야 한다.
⑤ 증기 기관에 잠재적인 단점이 있지만 그럼에도 불구하고 증기 기관에 의존했다면 오늘날 겪고 있는 환경 재앙 중 상당 부분을 막을 수 있는 더 좋은 산업 체계를 만들었을지도 모른다.
⑥ 인공지능의 자율성 진화 정도에 따라 기술적 보안이 달라진다. 그리고 인공지능 진화를 인간의 규제와 간섭이 따라가지 못한다. 즉 시의 적절하지 않게 된다.

실행 전략 16 ▶ 취업 중개 시스템을 교육 및 고용 시스템에 통합

> 취업 시장을 중개하는 지능형 시스템을 교육 시스템과 고용 시스템에 통합한다.

16.1 효과성

① 이 전략은 좋은 생각이다. 내 경험상 나와 같이 졸업한 친구들 중 10~20퍼센트만이 학교에서 전공한 분야에서 일을 하고 있다.
② 학생들이 왜 교육을 받고 있으며, 교육을 받는다는 것이 미래에 무슨 의미가 있을지 아는 것이 중요하다.
③ 빅데이터 수집 및 분석이 발전하면 정확한 수요를 예측하고, 직무에 맞는 커리큘럼을 제대로 구성할 수 있다.
④ 취업 시장 예측이 정확하게 이루어진 것을 본적이 없다.
⑤ 개인 역량의 효과적인 강화를 가능케 하는 것이 핵심이다.
⑥ 단기적으로는 효과가 있을 것이다. 그러나 문제는 장기적으로도 효과를 낼 수 있느냐이다. 빠르게 변화하는 환경에서 이 시스템의 예측 능력이 매우 제한적일 수 있기 때문이다.
⑦ 이 전략은 교육 및 고용 시스템에서 핵심 사안이며, 일부 나라에서는 이미 진행되고 있다.

16.2 실현 가능성

① 인구 통계, 전문 및 기술 동향을 실시간으로 모니터링하고 분석하는 빅데이터 기반의 최신 통합 시스템이 이미 사용 가능하다.
② 이러한 시스템을 구축하려면 국가 지도자의 리더십과 중앙 정부의 전략적 계획이 필요하다.
③ 관련된 응용 분야에 있는 사람들의 참여와 그들의 재능이 필요하다.

16.3 기타 의견

① 기업이 필요로 하는 것과 직원의 재능을 개발하는 방법 사이를 연계하기 위해 할 수 있는 게 많으면 많을수록 더 좋다.
② 더 나은 2050년을 위해서는 취업 시장 지능형 시스템을 교육 및 고용 시스템에 통합해야 한다.
③ 빠르게 변화하는 고용 환경에서 이 전략은 중요하며, 그렇게 해야 글로벌 시장에서 경쟁우위를 유지할 수 있다.
④ 개인 맞춤형 교육 시스템이라는 목표를 달성함에 있어 학습 분석 기술 learning analytics[69]은 매우 유용하다.
⑤ 취업 시장 정보가 교육보다는 훈련 쪽에 더 밀접할 수 있다.
⑥ 직업 학교나 인턴 시장에서는 이 시스템이 꼭 필요할 것 같다. 그러나 대학 교육에는 맞지 않고 오히려 대학 교육을 피폐하게 만들 수 있다.
⑦ 취업 시장 지능형 시스템은 우리를 퇴보시키는 것 같다. 최악의 경우에 이력 현상 hysteresis[70]을 불러일으킬 수 있고, 최상의 경우에 큰 오류로 인한 차이를 야기할 수 있다.

⑧ 대학에 가면 취업이 더 잘 될 줄 알고 고등교육을 받는 학생이 더 많아지고, 결국 이들은 재학 중에 빌린 부채를 짊어지고 사회로 나간다.
⑨ 일부 대학은 취업 시장 관련 정보를 보유하고 있지 않다.
⑩ 이 시스템을 구축하는 일이 매우 쉽다는 것을 우리 모두 알고 있다.

실행 전략 17 ▶ 사회 전 구성원이 참여하여 평생 학습 모델 구축

정부, 모든 산업 부문의 기업, 노동조합은 적절한 평생 학습 모델을 만들기 위해 협력해야 한다.

17.1 효과성

① 이것이 많은 나라에서 이미 실현되어 있으며, 추가로 필요한 것은 모든 주체가 합의한 공통의 장기 전략이다.
② 지역사회도 합류해야 한다.
③ 사회적 융합은 매우 효과적일 것이다.
④ 협의에 참여하는 모든 당사자는 윤리적 의식을 갖추고 있어야 하며 협업할 준비도 되어 있어야 한다.
⑤ 시스템이 복잡해지기만 한다.
⑥ 관료주의와 한정된 자금 문제를 해결해야 한다.

17.2 실현 가능성

① 대학과 지역사회에서 평생 학습 지원에 적극적으로 참여하지 않는다면 큰 영향을 미치지 못할 것이다.
② 주요 기업은 직원들에게 학습 기회를 제공하면 직원들의 퇴사율이 낮아지고 직원들이 중간 관리자로 성장할 가능성이 높아진다는 것을 이미 알고 있다.

③ 기업들은 학습 아젠다에 맞게 직원들의 기술을 높이기 위해 들어가는 비용을 감당하는 것에는 관심이 없으며, 이윤 확보에 관심이 더 많다.
④ 의미 있는 모델을 만들려면 전면적인 참여가 필요하다.
⑤ 많은 나라에서 정치적 압력, 정치적 의지, 자금 이슈가 명료하게 정리되어 있지 않으며, 이 전략은 그러한 것들의 영향을 받는다.

17.3 기타 의견

① 이상적이지만 실현 가능성이 높지 않을 것이다. 왜냐하면 정부, 기업, 노동조합, 이 세 주체의 목적이 같지 않기 때문이다.
② 사회적 지원 활동이나 자아 실현을 위해서는 평생 학습 모델이 필요하지만 직장에서 일하기 위해 평생 학습을 필요로 하는 사람의 수는 많지 않을 것이기 때문에 개설되는 강좌의 종류가 특정 분야로 좁을 것이다.
③ 정부의 역할은 인센티브를 제공하고, 기업들이 학습 시스템을 활성화하도록 촉진하는 것이지, 정부가 콘텐츠에 집중해서는 안된다.
④ 자본주의 방식의 인센티브만으로 교육을 이끄는 것이 맞는지에 대해서는 고민을 해야 한다.
⑤ 현재 많은 개발도상국에서 노동조합은 이 실행 전략에 호의적이지 않지만 2050년이 되면 보다 더 협력적인 관계가 될 것이다.
⑥ 이러한 유형의 협력이 단기간에 이루어질 것처럼 보이지는 않는다.
⑦ 협력 사업 개발이 하나의 대안이 될 수 있다.

실행 전략 18 출생 후 3세까지의 학습 시스템 구축

출생 후 3세까지의 학습 시스템을 만든다. 이는 창의성과 인성을 개발하기 위한 핵심 단계이다.

18.1 효과성

① 발도르프 학교 Waldorf School 시스템과 쎄서미 스트리트 Sesame Street 형태의 교육은 놀라울 정도로 효과적이다.
② 모든 연구에서는 이 연령대가 학습 목적에 있어 매우 중요하다는 점에 동의한다.
③ 아이들도 그들 스스로 세상을 발견할 기회를 여러 차례 갖는 것이 필요하다.
④ 이 나이에서 이루어지는 두뇌 성장에 필요한 영양을 적절하게 보장하는 것이 중요하다.
⑤ 3세까지의 기간 동안 제대로 된 학습을 제공한다면 창의적인 능력을 극대화하고 개인에게 유전적으로 부여된 부정적인 성향을 최소화할 수 있다.
⑥ 학습 시스템이 아이들의 타고난 창의성을 훼손하지 않도록 해야 한다.
⑦ 이 시기에는 '가르치는 것'이 필요하지 않고 '양육'이 필요하다.
⑧ 학습 시스템을 개발할 때 누구를 기준으로 하고 어떤 내용을 기준으로 할 것인지를 정해야 한다.

⑨ 아이들에게 양질의 돌봄을 무료로 제공하는 것은 평등한 사회 시스템이 갖추어야 할 기본 요소이다.

18.2 실현 가능성

① 전 세계적으로 모바일을 통해 인터넷에 접속할 수 있기 때문에 3세까지의 학습 시스템을 만드는 일이 충분히 가능하다.
② 대부분의 연구에서 3세까지의 교육이 창의성 및 인성 개발에 실제로 중요하다는 것이 사실로 입증되었으며, 영아 학습 시스템은 전 세계적으로 퍼져 나갈 것이다.
③ 학습 시스템에는 지식 콘텐츠 이외에 놀이 및 보살핌도 포함되어야 한다.
④ 교육 시간이 늘어나면서 아이와 부모가 함께하는 시간이 줄어든다.

18.3 기타 의견

① 이 나이대에 대부분의 아이들은 물리적 공간 안에서 그들이 처한 환경을 인식하고 그들이 존재한다는 인식을 배운다.
② 이 학습 시스템이 완성도를 갖추려면 많은 이들의 자유로운 검토를 받고 의견을 수용해야 한다.
③ 발도르프 학교 모델처럼 검증된 몇 가지 대안을 살펴보기 바란다. 즉 처음에는 독서, 수학, 서적을 통한 학습 등에 초점을 맞추기 보다는 예술과 직관적인 학습을 진행해서 창의성을 키우는 일에 집중할 수 있다.

④ 생명공학 및 관련 기술의 발달로 인해 아이가 태어나기 전에 아이의 창의적인 능력을 디자인하고 프로그래밍할 수 있을 것으로 기대하는 이들도 있다.
⑤ 영아들을 위한 학습 시스템이 위험하지만 창의성과 인성 개발에 도움을 줄 수는 있다. 그러나 뇌 임플란트brain implant[71]를 추진해서는 안 된다.
⑥ 이런 학습 시스템에 의구심이 든다. 왜냐하면 어린 나이에 이루어진 학습은 명령보다 더 깊이 각인되기 때문이다.
⑦ 정치적 목적이나 사회적 우생학을 위해 나쁜 의도로 잘못 적용될 수 있다.
⑧ 자발성이 보존될 수 있도록 해야 한다.
⑨ 어린이를 규격화해서는 안된다. 아이들이 초등학교에 들어갔을 때 창의성이 급격하게 떨어진다. 0~3세에 이런 학습을 하면 분명 재앙이 될 것이다.
⑩ 빈곤 관점에서 집중해서 접근하면 성공할 가능성이 훨씬 더 높아진다.
⑪ 정부 차원이 아닌, 민간 부문에서 먼저 진행되어야 한다.

| 실행 전략 19 | 이슈 해결 전략을 홍보하는 일에 유명인 활용 |

전 세계에서 큰 변화를 일으키는 이슈들을 해결하기 위한 전략들을 대중들에게 알리기 위해 유명인과 함께 대규모 홍보 캠페인을 만든다.

| 19.1 | 효과성 |

① 지난 수십 년 동안 엘론 머스크와 빌 게이츠 외에 여러 사람들의 노력으로 인해 슈퍼 인공지능에 긍정적이지 않은 면이 잠재되어 있다는 사실을 전 세계 사람들이 알게 되었지만 이들의 활동이 대중 홍보 캠페인을 통해 이루어진 것은 아니다.

② 유명인들의 호소는 젊은이들에게 많은 영향을 준다. 유명인들이 일관된 메시지를 최소 5년 이상 계속 내보내면 효과적이다.

③ 미디어를 효과적으로 활용해서 대중에게 홍보하고 교육할 수 있으며, 유명인도 그중 하나의 요소일 뿐이다. 유명인들의 홍보 아이디어를 제공하는 주체가 누구일지 생각해 보아야 한다.

④ 이 전략과 관련해서 제기되는 문제점들을 해결한 이후에 구체적으로 시행해야 한다.

19.2 실현 가능성

① 유명인이 참여하는 홍보 캠페인을 만드는 일에는 문제가 없다. 자금을 확보하는 일이 번거로울 수 있지만 유명인이 함께하기 때문에 좋은 투자자를 찾는 일은 어렵지 않다.
② 엘론과 빌이 인공지능이 안고 있는 잠재적인 문제를 대중에게 강의할 때 이들이 돈을 받지는 않는다.
③ 유명인이 참여하는 대중 캠페인을 젊은이들을 대상으로 하는 교육에 활용한다는 협약이 이루어지면 실현 가능성이 매우 높다. 가령, 유명 인사가 대중의 건강 이슈(예: HIV)를 알리는 일에 도움을 준다는 협약을 맺을 수 있다.
④ 윤리적인 인식을 가지고 있는 유명 인사들 중 일부는 사회에 환원할 방법을 찾고 있으며, 그들의 이런 자세를 활용할 수 있다.
⑤ 유명인들은 이미 이러한 캠페인을 하고 있다. 대부분은 선진국에서 이루어지고 있으며, 그들의 활동이 전 세계 모든 곳에서 특별한 효과를 내지는 않을 것이다.

19.3 기타 의견

① 캠페인을 잘 만들면 게임 체인저가 될 수 있다.
② 실제 사람이든 가상 인물이든 유명인은 마케팅 캠페인에서 효과를 낼 수 있다. 특히 마케팅 메시지를 받는 이들이 그들 자신을 유명인이나 영웅으로 인식하는 경우에 효과가 더 높다.

③ 지금도 유명인을 활용한 홍보 캠페인이 나오고 있지만 더 많이 나올 필요가 있다.

④ 필요하다. 그러나 유명인은 양날의 검이라는 사실을 기억하기 바란다.

⑤ 과장된 광고와 이데올로기를 조심해야 한다.

⑥ 캠페인의 방향성은 '미래'를 피할 수 없는 어떤 것으로 제시하는 것이 아니라 사람들이 미래를 자율적으로 생각할 수 있다는 관점에서 진행되어야 한다.

⑦ 유명인만을 활용한 홍보 캠페인은 피상적인 수준에만 머무를 것이다.

⑧ 2050년경이 되면 중대한 변화가 일어나기 때문에 그때 쯤에는 이런 형태의 캠페인이 쓸모 없을 것이다. 그러나 단기 혹은 중기적으로 보면 효과를 낼 수 있다.

| 실행 전략 20 | 커리큘럼에 역사와 미래학 포함 |

커리큘럼에 역사를 넣을 때 미래학도 포함시킨다. 미래를 대체할 수 있는 비전, 예측, 잠재적 미래를 평가할 수 있는 능력을 가르친다.

20.1 효과성

① 더 나은 미래를 만드는 데 있어서 미래 지향적 인식을 가진 문명은 역사 지향적 인식을 가진 문명만큼이나 중요하다.
② 학생들 입장에서 과거를 돌아보는 것에 비해 미래를 바라보는 것이 신선하게 와 닿을 것이다.
③ 빠르게 변화하는 시대에 커리큘럼에 미래학을 포함시키지 않는다는 것은 모래 속에 머리를 숨기고 있는 것과 같다.
④ 커리큘럼에 미래학이 들어가면 비판적 사고를 하게 된다.
⑤ 이것은 정말로 괜찮은 생각이다. 나는 꼭 이렇게 되기를 바란다.
⑥ 어떻게 구현되는지에 따라 승패가 좌우된다.
⑦ 우리의 교육 시스템에 큰 발전을 가져올 것이다.
⑧ 정규 과목 주제는 아니고 교과외 과목으로 들어갈 것이다.
⑨ 2050년까지의 고용 전망과는 큰 관련이 없을 것이다.
⑩ 학습에 대한 관심을 유발하며, 동기 부여 측면에서 꽤 많은 영향을 미칠 수 있다.

⑪ '예측을 하는 것'은 인간 두뇌의 주요 특징들 중 하나이며, 이 능력을 인식하고 매우 이른 나이에 예측을 해 보는 것은 자연스러운 일이다.
⑫ 미래를 예측해 보는 수업 중에 일부 학생들은 자신들이 꿈꾸는 미래의 직업이 그때 가서는 더 이상 존재하지 않을지도 모른다는 사실을 깨달을 것이다.

20.2 실현 가능성

① 미래학자들은 전 세계에서 여러 해 동안 이와 관련된 작업을 했으며 어느 정도 진척이 있었다. 그렇다고 이 전략을 꼭 진행해야 하는 것은 아니며, 꼭 해야 한다고 해서 쉽거나 실현 가능성이 있다고 볼 수도 없다.
② 학생들이 수강하는 모든 주제에 미래에 관련된 것을 넣어야 한다.
③ 미래 지향적 교수법을 가르칠 때 미래 방법론을 활용한다.
④ 학생 개인별로 선호하는 미래를 지정함으로써 교육의 개인화를 더 강화할 수 있다.
⑤ 가능한 미래의 맥락 안에서 역사에 대한 논의가 이루어질 때 새로운 연관성이 도출될 수 있다.
⑥ 이 전략을 지지하는 사람이 충분할 것이라고 생각하지 않는다.
⑦ 이 전략을 진행하려면 더 많은 연구와 실험이 필요하다.
⑧ 미래의 어떤 모습은 매혹적이며, 그 모습을 탐구하고 싶은 의지로 인해 미래에 대한 연구가 활성화되기를 바란다.
⑨ 헤드헌터의 사고방식이 바뀔 것이다.
⑩ 학생들은 4차 산업혁명 중에 일어날 급격한 변화에 대해 알게 되고, 그 변화를 통제할 수 있는 스킬을 갖게 된다.

20.3 기타 의견

① 모든 주제에서 미래를 이야기하기 바란다.

② 미래 문해력FL(Futures Literacy; https://en.unesco.org/themes/futures-literacy)은 역사만큼이나 중요하다.

③ 어떤 사람이 미래의 다양한 가능성과 불가능성을 상상할 수 없다면 그 사람은 다른 사람이 설정한 미래의 현실에 갇히게 될 것이다.

④ 혁신을 가르치는 것과 연관시켜야 하며, 실습 방식으로 진행해야 한다.

⑤ 모든 수업의 마지막 주에는 그 수업에서 다룬 주제의 미래에 대해 논의해야 한다.

⑥ 이 전략을 커리큘럼 기준에 통합시켜서, 교과서 집필자가 교과서에 이 내용이 들어가게 하고, 대학이나 대학원 진학 시험에도 이 전략과 관련된 내용을 포함시킨다.

⑦ 일반 대중도 현실적으로 긍정적인 미래를 생각할 수 있도록 한다.

⑧ 이 전략을 달성하는 데 있어 밀레니엄 프로젝트가 도움이 될 것이다.

⑨ Teach the Future(http://www.teachthefuture.org/)에서 이 전략을 구체화하기 위한 활동을 하고 있다. 사람들은 만질 수 없는 것에 관심을 두지 않는다.

추가 전략 ▶ 교육과 학습 부문 추가 전략

> 2050년 일자리/기술의 역학 관계를 더 좋게 만들기 위해 장기적으로 추진해야 할 교육과 학습 관련 추가 전략으로 무엇이 있는가?

① 미래 교육 연구 기관을 통해 전문 기술을 재교육받을 수 있도록 한다.
② 기술이 빠른 속도로 변화하고 있는 상황에서 문화적 관습과 정체성이 어떻게 변화할지를 평가한다.
③ 모든 사람에게 동시에 똑같은 것을 가르치지 마라.
④ 도덕 교육을 강화한다.
⑤ 권력 남용을 통제할 수 있는 보다 더 효과적인 프로세스를 만든다. 그리고 학습 및 교육 과정 중에 가치와 지혜를 더 많이 강조하면서 책임감도 더 많이 인식할 수 있도록 한다.
⑥ 10명의 학습 능력을 지수로 해서 능력을 가속화하는 지수적 창의성 exponential creativity 방법으로 교육적 특이점 educational singularity을 달성해야 한다. 즉, 5년 과정을 5개월 안에 끝낼 수 있도록 한다. 이를 위해 기존의 일반적인 지식 체계(예: 인터넷, 위키)를 활용해서 필요한 결과를 도출하는 노하우를 가진 사람들을 다수 확보한다. 어느 시점이 되면 55세인 CEO보다 15세 학생이 더 많은 기술을 갖춘 교육적 특이점에 도달하는 순간을 맞이할 것이다. 이렇게 교육을 받은 뛰어난 사람이 업무 현장에 투입되면 우리가 지금 예상할 수 없는 큰 변화가 생길 것이다.
⑦ 협동조합처럼 지속가능성과 평등성을 갖춘 기업 모델을 권장한다.
⑧ 세계 시민 교육을 강화한다.

⑨ 교육을 돈 및 정치와 연계시키지 말고 분리한다.
⑩ 사회가 필요로 하는 전문 기술이 있고, 개인이 필요로 하는 개성이 있다. 이 둘 사이에 균형을 맞춰야 한다.
⑪ '육아'와 '교육'이 와해되지 않도록 한다.
⑫ 사회적 리터러시social literacy와 사회적 의식은 교육에서 필수적인 요소가 되어야 한다.
⑬ 기술 기반 교육이 더 많이 나올 것이다. 애플의 iThink 프로젝트, 경두개직류자극법tDCS(Transcranial Direct Current Stimulation)[72]과 뇌-컴퓨터 인터페이스Brain Computer Interface, 텔레파시 기술, 파나소닉의 디지털 데이터 전송 기술, 2049 특이점 등이 곧 선보일 것이다. 이런 것들이 나오면 우리는 지능, 지식, 정보를 다운로드하고 업로드하면 된다.
⑭ 제안된 모든 교육 트랙에서 해당 트랙을 이끌어 나갈 리더를 확보한다.
⑮ 장인이나 기계공의 뛰어난 작업 결과물에 수여하는, 오스카상이나 토니상 같이 사회적으로 인정 받는 상을 만들어서 시상식을 하거나 최소한 상금을 준다. 또한 벽돌을 쌓아올린 벽돌공이 자신이 만든 벽에 서명을 할 수도 있다.
⑯ 변화와 적응에 대한 개인별 진행 방법을 개발한다.
⑰ 인간으로서 가져야 할 진정한 관심사를 교육해야 한다. 그리고 목표 달성에 있어서 지식이 얼마나 중요한지를 교육한다.
⑱ 선생님의 역할이 가장 중요하다. 좋은 선생님을 확보하기 위해 선생님에 대한 급여, 존경, 신뢰를 최대한으로 주어야 한다.
⑲ 학생들, 특히 남학생들이 학교를 그만 둔 이유와 시점을 실시간 데이터로 확보해서 관련 연구를 진행한다.

⑳ 교육 및 상담을 위한 심리 측정에 인공지능, 신경과학, 고급 인지/심리 기법을 활용한다. 이를 통해 사람들이 내부에 잠재되어 있는 열정을 교육에 더 잘 집중할 수 있게 하고, 개인 맞춤형 계획을 수립하고 적절한 기술과 자원을 적용한다. 그렇게 해서 대학으로 연계되는 정규 교육과 평생 학습에 참여하면 성공할 수 있다는 신뢰감을 갖는 사람들이 더 많이 생기게 한다.

㉑ 학습 전략이 필요하다. 이를 통해 다음 세 가지를 실현할 수 있다. 1) 한정된 자원을 관리하고, '미국식' 솔루션이 '가장 비싼 솔루션'이라는 사실을 사람들에게 알리고, 더 좋은 방안을 찾기 위한 재정적 가이드를 얻을 수 있다. 2) 서비스 중심 산업에서 세계화를 어떻게 활용할 수 있는지를 청년들에게 가르칠 수 있다. 3) 공개 토론과 정책 결정을 하는 기술과 함께 정치적 권한을 학생들에게 부여한다.

㉒ 교육을 성공적으로 진행하지 못한 소득이 낮은 국가들은 새로운 접근 방법을 바로 활용할 수 없다!

㉓ 국제적인 교육 교류와 다른 나라와의 교육 프로그램 결연을 진행하면 수준이 낮은 국가가 선진국으로부터 많은 것을 배울 수 있다.

㉔ 교육 목표 수립, 방법 선택, 다양한 수단의 실험적 사용과 관련해서 실제 교육을 진행하는 주체에게 더 많은 자율권을 부여한다.

㉕ 학생들, 특히 어린 학생들에게 강요되는 일관된 요구 및 테스트를 줄인다.

㉖ 스스로 학습하는 방법, 협업하는 방법, 기업가 정신을 갖는 방법, 도전하는 방법, 실패 후 계속해서 다시 시도할 자신감을 얻는 방법을 중점적으로 가르쳐야 한다. 또한 용기, 청렴, 자원 절약, 존경, 가족과 같은 가치도 가르쳐야 한다.

ACTION 5

실행 전략 - 문화, 예술, 미디어

문화, 예술, 미디어 실행 전략 요약

① 일자리/기술 문제 해결을 위해 필요한 문화적 변화 연구

② 일자리/기술 담당자가 문화 예술 분야의 사람들과 함께 작업

③ 가상 현실, 실제 현실, 증강 현실을 수용하는 문화 조성

④ 증강 인간과 비증강 인간 사이의 갈등과 편견 해소

⑤ 변성 의식 상태 기술 개발

⑥ 실직자와 증강 천재도 수용 가능한 사회적 계약 문화 조성

⑦ 새로운 문화 패러다임 캠페인 진행

⑧ 과학과 기술을 대중에게 홍보-사회/예술 캠페인 진행

⑨ 새로운 사회 운동을 진행할 연합체 구성

- 재택 근무자와 청소년의 사회적 고립 방지책 연구 ⑩
- 일의 목적을 생계가 아닌 자아 실현의 수단으로 규정 ⑪
- 3가지 시나리오에서 제기된 문제를 해결하는 협력 부서 신설 ⑫
- 차세대 기술이 문화에 미치는 영향을 파악하는 정부기관신설 ⑬
- '완전체 아이돌' 같은 문화 템플릿을 공익 서비스에 활용 ⑭
- 기술/경제 체제 전환, 새로운 가치 강화-국가간 문화 활동 지원 ⑮
- 지역사회 주요 시설을 차세대 기술/디지털 연결 장소로 활용 ⑯
- 밀레니엄 프로젝트의 연구 결과 공유 ⑰

문화, 예술, 미디어 실행 전략 17개를 표로 정리했다. 그리고 각 전략의 효과성과 실현 가능성을 점수화했다.

번호	전략	10(가장 높음)~1(가장 낮음)	
		효과성	실현 가능성
1	미래의 일자리/기술 문제를 해결하기 위해 어떤 종류의 문화적 변화가 필요한지, 그런 문화적 변화를 달성하기 위해 예술과 미디어가 어떻게 도움을 줄 수 있는지를 연구하는 국책 연구소와 민간 연구소를 국가 차원에서 설립한다.	3.49	3.17
2	차세대 기술은 문화에 잠재적인 영향을 미칠 것이며, 이와 더불어 문화에 새로운 아이디어가 가미될 수 있어야 한다. 또한 일의 목적이 생존이나 생계에 국한되지 않고 자아 실현으로 확대되는 현상이 생길 것이다. 따라서 미래의 일자리/기술을 담당하는 사람은 TV, 영화, 컴퓨터 게임, 음악, 새로운 미디어, 새로운 미디어 기술 분야의 유명인, 작가, 콘텐츠 크리에이터와 함께 작업해야 한다.	3.46	3.45
3	가상 현실, 실제 현실, 증강 현실을 따로 구분하지 않는 상황이 전개되고 있으며, 이러한 변화상을 건전하게 받아들이는 문화가 조성되어야 한다. 이 일에 아트 스쿨, ICT 전문가, 철학자 등을 참여시켜서, 이들이 적절한 수단(예: 체험, 아트, 미디어)을 만들도록 권장한다.	3.28	3.26
4	증강된 인간과 증강되지 않은 인간 사이에 갈등이 생길 수 있고, 증강된 인간이 증강되지 않은 인간을 대할 때 편견이 있을 수 있다. 영화, 음악, TV 쇼, 컴퓨터 게임, 몰입형 미디어를 만들 때 이런 갈등과 편견을 배제하고 긍정적인 스토리 라인으로 구성하여, 증강된 인간의 문화가 진화하고 있다는 것을 보여준다.	3.59	3.43
5	인간과 기술의 융합을 포함하여 미래의 일자리와 기술을 상상할 필요가 있으며, 이를 위해 변성 의식 상태altered states of consciousness 기술을 개발한다.	3.12	2.80
6	국민 중 일부는 실직자이거나 증강 천재일 수 있다. 정부는 이런 유형의 국민들과 새로운 사회적 계약을 맺어야 한다. 공공/민간 연구소는 이런 문화적 변화를 연구해야 한다.	3.29	2.90
7	유명인들과 많은 청중이 참여하는 대중 인식 캠페인을 단기로 진행하여 새로운 문화 패러다임이 곧 올 것이라는 메시지를 확산한다.	3.12	3.27
8	문화에 영향을 미치는 규모가 큰 기업이나 조직이 있는데, 이들의 시스템을 분석한다. 그런 다음에 개발 중인 과학과 기술을 대중이 이해할 수 있도록 사회/예술 캠페인을 만들어서 시행한다.	3.29	3.06

번호	전략	10(가장 높음)~1(가장 낮음)	
		효과성	실현 가능성
9	새로운 사회 운동을 진행하고 돕는 협회, 지식 공동체, 예술/미디어 연합을 만든다. 새롭게 진행될 사회 운동 주제는 새로운 규범이 되는 자영업, 인간을 대체하기 보다는 인간 능력을 증강시키는 기술, 자아 실현경제, 사람을 대체하는 인공지능 등에 투자, 에코 공감, 미디어에서 긍정적인 전략 관련 좋은 소식 전하기 등 매우 다양할 것이다.	3.56	3.19
10	재택 근무자와 청소년의 사회적 고립을 줄이는 방법을 연구한다. (스마트폰과 소셜 미디어를 과도하게 사용하는 10대의 우울증, 자해, 자살이 크게 증가하고 있다.)	3.42	2.96
11	일을 하는 목적을 자아 실현으로 확대해서 잡는다. 기존에는 직업에서 자신의 정체성을 찾고, 사회에서 가치를 인정 받고, 자존감을 얻었다. 그러나 이제는 나의 인생을 어떻게 고유하게 만들어 나갈 것인지에 집중하고, 나의 인생에 목적을 부여하는 방향으로 나가야 한다. 즉 내 인생 자체가 나의 정체성이고 가치이자 자존감이어야 한다.	3.55	3.10
12	3가지의 2050 일자리/기술 시나리오에서 제기된 문제를 해결하는 데 도움이 되는 협력 부서를 만든다.	3.28	3.08
13	차세대 기술이 문화에 어떤 영향을 미치는지를 전담하는 정부 기관을 만든다.	3.02	3.05
14	'완전체 아이돌' 같은 인기 있는 문화 템플릿을 만들고 이를 공익 서비스에 활용한다.	2.91	2.95
15	기술/경제 체제가 다음 세대로 빠르게 변화하고 있으며 이에 맞추어 전환을 해야 한다. 이 전환을 돕기 위해 새로운 가치를 강화해야 하며, 이를 위해 다른 나라들과 공동의 문화 활동을 지원한다.	3.58	3.21
16	도서관, 사용되지 않는 우체국, 영화관, 국립공원, 박물관의 용도를 재조정해서 협업이 가능한 '메이커스페이스'maker spaces로 만들거나 '창조적 장소 만들기'creative placemaking 방식을 적용하여 예술과 지역사회가 통합된 허브로 만든다. 이곳에서는 창의적인 협력 활동이 이루어지고, 평생 교육이 진행되며, 문화 교류가 일어날 것이다. 또한 이곳은 차세대 기술/디지털 연결 장소로도 활용될 것이다.	3.69	3.51
17	이번 연구 결과(초기 연구, 글로벌 시나리오, 실행 전략)를 컨퍼런스나 다른 수단을 통해 전 세계 문화 예술 지도자들이 활용할 수 있게 한다.	3.53	3.54

문화, 예술, 미디어에 관련된 대표 전략 17개의 효과성과 실현 가능성을 차트로 정리했다(효과성이 높은 순으로 표시).

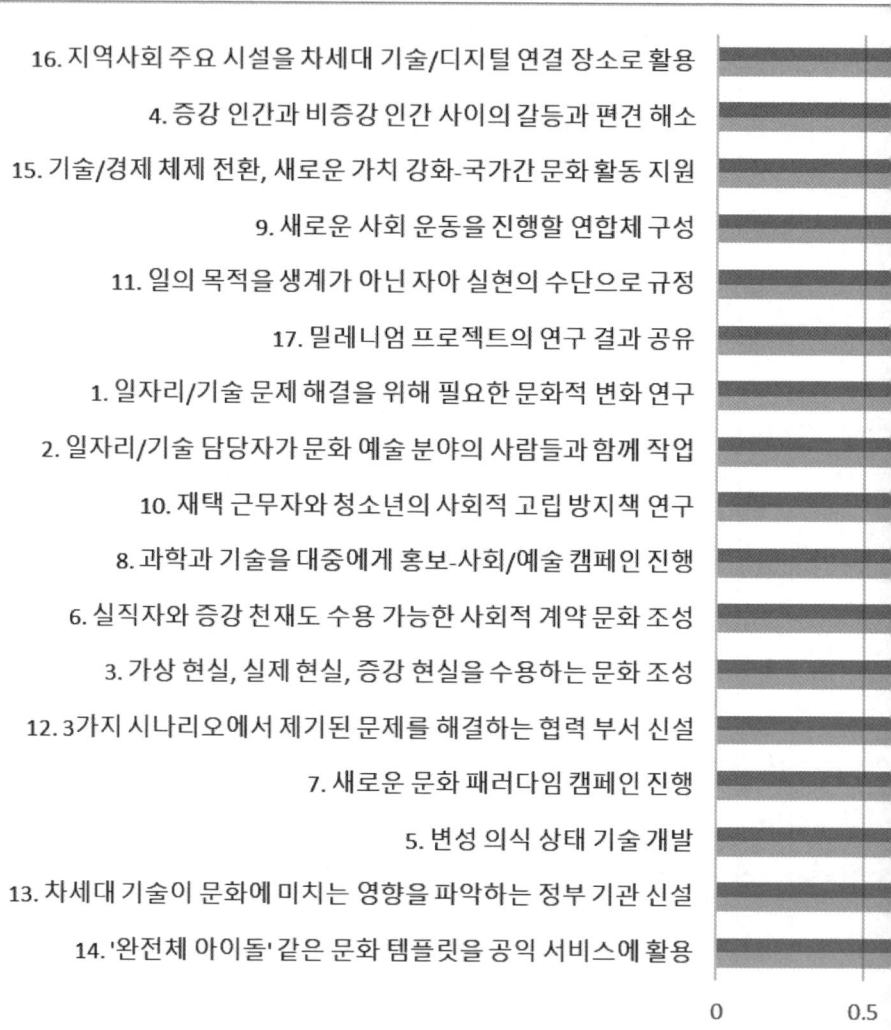

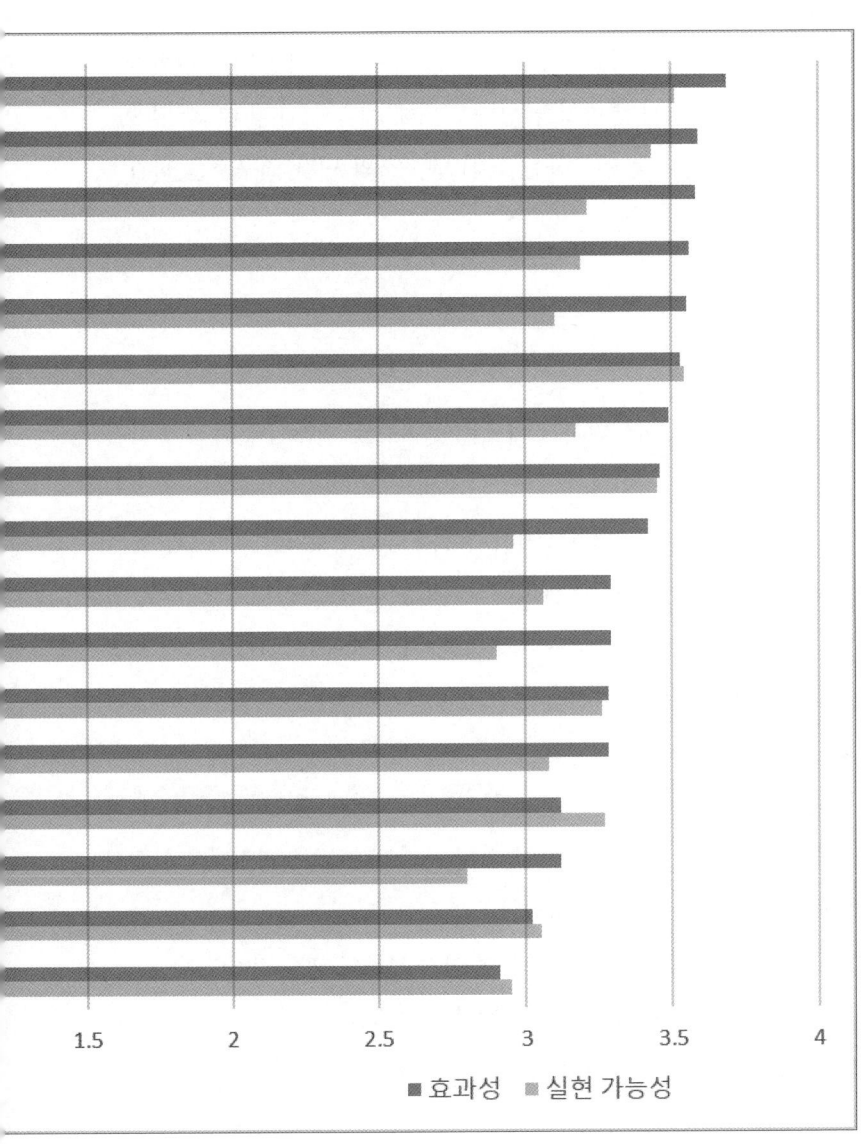

실행 전략 1 ▶ 일자리/기술 문제 해결을 위해 필요한 문화적 변화 연구

미래의 일자리/기술 문제를 해결하기 위해 어떤 종류의 문화적 변화가 필요한지, 그런 문화적 변화를 달성하기 위해 예술과 미디어가 어떻게 도움을 줄 수 있는지를 연구하는 국책 연구소와 민간 연구소를 국가 차원에서 설립한다.

| 1.1 | 효과성 |

① 연구소는 혁신적인 아이디어가 나오는 곳이므로 미래의 문화적 변화를 생각하기에 좋은 환경이다.
② 미국 워싱턴에서 열린 워크숍에서 방위고등연구계획국DARPA과 유사한 형태의 문화 전담 기관을 만들자는 제안이 나왔다. 미국방위고등연구계획국은 좋은 예라고 생각한다. 영국의 경우 혁신재단NESTA(www.nesta.org.uk)이나 국방과학기술연구소DSTL(Defence Science and Technology Laboratory) 같은 곳이 될 것이다.
③ 문화는 미래의 일자리/기술 문제를 해결하기 위해 필요한 변화를 효과적으로 만들어 낼 수 있는 중요한 전제 조건이다. 넓은 의미에서 사회적 변화는 항상 문화와 관련되어 있다.
④ 미래 전담 기관이 공식적으로 만들면 지지 그룹이 생길 것이다.
⑤ 싱크탱크들이 지적·육체적 능력이 진화한 초인간transhuman[73] 기술이 나오면서 발생한 문화적 변화를 연구하고 있다.

⑥ 문화적 변화를 필요로 하는 엄청나게 큰 사건이 일어나지 않는 한 이 전략은 한 세대에서 끝나지 않고 여러 세대에 걸쳐 진행될 것이다.

⑦ 이 전략과 관련된 연구는 지속적으로 진행되어야 한다.

⑧ 시민들에 대한 접근 용이성 측면에서 국가 단위 연구소보다는 지역 단위 연구소가 더 효과적이다.

1.2   실현 가능성

① 연구소 연구 결과가 사람들에게 충분히 와 닿게 함에 있어 다양한 의도를 가진 미디어의 온갖 잡음을 어떻게 해결할지를 강구해야 한다.

② 의지와 리더십이 있으면 이 전략을 실현할 수 있다.

③ 이 전략을 국립 예술 기관이 해야 할 하나의 역할로 추가하면 된다.

④ 우리가 직면하고 있는 해결 과제들을 이해하는 데 도움이 될 것이다.

⑤ 연구소를 만드는 일이 미래에는 사람들의 충분한 관심을 끌 것이며, 최소한의 자금으로도 가능할 수 있다. 그러나 연구소가 존속하려면 연구소에서 진행한 연구가 실제로 얼마나 영향력을 끼치는지에 달려 있다.

⑥ 일반적으로 문화적 변화를 이끄는 것은 쉬운 일이 아니다. 그리고 이 전략을 추진하기 위한 자금 조달을 정당화하는 일도 넘어야 할 과제이다.

1.3   기타 의견

① 이 분야가 성장할 것이라는 점을 보여주는 NGO가 많이 나오고 있다 (CCCC Croatian Cluster of Creative and Cultural Industries, http://en.hkkkki.eu/ 참고).

② 새로운 기술이 나오면 이를 가장 먼저 적용하는 곳이 바로 미디어와 오락 분야다. 기술이 나오면 어떻게 될지, 사람들이 기술을 어떻게 사용할지를 미디어와 오락 분야에서 이미 보여주고 있다. 영화, 게임, 연극에서 새로운 기술을 활용하고 있으며, 아이들이 장난감을 어떻게 가지고 놀 것인지 설명할 때도 새로운 기술이 활용되고 있다.

③ 우리 대학은 이 주제를 중심으로 한 공공-민간 파트너십을 실제로 시작하고 있다.

④ 터키의 경우 이를 담당하는 센터가 한 국제 기구의 보호를 받고 있으며, NGO 자격으로 정부와 독립적으로 운영되고 있다.

⑤ 미래에 발생할 새로운 과제의 해결을 위해 학제간 연구를 진행해야 하며, 이를 진행하는 연구소는 개인 및 정치적 이해와 분리되어야 한다.

⑥ 한국의 경우 민간 연구소들과 하나 혹은 그 이상의 가상 연구소를 다차원적으로 연결해서 하나의 망을 구축할 필요가 있다.

⑦ 이런 노력의 좋은 예로 밀레니엄 프로젝트가 있지만, 이 전략과 관련된 작업을 국가 차원에서 한다면 더 많은 자원을 집중해서 좋은 결과를 낼 수 있다. 이와 관련해서 다음의 질문을 할 필요가 있다. 이 전략의 필요성을 누가 이해하고 있는가, 이와 관련된 의사결정을 효과적으로 할 수 있는 주체가 누구인가, 문화적인 변화를 효율적으로 실현할 수 있는 주체는 누구인가?

⑧ 문화적 변화는 여러 세대에 걸쳐 일어나거나 외부 혹은 내부의 강력한 힘에 의해 강요된다.

⑨ 국가 차원의 연구소를 만들어서 2050년에 영향을 미칠 수준의 생산성에 도달하려면 최소 15년이 걸릴 것이다.

⑩ 이 전략의 실현 가능성은 각 나라마다 매우 다를 것이다.

⑪ 어떤 나라의 경우 이 두 가지가 서로 연결되어 있다는 것을 이해할 수 있는 사람이 극히 드물 것이다.

⑫ 한 번에 많은 사람에게 필요한 메시지를 주는 데 있어 손으로 그린 애니메이션이 매우 유용하다.

⑬ 문화 관광이 상당한 역할을 할 수도 있으므로 검토할 필요가 있다.

⑭ 문화 및 창조 산업은 국가 경제에서 중요한 요소가 되었다.

⑮ 2000년 이후 예술과 미디어는 전 세계적으로 일상 생활에서 매우 강력한 영향을 미치고 있다.

⑯ 연구소들 간 협력이 필요하다.

⑰ 평화와 발전을 도모하는 데 있어 문화적 가치로 시너지를 일으키는 것이 매우 중요하다.

⑱ 시도할 가치가 있다. 그러나 스토리와 이미지의 변화에 관심을 두기 보다 검열에 더 많은 주의를 기울이는 대형 투자 주체는 피하기 바란다.

⑲ 이것이 매우 효과적일 수 있지만 자리를 잡기가 쉽지는 않을 것이다.

⑳ 문화적인 변화를 이루려고 할 때 문화적 장벽이 있을 것이다.

㉑ 이 전략을 진행하려면 강력하고 실력 있는 리더십이 요구된다.

㉒ 사람들은 자신의 자유 의지로 자신만의 문장으로 자신의 예술을 표현하기 시작할 것이다.

㉓ 이 전략을 실현하기 위한 기관 형태로 연구소가 적절한지는 확신할 수 없다.

| 실행 전략 2 | 일자리/기술 담당자가 문화 예술 분야의 사람들과 함께 작업 |

차세대 기술은 문화에 잠재적인 영향을 미칠 것이며, 이와 더불어 문화에 새로운 아이디어가 가미될 수 있어야 한다. 또한 일의 목적이 생존이나 생계에 국한되지 않고 자아 실현으로 확대되는 현상이 생길 것이다. 따라서 미래의 일자리/기술을 담당하는 사람은 TV, 영화, 컴퓨터 게임, 음악, 새로운 미디어, 새로운 미디어 기술 분야의 유명인, 작가, 콘텐츠 크리에이터와 함께 작업해야 한다.

2.1 효과성

① 공상과학 소설, 영화, 광고 분야에서 이 전략은 이미 진행되고 있다.
② 〈스타 트랙〉에서 전달하려는 가치를 간파해야 한다.
③ 1960년대 미국에서 음악은 '문화 혁명'을 이끄는 힘이었다. 그리고 미국의 한 유력 인사는 새로운 가치를 대중에게 전하기 위해 락밴드 제퍼슨 에어플레인Jefferson Airplane의 작곡가를 포함해서 몇몇 음악 그룹들과 교류했다.
④ 음악, 텔레비전, 문학은 문화적 변화가 일어나게 했고(티모시 리어리 Timothy Leary와 바바 람 다스Baba Ram Das는 환각제인 LSD에 관한 책을 내고 대중 강연을 했으며, 이로 인해 LSD가 TV와 음악을 통해 널리 알려졌음) 지금은 인터넷 매체가 좋은 혹은 나쁜 영향력을 많이 끼치고 있다.

⑤ 인생, 일, 기술의 의미를 이야기하는 유명인들의 연설은 대중들에게 매우 긍정적인 영향을 준다.
⑥ 유명인들이 참여하면 더 많은 청중에게 다가갈 수 있다.
⑦ 유명인은 사람들을 문화로 이끄는 역할을 할 수 있다.
⑧ 이 전략은 이미 진행되고 있지만 많이 확산되지는 않았다.

2.2　실현 가능성

① 인적 네트워크를 구성하면 이 전략을 더 쉽게 진행할 수 있다.
② 유명 배우와 일부 연예인이 이미 사회적, 정치적 이슈에 일상적으로 관여하고 있다.
③ 2050 일자리/기술 이슈에 특히 관심 있어 하는 유명인을 찾아서 이 전략을 실행하는 일에 실제로 참여시킨다.
④ 넷플릭스의 〈빨간머리앤〉과 딕울프Dick Wolf의 〈로앤오더〉Law & Order 및 여러 드라마에서 그 당시 시대의 사회적 이슈를 사람들에게 알리려는 시도를 하고 있다. 영화 쪽에서는 스티븐 스필버그의 일부 영화를 예로 들 수 있다.
⑤ 예술계는 오래 전부터 이 전략과 관련된 역할을 해 왔다. 그러나 적절한 사람들을 확보하고 그들에게 좋은 정보를 주는 것이 필요하다.
⑥ 일과 소득을 분리할 필요성을 사람들에게 알리기 위해 유명인을 활용할 때 그들에게 비용을 지불하는 주체를 정하기가 쉽지 않다.
⑦ 정직한 사람과 같이 하면 실현 가능성이 매우 높다. 그러나 요즘 시대에 문화적 변화는 1960년대에 비해 훨씬 더 빠르게 진행되며, 의사소통할 수 있는 수단도 예전에 비해 훨씬 더 많다는 점을 고려해야 한다.

| 2.3 | 기타 의견 |

① 과학 분야 인기 TV 프로그램인 〈빅뱅〉은 한 회에서 다룬 주제를 그 다음 회에 연결해서 다룬다. 다른 TV 프로그램도 〈빅뱅〉과 같이 해서 시청자들의 생각을 점차 확장해 나갈 필요가 있다. 아마 물리학 교수들보다 〈빅뱅〉이 슈뢰딩거의 고양이Schrödinger's cat를 사람들에게 더 많이 가르쳤을 것이다.

② 인도에서는 TV 드라마를 활용하여 국민들이 더 발전된 태도를 가지도록 장려한다.

③ 2014년판 다큐멘터리 〈코스모스〉의 진행자 닐 디그래스 타이슨은 미래에 세상이 어떻게 될지 자신의 생각을 널리 알리고 있으며, 우리는 이와 같은 사람을 필요로 한다.

④ 일자리/기술을 담당하는 사람이 이 전략에서 요구하는 사람일 수도 있지만 그렇지 않을 수도 있다.

⑤ 서든캘리포니아대학교의 Hollywood, Health and Society 같은 조직과 같이 작업해야 한다. 또한 Participant Films, Science and Entertainment Exchange, The UN Foundation 등과도 같이 해야 한다.

⑥ Entertainment Industries Council(www.eiconline.org)은 이 전략과 관련해서 큰 역할을 맡고 있다.

⑦ 대중 문화 자체를 통해서 문화적 변화를 꾀하는 일은 자아 실현을 이루는 데 있어 매우 적절한 접근 방식이다.

⑧ 세계미래연구전문가협회AFP(Association of Professional Futurists)는 2017년 수상자로 미래 교육 변화 전략을 수립한 '교육 미래 연구'를 선정했다.

⑨ 이 전략이 전 세계적으로 일반화되었지만 장기적인 미래 일자리/기술 이슈에 완전히 집중하고 있지는 못하다.
⑩ 미래 지향적인 계획과 아이디어는 기성 작가나 콘텐츠 제작자가 아닌 더 젊은 세대에게서 나올 것으로 본다.
⑪ 인공지능은 미래 엔터테인먼트의 역할을 바꿀 것이다.
⑫ 인간에 대한 통찰력을 강화하는 차세대 공상과학소설이 필요하다. 가령, https://doteveryone.org.uk/women-invent-the-future/를 예로 들 수 있다.
⑬ 예술의 역할들 중 하나는 대중에게 새로운 아이디어를 보여주는 것이다. 포스트 워크 사회post-work society라는 아이디어를 사람들에게 확실히 알릴 필요가 있다.
⑭ 이 전략에 관련된 내용을 TV를 통해 신규로, 그리고 계속해서 교육해야 하고, 학교 수업에서도 다루어야 한다.
⑮ 우리가 현재 이야기하고 있는 것은 사고방식과 태도의 혁명인 셈이다.
⑯ 이 전략을 실현하려면 여러 분야간 상호 교류를 강화해야 한다.
⑰ 콘텐츠 제작 전문가와 협업하면 전달하려는 메시지의 품질이 향상되고 사람들에게 끼치는 영향력도 높을 것이다.
⑱ 혁신을 이끄는 주체와 혁신 내용을 전달하는 주체가 연결되면 일반 대중의 실행 의지가 높아진다. 그런데 이 원리는 과학을 반대하는 사람들에게도 동일하게 적용된다.
⑲ 소수에게 집중되어 있는 미디어와 커뮤니케이션을 다수가 관여하고 참여할 수 있을 정도로 확장해야 한다.

⑳ 많은 예술가와 대다수의 광고주는 사람들이 필요로 하는 것을 알려주기보다 사람들이 보고 싶어하는 것을 보여주고 있으며, 이는 여전히 두려운 문제다.
㉑ 이 전략은 역동적인 비전과는 거리가 멀며, 사람들의 실질적인 참여는 담보하지 않고 단순히 사람들을 조종하는 것에 불과하다.

실행 전략 3 ▶ 가상 현실, 실제 현실, 증강 현실을 수용하는 문화 조성

> 가상 현실, 실제 현실, 증강 현실을 따로 구분하지 않는 상황이 전개되고 있으며, 이러한 변화상을 건전하게 받아들이는 문화가 조성되어야 한다. 이 일에 아트 스쿨, ICT 전문가, 철학자 등을 참여시켜서, 이들이 적절한 수단(예: 체험, 아트, 미디어)을 만들도록 권장한다.

3.1 효과성

① 가상 현실, 실제 현실, 증강 현실을 구분 없이 받아들일 촉진 수단을 개발하는 일에 아트 스쿨, ICT 전문가, 철학자가 참여하는 데 동의한다. 그러나 세 가지 현실이 자연스럽게 혼용될 수 있을지는 확실치 않다. 가령, 지난 수십년 동안 학교에서 계산기를 사용하면서 아이들이 수학을 더 이상 머리로 하지 않게 되었고, 이로 인해 아이들의 정신적 능력이 없어졌다는 점을 반면교사로 삼아야 한다.
② 이 전략이 미치는 영향력을 최대화하기 위해 아트 스쿨, ICT 전문가, 철학자들 사이의 연계를 강화해야 한다.
③ 이 전략이 실현되면 사람들은 자신이 속한 환경에 가상 현실, 실제 현실, 증강 현실이 동시에 존재한다는 사실을 알게 될 것이다.

3.2 실현 가능성

① 세계는 이 전략이 추구하는 방향대로 움직이고 있다.

② 개척자가 앞서 나가면 다른 사람들이 그 뒤를 따를 것이다.

③ 아트 스쿨, ICT 전문가, 철학자 그룹에 속한 사람들은 이런 유형의 계획을 지원하는 일에 관심을 보일 것이다.

④ 이 전략이 실현되면 사람들은 자신이 속한 환경에 가상 현실, 실제 현실, 증강 현실이 동시에 존재한다는 사실을 알게 될 것이다. 초등학교 저학년 선생님은 아이들과 기존에 하던 일(예: 미술 활동)을 계속 하면 된다. 초등학교 고학년과 중고등학생을 맡은 선생님들도 기존 대로 계속 가르치면 된다. 아이들은 본 그대로 습득하므로 아이들을 존중하고 옆에서 지지하기만 하면 된다.

⑤ 이 전략을 실현하는 것이 가능하다. 그러나 '다른 새로운' 형식으로 실현할 수도 있다.

⑥ 이러한 연계 및 연결은 이미 존재하며, 많은 일이 이루어지고 있다. 이로 인해 가상 현실과 증강 현실 시장이 확대될 것이므로 경제적 인센티브도 수반된다고 보아야 한다.

3.3 기타 의견

① 우리는 이제 공진화[74] 공생 시대로 들어서고 있으며, 이 시대에서 가상과 현실 사이의 경계, 그리고 생물 존재가 인식하고 기능하는 것에 있어서 생물학적 영역과 비생물학적 영역 사이의 경계가 모호해지고 있을 뿐만 아니라 필요에 의해 돌이킬 수 없는 불가분의 관계가 되었다. 심지어 이제 감각 및 맥락 정보 처리의 규모, 속도, 병렬성은 인간 역사에서 전례가 없을 정도로 존재 관리 및 상호작용 영역으로 빠르게 넘어가고 있으며, 가상과 현실의 공생 병합은 예외가 아니라 인정된 표준이 될

것이다. 현재 유명한 상호 관련 기술들 중 다소 새로운 예로 유비쿼터스 공진화 생태계를 들 수 있다. 빠르게 발전하는 이 기술의 특징은 행동 후생 유전학의 결과에서 입증될 것이다.

② 디지털 문맹으로 초래되는 격차를 해소해야 하며, 모든 시트콤과 뉴스 쇼에서 이 문제를 다루어야 한다.

③ 아트 스쿨과 공학 스쿨에서는 제품 디자이너가 양성되고 있으며, 이들 디자이너는 인간-기술 인터페이스를 이미 디자인하고 있다. 이들은 사람들이 미래 상품을 어떻게 사용할 것인지, 미래의 모습을 시각적으로 보여준다.

④ 관련 사례 연구를 확인하고 싶으면 USC의 Hollywood Health and Society와 UCLA의 Skoll Center for Social Impact Entertainment(http://www.tft.ucla.edu/skoll-center-for-social-impact-entertainment/)를 참고한다.

⑤ 가상 현실, 증강 현실, 몰입형 미디어 아트를 개발할 때 많은 가능성을 확인할 수 있다. 그러나 인식력의 차이를 흐리게 하면 사람들의 인식 현실을 조작할 수도 있다. 영화 〈매트릭스〉가 좋은 예이다.

⑥ 시장이 이러한 변화를 주도하겠지만 많은 통합이 일어나지는 않을 것이다.

⑦ 이러한 변화는 천천히, 그리고 점진적으로 일어날 것이다.

⑧ 실제 현실보다 가상 현실을 선호할 경우 고립과 절망이 많아질 수 있다. 그리고 실제 이슈에 집중하지 않음으로 인해 자원이 낭비될 수 있다.

⑨ 가상 현실과 실제 현실에 대한 인식력 차이가 모호해지면 인류라는 종족이 종말을 맞이할 것이다.

실행 전략 4 ▶ 증강 인간과 비증강 인간 사이의 갈등과 편견 해소

> 증강된 인간과 증강되지 않은 인간 사이에 갈등이 생길 수 있고, 증강된 인간이 증강되지 않은 인간을 대할 때 편견이 있을 수 있다. 영화, 음악, TV 쇼, 컴퓨터 게임, 몰입형 미디어를 만들 때 이런 갈등과 편견을 배제하고 긍정적인 스토리 라인으로 구성하여, 증강된 인간의 문화가 진화하고 있다는 것을 보여준다.

4.1　효과성

① 사람들이 미래에 어떻게 살게 될 것인지 생각함에 있어 영화와 음악은 중요한 영향을 미친다.
② 문화 영역에서 스토리는 프로그램 개발 영역의 프로그래밍 언어와 같다.
③ 이 전략은 이 전략과 관련된 운동을 시작함에 있어 괜찮은 방법이다.
④ 인공 심장이나 인공 다리, 능력을 향상시키는 약이나 안경 같은 신체 증강을 포함한 다양한 인간 증강을 이해하면 격차 완화에 도움이 될 수 있으며, 증강 인간이 공상과학소설 속 인간이라고 생각하고 그냥 지나갈 수 있다.
⑤ 시릴 디온Cyril Dion과 멜라니 로랑Mélanie Laurent이 만든 프랑스 환경 다큐멘터리 영화 〈DEMAIN〉이 미래에 대한 우리의 인식에 어떤 영향을 미쳤는지 생각해 보기 바란다.

4.2 실현 가능성

① 의지만 있다면 이 전략을 진행할 수 있다.
② 리더십이 필요하다. 그런데 이 리더십을 누가 부여할 것인가?
③ 정부 기관이나 정치인이 아티스트와 문화계 지도자를 효과적으로 이끌어서 스토리와 콘텐츠가 만들어지도록 할 수 있을지가 의문이다.
④ 인간의 비디지털적 증강과 비육체적 증강은 명상과 종교 활동을 통해 이미 이루어지고 있다. 그리고 이런 비디지털적 증강과 비육체적 증강은 모든 종류의 긍정적인 미디어를 통해 적극적으로 이루어져야 한다.

4.3 기타 의견

① 노력을 기울일 가치가 분명히 있으며, 확실히 이루어질 수 있다. 그러나 정말로 일찍 시작해야 하며, 아이들을 키울 때도 이와 관련된 내용을 아이들에게 인지시켜야 한다. 그리고 평등주의를 더 많이 지지하는 사회, 정치, 문화 구조를 만들어야 한다.
② 소설 형식의 스토리텔링 방법의 가장 큰 과제는 스토리에 극적인 구조(예: 주인공과 적대자의 갈등 상황)가 있어야 한다는 점이다.
③ 부정적인 세력들과 싸우기 위해 증강된 인간들과 증강되지 않은 인간들이 팀을 이루기 위한 방법을 찾을수 있다. 혹은 그 반대가 될 수도 있다.
④ 많은 게임과 영화 제작자들은 이 전략과 관련된 이야기를 좋아할 것이고, 창작자들은 이 전략과 관련된 아이디어를 공모전에 출품하여 자금을 조달받을 수 있다.

⑤ 정부에서 대회를 열고 상을 줄 수 있지만 창작자들은 정부가 주는 상에 크게 연연하지 않을 수 있다.

⑥ 공상과학소설 작가, 영화 시나리오 작가, 모든 예술 분야의 예술가들이 많은 혁신을 주도해 왔다.

⑦ 현재도 '증강된 인간' 범주에 해당되는 사람들이 있다. 가령, 요가나 다른 종교적 수행을 통해 특별한 능력을 얻은 사람들이 있다. 미래에는 편견과 갈등을 줄이기 위해 모든 사람이 물리적 기술에 동등하게 접근할 수 있어야 한다.

⑧ 자아 실현의 한 형식으로서 인간 증강이 이루어지고, 이와 관련된 문화도 진화할 수 있다.

⑨ 대중에게 영합하려는 미디어들이 세상은 매일 더 나빠지고 있다는 부정적인 이야기를 많이 하는 것과 비교하면 이 전략은 비관적 낙관주의에 해당한다. 사실 세상이 매일 더 나빠지고 있다는 이야기는 진실이 아니다. 집단적인 부정적 사고방식을 긍정적이고 사실을 반영하는 사고방식으로 바꿀 필요가 있다.

⑩ 많은 게임이 스테이트크래프트statecraft[75]를 다루기보다는 전사warriors를 많이 부각시킨다. 전사주의가 필요는 하지만 그만큼 스테이트크래프트도 필요하므로 둘을 동일하게 강조할 필요가 있다.

⑪ 기술적 미래를 널리 알리는 것만 하지 말고 앞으로 해야 할 도전과 대안을 강조해야 한다.

⑫ 증강 인간이 생애 내내 증강되지 못한 사람을 배려하도록 가르쳐야 한다.

⑬ 증강이 없다면 마지막에 가서 인류는 지구를 떠나야 할 것이므로, 증강되지 못한 인류는 종species으로서 죽은 것이 된다.

실행 전략 5 ▶ 변성 의식 상태 기술 개발

> 인간과 기술의 융합을 포함하여 미래의 일자리와 기술을 상상할 필요가 있으며, 이를 위해 변성 의식 상태 altered states of consciousness 기술을 개발한다.

5.1 효과성

① 이 전략은 소수의 사람들에게 해당되며, 그들에게 있어 이 전략은 매우 효과적일 것이다.
② 이 전략이 대중을 위한 것은 아니다. 그러나 여러 문화를 넘나드는 선지자들의 경우 항상 이렇게 해 왔으며, 지금도 이 전략에서 주장하는 것을 계속 하고 있다.
③ 이 전략에는 명상, 기도, 혹은 이와 유사한 방법들도 포함된다.
④ 행동을 유발하는 대체 시나리오를 만들어야 한다.
⑤ 상상력으로 미래를 설계하는 것은 매우 중요하다.
⑥ 미래를 본 다음에 그 미래를 만드는 사람은 일반 의식 상태를 벗어나는 사람이며, 변성 의식 상태로 들어가는 비약물 혹은 물리적 임플란트 수단이 이미 많이 나와 있다. 이런 수단들을 더 많이 활용할 수 있는 방안을 찾을 수 있도록 관련된 설명이 이루어지고 촉진책도 마련되어야 한다.
⑦ 이 전략이 위험할 수 있으며, 청소년에게 부정적인 영향(예: 현실 도피, 자폐증, 외톨이, 공격성)을 미칠 수 있다.

5.2 실현 가능성

① 다양한 노력을 할 수 있지만 대중이나 당국으로부터 의심을 살 수도 있다.
② 일부 실험 그룹들이 이미 이 전략에 관련된 실험을 시도하고 있으며, 점점 더 많은 실험이 시도될 것이다. 그러나 당분간은 실험실 프로젝트로만 진행될 것이다.
③ 이 전략을 대규모로 진행하려면 해결해야 할 과제가 매우 많이 있다.
④ 일반인들의 여론이 한 세대 만에 바뀌기란 쉽지 않을 것이다.
⑤ 이 전략의 실현 가능성이 매우 높지만 정신 건강에 미치는 결과를 예측할 수 없다.
⑥ 대중화를 이루기는 어려울 것이다.

5.3 기타 의견

① 이 전략은 많은 사람들이 인식하고 있는 것보다 훨씬 더 많이 이루어지고 있다.
② 이 전략을 적용함에 있어 긍정적인 면을 더 많이 강조할 필요가 있다.
③ 인간과 기술을 융합하는 실험을 진행하는 것에 대해 왜 거부감을 갖는가? 사람들은 변성 의식 상태를 항상 탐구해 왔으며, 이의 진행에 있어 물질, 명상, 기술 같이 다양한 수단을 활용했다.
④ 이는 탐구하기에 좋은 주제이다.

⑤ 인공지능/로봇이 인간을 대체하는 것에 대한 대안으로써 인간/인공지능 파트너십은 고려할 가치가 충분히 있다. 그러나 일반 대중과 접점이 넓은 예술가들과 교육자들은 일반 대중이 인간/인공지능 파트너십을 진지하게 고려하도록 설득해야 하며, 이를 원활하게 진행하기 위해서는 지혜와 논리가 있어야 한다.

⑥ 고려해야 할 과학적 요소들을 모두 검토한 상태에서 진행된다면 이 전략은 실현 가능하다.

⑦ 이 전략과 관련해서 보이지 않는 모든 것을 지금 당장 파악하기에는 무리가 있다.

⑧ 이 전략은 매우 강력할 수 있다. 그러나 이를 모든 사람에게 권장하지 않는다.

⑨ 미래를 실험할 때 항상 그래 왔듯이 예술만큼 적절한 것은 없다. 예술 속에서 사람과 사회는 실험하고, 시연하고, 실제 만질 수 있게 만들고, 반영하고, 구성원들이 새로운 것을 인식할 수 있게 해 왔다.

⑩ 뮤직 비디오, 예술, 이야기(특히 공상과학소설), 만화, 연극 등은 우리가 상상할 수 있는 다양한 유형의 스토리 라인을 이야기에 녹여 넣을 수 있다. 그리고 몰입형 가상현실, 풀돔fulldome[76], 증강 현실은 사람들에게 스토리를 전달하는 새로운 방법으로써, 사람들은 전통적인 전달 매체보다 이 방법들에서 '변성 상태'를 더 잘 느낄 수 있다.

⑪ 책을 읽으면 의식 상태를 변화시킬 수 있다.

⑫ 연구에 따르면, 사람들은 가상현실을 통해 자신의 행동이 다른 사람이나 주변 환경에 어떻게 영향을 미치는지를 미리 볼 수 있다.

⑬ 이 전략의 실현 가능성이 매우 높다. 그러나 우리는 이렇게 하기를 진짜로 원하는가? 의식을 가진 사람을 기계와 분리하는 것이 더 좋지 않은가? 그렇게 해야 필요할 때 플러그를 뽑을 수 있다.

⑭ 미래의 일자리와 어떤 존재들과의 관계성이 어떻게 될 것인지 상상하는 일은 매우 어렵다. 더불어 현재 시점에서 인간과 기술을 결합하는 일은 괴물이나 공포스러운 존재를 만드는 것처럼 여겨질 것이며, 이렇게 만들어진 괴물이나 공포스러운 존재가 인간을 해치거나 파괴할 수 있다는 생각을 할 수도 있다.

⑮ 이 전략이 어느 수준에서는 자연스레 일어날 것이지만 이것이 큰 영향을 미칠 것으로 생각하지는 않는다.

⑯ 인류는 지구 온난화라는 문제에 직면하고 있다. 이 전략보다는 지구 온난화 같은 현실적인 문제에 더 집중해야 한다.

| 실행 전략 6 | 실직자와 증강 천재도 수용 가능한 사회적 계약 문화 조성 |

> 국민 중 일부는 실직자이거나 증강 천재일 수 있다. 정부는 이런 유형의 국민들과 새로운 사회적 계약을 맺어야 한다. 공공/민간 연구소는 이런 문화적 변화를 연구해야 한다.

6.1 효과성

① 미래에 상황이 바뀌면 사회적 계약은 다시 논의되어야 한다. 사람들은 자신의 삶에서 선택한 것이 무엇이든 그것을 자유롭게 추구할 수 있어야 한다. 그리고 사회적 계약 조항에는 노동 윤리와 관련해서 주요한 문화적 변화가 반영되어야 한다. 즉, 실직자나 비육체적 증강 천재와 같은 사람들의 다양한 생활 양식까지도 포용할 수 있을 정도로 개방적이어야 한다.

② 대다수의 국가에서 진행된 최근 선거와 각종 사회 운동을 살펴보면, 국민에 대한 정부의 생각과 정부에 대한 시민사회의 생각이 서로 많이 다르다는 것을 확실하게 알 수 있다.

③ 미래의 편견과 갈등을 예측하는 일은 매우 중요하며, 예측을 통해 편견이나 갈등으로 인해 심각한 상황이 발생하는 것을 방지하거나 줄일 수 있는 방법을 모색할 수 있다.

④ 사회 모든 구성원이 '공유'한다면 이 전략은 매우 바람직하게 진행될 수 있다.

⑤ 새로운 사회적 계약을 맺을 때 국가에 국한하지 않고 국가를 넘어 전지구적인 관점을 고려해야 한다.

| 6.2 | 실현 가능성 |

① 국가와 민간 싱크탱크 및 다른 연구 조직과 결합되어 있는 예술 및 미래 그룹을 활용하여 이 전략을 널리 알려야 한다. 그리고 민간 부문이 참여해서 연구 보조금을 충분히 확보하여 연구 결과를 실현할 수 있어야 한다. 이 두 가지가 충족되면 2050년에 상당한 효과를 낼 수 있을 것이다.
② 새로운 사회적 계약에는 그 시대에 새로 야기된 고려사항이 포함되어야 한다.
③ 그 시대에 맞는 사회적 계약을 포용할 수 있는 기구를 조직화하는 일이 중요하다.
④ 불행하게도, 정부의 역할이 무엇인지에 대한 합의가 이루어지기 전에 양극화가 더 심해질 것 같다.
⑤ 현재 시스템이 완전히 무너지기 전까지는 현재 시스템을 유지하기 위한 힘의 저항이 계속될 것이다.

| 6.3 | 기타 의견 |

① 연구를 진행하는 그룹들은 복잡한 관계 모델을 만드는 것으로 끝이고, 다른 그룹과 의사소통할 수 없다. 그리고 다른 그룹들은 확실하고 간단한 해결책을 요구하며, 감정에 호소하는 선동적인 말로 의사소통하면서 연구 결과로 도출된 복잡한 해결책을 거부한다.

② 보편적 기본 소득이 구축될 수 있으려면 정부와 국민 사이에 새로운 사회적 계약이 성립되어야 하며, 이 사회적 계약에는 적극적인 실업자와 비육체적 증강 천재가 있을 수 있다는 가능성도 고려되어야 한다.

③ 일부 나라에서는 이러한 증강 천재를 자기 나라로 유인하기 위한 인센티브(지금의 조세 피난처 같은 두뇌 피난처brain-haven)를 제공하기 시작할 것이다.

④ 증강 천재를 정치적 혁명이나 문화적 혁명이라고 말할 수도 있지만 증강되었지만 고용되지 않은 증강 전채가 있다면 사회를 움직이는 힘이 불안해질 수 있다.

⑤ 이 전략은 혁명보다는 진화와 연계해서 보아야 한다.

⑥ 미래의 증강 천재에 대해 사회와 정부가 매끄럽게 대처하지 못하면 그들은 실망할 것이고 미래의 비즈니스 및 정부 결정에서 자신의 역할이라고 생각하는 것을 확보하거나 최소한 달성하려고 시도하면서 갈등 상황이 발생할 것이다. 증강 천재를 동화시키는 일은 십대 시절부터 진행되어야 하며, 그들의 전 생애를 어떻게 이끌어갈지에 대한 계획을 수립해야 한다.

⑦ 정부는 변화에 대한 준비를 해야 한다. 진화하는 세계 시스템을 더 깊이 이해하고 변화하는 패러다임에 대해 더 깊은 담론을 진행해야 하며, 이 가운데 실질적인 해결책을 마련해야 한다. 더불어, 일부 다국적 기업은 정부보다 돈이 더 많다는 점도 고려해야 한다.

⑧ P2P 기술과 사고가 사회에 미치는 영향을 연구하는 조직인 P2P 재단은 새로운 사회적 계약을 제공하고 있다. https://blog.p2pfoundation.net/author/michel을 참고한다.

⑨ 정부와 시민은 선거마다 사회적 계약을 개정한다.
⑩ 인공지능은 변화의 원동력이 될 것이며, 정부는 이에 적응해야 한다.
⑪ 일정 시간이 지나면 대학, 싱크탱크, 다른 연구 기관에서 새로운 사회적 계약이 만들어질 것이 분명하다.
⑫ 새로운 사회적 계약이 필요하지만 실업자와 증강 천재를 여기에 포함시키는 것은 달갑지 않다는 의견이 있으며, 이 의견에 동의한다.
⑬ 기존 시스템이 자체 문제를 견디지 못해서 무너질 경우 새로운 사회적 계약을 구성할 가능성이 더 커진다.
⑭ 이 전략은 꽤 위험한 제안이다. 국민이 필요로 하는 모든 것을 정부가 준다면 국민은 더 이상 무언가를 제조하지 않아도 되며 온전히 소비자의 역할만 충실하면 된다.
⑮ 새로운 사회적 계약은 교육받은 사람들 사이에서만 가능하다. 왜냐하면 새로운 사회적 계약을 만들려면 쟁점 사항을 이해해야 하고, 아이디어가 있어야 하며, 이념적인 의견을 제시할 수 있어야 하고, 이 모든 것에 목적성을 부여해서 제대로 표현할 수 있어야 하기 때문이다.

 **실행 전략 7** ▶ 새로운 문화 패러다임 캠페인 진행

유명인들과 많은 청중이 참여하는 대중 인식 캠페인을 단기로 진행하여 새로운 문화 패러다임이 곧 올 것이라는 메시지를 확산한다.

7.1 효과성

① 더 많은 청중에게 빠르게 다가가기에는 매우 효과적인 전략이다. 사람들은 유력한 정치 지도자보다 유명 인사의 말을 더 잘 듣는다.
② 예술은 사람들의 마음에 아이디어의 씨앗을 심고 그 사람들 중 일부는 새로운 현실, 기술, 패러다임, 문화적 트렌드를 실제로 창조한다. 문화적 변화가 효과적으로 이루어지려면 문화적 변화와 관련된 다양한 대안을 가지고 진행되는 공공 토론에 여러 분야의 유명 인사들이 참여해야 한다. 그렇게 해서 변화가 대규모로 진행되어야 한다.
③ 이 전략이 문화적으로 관련된 모든 문화 영역에서 이루어지게 해야 하고, 미국이나 유럽연합이 주도하지 않게 해야 한다. 또한 전 세계 인구 중 많은 인구가 살고 있는 아시아 지역에서 큰 비중을 차지하고 있는 특정 나라들이 절대적인 영향력을 발휘하지 못하게 한다.
④ 이 전략이 도움이 되겠지만 미치는 영향력이 그다지 크지는 않을 것이다.
⑤ 정보가 넘쳐나는 지금의 환경에서 이 전략은 바다의 작은 물방울에 지나지 않을 것이다.

7.2 실현 가능성

① 적당한 사람을 섭외하고 정선된 메시지를 주의 깊게 작성하면 실현 가능성이 높아진다. 그리고 연예인만 초청하지 말고 다양한 분야의 유명 인사를 초청하면 더 많은 사람들이 동참할 것이다. 또한 유명 인사 본인이 생각하는 것을 말만 하기 보다는 청중들이 참여하게 만들어서 해당 주제를 잘 드러내고 보여줄 수 있어야 효과가 높을 것이고 짧은 시간 안에 많은 영향을 미칠 수 있다.

② 유명 인사들은 캠페인에 참여함으로써 자신의 이미지를 좋게 만들 수 있기 때문에 이 전략에 참여하는 것을 좋아한다.

③ 미래 준비와 관련된 것이 오락 분야에 들어갈 필요가 있다.

④ 미래를 더 좋은 공유 사회로 만들기 위해, 더 좋은 사람이 되기 위해 더 많이 노력해야 한다.

7.3 기타 의견

① 캠페인을 왜 단기로만 진행해야 하는가? 세계 모든 나라 사람들은 새로운 가치와 생활 방식을 실천하고 옹호하는 유명 인사(왕족에서부터 록스타에 이르기까지 다양)를 모방하려는 경향이 있다.

② 나중보다는 조만간 다가올 새로운 문화적 패러다임을 알리기 위한 요소로 이 전략을 활용한다.

③ 이 전략은 메시지를 퍼뜨리는 가장 좋은 대안들 중 하나라고 생각한다.

④ 페이스북에서 진행된 아이스버킷 비디오(https://en.wikipedia.org/wiki/Ice_Bucket_Challenge)에 240만 개가 넘는 태그가 붙었다.

⑤ 단기 대중 의식 전환 캠페인이 얼마나 효과적인지를 보여주는 또 다른 예로 http://www.udruga-gradova.hr/wordpress/wp-content/uploads/2016/07/5.-HKKKI.pdf를 참고한다.

⑥ 긍정적인 전략들이 이미 많이 진행되고 있기 때문에 이것을 전면적으로 진행하는 것이 효과적일 수 있다.

⑦ 대규모 캠페인보다는 특정 청중에 맞게 메시지를 다양하게 구성하는 것이 좋다.

⑧ 사람들은 자신이 관련되어 있는 아이콘들에 귀를 기울인다.

⑨ 이 전략이 실현되려면 정치적 출발이 필요하다. 즉 기획자, 과학 및 인문학 전문가, 정치 지도자들이 나서서 이 전략이 사회 내부적으로 어떻게 다루어질 것인지를 설명해야 한다.

⑩ 사람들은 이 전략으로 인해 발생 가능한 행동과 결과의 명확한 예를 보고 싶을 것이므로 단계별로 작게 나누어서 사람들이 실제로 볼 수 있게 해야 한다.

⑪ 문화적 변화는 시간이 지남에 따라 더 미묘한 방식으로 일어난다.

⑫ 유명 인사들이 진지한 일에 적합하지는 않다.

⑬ 대중 인식 캠페인 대신에, 필요한 정보를 공유하고 사람들을 초대해서 그들이 생각하고, 반응하게 한다. 또한 초대받은 사람들이 또 다른 사람들을 초대해서 생각할 수 있게 하고 상호 의견을 교환하게 한다. 대중을 대상으로 하는 인식 전환 캠페인은 선동적일 수 있다는 점을 감안한다.

실행 전략 8 — 과학과 기술을 대중에게 홍보-사회/예술 캠페인 진행

문화에 영향을 미치는 규모가 큰 기업이나 조직이 있는데, 이들의 시스템을 분석한다. 그런 다음에 개발 중인 과학과 기술을 대중이 이해할 수 있도록 사회/예술 캠페인을 만들어서 시행한다.

8.1 효과성

① 과학과 기술 그리고 문화 사이의 관계가 분명한 방식으로 설명될 수 있다면 이 전략은 매우 효과적일 수 있다.
② 만들어진 캠페인이 너무 복잡하지 않다면 대중들을 이해시키기에 좋을 것이다.
③ 시스템 분석을 통해 적절하게 진단할 수 있어야 추후 이어질 전략도 제대로 진행할 수 있으므로 진단에 공을 들여야 한다.
④ 이 전략은 매우 효과적일 수 있다. 그러나 이것을 누가 시작할 것인가? 유네스코, 예술 지원 기관인 미국예술기금NEA(National Endowment for the Arts), 관심 있는 억만장자가 시작할 수 있을 것이다.

8.2 실현 가능성

① 인간이 생각하는 방식에 있어서 새로운 계기가 될 수도 있다.
② 이 전략을 진행하려면 많은 시간과 관리가 필요하다.

③ 규모가 큰 기업이나 조직이 미치는 긍정적인 면과 부정적인 면 모두를 자세히 살펴보면서 시스템을 분석하면 빠른 시간 안에 더 큰 영향을 미칠 수 있는 균형잡힌 방법을 찾을 수 있다.
④ 이 전략이 실현되려면 적절한 투자가 이루어져야 하며, 이 전략을 진행하는 주체로 정해지는 기업들은 투자를 할 것이다.

8.3 기타 의견

① 어떤 영향을 미칠 것인지와 관련해서 시스템을 분석하는 일은 매우 중요하다.
② 서로 영향을 미치기 때문에 규모가 큰 기업 및 조직과 변화 상황을 모두 분석할 필요가 있다.
③ 밀접하게 얽혀 있어서 문화의 많은 부분을 통제하는 시스템을 인식하는 데 있어서 차트, 그래프, 삽화는 매우 효과적일 것이다.
④ 문화 기획사들은 오랜 세월 동안 자신들이 속한 영역 안에서 정보를 공유하고 서로 영향을 미쳤다. 이제 거품을 걷어내야 할 필요가 있다.
⑤ 어느 한 면만 보지 말고 모든 면을 보아야 한다.
⑥ 이 전략에서 말하는 '규모가 큰 기업이나 조직'에 정부, 비정부 조직(노동조합, 정당, 기업 단체), 언론 칼럼니스트, 아이디어를 내는 사람이나 조직이 포함되어 있다면 일은 잘 진행되겠지만 이들 사이의 협업은 어려울 것이다.
⑦ 요란스러운 예술 캠페인 대신에 신뢰할 수 있는 광고, 과학자와 오피니언 리더 간의 미팅, 의회에서의 적절한 토론, 대중과의 만남을 고려한다.
⑧ 규모가 큰 기업이나 조직은 너무 빠르게 변화한다.

⑨ 변화에 영향을 미치기 위해서 기존과 다른 질서의 사회 공학이 필요할 수 있다.

⑩ 정책이 어떤 영향을 미쳤는지를 평가하는 데 있어 크로아티아에서 진행된 창조적 문화 산업을 활용했다.

⑪ 지역마다 상황이 확실히 다르다. 중국, 미국, 유럽과 관련이 어떤 것들이 좋은 아이디어처럼 보이지만 이를 전 세계에 동일하게 적용하기는 어렵다.

⑫ 이 전략은 문화에 대해 기계적으로 접근하는 방식이다.

⑬ 과학 분야에서 최신 기술이라는 의미로 예술의 상태state of the art라고 말하며, 예술 분야에서 실험experiment in blue이라는 단어를 쓴다는 것이 흥미롭다. 사람들은 분명하지 않은 어떤 감각으로 예술을 '느낀다'. 그러나 과학자가 아닌 일반 사람들이 예술을 느끼는 것과 비슷한 어떤 감각이 과학에 대해서도 동일하게 있는 것 같지는 않다. 이와 같은 미학적 간극을 어떻게 보완할 수 있을지 의문이다.

⑭ 글로벌 및 유비쿼터스 관점에서 과학과 기술을 이해하려면 기업의 구조를 근본적으로 변화시켜야 한다.

⑮ 이 분석을 진행하려면 시간이 매우 많이 걸리고 복잡하다. 왜냐하면 분석이 진행되는 중에 새로운 참가자가 계속 추가될 것이기 때문이다.

실행 전략 9 새로운 사회 운동을 진행할 연합체 구성

새로운 사회 운동을 진행하고 돕는 협회, 지식 공동체, 예술/미디어 연합을 만든다. 새롭게 진행될 사회 운동 주제는 새로운 규범이 되는 자영업, 인간을 대체하기 보다는 인간 능력을 증강시키는 기술, 자아실현 경제, 사람을 대체하는 인공지능 등에 투자, 에코 공감, 미디어에서 긍정적인 전략 관련 좋은 소식 전하기 등 매우 다양할 것이다.

9.1 효과성

① 이 전략을 맡은 협회가 개선 대상 시스템을 확인한 다음에 시스템을 개선하면 작업이 더 효과적으로 이루어질 것이다.
② 오늘날 우리가 해결해야 할 대부분의 과제는 생태계 문제와 연계되어 있어서 이와 관련된 해결책을 마련해야 한다.
③ 이 전략을 주관하는 협회, 지식 공동체, 연합은 좁은 이기주의를 버려야 한다. 그 상태에서 이 전략을 진행하면 장기적으로 일자리/기술 문화가 크게 개선될 것이다.
④ 밋업Meetup 플랫폼과 비슷하다.
⑤ 강력한 조직이 연합에 참여하고 다양한 부문에서 동참한다면 일자리와 기술을 제대로 연계할 수 있는 기회가 생길 것이다.
⑥ 대다수의 아이디어는 실현되겠지만 2050년이 되면 없어질 것이다.

9.2　실현 가능성

① 좋은 사례가 필요하며, 이 전략에는 매우 많은 요소가 있을 것이다. 결과적으로 미래에는 문화에 긍정적인 변화가 많이 있을 것이며, 이에 대항하는 이익 단체도 다수 생길 것이다. 따라서 이 전략이 실현되려면 정부의 지원이 일부 있어야 하며, 정부 지원은 금전적인 지원보다 정책적인 지원에 더 치중해야 한다.
② 미디어의 역할이 클 것이다.
③ 일자리/기술 관련 전체 프로세스에서 이 전략은 핵심적으로 진행되어야 한다.

9.3　기타 의견

① 우리는 이 전략을 아인트호벤에서 진행하고 있으며, 결과 및 실행 사례 비교를 위해 전 세계 모든 곳과의 협력을 열어두고 있다.
② 시간이 지나면 이 전략과 관련된 것들이 자연스럽게 진행되겠지만 이와 같은 전략을 별도로 실행하면 사회 발전에 도움이 될 것이다.
③ 이 전략에 관련된 잠재적인 대상을 위해 이 정도로 자세하고 심도 있게 접근한다면 예전에 진행되었던 계획들에 비해 성공할 가능성이 더 높을 것으로 판단된다.
④ 이 전략에서 추진할 주제들을 미디어에서 다루고 설명한다면 이러한 것들이 가능하다는 상상과 확신을 불러 일으키는데 꽤 도움이 될 수 있다.
⑤ 기술을 사회에 통합하려고 할 때 이들 주제에 진짜로 관심이 있는 그룹을 확인하기 위해 이 전략은 중요할 수 있다.

⑥ 인간을 대체할 수 있지만 그렇게 하지 않고 인간 능력을 증강시키기 위한 기술을 바탕으로 스마트한 증강 현실을 구현하겠다는 것에서 인간미를 확인할 수 있다.

⑦ 무언가를 시작하기에 괜찮은 방법이기는 하지만 사람들에게 권한을 부여하고 문제 의식 및 분석 의식을 자극해야 한다. 그렇지 않으면 사람들의 이해를 돕기는 고사하고 엉뚱한 방향으로 조작될 수 있다.

⑧ 국가와 지역사회가 연합해서 운영하는 단체를 활성화한다.

⑨ 이 전략은 중요하다. 그러나 전체를 보지 못하고 일부만 보는 듯하다.

⑩ 이 전략을 이루려면 전 세계적인 참여와 막대한 자원이 필요한데, 이 요건을 갖추어서 시작하기까지 20년 정도 걸릴 것이고, 전 세계적인 변화를 완료하려면 추가로 20~30년이 더 필요하다.

실행 전략 10 　재택 근무자와 청소년의 사회적 고립 방지책 연구

재택 근무자와 청소년의 사회적 고립을 줄이는 방법을 연구한다. (스마트폰과 소셜 미디어를 과다하게 사용하는 10대의 우울증, 자해, 자살이 크게 증가하고 있다.)

10.1 　효과성

① 교제해야 할 사람들이 모여 있는 그룹에 가입하는 등 가정과 관련된 문제의 해결에 필요한 앱을 설치하고 이를 활용할 수 있다.
② 이 전략의 처리에 기계 학습이 활용될 수 있다.
③ ICT가 '사회적 고립'에 영향을 주지만 인간 행동의 원인은 '사회적 가치'에 있다.
④ 외로움과 고립은 스마트폰 같은 전자 기기를 사용함으로 인해 악화되는 문화적 문제에 해당된다. 적절한 기술을 활용하고 관심을 기울이면 이런 감정을 완화할 수 있다.
⑤ 사이버 폭력으로 인해 사회적 고립이 악화될 수 있다.
⑥ 인간성을 말살하는 것이 모방 등을 통해 새로운 모든 기술에 영향을 미치고 있다.

10.2 실현 가능성

① 사회적 고립을 완화하는 좋은 사례에 상을 주고 관심을 기울인다.
② 스마트폰이나 인터넷 등을 책임감 있게 사용하도록 한다. 대한민국의 사이버 중독 대응 프로그램을 참고한다.
③ 문화 활동을 통해 사회적 고립을 줄일 수 있다. 문화 활동을 기획할 때 가능하면 기술의 도움을 받도록 구성한다.
④ 이 전략이 지역사회 수준에서 이루어지면 실현 가능하다.
⑤ 2018년 미국 영부인 멜라니아 트럼프가 국제적으로 주도한 사이버 폭력 대응 계획이 전 세계적으로 광범위한 규모로 확산 및 실행되고 지역사회에서도 실행된다면 이 전략의 실현 가능성이 높아진다.

10.3 기타 의견

① 모든 사람은 같은 주제 혹은 전혀 다른 주제를 다루는 다른 사람들과 연결되어 있고 그들을 돕고 있다는 느낌을 가질 수 있어야 한다.
② 어려운 시기에 어떤 사람에게 동기를 부여해서 어려움을 극복하는 데 도움을 줄 수 있는 훈련된 사람이 필요하다.
③ 모든 사람은 자신이 하고 있는 일, 일의 진행 상황, 일의 성과에 관해 다른 사람과 이야기를 나눌 수 있어야 한다. 그리고 인생을 살아가면서 지금 하고 있는 것이나 해 오고 있는 것을 폭넓게 인식할 필요가 있다. 그리고 사람들은 자신이 발견했던 것이나 보탠 것, 심지어 연구한 것이나 포기한 것에 대해서도 제대로 인정받아야 한다. 우리 모두에게는 격려가 필요하다.

④ 방과 후 창의적 프로그램, 요가, 신체 활동, 공예, 기술 개발 등과 같은 경험 및 프로젝트 기반 모임에 청소년들을 참여시킨다.
⑤ 청소년들이 개인적인 참여 및 사회화 과정을 경험할 수 있고, 고립을 경험할 수도 있으며, 이 모든 것은 그들에게 중요하다.
⑥ 고립을 해결할 수 있는 수단으로써 소셜 미디어가 답이 될 수도 있다.
⑦ 고용이나 복직을 전제로 청년들을 모임에 참여시켜 일을 시킬 경우 보조금을 지급할 수 있다.
⑧ 기술 시대가 심화되고 있는 현실에서 인간 문명과 공동체를 지키기 위해 이러한 사회 운동이 필요하다.
⑨ 새로운 사회 운동은 아이가 태어났을 때부터 시작되어야 한다. 즉, 부모 양육, 학교 교육, 사회 교육, 미디어 활용 교육, 개인 활동 등 생애 전주기에 걸쳐 적용되어야 한다.
⑩ Birth2Work 같은 조직들이 이 분야에서 훌륭한 일을 하고 있다.
⑪ 소셜 미디어의 긍정적인 효과와 부정적인 효과 사이에 균형을 맞춰야 한다.
⑫ 우울증과 늘어나고 있는 자해를 스마트폰의 과도한 사용과 직접 연결하는 것은 근시안적이며 제한적인 것처럼 보인다.
⑬ 더 넓은 범위의 이니셔티브와 합쳐야 한다.
⑭ 전 세계적으로 엄청난 사회적 변화와 인구 이동이 있으며, 이와 함께 발생한 사회적 고립, 외로움, 우울증, 스마트폰과 소셜 미디어 남용은 사회를 분명히 더 나쁘게 만들고 있다. 그러나 진정한 해결책은 사람들이 연결되어 있고, 유용하며, 생산적이라는 느낌을 갖게 하는 것이다.
⑮ 육아를 제대로 했다면 많은 문제가 발생하지 않았을 것이다.

⑯ 감정 지능도 운동 주제로 포함시켜야 한다.
⑰ 사람들이 물리적으로 존재할 때 이루어지는 피드백과 달리 소셜 미디어에서는 자신의 행동에 대한 다른 사람들의 즉각적인 피드백이나 결과가 충분하지 않다.
⑱ 이 전략을 완벽하게 처리하려면 패러다임의 전면적인 변화가 필요하다.

실행 전략 11   일의 목적을 생계가 아닌 자아 실현의 수단으로 규정

일을 하는 목적을 자아 실현으로 확대해서 잡는다. 기존에는 직업에서 자신의 정체성을 찾고, 사회에서 가치를 인정 받고, 자존감을 얻었다. 그러나 이제는 나의 인생을 어떻게 고유하게 만들어 나갈 것인지에 집중하고, 나의 인생에 목적을 부여하는 방향으로 나가야 한다. 즉 내 인생 자체가 나의 정체성이고 가치이자 자존감이어야 한다.

11.1 효과성

① 직업을 이해하는 것은 중요하다. 그러나 삶을 이해하는 것이 더 중요하다. 일을 하면서 인간적인 발전을 통합해서 도모할 수 있다.
② '나는 내 인생을 발명한다'라는 이름의 새로운 실천 공동체를 만든다.
③ 일을 하면서 자아 실현도 이루어서 이것이 불가능하다는 사람들에게 가능하다는 것을 보여준다.
④ 자부심과 목적성을 갖춘 사람은 무엇이 자신을 행복하게 만드는지를 가장 잘 찾는다. 이들에게 있어 금전적인 보상은 전혀 우선순위가 아니다. 흥미롭게도 이런 유형의 사람은 다른 사람들이 고용하고 싶어하거나 함께 일하고 싶어하는 유형이기도 하다.
⑤ 이 전략은 자아실현경제의 핵심이기도 하다.
⑥ 사람은 본인 스스로에게 가치가 있다는 것을 알아야 하고, 스스로에게 있는 가치를 실현하는 방법도 알아야 한다.

11.2 실현 가능성

① 이 전략이 실현되려면 교육 시스템과 문화가 지속적으로 발전해야 한다. 그리고 이 전략은 현재 진행 중에 있으며 2050년이 되면 실현될 것이다.
② 밈meme을 계속 확산시킬 필요가 있다. 그리고 '목적 중심'이라는 말이 이미 유행어가 되었으며, 밀레니얼 세대 근로자들은 단순히 일만 하지 않고 그들의 일에서 목적의 의미를 찾는다.
③ 제도를 개정하고 만들 때 인간을 더 많이 배려해야 한다.
④ 이 전략을 실현하는 일이 쉽지는 않지만 가능은 하다. 그리고 미래에 기술이 일에 미치는 영향을 개선하는 데 중요한 역할을 할 것이다.
⑤ 사람들이 자신의 존재 목적을 외부의 어떤 것에서 찾지 않고 자신 내부에서 찾도록 돕는 교육이 필요한데, 이 전략은 그런 교육의 진행 방향을 설정할 때 매우 유용할 것이다.

11.3 기타 의견

① 이 전략에서 일의 본질을 알 수 있으며, 문화-기술 매트릭스에서 개인의 역할을 확인할 수 있다.
② 이 전략은 이미 진행되고 있으며, 점점 더 확산되고 있다.
③ 세계적으로 큰 변화를 겪는 시기에 인생을 어떻게 살 것인지 정하는 데 있어 자아 실현은 좋은 방법이다.
④ 이 전략이 대세임에는 틀림이 없다. 그러나 '하위 10억 명'의 경우 자아 실현 이전에 각자의 니즈가 먼저 충족되어야 한다.

⑤ 향후 35년이 지나면 이 전략이 실현될 가능성이 다분하다. 그러나 그 기간 동안 이 전략이 확실히 실현될 것이라는 충분한 징후는 아직 없다.

⑥ 생계를 유지하기 위해 일을 해야 한다. 그러나 정체성, 관심사, 개인이 가지고 있는 강점을 위해 사회에서 할 수 있는 활동 및 역할과 관련된 선택의 폭이 훨씬 더 넓어지고 있다.

⑦ 이 전략이 실현되려면 가족, 조기 교육, 미디어가 필요하다. 그리고 자동화나 로봇공학 등이 진화하면 이 전략이 점점 더 중요해질 것이다.

⑧ 이 전략이 실현되려면 아이들이 자아 실현이라는 방향성을 가지고 발전할 수 있도록 교육 체계가 도움을 주어야 한다. 그리고 기업은 회사의 다양한 문화적 니즈에 어떤 직원이 적합한지 파악할 수 있어야 한다.

⑨ 사회적으로 선한 기업에게는 세제 혜택을 주어야 한다.

⑩ 협동조합, 노동자 협동조합, 바터 시스템barter system[77]은 다른 접근 방식을 발전시키는 방향으로 해서 오랫동안 지속될 수 있다. 그리고 단순한 생존 수준 이상의 더 높은 수준으로 소득이 높아져서 창의성을 자유롭게 발휘할 수 있어야 한다.

⑪ '나는 나다, 내 직업이 내가 아니다'라는 말은 자아 실현의 방향성을 잘 나타내고 있다. 이와 같이 자아 실현을 향해 나가면 더 좋고 더 공정한 세상에서 더 행복하게 살 수 있을 것이다. 이것이 새로운 미래의 시작일 수 있다.

| 실행 전략 12 | 3가지 시나리오에서 제기된 문제를 해결하는 협력 부서 신설 |

3가지의 2050 일자리/기술 시나리오에서 제기된 문제를 해결하는 데 도움이 되는 협력 부서를 만든다.

12.1 효과성

① 부서를 추가로 만들 필요는 없다. 이것보다는 산업계와 모든 부처에 있는 사람들이 협력을 배우고 협력의 가치를 인정해야 한다. 더불어 협력을 가르치고, 표본을 만들고, 보상을 하고, 사회적 기대치로서 일반 사람들에게 알려야 한다.
② 새로운 부서가 필요치는 않고, 가능한 많은 플랫폼에서 일자리/기술 시나리오에 대한 토론이 이루어지도록 한다.

12.2 실현 가능성

① 협력 관련 예산을 받기 위해 너무 많은 부처와 기관이 경쟁을 할 수 있는데, 협력 관련 신규 예산은 협력 부서에서만 사용할 수 있도록 해야 한다.
② 협력 전담 부서를 만드는 것은 괜찮아 보이지만 충분한 협력을 꼭 해야 하는지에 대해서는 완전히 동의하기 어렵다.
③ 정부에는 이를 처리할 수 있는 관리 기구가 이미 있으며, 의미 있는 활동을 곧 할 예정이다.

12.3 기타 의견

① 이러한 유형의 협력 부서를 이미 경험한 바 있으며, 그 결과는 고무적이었으며 소기의 효과를 달성했다.

② 협력 전담 부서가 있지만 다른 부서와 연결되어 있지 않고 본연의 역할을 다 하지 못한지 꽤 되었다.

③ 새로운 부서보다는 촉진할 수 있는 방안이 필요하다.

④ 어느 시점에 가서 정부 부서가 필요하면 그 부서가 만들어질 것이고 그렇게 되면 이 전략에서 이야기하는 문제들은 어떤 식으로든 해결될 것이다.

⑤ 이 전략대로 하면 모든 이슈를 모아서 한 가지 해결책으로 처리한다는 것인데, 이렇게 혼자서는 문제를 해결할 수 없다.

⑥ 3가지 시나리오에서 제기된 문제들은 국제적으로 서로 연결되어 있다는 점을 고려해야 한다.

⑦ 정책 의사결정자와 금융 기관이 참여하는 글로벌 단체는 충분히 효과를 낼 수 있다. 그러나 뚜렷한 결과 없이 보여주기식으로 진행될 위험도 있다.

실행 전략 13 ▶ 차세대 기술이 문화에 미치는 영향을 파악하는 정부 기관 신설

> 차세대 기술이 문화에 어떤 영향을 미치는지를 전담하는 정부 기관을 만든다.

13.1 효과성

① 미국의 기술평가국Office of Technology Assessment 같은 기관을 만들면 된다.
② 이런 기관을 국가가 만들면 차세대 기술과 문화의 관계를 제대로 살펴보겠다는 공개 선언 효과가 있을 것이다. 그렇다고 단순히 만드는 것에서 끝나서는 안 된다.
③ 지금도 정부 기관이 너무 많다. 이 전략에서 제안하는 것처럼 추가로 새로 만들 필요는 없다.

13.2 실현 가능성

① 이 전략이 진행되면 차세대 기술과 문화의 관계에 대해 사람들의 관심을 집중시킬 수 있다.
② 이것을 정부 독단으로 하기 보다는 정부, 민간 기업, 학계, NGO들이 모여서 공동 협력 방식으로 진행하는 것이 더 좋다.
③ 군사 산업 복합체에 돈을 투자하기 보다 미래에 돈을 투자할 필요가 있다. '미래'는 국가 안보 사안이기도 하므로 미래에 돈을 투자할 이유도 충분하다.

④ 이 전략이 아주 급하게 꼭 처리해야 하는 일은 아니므로 예산에 부담이 있다면 우선순위를 뒤로 미루어도 된다.
⑤ 미래에 관해 이미 상당한 예산을 지출한 국가의 경우 이 전략은 실현 가능하다.

13.3 기타 의견

① 새로 만들기 보다는 기술평가국을 활성화시키고 필요한 재원을 조달하는 것이 더 좋다.
② 모든 정부에서 이 전략을 고려해야 한다. 이를 위해 민간 전문가 그룹의 조언을 받기 바란다.
③ 각국 정부는 국가 아젠다에 이와 관련된 내용을 넣어야 한다.
④ 이 전략이 실현되려면 민주주의가 확실히 정착되어 있어야 한다.
⑤ 이 전략을 실현할 수 있도록 기능을 전환할 수 있는 부서들이 이미 있다.
⑥ 개별 국가마다 실현 가능 여부가 모두 다르다.
⑦ 정부가 주관하면 너무 정치적으로 움직여서 객관성을 담보할 수 없다. 따라서 기업, 협회, 사적으로 활동하는 모임이나 투자 그룹이 참여할 필요가 있다.
⑧ 차세대 기술을 따로 떼어서 처리해서는 안 된다.
⑨ 대부분의 정부는 미래에 차세대 기술이 문화에 어떤 영향력을 미칠 것인지 보다는 차세대 기술이 경제와 국가 경쟁력에 어떤 영향을 미칠 것인지에 더 관심이 많다. 기술, 문화, 경제가 모두 들어간 적절한 공식은 무엇일까?

⑩ 정부 부서가 최대로 할 수 있는 일은 촉진자 역할이다. 정부는 중심에 서면 안 되고 주변부에서 촉진하는 역할을 해야 한다.
⑪ 혁신적인 기술을 책임지고 전담해서 맡은 부서가 차세대 기술-문화 관계를 주도해야 하므로 이 전략에서 제안한 정부 기관을 별도로 만들 필요는 없다.
⑫ 청년들은 페이스북, 문자 메시지, 비디오 게임, 인터넷을 많이 사용하며, 이러한 것들이 그들의 문화에 어떤 영향을 미치는지를 파악할 필요가 있다.
⑬ 정부 기관의 역할은 규제, 정책 개발, 모니터링이며, 각 역할의 구조, 자금, 리더십이 모두 다르다는 점을 참고해야 한다.

실행 전략 14   '완전체 아이돌' 같은 문화 템플릿을 공익 서비스에 활용

'완전체 아이돌' 같은 인기 있는 문화 템플릿을 만들고 이를 공익 서비스에 활용한다.

14.1   효과성

① 유엔 친선대사 같은 명예직일 수 있으며, 전 연령대를 대상으로 하려면 아이돌이 많이 필요하다.
② 전체를 포괄할 수 있으려면 하나의 아이돌만으로는 안 되고 다양하면서도 많은 수의 아이돌 그룹이 필요하다.
③ 예전에도 이런 논의를 한 바 있는데, 이 전략이 실현되려면 참여 대상 유명인들이 동의를 해야 하고 그에 부응하는 비용을 지불할 수 있어야 한다.

14.2   실현 가능성

① 참여하는 아이돌들이 매우 활동적이고 미디어에서 이들 아이돌에 많은 관심을 보인다면 실현 가능성이 매우 높다.
② 미래의 잠재적인 일자리/기술 역할을 이해하는 과정에서 이 전략은 도움이 된다.
③ '완전체 아이돌'을 만들어서 정착시키는 것은 충분히 가능하지만 이들이 2050년까지 계속 영향력을 유지할 수 있을지는 의문이다.

14.3 기타 의견

① 각 문화마다 이상적이라고 생각하는 아이돌이 다르다.
② 인류는 신화 속에서도 아이돌 같은 상징을 만들었다. 멀리는 오딘Odin의 딸 브룬힐드Norse Valkyrie Brunhilde[78]가 있고, 가까이는 미국 산불 방지 홍보 표지판에 사용되는 '짙은 회색곰'Smokey the Bear이 있으며, 여성 노동자를 상징하는 '리벳공 로지'Rosie the Riveter가 있다. 이런 상징들을 활용하여 긍정적인 이상을 사람들에게 지속적으로 심어 주었다. 그러나 이것은 이상을 강화하는 도구로만 사용될 수 있으며, 그 자체로 무언가를 할 정도로 충분히 강력한 것 같지는 않다.
③ 아이돌은 진실해야 하며, 이것은 매우 중요한 덕목이다.
④ 대중 문화에는 긍정적인 아이돌이 필요하다.
⑤ 광고에서 브랜드를 알리기 위해 '아이돌'을 활용한다. 광고에 활용되는 아이돌이 실제 유명인일 수 있고 가상의 유명인일 수도 있다. 이렇게 만들어진 광고가 실패를 하기도 하고 광고에 활용된 아이돌의 도덕성 문제로 인해 요동치기도 한다(예: 스티브잡스, 도날드 트럼프). 또한 광고 영향이 클 수도 있고, 최악의 상황이 발생할 수도 있다.
⑥ 〈The Voice〉나 〈American Idol〉의 프로듀서들은 이들 프로그램을 통해 사회적 영향력을 발휘할 수 있다. 혹은 연구 결과를 반영해서 비슷한 유형의 TV 쇼를 제작할 수도 있다. 이와 관련해서 〈GOOD〉 매거진은 괜찮은 정보를 제공한다.

| 실행 전략 15 | 기술/경제 체제 전환, 새로운 가치 강화-국가간 문화 활동 지원 |

기술/경제 체제가 다음 세대로 빠르게 변화하고 있으며 이에 맞추어 전환을 해야 한다. 이 전환을 돕기 위해 새로운 가치를 강화해야 하며, 이를 위해 다른 나라들과 공동의 문화 활동을 지원한다.

15.1 효과성

① 빠르게 변화하는 현실에 대처하는 과정에 많은 도움이 될 수 있다.
② 문화 간 교류는 항상 좋은 생산성으로 이어진다.
③ 다른 문화권에서는 차세대 기술과 문화를 어떻게 맞추어 가는지를 파악할 수 있고 다른 곳의 경험을 공유할 수 있다.
④ 전 지구적으로 같이 할 수 있는 것을 더 많이 할 수록 더 좋다.
⑤ 국제적인 연합은 성공할 것이다.
⑥ 하이브리드화가 성공의 열쇠이다.

15.2 실현 가능성

① 많은 활동이 이미 다각도로 진행되고 있다. 국제 영화, 출판, 축제와 대회 형식으로 진행되는 미디어 산업을 통해 문화 교류가 충분히 많이 일어나고 있다. 또한 국제노동기구나 유엔 같은 국제 기구들을 통해서도 최소한 이론상 공동의 문화 활동이 다양하게 일어날 것으로 예상된다.

② 이 실행 전략을 9번 및 11번 실행 전략과 함께 병행하면 실현 가능성과 영향력을 더 높일 수 있다.

③ 대사관과 무역대표부가 이 전략과 관련된 활동들을 이끌 수 있다.

④ 가치를 강화하려는 의지는 변화에 대한 열망보다는 변화에 대한 필요로부터 더 많이 생기므로, 이 전략을 무역박람회로 만드는 것도 좋아 보인다.

15.3 기타 의견

① 이 전략은 매우 좋다. 지구촌 사람들이 함께 모이면 컨버전스를 이룰 수 있는 강력한 기회를 얻을 수 있다. 스포츠에서 그런 예를 자주 본다. 가령, '인간 잠재력 올림픽'Olympics of Human Potential을 상상해 보아라.

② 일반 대중이 급변하는 기술-경제 현실에 적응하고 제대로 넘어갈 수 있도록 도와주는 실질적이고 광범위한 가치 변화를 일으키기 위해서는 일련의 공동 문화 행사가 지속적으로 진행되는 장기적인 접근 방법이 요구된다.

③ 이 전략은 다른 실행 전략들과 쉽게 결합하여 활용될 수 있다.

④ 이 전략과 관련해서 이미 많은 일이 일어나고 있다. 이와 관련된 인식이 더 확대될수록 이 전략의 효과도 높아지고 실행도 용이해질 것이다.

⑤ 미래의 기술과 일자리를 공유하고 형성하는 데 있어 다문화 시책이 도움이 될 수 있다.

⑥ 창조 경제가 힘을 받으려면 제품과 서비스를 많은 외국 시장에 내 놓을 수 있어야 한다.

실행 전략 16 — 지역사회 주요 시설을 차세대 기술/디지털 연결 장소로 활용

도서관, 사용되지 않는 우체국, 영화관, 국립공원, 박물관의 용도를 재조정해서 협업이 가능한 '메이커스페이스'maker spaces로 만들거나 '창조적 장소 만들기'creative placemaking 방식을 적용하여 예술과 지역사회가 통합된 허브로 만든다. 이곳에서는 창의적인 협력 활동이 이루어지고, 평생 교육이 진행되며, 문화 교류가 일어날 것이다. 또한 이곳은 차세대 기술/디지털 연결 장소로도 활용될 것이다.

16.1 효과성

① 상호 교류할 수 있으면서 친숙하게 만들어진 공공 장소는 언제든 환영이다.
② 지역사회의 도서관과 극장들 중 많은 곳이 이미 용도 변경되었다. 그리고 최소한 변화하는 시대에 맞춰 가고 있다. 가령 차세대 기술과 디지털을 연결하는 장소에 걸맞게 각종 시설물을 갖추고 있다. 이러한 노력은 계속 진행되어서 '창조적 장소 만들기 허브'나 지역 공동체 건물로 만들어질 것이다. 이는 젊은이들과 원격 근무자들이 고립되는 것을 상쇄시킬 수 있는 방안이 될 수 있고, 평생 학습을 강화할 수 있는 수단이 될 수도 있다.
③ 기존 시설의 조기 폐기 및 새로운 환경의 효율적인 도입에 적합한 매우 효과적인 방법인 것 같다.

④ 러시아의 상트페테르부르크는 시민과 관광객을 위해 창조적 미디어 클러스터를 열었다.

16.2 실현 가능성

① 이들 시설의 용도를 재조정하고 개조하는 과정에 미래 사고 리더들이 참여한다면 매우 큰 영향을 미칠 것이다.
② 적은 비용을 들여서 좋은 결과를 확보할 수 있는 방법인 것 같다.
③ 이 시설들을 개인 및 전문가의 역량을 확보하고 개발하는 센터로 활용할 수 있다.
④ 이런 사례가 이미 많이 있다. 미디어를 통해 널리 알려야 한다.

16.3 기타 의견

① 이 전략 중 일부를 이미 보았다. 일부 도서관에서는 '메이커스페이스' 공간을 두고 있거나 시연을 주관하기도 한다. 일부 박물관은 기존 소장품에 새로운 기술을 접목시키기도 한다. 이러한 유형의 작업을 국가 차원에서 하면 좋을 것 같다.
② 더 많은 지역사회에서 이와 같은 작업을 지속적으로 더 활발하게 하도록 권장할 필요가 있다. 또한 계속 변화하는 기술, 미디어, 소셜 트렌드와의 관련성을 유지할 수 있도록 시설에 재원을 조달할 수 있는 다양한 비즈니스 모델을 만든다.
③ 학령 인구 감소로 인해 폐교된 학교나 관련 시설도 포함시킨다.

④ 이러한 공간은 돈이나 시간에 여유가 있는 사람들에게 적합한 경향이 있으므로 지역사회에서 계속 활성화되려면 운영을 잘 해야 하고, 많은 사람을 수용할 수 있어야 하고, 역동성을 지속적으로 유지해야 한다.

⑤ 이 전략이 오래 지속되려면 일반 대상과 정책 입안자들이 이 전략을 더 잘 인식하게 해야 한다. 그 일환으로써, 예술 작품이나 컨퍼런스에만 의존하지 말고 시민들이 진짜로 참여할 수 있게 한다. 그리고 주민과 관련된 콘텐트를 만들고, 주민들의 참여를 권장하고, 그들의 사고방식을 바꾸고, 사회 일원으로써의 책임감을 갖게 만든다.

⑥ 이런 시설들이 마련되고 사용되면 대중들이 예술과 과학에 더 쉽게 접근할 수 있다.

⑦ 이 전략으로 인해 일반 대중의 예술적 마인드가 강화될 경우 그로 인한 이점은 매우 클 것이며, 오랫 동안 지속될 것이다. 미국의 한 예로 공공산업진흥국Works Progress Administration이 있는데, 이 기관은 사람들이 단순히 일만 하는 것이 아니라 자신의 예술적 자아를 공공 장소에서 다양한 예술로 승화시켜 표현할 수 있게 한다.

실행 전략 17 ― 밀레니엄 프로젝트의 연구 결과 공유

이번 연구 결과(초기 연구, 글로벌 시나리오, 실행 전략)를 컨퍼런스나 다른 수단을 통해 전 세계 문화 예술 지도자들이 활용할 수 있게 한다.

17.1 효과성

① 여기서 진행한 프로젝트를 확산시킬 필요가 있다.
② 회의에 국한되지 않고 실제 행동으로 이어지도록 자극한다.
③ 밀레니엄 프로젝트 노드를 많이 만들어야 하고, 다른 사람이나 조직이 밀레니엄 프로젝트 노드를 많이 받아들이게 해야 한다.
④ 컨퍼런스 세션 전이나 세션 후에 컨퍼런스 자료를 많은 사람들에게 오픈해야 한다. 동시에 하면 더 좋다.
⑤ 이 전략은 도움이 될 것이고, 책으로 출판도 해야 한다. 그리고 실행 전략을 더 구체적으로 제시해야 한다.

17.2 실현 가능성

① 전 세계의 많은 정치, 문화 지도자들이 이 연구 결과에 대해 더 배우고 싶다는 요청을 해오고 있다.
② 2050년까지 큰 영향을 미칠 수 있도록 지금 만들어진 모멘텀을 더욱 강화하고 확장하려면 홍보 캠페인이 필요할 수 있다.
③ 컨퍼런스 진행에 사용되는 발표 자료의 콘텐츠를 잘 만들어야 한다.

④ 이 연구에 참여한 사람들 중 일부는 이미 이 전략을 진행할 계획인 것으로 안다.

17.3 기타 의견

① 미래에 다가올 경제 전환기에 들어서고 있으며, 기존의 개념, 정의, 정책, 교육 커리큘럼, 지적재산권, 실질적인 전략이 모두 새로 확립되어야 한다. 컨퍼런스를 통해 이 모든 것을 살펴보아야 한다.

② 일관된 글로벌 프레임워크를 수립하기 위해 컨퍼런스와 모임 등을 지속적으로 진행하는 것이 매우 중요하다.

③ 향후 2~3년 안에 힘을 합쳐 상상할 수 있는 모든 유형의 컨퍼런스를 통해 연구 결과를 널리 알린다면 이는 연간 베스트셀러가 될 것이다. 이를 위해서는 지금보다 훨씬 더 많은 사람이 토론에 참여해야 할 것이다. 5개 섹션 중 나머지 4개인 교육과 학습, 정부와 거버넌스, 기업과 노동, 과학과 기술을 제외한 문화, 예술, 미디어 분야에 속한 리더들만 참여한다면 소기의 목적을 달성하기 어려울 것이다. 이 협업 활동의 저변은 더 넓어져야 하며, 사회, 정치, 비즈니스, 종교 분야 지도자들까지 확대되어야 한다. 핵심은 이 연구에 더 많은 사람이 참여하는 것이 아니라 사람들이 이 글을 읽고 본인이 마련한 계획이나 일상의 삶과 다른 무언가에 적용한 후에 그 결과를 가지고 서로 대화하는 것이다.

④ 뉴스 쇼를 진행하는 사람들을 만나서 그들에게 도움을 청하는 방법이 있다. 컨퍼런스는 시작일 뿐이다. 더 좋은 것은 이 전략을 학교나 평생교육 시스템에서 진행하는 것이다.

⑤ 연구 결과를 모든 사람이 활용할 수 있게 할 방법을 찾는다. 그리고 단순히 정보를 입력하는 것에 그치지 않고 실제 행동으로 옮기는 방법도 강구한다.

⑥ 컨퍼런스 외에 모임, 밀레니엄 프로젝트 웹 사이트, 기타 봉사 활동 프로그램을 활용한다. 그리고 각 나라에 있는 밀레니엄 프로젝트 노드의 회원들이 자신이 운영하고 있는 웹 사이트나 소셜 미디어에 관련 내용을 올리는 것에 동참하도록 권고한다.

⑦ 시너지 효과를 만들어 내고 커뮤니티를 구성한다. 그런데 우리는 좋은 일을 하려고 했는데 모든 사람이 좋은 일을 원하는 것은 아니며, 우리가 사용하는 기술이 더 대단할수록 그것이 누군가에게는 과대 포장된 선전이 될 가능성도 있다는 점을 기억하기 바란다.

추가 전략 ▶ 문화, 예술, 미디어 부문 추가 전략

> 2050년 일자리/기술의 역학 관계를 더 좋게 만들기 위해 장기적으로 추진해야 할 문화, 예술, 미디어 관련 추가 전략으로 무엇이 있는가?

① 도심 거리에 있는 대형 디지털 화면에 2050 일자리/기술 관련 주장이나 제안을 띄우고 지나가는 사람이 자신의 의견이나 해결 방안을 추가할 수 있게 한다.
② 보편적 기본 소득을 사용하여 사회 프로젝트와 문화 프로젝트에 자원봉사자로 참여하도록 장려한다.
③ 국가 기금 및 다른 기금 기관과 협력하여 일정 비율의 기금을 미래 관련 프로젝트에 할당한다.
④ 변화를 이끄는 동인인 문화를 어떻게 활용하고 그로 인해 어떤 영향이 미치는지를 연구한다.
⑤ 여기서 제시된 모든 전략들이 실질적으로 필요해 보인다. 그러나 문화적 전환 관련 전략을 수립할 때 문화에 예술과 미디어만 있지 않고 다른 많은 영역이 있다는 점을 염두에 두어야 한다.
⑥ 종교 단체와 종교 지도자를 참여시킨다.
⑦ 미래의 기술 및 일자리 창출에 필요한 대화와 교육에 참여하지 못하고 소외되어 있는 공동체를 참여시키기 위해 각별한 노력을 기울인다.
⑧ 글쓰기 대회를 열고 수상작을 시나리오의 콘텐트로 활용한다.
⑨ '미래 대화 포럼'을 만든다.
⑩ 의미 있는 인생을 위한 기회를 만들려면 어떻게 해야 하는지 연구한다.

⑪ 문화 관리자cultural managers가 될 수 있는 역량을 갖추어서 미래의 문화 이니셔티브를 이끌도록 한다.

⑫ 전 세계 각지에 있는 사람들이 참여하는 토론을 시작해야 한다. 이 토론에는 이미지나 말로 자신의 생각을 표현하는 사람이 참여할 수 있고, 글로 자신을 표현하는 사람이 참여할 수도 있다. 서로 영향을 주고 다른 사람의 말을 경청할 수 있는 사고방식을 가져야 한다.

⑬ 일자리/기술에 관련된 이해관계자, 의사결정자, 정책 입안자, 교육자, 일반 대중이 참여해서 상호 교류하면서 서로를 더 잘 인식할 수 있는 프로그램을 만들어야 한다.

⑭ 외부와 통신할 수 있는 기술이 많이 나와 있다. 그러나 통신 시스템에는 위성 취약점, 설비 파괴, 해킹 등과 같은 취약성이 있다. 따라서 견고한 물리적 시스템을 구축할 필요가 있다. 가령, 인쇄 매체, 협동조합, 타운홀미팅town hall meeting[79] 등을 병행할 수 있다.

⑮ 기술이 문화나 예술 이외에 다른 부분에서 미칠 수 있는 영향이나 역할을 철저하게 평가한다. 기술과 비즈니스 세계에서 창의성과 예술이 가치가 있다는 이야기가 점점 더 많이 들리고 있지만 문화나 예술 이외에 다른 곳에서 비판과 미학을 넘어서 예술이 제대로 된 가치를 발휘하는 증거는 거의 없다.

⑯ 시대를 거슬러 올라가서 인류 대대로 내려오는 인류의 가치를 연구하면서 사람들이 본인보다 더 큰 무언가를 만드는 데 필요한 영감을 얻을 수 있게 하는 고고학 및 인류학 같은 분야를 권장한다. 사람들이 고고학이나 인류학 같은 과학을 접하면 미래와 관련된 질문을 해결하는 데 필요한 아이디어를 얻을 수 있는 탄탄한 기반을 갖출 수 있다. 스핑크스와 피라미드를 보고 누가 영감을 받지 못하겠는가? 심지어 구석기인들도 벽에 낙서를 하지 않았는가? 과거의 가치를 이해하면 미래의 가치를 이해하게 될 것이다.

⑰ 초등학교부터 예술 교육, 미디어 교육, 미디어 기술 사용 교육을 진행하고, 프로젝트를 진행할 때 미디어를 사용하도록 한다.

⑱ 한 참가자가 중요한 웹 링크들과 웹 사이트들을 소개했다. KEA European Affairs는 스포츠 뿐만 아니라 문화 및 창조 산업에 특화된 국제 정책 디자인 연구 센터로 홈 페이지는 http://www.keanet.eu/이다. 최근 간행물은 http://www.keanet.eu/publications/에 가면 있다. 그리고 KEA 2018, Creative Europe: Towards the Next Programme Generation 문서는 http://www.keanet.eu/wp-content/uploads/IPOL_STU2018617479_EN.pdf이고, 후속 프로젝트 URL은 http://www.keanet.eu/projects/이다. 그리고 Creative Europe Annual Work Programmes & EACEA 문서는 https://ec.europa.eu/programmes/creative-europe/sites/creative-europe/files/c-2017-6002_en.pdf이고, EACEA URL은 https://eacea.ec.europa.eu/creative-europe_en이다.

데이터베이스와 웹 사이트는 다음과 같다.

- EACEA 데이터베이스
- MAVISE 데이터베이스
- https://www.abconcerts.be/en
- http://asociatiametropolis.ro/
- https://www.creativehubs.eu/
- http://circulardesigneurope.eu/
- http://connectingaudiences.eu/
- http://www.cultureforcitiesandregions.eu/
- https://www.cultureinexternalrelations.eu/
- https://www.culturepartnership.eu/en
- https://etendering.ted.europa.eu/general/page.html?name=home
- https://www.eunicglobal.eu/
- http://www.eif.org/index.htm
- https://ec.europa.eu/digital-single-market/en
- http://www.europarl.europa.eu/portal/en
- http://liveurope.eu/
- https://www.live-skills.eu/about
- https://luxprize.eu/
- http://www.medculture.eu/
- http://www.project-musa.eu/fr/
- http://www.torinofilmlab.it/
- https://weare-europe.eu/en/home

CONCLUSION

결론

미래의 일자리와 기술의 역동적인 관계에 대해 글로벌 관점에서 장기적으로 생각해야 한다. 글로벌 관점에서 생각해야 하는 이유는 다음과 같다. 만약 우리나라에서 미래의 경제 체제로 비교적 유연하게 전환하기 위해 필요한 모든 조치를 취할 수 있고 이웃 나라가 그렇게 할 수 없다면 이웃 나라에서 우리나라로 대규모 이주가 일어날 가능성이 매우 높아지기 때문이다. 그리고 장기적인 관점에서 생각해야 하는 이유는 문화적 변화를 고려해야 하기 때문이다. 초기에는 좁은 인공지능, 로봇공학, 드론 같은 것으로 인해 문화적 변화를 겪을 것이고, 조금 더 시간이 지나서 일반 인공지능, 양자 컴퓨팅, 합성생물학이 확산되면 문화적으로 더 큰 변화에 직면할 것이다.

교육 분야에서도 변화가 일어날 것이며, 이외에 정부, 기업 활동, 과학과 기술 연구, 일하는 목적 등에서도 변화가 있을 것이다. 미래를 생각하는 지도자들은 이러한 미래의 변화 속에서 우리가 직면할 도전 과제에 대해 많이 이야기했으며, 미래에 더 잘 적응하기 위해 우리가 무엇을 해야 할지에 대해서도 다양한 의견을 개진하였다. 이 책의 세 번째 시나리오에서 제시한 자아실현경제에 대한 연구를 진행하는 동안 보편적 기본 소득의 재정적 지속가능성 확보 시점과 방법을 확증하기 위해 현금 흐름 계획을 수립한 나라는 한 곳도 없다는 사실을 확인할 수 있었다. 보편적 기본 소득에 대한 도덕적 해이를 지적하는 것만큼이나 많은 공을 들여서 보편적 기본 소득을 구현하기 위한 재정 분석도 진행해야 한다.

일반적으로 기술 개발은 사람들의 생각보다 훨씬 더 빠르게 진행되지만 기술 적용은 그에 미치지 못하고 더 오래 걸린다. 가령, 인터넷 프로토콜이 개발된 시점은 1960년대지만 인터넷이 대중의 주목을 받은 시점은 1990년이었다. 그러나 이러한 일반화가 미래에는 유효하지 않을 것이다. 왜냐하면 현재 전 세계 반 이상이 인터넷에 연결되어 있고, 좁은 인공지능의 응용은 매우 빠르게 확산되고 있으며, 이로 인해 전 세계적으로 새로운 기술을 공유하고 적용하는 속도가 과거보다 훨씬 더 빨라졌기 때문이다. 이는 변화에 적응할 수 있는 시간이 예전보다 줄었다는 의미이기도 하다. 그러나 미래에 어떤 일이 펼쳐질지 더 잘 본다면 그만큼 더 많은 시간을 버는 셈이 된다. 또한 이 책에서 제시한 2050 세 가지 시나리오에서 제시한 먼 미래의 가능성과 지금의 현실 사이의 시간 간격을 더 넓힐 수 있다.

모든 것이 더 복잡해짐에 따라 미래로의 전환에 대처하기 위한 실행 전략들도 그만큼 더 복잡해질 수 있다. 다양한 사람들과 단체들이 있고 이들의 능력과 관심도 제각기 다르기 때문에 우리가 해야 할 일도 그만큼 더 많아졌다. 국제 패널들이 제시한 94개의 실행 전략과 117개의 추가 전략을 모두 다 수행할 필요는 없지만 교육 시스템에 STEM 정도만 도입하는 것에 그치지 않고 더 많은 전략을 수행해야 한다.

현재 전 세계적으로 미래의 일자리와 기술에 대비하기 위해 많은 전략이 나오고 있지만 이 보고서는 그 어떤 다른 보고서보다 모든 상황을 전반적으로 다루고 있으며, 장기적인 관점으로 바라보고 있으며, 전 세계 각지의 전문가들이 참여함으로써 각 나라의 상황을 반영하고 있다. 우리는 이 책이 독자 여러분의 생각의 지평을 넓히기를 바란다. 또한 이 책에 제시되어 있는 다양한 실행 전략들을 활용하여 보다 나은 미래를 선택할 수 있기를 희망한다.

PANEL

실시간 델파이 패널 통계 데이터

정부와 거버넌스 패널 통계

지역

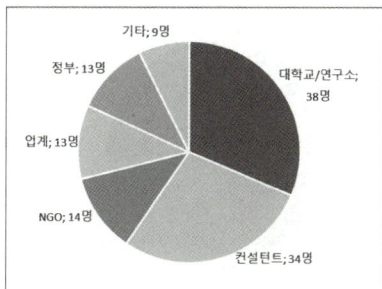

분야

기업과 노동 패널 통계

지역

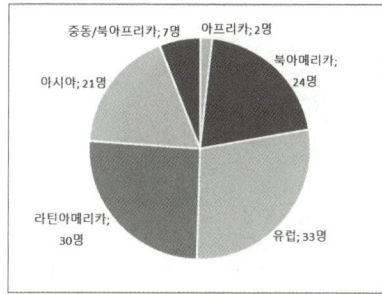

분야

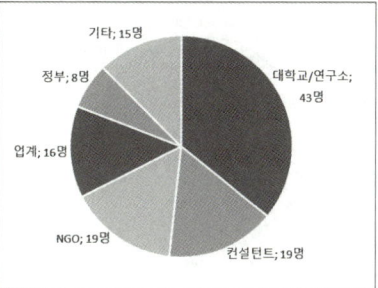

과학과 기술 패널 통계

지역

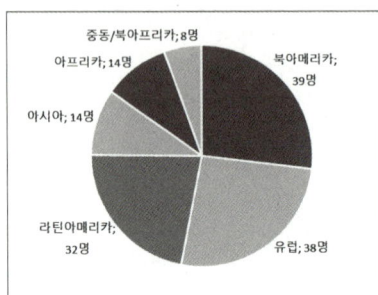

분야

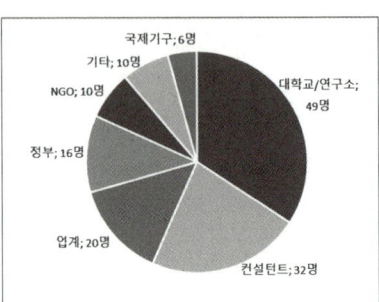

교육과 학습 패널 통계

지역

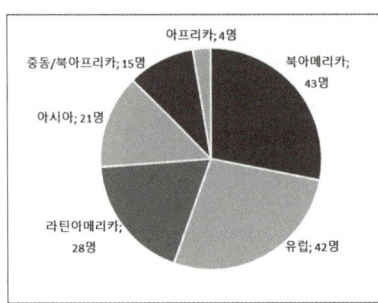

분야

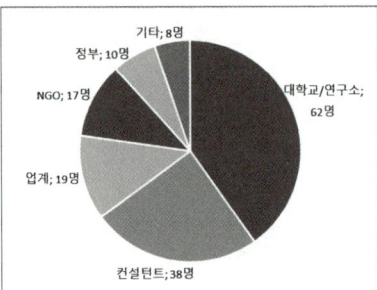

문화, 예술, 미디어 패널 통계

지역

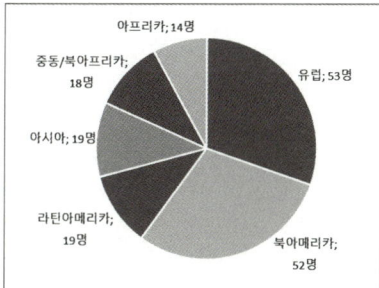

분야

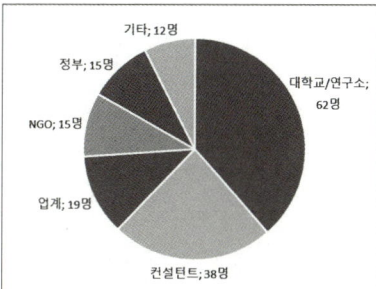

MILLENNIUM PROJECT

밀레니엄 프로젝트 노드

걸프 지역

Ismail Al-Shatti
Gulf Inst. for Futures and
Strategic Studies

Ali Ameen
Kuwait Oil Company
Kuwait City, Kuwait

그리스

Stavros Mantzanakis
Emetris SA

Cristofilopoulos Epaminondas
FORTH/PRAXI
Thessaloniki, Greece

남동 유럽

Blaz Golob
Belgrade, Ljubljana, Podgorica, Zagreb

남아프리카

Rasigan Maharajh
Tshwane Univ. of Technology
Tshwane, South Africa

네덜란드

Erica Bol
Conscious Future Design/ 360 Foresight
Breda, The Netherlands

대한민국

Youngsook Park
UN Future Forum
Seoul, Republic of Korea

도미니카 공화국

Yarima Sosa
FUNGLODE
Santo Domingo, Dominican Rep.

독일

Cornelia Daheim
Future Impacts Consulting
Cologne, Germany

동부 아프리카

Arthur Muliro
Society for International Development
Dar es Salaam, Kampala, Nairobi

Leopold Mureithi
University of Nairobi
Nairobi, Kenya

러시아

Nadezhda Gaponenko
Institute for the Study of Science,
Russian Academy of Sciences, Moscow,
Russia

루마니아

Adrian Pop
National University of Political Science
and Public Administration
Bucharest, Romania

말레이시아

Syed Isa Syed Alwi Al Hindwan
Algaetech International
Kuala Lumpur, Malaysia

멕시코

Concepción Olavarrieta
Nodo Mexicano. El Proyecto del Milenio, A.C.
Mexico City, Mexico

몬테네그로

Milan Maric
S&T Montenegro
Podgorica, Montenegro

Sanja Vlahovic
Ambassador to Italy

베네수엘라

José Cordeiro
Red Iberoamericana de Prospectiva, RIBER
Caracas, Venezuela

볼리비아

R. Verónica A. Agreda de Pazos
Rectora – Chancellor
Universidad Franz Tamayo – UNIFRANZ
La Paz & Santa Cruz, Bolivia

불가리아

Mariana Todorova
Bulgarian Academy of Sciences

Boyan Ivantchev
University of National and World Economy.Sofia, Bulgaria

브라질

Arnoldo José de Hoyos
São Paulo Catholic University

Rosa Alegria
Perspektiva Consulting
São Paulo, Brazil

Jano Moreira de Souza
Future Lab
Universidade Federal do Rio de Janeiro, Rio Janeiro, Brazil

브뤼셀 지역

Philippe Destatte
The Destree Institute
Namur, Belgium

실리콘밸리

Brock Hinzmann
Business Futures Network
Palo Alto, CA, USA

John J. Gottsman
Clarity Group
San Francisco, CA, USA

스페인

Ibon Zugasti
PROSPEKTIKER, S.A.
Donostia-San Sebastian, Spain

슬로바키아

Ivan Klinec
Institute of Economic Research,
Slovak Academy of Sciences,
Bratislava, Slovakia

슬로베니아
: Blaz Golob
SmartIScity Ltd.
European Blockchain Hub
Ljubljana, Slovenia

아랍에미리트
: Hind Almualla
Knowledge and Human Development Authority
Dubai, UAE

Paul Epping
Philips Healthtech, MET
Chapter lead Dubai,
Singularity Univ.
Dubai, UAE

Muhammad Al Mheiri
Director, R&D Forensics
Dubai Police Department
Dubai, UAE

Muhammad Al Mheiri
Director, Forensics R&D
Dubai Police, UAE

아르헨티나
: Miguel Angel Gutierrez
Latin American Center for Globalization&Prospective
Buenos Aires, Argentina

아이슬란드
: Karl Friðriksson
The Icelandic Center for future studies
Reykjavk, Iceland

아제르바이잔
: Reyhan Huseynova
Azerbaijan Future Studies Society
Baku, Azerbaijan

엘살바도르
: Tony Carbonero,
INNBOX LTDA
San Salvador, El Salvador

Guillermo Villacorta
International Development Consultant
San Salvador, El Salvador

영국
: Rohit Talwar
Fast Future Research
London, England, UK

우간다
: Arthur Muliro
Society for International Development
Kampala, Uganda

우루과이
: Lydia Garrido
Facultad Latinoamericana de Ciencias Sociales - FLACSO
Montevideo, Uruguay

이란
: Mohsen Bahrami
Amirkabir Univ. of Technology
Tehran, Iran

이스라엘
Aharon Hauptman
Tel Aviv University
Tel Aviv, Israel

Yair Sharan,
FIRS2T group,
Jerusalem, Israel

이집트
Kamal Zaki Mahmoud Shaeer
Egyptian-Arab Futures Research
Association
Cairo, Egypt

이탈리아
Mara Di Berardo
Research fellow and consultant
Rome/Teramo, Italy

Simone Di Zio
Università G. d'Annunzio
Pescara, Italy

인도
Mohan K. Tikku
Futurist/Journalist
New Delhi, India

Sudhir Desai
Srishti Institute
Bangalore, India

일본
Sungjoo Ogino
Chiba, Japan

Hayato Kobayashi
Development Consultant
Tokyo, Japan

조지아
Tamar Chachibaia
National NanoInnovation Center
Tbilisi, Georgia

중국
Zhouying Jin
Chinese Academy of Social Sciences
Beijing, China

중앙 유럽
Pavel Novacek
Prague, Bratislava, and Warsaw

체코 공화국
Pavel Novacek
Palacky University
Olomouc, Czech Republic

질레
Marcelo Ram rez
University of Chile
Director of Chilean Council of Foresight and
Strategy
Santiago, Chile

Héctor Casanueva,
Director of Chilean Council of Foresight and
Strategy.
Santiago, Chile

Luis Lira
University of Chile
Santiago, Chile

카리브해 지역
> Yarima Sosa
> FUNGLODE, Santo Domingo
>
> Beatriz Bechara de Borge
> Observatorio
> del Caribe Colombiano
> Cartagena, Colombia

캐나다
> Karl Schroeder
> Narrative Futures
> Toronto, ON, Canada

케냐
> Arthur Muliro
> Society for International Development
> Nairobi, Kenya
>
> Leopold Mureithi
> University of Nairobi
> Nairobi, Kenya

코스타리카
> Carlos Alonso von Marschall Murillo
> Ministerio de Planificación Nacional y
> Política Económica
> San José, Costa Rica
>
> Carlos Alonso von Marschall Murillo
> Ministry of National Planning and
> Economic Policy
> San José, Costa Rica

콜롬비아
> Francisco José Mojica
> Universidad Externado
> Bogotá, Colombia

크로아티아
> Zoran Aralica and Diana Šimic
> CroatianInstitute for Future Studies
> Zagreb, Croatia

탄자니아
> Ali Hersi
> Society for Internat. Development
> Dar es Salaam, Tanzania

터키
> ErayYuksek
> Turkish Futurists Association
> Istanbul, Turkey

튀니지
> Jelel Ezzine
> President, Tunisian Association for the
> Advancement of Science,
> Technology, and Innovation
> Tunis, Tunisia
>
> Omar Zouaghi
> Director, Ministry of Local Affairs and the
> Environment
> Tunis, Tunisia

파나마
> Gabino Ayarza Sanchez
> City of Knowledge Foundation
> Clayton, Ancon
> Panama City, Panama

파키스탄
Puruesh Chaudhary
AGAHI and Foresight Lab
Islamabad, Pakistan

Shahid Mahmud
Interactive Group and Foresight Lab
Islamabad, Pakistan

Amir Jahangir
Mishal Pakistan and Foresight Lab
Islamabad, Pakistan

페루
Fernando Ortega
Government and Public Management Institute
San Martin de Porres University
Lima, Peru

포르투갈
Pedro Miguel Diegues
Let's Talk Ld
Lisbon, Portugal

폴란드
Norbert Kolos and
Piotr Jutkiewicz
4CF - Strategic Foresight
Warsaw, Poland

핀란드
Finland (rotating Chairmanship)
Toni Ahlqvist, Sirkka Heinonen,
Juha Kaskinen, Osmo Kuusi, and Sari Söderlund
Finland Futures Research Centre
Helsinki, Finland

프랑스
Saphia Richou
Prospective-Foresight Network
Paris, France

헝가리
Erzsébet Nováky
Corvinus University of Budapest

Mihály Simai
Hungarian Academy of Sciences
Budapest, Hungary

호주
Anita Kelleher
Designer Futures
Inglewood, Australia

미주

01) 사이버나우CyberNow. 인체에 부착되어 사람을 24시간 사이버 세상에 접속하게 하는 것이다.
02) 그레이트 브레인 레이스Great Brain Race. 두뇌와 인공지능에 대한 연구이다.
03) 좁은 인공지능ANI(Artificial Narrow Intelligence). 한 가지 분야의 기능만 갖고 있는 인공지능이다(예: 알파고).
04) 계산 생물학computational biology. 생물학 연구에 데이터 분석 및 이론적 방법, 수학 모델링 및 계산 시뮬레이션 기법을 개발하고 적용한다.
05) 스핀오프. 회사 분할의 한 방법으로, 분할 회사가 현물 출자 등의 방법을 통해 자회사를 신설하고 취득한 주식 또는 기존 자회사의 주식을 모회사의 주주에게 나누어주는 것을 말한다.
06) 빈곤소득선proverty line. 해당 국가에서 적절한 생활 수준을 유지하는 데 필요한 최소 소득 수준이다.
07) 온실가스 배출총량거래. 기업은 정부로부터 배출권을 구매해야 한다.
08) 그레이 구gray goo. 자기 복제가 가능한 나노 기계가 무한한 증식을 통해 지구 전체를 뒤덮는 상태로 지구가 종말된다.
09) 소프트웨어 리터러시software literacy. 소프트웨어 리터러시는 소프트웨어의 구조와 원리를 이해하고 프로그램을 통해 관련 지식을 활용하며, 인간에 대한 이해에 기반을 두고 창의적인 문제 해결을 지향한다. 소프트웨어 리터러시는 모든 사람이 갖추어야 할 핵심 역량으로 컴퓨팅적 사고를 강조한다.
10) 부의 소득세negative income tax. 고소득자에게 세금을 징수하고 저소득자에게는 보조금을 주는 소득세이다. 마이너스 소득세라고도 한다.
11) 사회 다윈주의Social Darwinism. 자연과 사회의 차이를 무시하고 다윈의 생물진화론을 사회학에 도입하여 생존 경쟁과 자연 도태를 '사회 진화'의 기본 동력이라고 보는 학설이다.
12) 국제한림원연합회IAP(InterAcademy Partnership). 100여개의 각국 국립 과학 한림원(학술연구기관)들과 대륙별 한림원 연결 기구들로 이루어진 국제 협력망이다.
13) 국제학술연합회ICSU(International Council of Scientific Unions). 과학 발전을 위한 국제 협력 기구이다.
14) 네오러다이트 운동. 첨단 기술의 수용을 거부하는 반기계 운동으로, 19세기 초 증기기관 등 각종 기계의 등장으로 일자리를 잃게 된 영국 노동자들의 기계 파괴 운동인 러다이트Luddite에 비유한 말이다.
15) 티핑포인트Tipping Point. 어느 순간 갑자기 모든 것이 급격하게 변하기 시작하는 극적인 순간을 이르는 말이다.

16) 생체 모방biomimicry. 새로운 생체 물질을 만들고, 새로운 지능 시스템을 설계하며, 생체 구조를 그대로 모방한다.

17) 그래핀graphene. 현존하는 어떤 물질보다 얇고 가벼우면서 내구성이 강한 물체를 만들어 낼 수 있는 탄소 동소체이다.

18) 무크MOOC(Massive Open, Online Course). 웹 서비스를 기반으로 이루어지는 상호 참여형 교육이다.

19) 토빈세. 모든 국가가 자국으로부터 시작되는 모든 외환 거래에 대하여 0.1%에서 0.5% 정도의 낮은 일정 세율로 거래세를 부과하는 것으로, 1981년 노벨경제학상 수상자인 제임스 토빈James Tobin이 1972년에 주장한 세제이다.

20) 유전자 편집 기술CRISPR(Clustered Regularly Interspaced Short Palindromic Repeats). DNS에 존재하는 18~40개로 구성된 특정 염기 서열을 인식하여 DNA 2가닥을 절단하는 인공 제한 요소로 동식물 유전자의 손상된 DNS를 잘라내고 정상 DNA로 교체하는 유전자 편집 기술을 의미한다.

21) 메시 네트워크mesh network. 홈 네트워킹이나 공공 안전 등의 특수한 목적을 위해 그물 형태를 띠고 있는 새로운 방식의 네트워크 기술로, 노드나 센서 등의 네트워크 기기들이 자신 주위의 컴퓨터나 네트워크 허브에 연결이 되지 않아도 서로 통신이 가능하다.

22) 식별역threshold of consciousness. 식별의 한계 혹은 문턱. 한 자극의 강도의 증감이 대응하는 감각에 처음으로 식별되는 증감의 양을 이른다.

23) 국가경제전환기구National Economic TransInstitutions. 정부, 기업, 대학, NGO 등에서 자체 선발된 리더들로 구성된다.

24) 밈meme. 문화를 전달하는 하나의 방식인 '모방'을 뜻하는 그리스어 단어인 'Mimeme'를 유전자Gene와 비슷하게 발음되도록 'Meme'이라고 축약한 것으로, 한 사회 속에서 문화적인 정보가 유전자처럼 퍼지는 것을 의미한다. 가령, 인터넷에서 유행하는 어떤 메시지가 담긴 그림이나 짧은 영상이 퍼지는 것도 이에 해당된다.

25) 튜링 테스트Turing Test. 기계가 인간과 얼마나 비슷하게 대화할 수 있는지를 기준으로 기계에 지능이 있는지를 판별하고자 하는 테스트이다.

26) RTIRadical Technology Inquirer. 급진적인 기술에 대한 예측, 평가 도구이다.

27) RIBRIRadical Innovation Breakthrough Inquirer. 유럽에서 정책적으로 고려해야 할, 잠재적으로 중요하고 파괴적인 혁신을 정의하고 연구한다.

28) PEW(pew.org). 오늘날 가장 어려운 문제를 해결하기 위해 지식의 힘을 사용하여 공공 정책을 개선하고 대중에게 알리며 시민 생활에 활기를 불어 넣기 위해 엄격하고 분석적인 접근 방식을 적용한다.

29) 손수생물학DIYBio(Do It Yourself biology). 스스로 생각하고 손수 실험하는 생물학이다.
30) 실비오 게젤Silvio Gezel. 돈의 생명(aging money: 늙는 돈)과 사유 화폐를 연구한 독일의 경제학자이다.
31) 전위 효과displacement effect. 자신의 감정을 실제 대상이 아닌 다른 곳으로 돌리는 것에 따른 효과를 이른다.
32) 부족함이 없는 경제post-scarcity. 소수의 인력만으로 대부분의 상품을 풍부하게 생산할 수 있어 매우 저렴하거나 자유롭게 이용할 수 있는 경제 상황을 이르는 말이다.
33) 블랙박스 알고리즘. 결과에 대한 이유를 알 수 없는 알고리즘이다. 대부분의 딥러닝 알고리즘은 블랙박스 알고리즘에 해당된다.
34) 센스메이킹sensemaking. 문화를 분석하여 맥락을 파악하고, 그 맥락의 인과관계로 인간 행동 패턴을 찾아내 매출을 올리는 사업 전략이다.
35) 방위고등연구계획국DARPA(Defense Advanced Research Projects Agency). 미국 국방부 산하의 연구 기구이다.
36) 인공지능 탐사AIE(Artificial Intelligence Exploration) 프로그램. 광범위한 인공지능 투자 전략의 핵심 요소이다.
37) 대량 살상 수학 무기Weapons of Math Destruction. 알고리즘의 사회적 영향을 이야기한 책으로 2016년에 캐시 오닐Cathy O'Neil이 출간했다.
38) 문샷 프로젝트Moonshot Project. 달에 보낸다는 의미이며, 인간의 미래를 바꿀 거대한 아이디어를 현실화하려는 구글의 프로젝트이다.
39) 존 코터John Kotter. 하버드 비즈니스 스쿨의 명예교수이자 리더십 및 변화관리 분야의 세계적인 권위자로 〈기업이 원하는 변화의 기술〉, 〈변화관리〉 등의 저서가 있으며, 〈비즈니스위크〉가 '미국에서 가장 훌륭한 리더십의 대가'로 부르기도 했다.
40) 코피티션copetition. 협력coopertation과 경쟁competition의 조합어로, 협력형 경쟁이라는 의미이다.
41) 경험 경제experience economy. 경험이 경제적 가치를 갖게 되는 경제이다. 파인Pine, J과 길모어Gilmore, J가 제시한 개념으로, 실재하는 재화와 서비스의 판매에 주목한 기존의 경제 질서와는 달리, 고객 개인에게 맞춤화된 특별한 경험을 제공하여 경제적 가치를 창출하는 데에 주목한다.
42) 인공현실artificial reality. 현실감을 동반한 가상적인 세계를 컴퓨터 속에 만들어내는 기술이다.
43) 마이크로 크레디트. 제도권 금융 회사와 거래할 수 없는 저소득자와 저신용자를 대상으로 한국에서 실시하는 소액 대출 사업을 이르는 말이다.

44) 동료 생산peer production. 디지털 시대에 정치, 경제, 사회, 문화 생산의 새로운 혁신 모델로 주목 받고 있다. 시장 논리나 조직의 위계로부터 자유로운 개인들이 서로 공유할 수 있는 재화의 생산을 위해 각기 동등한 위치에서 자발적으로 협력하는 생산 모델이다.

45) 칼 세이건Carl Sagan. 미국의 천문학자로, 미국 항공우주국에서 마리너호, 바이킹호, 갈릴레오호의 행성 탐사 계획에 실험 연구원으로 활동했고 캘리포니아 패서디나에 설치한 전파 교신 장치로 우주 생명체와의 교신을 시도하기도 하였다.

46) 사일로식 사고silo thinking. 사업부 별로 자기 먹거리만 챙기고 다른 사업부에서 하는 일은 신경쓰지 않는 사고방식을 말한다.

47) 탈진실post-truth. 진실을 벗어난, 또는 진실을 전혀 따지거나 중요하게 여기지 않는, 심지어 무시하고 개인적인 감정과 신념으로 여론이 형성되는 현상이다.

48) 음모 이론conspiracy theory. 사회적 현상과 사건들을 소수의 특정 집단의 음모의 결과로 돌리는 태도나 신념을 말한다.

49) 국민 국가nation-state. 국민을 위해 존재하는 오늘날 가장 일반적인 국가 형태이다.

50) 인공지능 파트너십Partnership on AI. 인공지능의 책임 있는 사용을 위해 노력하는 비영리 연합이다.

51) 미래생명연구소Future of Life Institute. 인류가 직면한 실존 위험, 특히 인공지능의 실존 위험을 완화하기 위해 연구하고 봉사하는 단체이다.

52) 윌리엄 유리William Ury. 미국의 작가이자 인류학자 및 협상 전문가이다.

53) 동료 검토peer review. 같은 직종 혹은 연구 분야의 전문가들이 특정 연구를 평가하는 것이다.

54) 라이브저널Livejournal. 사람들이 자신들의 이야기를 공유하고 조언을 하며 아이디어를 교환하는 소셜 네트워크 서비스이다.

55) 오컴의 면도날Occam's razor. 어떤 현상을 설명할 때 불필요한 가정을 해서는 안 된다는 것이다. 즉, '같은 현상을 설명하는 두 주장이 있다면 간단한 쪽을 선택하라'는 뜻이다. 여기서 면도날은 필요하지 않은 가설을 잘라낸다는 비유이며, 필연성 없는 개념을 배제하려 한 '사고 절약의 원리'Principle of Parsimony라고도 불리는 이 명제는 현대의 과학 이론을 구성하는 기본 지침이 되었다.

56) 텔레프레즌스telepresence. 원거리를 뜻하는 텔레tele와 참석을 뜻하는 프레즌스presence의 합성어로 멀리 떨어져 있는 사람을 원격으로 불러와 마치 같은 공간에 있는 것처럼 하는 기술이다.

57) 스턱스넷Stuxnet. 산업 기술을 감시하고 파괴하는 최초의 웜 바이러스이다.

58) 계몽전제주의enlightened despotism. 18세기 프랑스의 계몽사상을 전제 군주가 실제 정치에 적용하려던 전제 정치이다.

59) 미겔 니코렐리스Miguel Nicolelis. 뇌-기계 인터페이스 분야에서 선구적인 연구를 하는 브라질의 과학자이자 의사이다.

60) 사이언티픽 아메리칸Scientific American. 매우 오랜 역사를 가진 대중 과학 잡지이다.

61) 버추얼 더블virtual-double. 서로 다른 방향에서 같은 실체에 대해 필요성이 존재한다면 지구상의 모든 물리적, 현실적 객체에 대해 가상 버전을 만들 수 있으며, 이 '가상의 실체'를 통해 현실의 객체를 볼 수 있고, 객체에 대해 훨씬 더 많은 정보를 얻을 수도 있고 통제도 가능하다.

62) 지구위험한계선Planetary Boundary. 인류의 지속가능한 발전을 위해 반드시 보존해야 하는 영역들을 지구시스템과학적으로 제시한 개념이다. 이 개념에 따르면, 인간이 하나 이상의 지구위험한계선을 침범할 경우 기하급수적인 환경 변화가 일어나서 대륙 또는 전체 지구가 영향을 받으며, 이로 인해 재앙적인 결과가 일어날 수 있다.

63) 플린 효과Flynn effect. 시간이 지날수록 IQ가 높아지는 현상을 이른다.

64) GRITGrowth, Relatedness, Intrinsic motivation, Tenacity. 미국의 심리학자인 앤절라 더크워스가 개념화한 용어로, 성공과 성취를 끌어내는 데 결정적인 역할을 하는 투지 또는 용기를 뜻한다. 그러나 이는 단순히 열정과 근성만을 의미하는 것이 아니라, 담대함과 낙담하지 않고 매달리는 끈기 등을 포함한다.

65) 유산 비용legacy cost. 회사가 종업원뿐 아니라 퇴직자, 그리고 그 가족의 평생을 위해 부담하는 의료보험과 연금 비용 등을 말한다. 기업의 적자가 커지는 상황에서 유산 비용은 해당 기업의 경쟁력을 저해하는 요인이 된다.

66) 긱 경제gig economy. 산업 현장에서 필요에 따라 사람을 구해 임시로 계약을 맺고 일을 맡기는 형태의 경제 방식을 말한다. 노동자 입장에서는 어딘가에 고용되어 있지 않고 필요할 때 일시적으로 일을 하는 '임시직 경제'를 가리킨다. 모바일 시대에 접어들면서 이런 형태의 임시직이 급증하고 있다.

67) 메이커 운동. 아이디어를 자신의 힘으로 직접 구현하고 네트워크를 통해 프로세스와 노하우를 공유, 확산시켜 나가는 메이커들의 문화이다.

68) 게임화Gamification. 애플리케이션의 활용을 촉진하기 위해 게임화하여 흥미와 참여를 유발한다.

69) 학습 분석 기술learning analytics. 학습자에게서 발생한 다양한 데이터를 실시간으로 분석하여 효과적인 학습 모델을 구축하는 기술이다.

70) 이력 현상hysteresis. 파괴된 후 결코 다시 회복할 수 없는 현상이다.

71) 뇌 임플란트brain implant. 뇌에 전극을 심는 기술로 뇌가 만들어 내는 전기 신호를 컴퓨터로 분석, 해석하는 뇌-컴퓨터 연결 기술 중 하나이다.

72) 경두개직류자극법tDCS(Transcranial Direct Current Stimulation). 머리의 전극을 통해 전달되는 일정하고 낮은 직류를 사용하여 신경을 조절한다.

73) 초인간transhuman. 인간과 포스트휴먼posthuman 사이의 존재로 인간과 닮았지만 개조에 의해 인간보다 훨씬 뛰어난 능력을 획득한 사람을 말한다.

74) 공진화. 밀접한 관계를 갖는 둘 이상의 종이 상대 종의 진화에 상호 영향을 주며 진화하는 것을 이른다.

75) 스테이트크래프트statecraft. 국가 통치 전략이다.

76) 풀돔fulldome. 몰입형 돔 기반 비디오 프로젝션 환경이다.

77) 바터 시스템barter system. 수출입 물품의 대금을 돈으로 지급하지 않고 그에 상응하는 수입 또는 수출로 상계하는 국제 무역 거래 방식이다.

78) 브룬힐드Norse Valkyrie Brunhilde. 노르드인 여전사이다.

79) 타운홀미팅town hall meeting. 정책 결정권자 또는 선거 입후보자가 지역 주민들을 초대하여 정책 또는 주요 이슈를 설명하고 의견을 듣는 비공식 공개 회의이다.

찾아보기

ㄱ

가상 공동체 123
가상 현실 50
가상 현실 오페라 68
가짜 뉴스 309
간병인 로봇 211
개인 맞춤형 의료 51
개인 소유권 124
개인 아바타 71
개인 알고리즘 115
개인용 인공지능/아바타 126, 241
개인용 증강 천재 앱 250
개인 정보 유출 115
개인 지능 강화 116
개인 지능 강화 앱 115
개인 지능 향상 368
개인 프라이버시 95
거버넌스 190
거버넌스 시스템 99
거버넌스 인공지능 193
게임 아바타 91
게임화 403, 521
경기 침체 79, 81
경두개직류자극법 422, 521
경쟁 우위 124
경쟁 전략 124
경쟁 정보 288
경쟁 지능 124
경제 혼란 75
경험 경제 277, 517
경험 상품 67
경험 생산 277
계몽전제주의 340, 519
계산 과학 117, 403
계산 물리학 106

계산 생물학 54, 513
계산 신경생물학자 114
고령화 사회 78, 211
고용/기술 동향 추적 279
고용 없는 경제 성장 77
공공 보건 107
공공산업진흥국 482
공공 일자리 83
공기전염성병 약물 저항 63
공리주의 322
공생 시대 442
공유 경제 47, 69, 83, 127
공유 현실 127
공적 조달 291
공정성 124
공진화 442, 521
공해세 109
과학과 기술 293
과학 기술 대중 홍보 458
과학 기술 리더 306
과학 기술 집단지성 시스템 63, 118
과학적 사실 확립 전달 334
과학 해설사 308
광자 렌즈 114
광자학 87
쾌락주의 86
교수 전략 288
교육과 학습 361
교육용 인공지능 379
교육적 특이점 421
구매력평가지수 182
구술 역사 66
구조적 실업 72
국가간 문화 활동 478
국가경제전환기구 128, 515
국가 기술 TF 340

국가미래지수 48, 161
국가 소유권 124
국가주의 309
국가 집단지성 시스템 165
국민 국가 314, 518
국방과학기술연구소 432
국방비 절감 107
국제과학기술기구 63, 89, 174, 324
국제 금융 이동 59
국제 금융 전송 109
국제 기구 84
국제노동기구 174
국제농업연구협의그룹 221
국제법 프레임워크 322
국제원자력기구 157
국제통화기금 129
국제투명성기구 209
국제표준화기구 119, 358
국제학술연합회 90, 514
국제한림원연합회 90, 514
국제협상네트워크 321
국제형사재판소 129
규모의 경제 88
그래핀 105, 514
그레이 구 63, 513
그레이트 브레인 레이스 50, 114, 513
근로자 증강 61
글로벌 거버넌스 217
글로벌 경제 131
글로벌 규제 89
글로벌 러닝 엑스프라이즈 115
글로벌 세대 69
글로벌 센서 네트워크 107
글로벌 시너지 어워드 117
글로벌 인공 브레인 123
글로벌 자선 단체 262

금융 위기 79
금융 자산 절도 91
금융 통제 자동화 시스템 56
기계 지능 99
기계 학습 403
기본 소득 123
기술 개발 음성화 63
기술/경제 체제 전환 478
기술 발전과 실업 82
기술/서비스 매칭 온라인 플랫폼 200
기술 소외 79
기술 숙달 371
기술 오용 93
기술 재교육 202
기술 재교육 바우처 202
기술적 감시 85
기술평가국 305, 473
기술평가기구 300
기술 훈련 체계 65
기업가 정신 65, 128, 199, 237, 292, 377
기업과 노동 229
기업의 사회적 책임 264, 284
기후 변화 62, 122
기후 이상 96
긱 경제 394, 521
깨어 있는 자본주의 352

ㄴ

나노 314
나노 광발전 106
나노 기술 50
나노 무기 90
나노테크 군대 97
나노테크 센서 55, 95
넛지 291

네오러다이트 60, 93
네오러다이트 운동 93, 514
네트워크 조직 275
넷플릭스 437
노동 대체 253, 344
노동 운동 291
노동자 경제 282
노동자 권리 281
노동자 협동조합 470
노동조합 72, 245, 253
노이즈 필터링 알고리즘 381
노인 소득 67, 112
노인 일자리 66
녹색 경제 48
녹색 기술 106
농장-가정 배달 106
뇌-기계 인터페이스 252
뇌 임플란트 414, 521
뇌-컴퓨터 인터페이스 422
뇌 플라크 112

ㄷ

다국적 기업 270
담수 농업 50, 106, 122
담수화 123
당신을 대체한 것에 투자하기 73, 125
대량 살상 수학 무기 517
대체 경제 273
대체 통화 83
대체 투자 73
대체 현금 흐름 추정 178, 257
대표 민주주의 167
더티밤 94
델파이 연구 143, 174
델파이 패널 497

도시 정부 85
동료 검토 324, 519
동료 생산 292, 518
두뇌 피난처 453
드론 50
디지털 리얼리티 277
디지털 문맹 443
디지털 시민권 217
디지털 화폐 273

ㄹ

라이브저널 325, 519
라이브 휴먼 코치 48
러다이트 514
레저 산업 210
렉테나 123
로봇공학 50
로봇 과세 186
로봇 근로 186
로봇 비행기 85
로봇 선박 85
로봇세 109
로봇 시스템에 투자 82
로봇 잠수함 86
로봇 차량 105
링크드인 201

ㅁ

마약 카르텔 208
마이너스 금리 181
마이너스 소득세 514
마이크로배터리 122
마이크로 크레디트 291, 517
마케팅 74
매슬로우 218

맨킨 348
머신러닝 190
멀티 종족 98
메시 네트워크 95, 119, 515
메이커스페이스 480
메이커 운동 401, 521
메이커허브 62, 83, 107
멜라니 로랑 444
면대면 수업 387
면허세 109
몬드라곤 팀 아카데미 391
몬드라곤 협동조합 264
무료 개인 운송 350
무료 대중 교통 105
무상 공교육 107
무어의 법칙 117
무인 트럭 73
무크 107, 514
문샷 프로젝트 227, 517
문화 관광 산업 210
문화 관리자 487
문화 본질 변화 121
문화, 예술, 미디어 425
문화적 변화 432
문화적 전환 260
문화 템플릿 476
문화 패러다임 캠페인 455
물 전쟁 96
미겔 니코렐리스 345, 519
미국과학아카데미 308
미국과학진흥협회 308
미국농무부 304
미국반도체산업협회 318
미국식품의약국 301
미국예술기금 458
미래 기술 예측 평가 부처 152

미래 문해력 420
미래 문해력 지수 196
미래생명연구소 317, 518
미래 인간 거버넌스 216
미래 지도 166
미학적 가치 270
민병대 기업화 78
민족 분쟁 73
민주화 85
밀레니엄 프로젝트 302, 483
밀레니엄 프로젝트 노드 503
밀턴 프리드먼 256
밈 128, 260, 515

ㅂ

바바 람 다스 436
바이오 보안 산업 55
바이오/신경-화학 요법 379
바이오 프린팅 50
바터 시스템 470, 522
반과학 93
반자본주의 219
발도르프 학교 412
방위고등연구계획국 192, 517
배출총량거래 122
버추얼 더블 349, 520
범죄 조직 129
법인세 109
법적 프레임워크 273, 320
벤처 캐피탈 236
변성 의식 상태 447
보드리야르 215
보안 문제 대응 405
보육 290
보편적 기본 소득 58, 106, 111, 178

보편적 기본 소득 시스템 256
복지 시스템 111
복합 재료형 3D/4D 프린터 107
부가가치세 109
부의 소득세 65, 514
부의 재분배 290
부의 집중 77, 125, 267
부의 편중 236
부족함이 없는 경제 188, 516
부트캠프 62
부패 방지 290
분리주의 95
불량 국가 172
불량 회사 172
불평등 123
브레인 투 브레인 인터페이스 46
블랙 미러 309
블랙박스 알고리즘 190, 516
블랙홀 63
블록체인 50, 118, 209, 272
비공식 경제 45
비즈니스 스쿨 288
비중강 인간 222, 444
비판적 사고 377
빅데이터 인공지능 74
빅데이터 조기 경보 시스템 95
빅뱅이론 309
빈곤소득선 58, 513
빈곤 종식 119
빈곤 퇴치 179

ㅅ

사고 절약의 원리 519
사물인터넷 50, 337
사물인터넷 안경 88

사이버-게릴라 129
사이버 공격 86, 128, 129
사이버나우 47, 513
사이버 범죄 78
사이버 세계 70
사이버 중독 69, 92
사이버 헤로인 86, 92
사이언티픽 아메리칸 349, 520
사일로식 사고 309, 518
사회 갈등 84
사회 계층 206
사회 다원주의 84, 514
사회민주주의 353
사회 보장 시스템 179
사회 운동 461
사회적 가치 270
사회적 계약 213
사회적 계약 문화 451
사회적 계약 재정의 281
사회적 고립 방지책 464
사회적 리터러시 422
사회적 무질서 99
사회주의 124
사회 최저 259
산호초 손실 96
삶의 미래 연구소 118
상품 발명 237
생산 한계 비용 110
생체 모방 105, 328, 514, 519
생활비 절감 105
생활지도 카운슬러 395
선거 결과 왜곡 91
세계경제대불황 56
세계경제포럼 327
세계무역기구 160
세계미래연구전문가협회 438

세계 시민 교육 421
세계 실업률 83
세계집단지성시스템서밋 327
센스메이킹 191, 516
소득 격차 77, 125, 267
소득 격차 해소 262
소득세 110
소로스 재단 264
소셜 미디어 78
소프트웨어 리터러시 65, 513
손수생물학 173, 516
수명 연장 연구 112
수소 시스템 123
수작업 자동화 62
슈뢰딩거의 고양이 438
슈퍼 인공지능 51, 87, 98
스마트 계약 125
스마트 농업 119
스마트 의료 88
스마트 의류 88
스스로 하기 69
스타트업 투자 113
스턱스넷 339, 519
스테이트크래프트 446, 521
스티븐 폴 레이바 309
스티븐 호킹 322
스파이럴 다이나믹 모델 257
스핀오프 55, 513
시너지 124
시너지로 혁신 창출 117
시리 186
시릴 디온 444
시맨틱 웹 112
시뮬라크르 215
시뮬레이션 기반 학습 402
시민 권리 85

시민 임금 111
시민 질서 85
식량 폭동 96
식별역 119, 515
신경과학 380
신바이오사 55
신보수주의 시대 177
실감형 가상 현실 소셜 미디어 86
실비오 게젤 181, 516
실시간 델파이 연구 143
실시간 델파이 패널 497
실업 65
실업률 상승 111
실업 수당 256
실업 해소 343
싱크탱크 432
쎄서미 스트리트 412

ㅇ

아바타 71, 225
아이돌 476
알렉사 186
암호화 51, 258
암호화폐 272
암호화폐 사기 209
양자 네트워크 159
양자 컴퓨팅 51, 159
어나니머스 129
억만장자 클럽 128, 262
언브레이커블 운영체제 339
에이즈 고아 83
엘론 머스크 118
여성 290
염수 침입 73
예술, 미디어, 정치 동맹 68

오락 산업 210
오컴의 면도날 325, 519
오픈소스 운동 219
온라인 거래소 125
온라인 공개 수업 107
온라인 물물교환 83
온실가스 122
온실가스 배출총량거래 513
온실 효과 96
올림픽 게임 119
옴니버스 소득법안 112
외계 접촉 120
욕구 과부하 74
우주 여행 120
우주 이주 74, 347
원격 교육 88
원격 근무 88
원격 상거래 88
월드 사이버 게임 128, 265
웨트웨어 254
위키피디아 324
위험/보상 접근법 322
윌리엄 유리 321, 518
유동적 민주주의 167
유럽 기술예측 평가그룹 154
유럽사회기금 205
유럽우주국 310
유럽 포어사이트 네트워크 137
유비쿼터스 383
유산 비용 394, 520
유엔 2030 지속가능발전목표 69
유엔개발계획 88
유엔안전보장이사회 90
유엔평화유지군 130
유전자 개인 맞춤형 의료 107
유전자 변형 90, 106

유전자 편집 기술 117, 515
육아 466
육아 책임 분담 397
윤리 285, 377
윤리 의식 85
윤리적 가치 270
윤리 체계 119
융합 기술 숙달 116
은행 237
음모 이론 309, 518
의사결정 거버넌스 190
의식 기술 47, 116
의식-기술 시대 132
이력 현상 408, 521
이민 82
이산화탄소 96, 122
이슈/관측 탐지 플랫폼 279
이슈 홍보 캠페인 415
이주 73
인간 게놈 프로젝트 318
인간 근로자 확대 343
인간 기계 협업 292
인간 인공지능 공생 115
인간 잠재력 올림픽 479
인건비 절감 80
인공지능 50
인공지능 거버넌스 시스템 311
인공지능 관련 국제 기구 156
인공지능 관련 국제 표준 156
인공지능 국제 표준 311
인공지능 권리 60
인공지능 레이스 114
인공지능/로봇 59, 98
인공지능 사람 직업 대체 110
인공지능 세금 부과 110
인공지능 소프트웨어 129

인공지능/아바타 112, 113, 216
인공지능 앱 113
인공지능에 투자 82
인공지능 엔지니어 127
인공지능 재난 89
인공지능 증강형 글로벌 교육 시스템 107
인공지능 지적 재산권 110
인공지능 탐사 192, 517
인공지능 통제 91
인공지능 파트너십 317, 518
인공지능 해킹 프로그램 115
인공현실 278, 517
인구 증가 82
인류 생존 347
인생 목적 변화 121
인종 편견 120
인지 과학 87, 119
인터넷 무료 접속 88
인터폴 208
일반 인공지능 50, 87
일반 인공지능 개발 로드맵 316
일반 인공지능-초기관조직 99
일자리 121, 180, 197, 219, 225, 493
일자리/기술 141
일자리/기술 워크숍 137
일자리 나누기 48
일자리 대체 82, 125
일자리 창출 328
입자 물리학 90
잉여 에너지 122

ㅈ

자구 74
자국 우선주의 77
자극 74

자급 가능 연금 제도 206
자급 농업 81
자급자족 69
자기 조직화 159
자기 주도형 탐구 기반 학습 116
자기 지식 378
자기 책임 185
자동차전자협의회 304
자동화 211
자동화 기술 50
자본주의 124, 214
자아 실현 378, 468
자아실현경제 103, 108, 124, 265
자영업 197, 242, 377
자영업 경제 265
자영업 노동자 권리 245
자영업자 47
자영업 전환 125
자영업 학습 모듈 115
자영업 활성화 392
자원 공유 글로벌 시스템 219
자율 로봇 무기 시스템 93
자율 주행 차량 50
잠재의식 광고 261
잡스법 238
재교육 데이터베이스 247
재료 과학 105
재분배 238
재산 증식세 109
재생 에너지 110
재정검찰시스템 129
재정착 프로그램 73
재택근무 106
재택 근무자 464
재활용 기술 106
재훈련 프로그램 72

잭 윌리엄슨 215
저소득 계층 206
저온 융합원자로 106
전문가 네트워크 274
전문 지식 숙달 116, 371
전위 효과 186, 516
전환 교육 372
정리 기반 보안 315
정보 권력 63
정보 전쟁 85, 128
정보화 사회 219
정보화 시대 78
정부 규제 63
정부와 거버넌스 145
정부 탄압 84
정치 경제 모델 257
정치인 교육 194
정치 자문 기구 155
정치적 갈등 77
정치적 교착 77
정치 혼란 75
실행 전략 141
실행 전략 - 과학과 기술 293
실행 전략 - 교육과 학습 361
실행 전략 - 기업과 노동 229
실행 전략 - 문화, 예술, 미디어 425
실행 전략 - 정부와 거버넌스 145
제임스 토빈 515
제퍼슨 에어플레인 436
제프 베조스 270
조세 피난처 59, 109
조직 범죄 78, 208
존 코터 275, 517
좁은 인공지능 51, 87, 513
종교 테러리스트 94
주식 시장 125

중산층 209, 237
중앙 정부 85
증강 운동 61, 253
증강 인간 444
증강 인간과 비증강 인간 222
증강 천재 115, 451
증강 천재 앱 250
증강 현실 50
지구 온난화 73, 96
지구위험한계선 356, 520
지구 종말 74
지능 강화 115
지능 증강 126
지능형 로봇 82
지능형 응답 시스템 127
지속가능개발목표 119
지속가능성 플랫폼 290
지수적 창의성 421
지식 노동 자동화 62
지식의 상품화 277
지식 폭발 115
지적재산권 60
직업 윤리 181
직업훈련센터 385
집단지성 시스템 72, 115, 165, 324
집단지성 플랫폼 174
집합 교육 379

ㅊ

차세대 기술 50, 87, 110
차세대 기술 과세 186
차세대 기술 규제 89
차세대 기술 데이터베이스 72
차세대 기술 영향력 예측 331
차원을 넘나드는 삶 242

참여형 의사결정 지원 시스템 225
창의성 377
창의적 개발 352
창조 경제 354
창조적 장소 만들기 480
천공형 고온 암석 지열 106
천재 증강 127
청교도 정신 128
청년 실업 78
초기관조직 70, 128
초인간 432, 521
초지능 종족 51
최대 소득 292
최저 소득 292
최저 임금 48
취업 시장 256
취업 중개 시스템 407

ㅋ

칼 세이건 309, 518
캐시 오닐 517
커리큘럼 418
커리큘럼 변경 392
컨버전스 회의 155
코피티션 275, 288, 517
퀵런 기법 359
크라우드소싱 125, 236
크라우드펀드 투자 239
클라우드 분석 50
킥스타터 125, 236

ㅌ

타운홀미팅 487, 522
탄소세 109
탈진실 309, 518

태양 에너지 자율 운반체 350
태양열 106
태양 항법 올림픽 대회 119
테러리스트 50, 129
테러리즘 78
테크노-낙관주의자 61
테크노-애니미즘 99
텔레파시 기술 422
텔레프레즌스 519
토빈세 109, 515
통합사이버사령부 98
퇴직 프로그램 79
투자 수익률 77, 80, 124
튜링 테스트 131, 516
특수 해커톤 91
특허 237
티모시 리어리 436
티핑포인트 96, 514

ㅍ

펀딩 메커니즘 238
평생 학습 379
평생 학습 모델 204, 410
평생 학습 시스템 383
폐기물 관리 105
폐쇄형 농업 122
포스트 워크 사회 439
포스트휴먼 521
표기법과 기호 127
풀돔 449, 521
풍력 106, 123
풍요성 분배 113
프로슈머 67
프로스펙티커 280
프로테스탄트 정신 181

프리랜서 경제 282
플린 효과 368, 520
핀란드 의회 미래 위원회 174

ㅎ

하이브리드 시스템 374
하이브리드화 332
하이테크 자급 농업 81
하이퍼루프 105
하천 홍수 조절 105
학습 분석 기술 408, 521
학습 시스템 개선 400
한계비용 제로 경제 226
합성 미생물 54
합성 생물 유기체 55
합성생물학 45, 50, 54, 328
합성생물학 관리 체계 170
해수 농업 50, 106, 122
해수 농장 122
해수면 상승 73
해저 메탄 가스 방출 96
해커톤 70
행동 과학 119
허위 정보 대응 334
혁신재단 432
혁신적 기술 389
현금 지불 시스템 103
현금 흐름 추정 178
협동 288
협동 우위 124
협동 전략 124
협동조합 470
협동 지능 124
협동 지성 288
혼합 현실 402

홀로그램 68
화성 개척자 71
환경 재앙 62
환경 훼손 121
휴먼 브레인 프로젝트 51
희소성 분배 113

A

AAAS 308
ad hoc hack-a-thons 91
AEC 304
AFP 438
AGI 50
AGI-TransInstitution 99
A-HAT 91
AIE 192, 517
AI Race 114
Alexa 186
altered states of consciousness 447
ANI 51, 513
Anonymous 3.0 70
Anonymous 7.0 70
AR 50
Artificial General Intelligence 50
Artificial Intelligence Exploration 192, 517
Artificial Narrow Intelligence 51, 513
artificial reality 278, 517
Artificial Super Intelligence 51
ASI 51
Association of Professional Futurists 438
Augmented Reality 50
Augment Movement 61, 253
Automotive Electronics Council 304

B

Baba Ram Das 436
barter system 470, 522
Baudrillard 215
biomimicry 105, 328, 514, 519
Brain Computer Interface 422
brain-haven 453
brain implant 414, 521
brain-to-brain interface 46

C

Carl Sagan 309, 518
cash payment system 103
Cathy O'Neil 517
CCCC 433
CGIAR 221
competitive intelligence 288
computational biology 54, 513
computational science 403
conscious capitalism 352
Conscious Technology 47, 116
conspiracy theory 309, 518
Consultative Group for International Agricultural Research 221
copetition 275, 517
Corporate Social Responsibility 264, 284
creative economy 354
creative placemaking 480
CRISPR 117, 515
CSR 284
cultural managers 487
cyber heroin 86
CyberNow 47, 513
Cyril Dion 444

D

DARPA 192, 517
Defense Advanced Research Projects Agency 192, 517
delegative democracy 167
DEMAIN 444
digital reality 277
dirty bomb 94
displacement effect 186
DIYBio 173, 516
Do It Yourself 69
Do It Yourself biology 173, 516
DSTL 432

E

educational singularity 421
enlightened despotism 340, 519
Entertainment Industries Council 438
ESA 310
ETFA 154
Ethical Operating System 271
European Foresight Network 137
European Social Fund 205
European Space Agency 310
European Technology Forecasting and Assessment 154
experience economy 277, 517
exponential creativity 421
exponential technologies 389

F

FDA 301
Financial Prosecution System 129
FL 420

Flynn effect 368, 520
Food and Drug Agency 301
FPS 129
fulldome 449, 521
FUTURELAN 280
Future Literacy Index 196
Future of Life Institute 118, 317, 518
Futures Literacy 420
Futures Map 166

G

Gamification 403, 521
Genetically Modified Organism 171
G-Hacks 70
gig economy 394, 521
Giving Pledge 263
Global Learning XPRIZE 115
Global Synergy Awards 117
GMO 171
graphene 105, 514
gray goo 63, 513
Great Brain Race 50, 513
Great World Recession 56
gridlock 77
GRIT 379, 520

H

Hollywood Health and Society 443
Horizon2020 310
Human Genome Project 318
hysteresis 408, 521

I

IAEA 157
IAP 90, 514
i-Assist 로봇 66
ICSU 90, 514
ILO 174
IMF 129
informal economy 45
INN 321
InterAcademy Partnership 90, 514
interdimensional living 242
International Atomic Energy Agency 157
International Council of Scientific Unions 90, 514
International Labour Organization 174
International Monetary Fund 129
International Negotiation Network 321
International Organization for Standardization 358
International Science Technology Organization 63
Internet of Things 50
IoT 50
IQ 테스트 114
ISO 358
iSTEAM 375
ISTO 63, 174

J

Jack Williamson 215
James Tobin 515
Jeff Bezos 270
Jefferson Airplane 436
JOBS act 238
John Kotter 275, 517

K

knowledge of self 378

L

learning analytics 408, 521
legacy cost 394, 520
LENR 106
LinkedIn 201
liquid democracy 167
live human coaches 48
Livejournal 325, 519
Low-Energy Nuclear Reactions 106
Luddite 514

M

machine learning 403
magnetic pole 74
magnetic sphere 74
maker spaces 480
Mankin 348
Massive Open, Online Course 107, 514
Mein Grundeinkommen 358
Mélanie Laurent 444
meme 128, 260, 515
mesh network 119, 515
Miguel Nicolelis 345, 519
Millennium Project 302
Milton Friedman 256
Mixed Reality 402
Mondragon Corporation 264
Mondragon Team Academy 391
MOOC 107, 514
Moonshot Project 227, 517
MR 402

N

nano 314
Nanotechnology, Biotechnology, Information technology, Cognitive science 155
National Academy of Sciences 308
National Economic TransInstitutions 128, 515
National Endowment for the Arts 458
nation-state 314, 518
NBIC 155
NEA 458
negative income tax 65, 514
neo-Luddites 60
NESTA 432
Next Tech 50
NT 50
Nudge 291

O

Occam's razor 325, 519
Office of Technology Assessment 305
Olympics of Human Potential 479
Omnibus Income Bill 112
oral history 66
OTA 305

P

P2P 기술 453
Partnership on AI 317, 518
peer production 292, 518
peer review 324, 519
PEW 167, 516
planetary boundaries 356
Planetary Boundary 520

posthuman 521
post-scarcity 188, 516
post-truth 309, 518
post-work society 439
PPP 182
Principle of Parsimony 519
Prospektiker 280
prosumer 67
PROUT 접근법 257
proverty line 58, 513
Purchasing Power Parity 182

Q

quick learn 359

R

Radical Innovation Breakthrough Inquirer 166, 516
Radical Technology Inquirer 166, 516
rectennas 123
rededots 201
RIBRI 166, 516
ROI 80
RTI 166, 174, 516

S

Schrödinger's cat 438
science communicator 308
Scientific American 349, 520
SDG 119
self-actualization 378
self-organization 159
self-policing 64
self-responsibility 185

Semiconductor Industry Association 318
sensemaking 191, 516
Sesame Street 412
sharing reality 127
silo thinking 309, 518
Silvio Gezel 181, 516
simulacra 215
Siri 186
Skoll Center for Social Impact Entertainment 443
Social Darwinism 84, 514
social democracy 353
social literacy 422
social minimum 259
SOFI 48, 161
software literacy 65, 513
Soros Foundation 264
spiral dynamics model 257
statecraft 446, 521
State of the Future Index 48
STEM 48
STEM 교육 59, 65
STEM 능력 상승 모듈 115
Steven Paul Leiva 309
Stuxnet 339, 519
subliminal advertising 261
subsistence agriculture 81
Summit of World Collective Intelligence System 327
Sustainable Development Goal 119
Synbio Corporation 55
synergistic intelligence 288
synergy 288
synthetic biology 45

T

tDCS 422, 521
teaching strategy 288
Techno-Animism 99
techno-optimist 61
telepresence 331, 519
threshold of consciousness 119, 515
Timothy Leary 436
Tipping Point 96, 514
town hall meeting 487, 522
Transcranial Direct Current Stimulation 422, 521
transhuman 432, 521
TransInstitution 70
Transparency International 209
Turing Test 131, 516

U

UBI 106
UCC 98
unbreakable OS 339
UNDP 88
United Cyber Command 98
United Nations Development Programme 88
United States Department of Agriculture 304
Universal Basic Income 106
UN Security Council 90
UN Sustainable Development Goals for 2030 69
USDA 304

V

virtual-double 349, 520
Virtual Reality 50

VR 50
VR 테스팅 센터 62

W

Waldorf School 412
Weapons of Math Destruction 517
WEF 327
Wetware 254
William Ury 321, 518
With Folded Hands 215
Works Progress Administration 482
World Cyber Game 265
World Economic Forum 327
World Trade Organization 160
WTO 160

X

XPrize 재단 263

Z

zero-marginal cost economy 226

번호

3D/4D 프린팅 50
3D 프린팅 주택 건설 62
15대 지구촌 도전 과제 304
15 Global Challenges 304